ウォートン流 人生のすべてにおいてもっとトクをする新しい交渉術

How You Can Negotiate To Succeed in Work and Life

スチュアート・ダイアモンド
櫻井祐子［訳］

GETTING MORE

Stuart Diamond

集英社

ウォートン流
人生のすべてにおいて
もっとトクをする新しい交渉術
［目次］

ブックデザイン　田中久子

ウォートン流
人生のすべてにおいて
もっとトクをする新しい交渉術

スチュアート・ダイアモンド

GETTING MORE

How You Can Negotiate To Succeed in Work and Life

by Stuart Diamond

Japanese translation rights arranged with Stuart Diamond
c/o William Morris Endeavor Entertainment, LLC, New York
through Tuttle-Mori Agency, Inc., Tokyo

キンバリーとアレグザンダーに捧げる

はじめに

本書は人生を豊かにしようという、前向きな本だ。本書の前提となっているのは、どんな人でも、もっと多くのものを手に入れられる、つまり「ゲットモア」できるという大原則だ。あなたがだれであろうと、どんな個性のもち主でも、確実に交渉力を高め、ゲットモアすることができる。

わたしは二〇年以上にわたって交渉術を教えるなかで、学生たちがみるみるうちに交渉力を高めていくのを目の当たりにしてきた。また彼らは交渉を通じて多くのものを得ようとするうちに、自分自身や他人を、より深く見つめるようになっていった。

学生たちが授業で学び、実際の生活で活用しているツールには、常識に反するものが多い。一見、直感に反しているように思えるものも少なくない。だが彼らが日々の交渉で確実に成功を収め、人間的に成長していることが、本書のツールが対人関係の新しいとらえ方であることを物語っている。これから紹介する「ゲットモア」のプロセスは、従来の交渉術を根本から変える。このプロセスはより単純で、専門用語を使わず、実践的、現実的、効果的に人と関わる方法を教えてくれるのだ。

わたしの教え子たちは、敵意のある相手とも意思を通じ合わせ、相手の認識を何であれ尊重することで、多くのものを手に入れている。対決姿勢や「われわれ」と「彼ら」の二分法が、いかに実りが少ないかを学び、つねに協力の可能性を探ることで、はるかに大きな価値を得ている。非協力的な交渉相手には、できるだけけんか腰にならずに、相手の言葉を盾にするやり方で、うまく対処している。

相手を信頼し、その見返りに確約を守るよう要求する。単なるお人好しにならず、きちんと目標を達成しているのだ。

これから何度もくり返すように、本書のねらいは「ゲットモア」（より多くを手に入れる）であって、「ゲットエブリシング」（すべてを手に入れる）ではない。本書を読んで、ゲットモアのツールや戦略を身につければ、どんな人でもいまよりずっと豊かな人生を送ることができる。ときどき役に立つツールもあれば、しょっちゅう効果を発揮するものもあるだろう。自分にぴったりのツールを選び、訓練を重ねて自分のものにしよう。

本書のねらいは、交渉のやり方を学ぶことだけではない。ツールを自分の人格の一部にして、骨の髄まで交渉人になることだ。ツールを自分のものにしてしまえば、どんな人とのどんなやりとりも、うまくこなせるようになる。

本書で教えることが、あなたに全部あてはまるわけではない。たとえば子どものいない人、社会問題に関心のない人もいるだろう。だがこの本は、幅広い読者層にあてはまる助言を伝えようとしている。あなたがすでに知っていることでも、ほかの人には耳新しいかもしれないし、その逆のこともあるだろう。大事なのは、いま、そして生涯にわたって使えそうなものを見きわめ、それに集中することだ。自分に役立ちそうな方法、自分や周りの人の人生に価値を与えてくれる方法を見つけてほしい。

本書では、あなたにあてはまるものもそうでないものも、すべて教え子たちの肉声と、わたし自身の経験を通して説明する。ツールを学ぶうえで、彼ら彼女らの成功談、失敗談が参考になるはずだ。

交渉ツールのなかには、うまく行くとは思えないものがあるかもしれない。だがどのツールもくり返し試されている。ちゃんと効果があるので心配しないでほしい。どうも信じられないという人は、失敗しても構わない状況で段階的に試し、様子を見てみよう。嬉しい驚きが待っているはずだ。すべてを一度にやろうとしないこと。何かを試したら、少し様子を見て、自分なりに改善し、手を加えてみよう。ツールは実際に使わなければ、絵に描いた餅でしかない。ツールが自分の役に立つことを実際に確かめなければ、自分のものにすることはできない。

最後になるが、実際に使ってみてどうなったかを、ぜひわたしに教えてほしい。わたしは根っからの教師だ。自分の教え子や、自分のツールにとりくむ人たちの成績を知りたいのだ。わたしのウェブサイト www.gettingmore.com から投稿してほしい。この世界を見回して、ゲットモアしようと心にきめた人たちとの対話を始めるために、本書は書かれたのだから。

二〇一〇年八月、ペンシルベニア州ハバーフォードにて

スチュアート・ダイアモンド

第1章　これまでとはまったく違う交渉術

　パリ便のゲートが近づくと、わたしたちは駆け足から小走りに足を緩めた。飛行機はまだそこにいたが、搭乗口が閉まっていたのだ。ゲートの係員が黙々とチケットを仕分けている。搭乗口と飛行機のドアをつなぐボーディング・ブリッジは、もう機体から離れていた。

「あの、わたしたちこのフライトに乗るんです！」。わたしは息を切らしながら言った。

「ごめんなさいね、もう搭乗は終わってしまったの」

「でも乗継便が一〇分前に着いたばかりなんです。ゲートに連絡を入れてくれるって言ってたわ」

「ごめんなさい、でもドアを閉めてしまったら、だれも通してはいけないことになっているのよ」

　カレとわたしは呆然として、窓の方にとぼとぼ歩いていった。せっかくの週末旅行も、これでパーだ。飛行機はすぐ目の前にいた。日は沈み、パイロットの顔が計器盤の明かりに照らされている。エンジンがうなりをあげ、誘導灯をもった係員が滑走路に降り立った。

　わたしは少し考えた。それから、コックピットの真向かいの窓に、カレを連れて行った。コックピットからよく見える場所に二人で立ち、パイロットに全神経を集中する。――こっちを見て。ふと一人が目を上げ、寂しそうにたたずむ二人をとらえた。彼の目を懇願するように見据えながら、カバンを足下に落とした。永遠にも思える時間、そこに立ちつくしていた。

　とうとうパイロットの唇が動き、別のパイロットが目を上げた。目を合わせると、うなずいてくれた。エンジンのうなりが静まり、ゲート係の電話が鳴った。こちらを向いた係の目が見開かれている。「荷物をまとめて！」。係は叫んだ。「パイロットが乗せてくれるそうよ！」休暇の復活だ。わたしたちは抱き合って喜び、カバンをつかんで、パイロットに手をふりながら、ボーディング・ブリッジを転げるように走っていった。

――レイエン・チェン
（ウォートン・ビジネススクール二〇〇一年卒業生）

このエピソードは、わたしの交渉術の講座をとっていた学生が実際に体験したことだ。これは明らかに交渉だ。確かに言葉はいっさい使われていないが、意識的で系統立った、実に効果的な方法で行われた、立派な交渉なのだ。それにわたしの教える交渉ツールが、六つも使われている。これらのツールは実際に使ってみると、ほとんどだれにも気づかれない。

どんなツールだろうか？　説明しよう。

第一に、冷静になること。感情は交渉をぶちこわしにする。冷静を保つよう、自分を抑えなくてはいけない。

第二に、五秒間でもいい、準備をすること。考えをまとめよう。

第三に、意思決定者をつきとめる。この事例のキーパーソンは、パイロットだった。社則にこだわる係員にかかずらっている暇は、一秒たりともない。

第四に、自分の目標に集中する。だれが正しいかなど、この際どうでもいい。乗継便が遅れたことや、ゲートに連絡が行かなかったことの責任は、もう問題ではない。あくまでパリ行きのフライトに乗ることが目標だ。

第五に、心を通わせる。交渉は、人がすべてだ。

そして最後に、相手の地位と力を認め、尊重する。そうすれば相手は自分の権限を使って、あなたの目標達成に手を貸してくれることが多いのだ。

これらのツールは、はた目からはわかりにくいが、魔法ではない。ツールは若いカップルを生涯忘れられないような方法で救った。わたしの授業でツールを学んだ人たちは、日々交渉を成功に導いている。就職から昇給まで、育児から職場のつき合いまで、本書で紹介するようなさまざまな交渉を通じて、これまで三万を超える人たちが、自分の人生を主体的に歩む力を手に入れている。

本書の目標は、わたしの授業を紙面で再現し、世界中の読者に提供することだ。ここで紹介する戦略、モデル、ツールを合わせて使えば、あらゆる対人関係に対する見方やとりくみ方がガラリと変わるだろう。わたしが教えることは、これまで交渉について書かれてきたこと、教えられてきたこととはまったく違う。わたしの交渉術は心理学に軸足を置いていて、いわゆる「ウィン・ウィン」や「ウィン・ルーズ」の戦略には頼らない。「ハードな交渉」や「ソフトな交渉」とも関係がない。合理的な世界を前提にもしていないし、いちばん力のある人をターゲットにもしない。交渉をよそよそしく非現実的なものにしてしまう専門用語もいっさい使わない。わたしの方法は、人が現実の世界でものごとを認識し、考え、感じ、暮らす方法に根ざしている。これを読めばだれでももっと多くのものを手に入れる、つまり「ゲットモア」できるのだ。

「もっと多く」を求めるのは、人間の本能的な欲求ではないだろうか？　あなたは何をするときも、もっとあればいいのにと思わないだろうか？　自分はもっと、他人はちょっと、ということではない。

単に「もっと」なのだ。お金だけとは限らない。時間、食べ物、愛情、旅行、責任、バスケットボール、テレビ、音楽など、あなたの大切に思うもの何でもだ。

本書は「もっと」の方法を説明する。「もっと」とは何か、どうやって手に入れるか、どうやって守るか。あなたがどんな人であろうと、どこに住んでいようと、本書のアイデアとツールはきっと役に立つはずだ。

交渉術の本は巷にあふれている。イエスと言わせ、ノーを乗り越え、相手に勝ち、有利な立場に立ち、取引をまとめ、影響力を手に入れ、相手を感化して説得し、ときには優しく、ときにはタフに交渉する方法を、こと細かに教えてくれる。

だがこうした本を読んでも、それをそのまま実践できる人は少ない。それに、相手にノーと言わせたいときもあるだろう。確実なイエスでなくても構わないとき、時間を稼ぎたいだけのときもあるだろう。これに対し、自分のほしいものを「もっと」手に入れたいと思うのは、人間の本能だ。

本書ではこの方法を、だれにでも、いますぐ実践できる形で示そう。ピザを注文するときであれ、一〇億ドルの取引をまとめるときであれ、シャツやズボンを値切るときであれ、さまざまなシーンに使えることが本書のウリだ。実際わたしの授業では、ツールを実践することを義務づけている。戦略を習ったその日のうちに実践し、日誌に記録し、練習を重ね、また使ってみる。

なぜ交渉がそんなに大切なのか？

交渉は、あらゆる対人関係の中心を占めている。言葉を使おうが使うまいが、意識していようがいまいが、だれとどんなやりとりをするときにも、必ず交渉が行われる。運転しているときも、子どもと話しているときも、用事を片づけているときもだ。交渉から逃れることはできない。うまくやるか、しくじるかのどちらかだ。

もちろん、人生のあらゆることを積極的に交渉すべきだとは言っていない。わたしが言いたいのは、周りで行われるやりとりを敏感に意識している人ほど、人生でほしいものをもっと手に入れているということだ。

専門家としろうとの知識の違いを言い表した、古い格言がある。「しろうとは野原を見て、平らな土地だという。専門家は同じ野原に、小さな頂きや窪地を見つける」。専門家は、余分の時間も労力もかけずに、同じ地形からより多くの情報を集める。しかもその情報をずっと有効に活用して、機会を追求し、リスクを最小化することができる。

本書のねらいは、読者がよりよい交渉ツールを身につけることで、人間関係の「地形」をもっと敏感に意識できるようにすることだ。

冒頭のエピソードの主人公レイエン・チェンのように、わたしの講座の教え子たちは、ほとんどがごく普通の人たちだ。それでも全員が、講座で身につけた自信と技術を活かして、交渉でめざましい成果をあげている。講座を受講した何人ものインド人女性が、習ったツールを駆使し、親を説得して見合い結婚を断ることに成功している。そしてわたしは交渉プロセスに関する助言を通して、二〇〇八年のあの大規模な全米脚本家組合ストライキを終結させた。

就職活動の一次面接で一八社に落とされたビジネススクールの学生は、一念発起してわたしの講座を受講し、交渉ツールを駆使した結果、次の年には一二社から最終面接に呼ばれ、希望の仕事を見事手に入れた。親たちはツールを使って、幼い子どもにおとなしく歯みがきをさせている。

学生たちがツールを通してこれまでに節約できた金額を足してみた。ここで七ドル、そこで一三二ドル、どこかで一〇〇万ドル超——。これまで収集した実践例の三分の一を足し合わせたところで、金額は三〇億ドルを超えた。それに、成果はお金だけとは限らない。結婚を維持し、仕事に就き、取引をまとめ、病院に行くよう親を説得し、子どもに言いつけを守らせるといった、数え切れないほどの成果があがっているのだ。

本書に収めた数百のエピソードは、すべて実話で、登場人物もすべて実名だ。どうやって昇給を勝ちとり、欠陥商品をつかまされた店から満足のいく対応を引き出し、スピード違反の切符を免れ、子どもに宿題をやらせ、取引をまとめたか。いろいろな意味でよりよい人生をどのようにして手に入れ、「ゲットモア」したかを、これらの登場人物が肉声で語ってくれる。

わたしや何万人もの教え子にとってこのツールが大切なのは、現実の生活で役に立つからこそだ。

本書に登場するのは、どういう人たちだろう？　社会のあらゆる層、あらゆる文化の出身で、年商一〇億ドル企業の経営者から、主婦、学生、販売員、事務職員、企業幹部、管理職、弁護士、エンジニア、株式ブローカー、トラック運転手、労働組合員、芸術家まで、実にさまざまだ。またアメリカをはじめ、日本、中国、ロシア、コロンビア、ボリビア、南アフリカ、クウェート、ヨルダン、イスラエル、ドイツ、フランス、イギリス、ブラジル、インド、ベトナムなど、国籍も世界各国におよぶ。

わたしのツールは、これらすべての人たちの役に立っている。あなたにもきっと役立つはずだ。

たとえばベン・フリードマンの例がある。彼は自分が利用するすべてのサービスについて、自分のような古くからの忠実な顧客よりも、新規顧客が優遇されていないかどうか、値引きやその他の特典が与えられていないかどうかを、電話で確認することにきめている。ある日この質問をしたおかげで、以前からとっていたニューヨーク・タイムズ紙の購読料を、三三％も下げてもらった。

スー・ジン・キムの例もある。彼女はいつも共通点を探している。ある日彼女は、娘のフランス語の授業料を二〇〇ドル割り引いてもらった。どうやって？　割引を求める前に、語学学校の経営者とフランスを旅行したときの話をして、心を通わせたのだ。こうした戦略のおかげで、あちこちでちょっとずつトクをしている。だが全部足し合わせると、年間数千ドルにもなるのだ。

いきなり何百万ドルも稼ぐ人たちもいる。ニューヨーク在住の経営コンサルタント、ポール・サーマンは、大手顧客の経費を三五％削減した。これは講座を受講する前の自身の実績を、二〇％も上回る快挙だった。彼が使ったのは、規範、忍耐、よりよい質問、関係、段階的に進めるなど、授業で習った通りのテクだ。一年めの節減額は三四〇〇万ドルだったが、最近では年間三億ドルを超えるという。「自分の市場価値も上がったよ」

アズベリー・パーク・プレス紙のCFO（最高財務責任者）リチャード・モリーナは、同社の売却で二億四五〇〇万ドル多く得たうえ、彼自身一〇〇万ドルのボーナスを手にした。これも規範、フレーミングなど、授業で学んだツールを使ったおかげだ。「これからも練習を続けるよ」と彼は言う。あなたもリチャードのように、本書の戦略を使って利益を得たいなら、まず人との接し方について考えを改めなくてはいけない。

12の主要戦略

これからあげるのは交渉における12の戦略だ。本書と普通の交渉術の本との違いはここにある。まずこれらの戦略をくわしく解き明かし、戦略を支えるツールと考え方をあわせて説明する。そのあとで、子育てや旅行、就職といった具体的で身近な状況で、実際にどのように使われているかを紹介しよう。これらの戦略を身につければ、交渉に対する考え方がガラリと変わるはずだ。ただのサッカー好きと、プロのサッカー選手ほどの違いが生じる。この二つは同じ競技ですらない。

1　目標がいちばん大切だ

目標とは、あなたが交渉の前にもっていないもので、交渉の後にもっていたいものをいう。当然だが、交渉は目標を達成するために行う。それなのに、実に多くの人が、ほかのことに気をとられ、目標に反する行動をとっている。店員やパートナー相手にカッとなる。責める相手を間違っているのだ。交渉では、どんなに効果があろうと、関係構築や利益、ウィン・ウィンなどを追求することそれ自体を目標にしてはならない。交渉でやることは何であれ、あなたをその交渉での目標に目に見えて近づけてくれるものでなくてはならない。そうでなければ意味がないし、場合によってはダメージになることもある。

2　相手がすべて――「頭のなかの絵」を見る

相手の「頭のなかの絵」とは、相手がものごとをどのようにとらえ、感じているか、何を求めているか、どのような形で確約を行うのか、相手が信頼に足るかどうかといったことだ。相手が一目置いている人で、あなたの力になってくれそうな第三者はだれだろう？　相手はどのようにして関係を築くのだろう？　こういったことを知らなければ、何から始めていいかもわからない。自分は交渉の当事者のなかで、一番とるに足りない存在だと心得よう。役割交換をして、相手の立場に身を置き、相手を自分の立場に立たせよう。実力や影響力を行使しても、結局は人間関係を損ない、報復を招くだけだ。最終的により大きな効果をあげるには（そして説得力を高めるには）、相手に自発的に何かをさせなくてはならない。

3「感情のお見舞い」をする

世の中は理不尽なものだ。人は自分にとって大切な交渉ほど、理不尽な態度に出る。世界平和であれ、一〇億ドル規模の買収であれ、ソフトクリームをほしがる子どもであれ、それは同じだ。理不尽な人は感情的になっている。感情的な人は、聞く耳をもたない。聞く耳をもたない人は、説得しようがない。そんなとき、言葉は何の役にも立たない。とくに理性的で分別のある人を想定した議論は、するだけ無駄だ。相手に共感を示し、必要とあれば謝罪し、相手を尊重し、相手の頭をはっきりさせるような何かを提供するなどして、相手の感情的心理をくみとらなくてはいけない。

4　状況は毎回異なる

交渉には、万能ツールというものはない。同じ顔ぶれで同じ交渉を行うのでも、違う日に行えば状況は変わる。交渉をするたびごとに、状況を分析する必要がある。目の前にいる人たちとともに、今日、そして明日ゲットモアするには、平均や傾向、統計、過去の問題といったデータは大して役に立たない。汎用的な法則、たとえば日本人やイスラム教徒と交渉する方法や、最初に提案をしてはいけないといった心得は、前提からして間違っている。人や状況はあまりにも違いが多すぎて、杓子定規な考え方では対応できない。「あなたが嫌いだ」と言われたときの正しい返事は、「くわしく教えて」

だ。相手が何を考え、何を感じているかを理解すれば、相手をうまく説得できるようになる。

5　段階的に進める

交渉が失敗する原因に多いのは、一度に多くを求めすぎることだ。一歩一歩が大きすぎるのだ。これでは相手を不安にさせ、交渉がリスキーだという印象を与え、違いを拡大してしまう。昇給であれ、条約であれ、何を交渉するにしても、小さなステップを積み重ねよう。相手の頭のなかの絵からあなたの目標に向かって、つまり相手がよく知っていることからよく知らないことへ、一歩ずつ導こう。信頼関係がほとんどない場合には、段階的に進めることがさらに重要になる。ステップを一つずつ試してみよう。当事者間の違いが大きいときは、お互いにゆっくり歩み寄り、段階的にギャップを縮めていこう。

6　不等価な価値のものを交換する

何を大切に思うかは、人によって違う。まずお互いにとって大事なもの、大事でないものを洗い出そう。大きいものや小さいもの、形のあるものやないもの、取引と関係のあるものやないものなど、幅広く探してみよう。それから、一方にとっては大事だが、他方にとっては大事でないものを交換する。休日出勤と休暇、テレビを見る時間と宿題、値引きと紹介など。これは「利益」や「ニーズ」に焦点を絞るよりも、ずっと幅広い戦略だ。なぜならお互いの人生での経験やつながりがすべて使えるからだ。また一般にこの方法を使うことで、家庭であれ職場であれ、パイを大きく広げ、より多くの機会を生み出すことができる。だがこれを効果のあるやり方で実践している人はほとんどいない。

7　相手の規範を調べる

相手の方針や例外規定、例外を設けた前例、過去の発言、意思決定方法を調べよう。これらを利用して、ゲットモアするのだ。相手が方針に反することをしたら、問題行動を指摘しよう。チェックアウトの時間を遅らせた前例はないのか？　人の話をさえぎるのは失礼なことだと認めるか？　無実の人が傷ついてもいいのか？　顧客に高い水準のサービスを提供することを理念に謳っているのではないのか？　これはとくに非協力的な相手との交渉に有効な戦略だ。

8　相手を操作せず、率直で建設的な態度をとる

これが、本書と一般的な考え方との最大の違いの一つだ。人を欺いてはいけない。いつかかぎつけられ、長い目で見れば結果はマイナスになる。ありのままの自分でいよう。タフなふりをする、無理して愛想をふりまくなど、自分らしくないことはしない。芝居をしても必ずばれる。ありのままの自分でいる人は信頼が置ける。そして信頼は、あなたの最大の資産なのだ。機嫌が悪いとき、強引すぎたとき、何かを知らないときなどは、率直にそう言おう。いらぬ問題を起こさずにすむ。あなたがどんな姿勢と態度で交渉に臨むかが、交渉の成果を大きく左右する。カモになれとか、すべてをさらけ出せなどとは言っていない。誠実で、等身大の自分であれということだ。

9　コミュニケーションを絶やさず、目に映るままを言葉にし、ビジョンを描き出す

交渉が失敗する原因は、コミュニケーションの不足や欠如がほとんどだ。全員が休憩をとることで合意したときか、交渉を打ち切りにするとき以外は、勝手に席を立ってはいけない。コミュニケーションがなければ、情報は得られない。相手側を脅したり責めたりしても、売り言葉に買い言葉になるだけだ。相手を尊重することが、ゲットモアのカギだ。交渉の達人は、目に映るままを言葉にする。たとえば「何だかうまく行きませんね」など。いまの状況を簡潔に言葉で表し、相手が向かうべき場所を描き出そう。「顧客を満足させることが、御社の目標ですか?」

10 本当の問題をつきとめ、それをチャンスに変える

「自分が目標を達成できない本当の原因は何だろう?」と自分に問いかけよう。本当の問題を見つけるには、相手がなぜいまのような態度をとっているのか、その原因をつきとめる必要がある。すぐにはわからないかもしれないが、根気よく探り出そう。相手の立場に身を置いて考えるのだ。たとえば子どもの門限や、買収企業の評価額をめぐる言い争いは、実は信頼の問題であり、関係改善のチャンスなのかもしれない。問題は分析の出発点でしかない。問題を利用して、交渉の余地を広げられることも多い。こんなふうに、問題を前向きにとらえよう。

11 違いをありのままに受けとめる

一般に、違いは望ましくないこと、危険で迷惑で不愉快なことと考えられている。だが実は違うことは、明らかに望ましいのだ。違いは利益と創造の宝庫だ。多様な認識、アイデア、選択肢を生み、よりよい交渉、よりよい結果をもたらしてくれる。相手の違いについてほんの少し質問をするだけで、信頼関係が深まり、よりよいとりきめができる。これまで企業、国家、文明は、多様性を尊重すると

という建前とは裏腹に、実は違いを嫌悪していることを、さまざまな行動を通して示してきた。交渉の達人は、違いを歓迎する。

12 準備する――リストをつくり、それを使って練習する

本書でいう「リスト」とは、交渉の戦略やツールを一覧にまとめたものだ。リストは食料庫に似ている。食事の用意をするたびに、食料庫から食材を見つくろうように、交渉のたびごとに、特定の状況をもとに、リストから役に立ちそうなアイテムを選ぶ。

わたしは授業の開始時刻が近づくと、学生に尋ねることにしている。「今日何か交渉した人はいるかい？」ホットドッグからホットな仕事まで、何の交渉でも構わない。どんな交渉も、同じやり方で基本要素に分解する。次にこれらの要素を検証し、そこから学び、もと通りに組み立てれば、次からはさらに高いレベルで交渉できるようになるのだ。

交渉の前に一〇分か一五分かけてリストに目を通し、それぞれの戦略を活かす方法を考えてみよう。これには劇的な効果がある。相手について十分な情報を得たか？　目標を明確に定義したか？　段階的に進める用意はできているか？　交渉が終わったら、もう一度リストを使ってふり返り、必要ならリストを修正し、学習して次回に備える。

これは帰納的プロセスと呼ばれる。個々の状況から、最も有効な戦略やツールを導き出すのだ。次の交渉に、この知識をもって臨むことができる。たとえばある状況では規範が、別の状況では関係に訴える方法が、また別の状況では相手のニーズを重視する手法が効果的だといった知識だ。

リストがなければ、準備はできない。準備をしなければ、思ったほどの成果はあがらない。リスト

を見ながら数分間考えるだけでも、結果がグッとよくなる。リストをもとに交渉を行い、目標を達成するまで続けよう。粘り強く頑張ろう。また戦略とツールを使って練習し、交渉が終わるごとにふり返ろう。

本書の戦略とツールは、わたしが教えた世界中の三万人の学生や社会人によって、その有効性が証明されている。彼らの体験談は、一〇万を超える文書や電子メール、メモに記録されているほか、二〇年以上にわたってわたしが行った無数のインタビューや会話に残っている。

これらのすべては、さらなる研究と検討によって、またわたし自身の教師、研究者、ジャーナリスト、弁護士、企業経営者、交渉の専門家としての経験によって裏づけられている。本書で述べられていることの多くは、直感にそぐわないかもしれない。だが効果はてきめんだ。現実の世界で、いますぐ効果をあげられるのだ。これからそのしくみをくわしく説明していこう。

戦略やツールは目に見えない

本書で紹介する戦略やツールの多くには、二つのはっきりした特徴がある。第一に、これらの手法はごく簡単なものだ。第二に、普通の会話に埋めこまれているため、そのしくみを知っている人でなければ気がつかない。

「わかり始めてきたんだ」。サザン・カリフォルニア大学（ＵＳＣ）のＭＢＡ学生エリック・スタークは言う。「交渉相手は、ぼくが何をやっているのか、まったくわかっていないのさ。何も気づいていなかった」。現在通信とインターネットの専門家として働くエリックは、授業から一五年たったいいまも、それは変わらないという。

交渉の開口一番、わたしがよく言う言葉は、「どう、お元気ですか?」だ。これは一見普通の質問のようだが、少なくとも四つのツールが織りこまれている。第一に、この質問は相手と関係を築くのに役立つ。ざっくばらんな、打ち解けた感じで交渉を始められる。第二に、これはれっきとした質問だ。質問は情報収集に役立つ。第三に、「取引」に集中する代わりに、何よりも相手や、相手の気もちや認識に焦点を合わせる。第四に、世間話を通して、気もちを通わせることができる。

ツールがどんなものかがはっきりわかっていなければ、状況に応じて効果的に再現することはできない。直感だけを頼りに交渉することになる。そんなことでは、交渉は大してうまくならない。

何年か前の大雪の日に、わたしはだれかと交渉していた。そのときは、ちょっとイライラした感じで口火を切った。「ひどい雪じゃないですか」。相手は答えた。「実は、雪が降って嬉しいんです。スキーが好きでしてね」。そこで聞き返した。「そうですか、じゃ夏の暑さはいかがです?」

なぜわたしがこう言ったのか、わかるだろうか? わたしは「共通の敵」をつくろうとしていたのだ。共通の敵は当事者を結束させ、交渉をやりやすくする。だからこそ、人は天気のことで文句を言う。そうやって心を通わせ、共通の視点をもつのだ。弁護士や渋滞やお役所仕事について、わたしたちが冗談半分で文句を言うのは、こういうわけだ。

ほとんどの人は「共通の敵」というツールに気づかない。目に見えないのだ。だれかが指摘しない限り、可視化できない。共通のニーズも、交渉の最初に見つけられるなら、効果が高い。ただし心理的インパクトは小さい。

わたしの戦略やツールが目に見えないのは、それが比較的新しいからでもある。少なくともこのような使われ方をされるようになったのは、最近のことだ。一九八〇年頃に弁護士たちが立ち上げた現代交渉術は、対立を解消することに焦点をあてていた。この着眼点はよかったが、十分ではなかった。交渉のマイナス面は軽減しても、プラス面にはそれほど力を入れなかったからだ。一九九〇年代になると、経済学者が交渉術に積極的に関わるようになり、利益をあげ、利得の機会を見出すための戦略を考案した。だがこうしたモデルは、人が功利的に行動することを前提としていたため、やはり不十分だった。

ゲットモア・モデルは、こうした要因をもちろん考慮に入れているが、何よりも交渉に関わる人たちの心理に焦点をあてる。交渉で何より大切にすべきは、相手の心理、つまり相手の頭のなかの絵なのだ。相手の心理について考え抜かなければ、機会を発見したり、対立を解消したりすることはおぼつかない。

本書がめざさないこと

本書は、自分の意志を相手に押しつけるために、力を手に入れようという本ではない。「実力」や「影響力」は、交渉の手段として過大評価されている。一般の教え方や、映画やテレビでの描かれ方を見ると、交渉とは相手の優位に立って、自分の望むことを相手に無理強いするものだと思いがちだ。これにはいろいろな問題がある。

第一に、相手に実力を行使した瞬間、関係はまず間違いなく終わってしまう。自分のしたくないことをさせようとする相手とは関わりたくないと思うのが人のつねだ。第二に、このやり方は緊張、闘争、対立といった、誤ったメッセージを送ることになる。これは実りが少ない。相手は建設的なことをするよりも、自分を守ることに労力をかけるようになるからだ。第三に、実力行使は、職場で命令を一字一句忠実に実行する「悪意ある従順」であれ、世界各地での自爆テロであれ、いつか必ず報復を招く。第四に、これから説明するように、渋る相手に実力を行使することは、大きな代償を伴う。第五に、力は乱用することで効果が薄れる。肝心なのは力をどのように用いるかだ。力それ自体は、道徳的に中立だ。科学技術や包丁のように、よい目的にも悪い目的にも使える。力の乱用にはつねに注意を払い、気をつけなくてはならない。

これから見ていくように、実力や影響力を使うのも交渉の一形態だ。ただ、あまりよい手段ではないというだけだ。犠牲が大きいし、拘束力に欠ける。これに対して、相手に進んで何かをしてもらよう説得するのは、それほどコストがかからないことが多い。これが不可能な場合は、外部の第三者、たとえば弁護士などに交渉を任せることになる。弁護士にも説得できなければ、弁護士はまた別の部外者、たとえば裁判官や陪審に頼るだろう。この部外者は、相手にやりたくないことを強制することができる。しかし、関係者が増えるほど、ますますコストがかかる。力は最後の手段として必要になるかもしれないが、早い段階ではまったく必要ないし、もちろん条件反射的にとるべき手段でもない。よりよい交渉スキルを使えば、より多くの人を独力で説得して、進んで何かをやってもらえるようになる。これが本書のスタンスだ。

いま説明した目に見えない戦略は、交渉で大きな強みになる。だがぜひ相手にも教えてほしい。そうすれば操作していると勘ぐられることもないし、長い目で見たあなたの利益も多くなる。

それに本書はＢＡＴＮＡ（Best Alternative to a Negotiated Agreement＝交渉が成立しない場合にとり得る最善の選択肢）など、一見役に立ちそうな頭字語とも無縁だ。実際にこうした交渉術を使うと、相手はよりよい解決法を一緒に考えるより、交渉を打ち切ることばかりを考えるようになる。わたしはよくこう言う。「交渉を打ち切りたければ打ち切って構いませんよ。それはそうとして、お互いにとって実りある交渉にできないでしょうか？」

「交渉範囲」も、思ったほど役に立たないツールだ。金銭的な交渉範囲を知ることはできる。つまり買い手が支払える最高金額と、売り手が受け入れられる最低金額の差だ。だが交渉にほかの要素をつけ加えることで、交渉範囲は変えられる。たとえば不等価交換を行うなど。創造力を働かせれば働かせるほど、交渉範囲やＢＡＴＮＡなどの手法は、ますます必要でなくなる。

あなたがいろいろ手を尽くして最終的に考え出した選択肢よりも、さらによいものがあるかもしれない。いろいろな可能性を探ってみよう。だがまずやるべきは、自分の目の前にいる人たちと一緒に何ができるかを、創造性をできるだけ発揮して考えることだ。それに、相手をたたきのめすために力を使うのは、デートの相手に、自分とデートしたがっている子がこんなにいると自慢するようなものだ。相手との関係が発展することはおそらくないだろう。力にまつわる問題については、これから何度も立ち戻ることとしよう。

目　標

交渉は目標を達成するためにこそ行う。それ以外のすべては、目標を達成するためにある。

目標とは、あなたが成し遂げようとしていることをいう。目標に近づくのに役立たないなら、無理に関係を構築することはない。相手の利益や、ニーズや、感情に対処するのは、そうすることを通して、目標に近づくことができるからだ。目標達成に役立たないなら、情報を与えたり得たりしてはいけない。
これはとても大切なことだ。「ウィン・ウィン」を達成するため、「関係」を築くため、「イエス」を引き出すために交渉をするべきでない。もちろん、それが目標にかなうなら話は別だが。「ウィン・ウィン」は乱用されているし、操作的な匂いがする。だれかに「ウィン・ウィンをめざそう」と言われたら、ついこう思ってしまう。「つまり、わたしから何かを引き出そうとしているんだな」

交渉の目的は、自分がほしいものを手に入れることだ。目標の達成に役立たないなら、関係を築いて何になる？　たとえばあなたのキャリアを傷つけようとしている相手とウィン・ウィンをめざしてどうするのか？

ときによっては「ルーズ・ウィン」が望ましいこともある。相手が明日もっとくれるように、今日は負けておく。「ルーズ・ルーズ」が望ましいこともあるだろう。お互い、負けたらどんな気もちになるかがわかるように。「ウィン・ルーズ」で、相手に行動を改めるよう説得できるかもしれない。

感じよくする、タフに交渉する、感情に身を任せるなど、目標と関係のない手法に気をとられ、目を曇らされてはいけない。何があっても目標から目をそらしてはいけない。目標とは、あなたがいまもっていないもので、交渉の最後にもっていたいものだ。

目標を達成する方法については、多くの研究や本がある。それらによれば、目標を設定することは、自分のためにできる最も大切なことの一つだそうだ。ただ目標を設定するだけで、パフォーマンスが二五％以上も向上するという。

何より先にやらなくてはいけないのは、自分の目標をはっきり見きわめることだ。そして途中で何度も自分にそれを言い聞かせるのだ。

店に行く目的は何だろう？　これをあらかじめはっきりさせておけば、衝動買いでお金を無駄にすることもなくなる。家族と休暇の計画について話し合う目的は何だろう？　だれが正しいかをきめるため？　悪さをした罰を家族に与えるため？　それとも全員が楽しめる予定を立てるためだろうか？　会議で全員に、こう尋ねてみてほしい。「いま自分がもっていないもので、この会議の最後にもっていたいものは何ですか？」驚くほどの効果がある。本当のことを言わない人や、言いたがらない人もいるが、たいていの人は教えてくれる。これをやることで、全員が同じ目標をもって同じ会議に臨んでいるかどうかがすぐわかる。目標がほんの少しでも違っていると、交渉に混乱を来しかねない。目標を書き出して、いつも自分に言い聞かせよう。友人や同僚に思い出させてもらうのもいい。プロセスの最初だけでなく、最後までずっとこれをやる。

目標をもたないのは、行き先のわからない車に乗りこむようなものだ。目標を確認しないのは、途中で地図を確認しないのと同じだ。会議や計画の最中に、ほかのことに気をとられることも多い。新しい情報はしょっちゅう現れる。合間合間に目標を確認しなければ、達成できる見こみは低い。相手の会社や担当者をどれほどよく知っていようと関係ない。

わたしの知り合いは、アメリカの一流企業に戦略担当副社長として採用された。彼女は入社するとすぐ一二人の上級役員あてにメモを書き、会議をするので会社の目標を考えておいてくださいと呼びかけた。

メモを受けとったCEO（最高経営責任者）が電話をかけてきた。「ちょっと待ってくれ。きみは着任したばかりじゃないか。わたしたちはここで何年も働いている。会社の目標などわかっておるわ」

「それはそうでしょうね」。新任の副社長は言った。「でもわたしは企業戦略を考えるよう、仰せつかっています。会議をやるだけの価値は絶対あります。それに、そう時間はかかりませんから」。CEOはわかったと言った。

一二人の上級役員は、会社の目標を考えてきてくれた。戦略担当副社長は一つひとつをボードに書き出した。結局、目標は一つでも、二つでも、三つ、四つでさえもないことがわかった。一四の異なる目標があったのだ。しかもその大半が、互いに矛盾していた。「おやおや」と彼らは言った。

目標は具体的であればあるほどいい。「シカゴに行きたい」は、「イリノイ州に行きたい」よりいい。「人類を月に送りこもう」は、「宇宙を探険しよう」よりいい。「大学を卒業したい」よりは、「本を書いている間、最低でもBの成績を維持する」の方がいい。

相手を犠牲にしなければ、自分の目標を達成できないと考える人がとても多い。だが自分の目標だけでなく、相手の目標のことも考える必要がある。これを怠ると、そのうち相手は何もしてくれなくなる。長期を犠牲にしていま目標を達成しても、自分のためにならない。「ゲットモア」とは、関連するすべての人と期間についてあなたがもっている目標を達成することなのだ。

自分の目標を見きわめたあとも、つねに自問し続けることが大切だ。「自分の行動は目標にかなっているだろうか?」これができない人の何と多いことか。感情に流されたり、気が散ったりする人もいるし、そもそもこういう考え方をしない人もいる。あなたも、あなたの大切な人たちも、例外ではない。

アンジェラ・アーノルドの父は、脳卒中を起こして入院した。父はリハビリが終わっていないのに、退院すると言って聞かなかった。現在コンサルタントをしているアンジェラは、家に帰ったら何が一番やりたいかと父に尋ねた。「犬を散歩させることだな」。父は答えた。「そう」とアンジェラは言った。「でも犬を散歩させたくても、いま退院したら散歩はできないわよ」。リハビリを終えれば、退院時には歩けるようになる。そうすれば犬の散歩ができる。アンジェラは、父の言っていることが、彼の目標にそぐわないことを示したのだ。父は無事リハビリを終えた。

ここで、「優秀さ」の新しい定義を提唱したい。優秀さとは、目標を達成する能力である。この考えは、何世紀にもわたってビジネス界で常識とされてきた考え方に、真っ向から対立する。今日でさえ、スコットランド生まれの経済学者アダム・スミスの教えが幅を利かせている。現代経済学の父と広く称されるスミスは、優秀さを「自己利益を最大化する能力」と見なした。以来、優秀さは「相手の優位に立つ」「勝者独り勝ち」「徹底的にたたきのめす」と同義と考えられるようになった。のちに「経済ダーウィン主義」とも呼ばれるようになった考え方だ。

今日の最も「優秀な人材」は、ジョン・ナッシュの思想に宗旨替えしている。ナッシュはプリンストン大学の数学者で、一九九四年にはノーベル経済学賞を受賞し、映画『ビューティフル・マインド』のモデルとしても知られる。

ナッシュは、スイス生まれの哲学者ジャン゠ジャック・ルソーが一七五五年に『人間不平等起源論』のなかで発表した理論を、数学的に証明した。二つの集団が協力すると、協力しなかった場合に比べて、全体的なパイはほぼ必ず大きくなり、双方が得られる利益は単独で得られる利益を上回るというものだ。四人の狩人は、別々に狩りをすればウサギ一羽ずつしか得られないが、協力すればシカを射止められるというのが、よくあげられる例だ。

今日の目先が利く企業は、可能な限り他社と手を組んでいる。パワーＰＣは、ＩＢＭ、アップル、モトローラが共同で開発した。そのほか製薬会社間の共同研究や、マーケティングのための戦略的提携など、協力の例には事欠かない。ある研究によれば、協力的な環境にある人たちは、従来の「競争的」なウィン・ルーズの環境にいる人たちに比べて、ほぼ必ず（九〇％以上）よい成績をあげたという。いいかえれば、成績を競い合うことは、成績向上につながらない場合が多いということだ。

疑ぐり深い人はこう言うかもしれない。パイには拡大できないものもあり、一方が勝てば、他方は負けるじゃないかと。真っ先にあがる例が土地だ。そんなときわたしはこう答える。「わかりました、土地が大事なんですね。じゃ、わたしはアメリカをとりますから、あなたはコンゴをどうぞ」。言いかえれば、すべての土地が同等ではないということだ。競争する方法はたくさんある。一つの側面にとらわれてはいけない。

もう一度言おう。目標を書き出し、頻繁にチェックするのだ。

あなたの態度、信頼性、率直さがものをいう

あなたがどのような態度で交渉の場に臨むかが、あなたの得る結果にもろに影響を与える。戦いを覚悟して交渉に臨めば、必ず戦いになる。結果、得るものも必ず少なくなるのだ。敵対的な態度で交渉する人が取引をまとめる確率は、協力的に問題解決を図ろうとする人の半分だという。そしてまとめた取引でのとり分も、協力的な人たちのとり分の約半分でしかない。つまり対立的な態度で交渉に臨めば、本来得られるはずの利益の四分の一しか得られないことになる。

機嫌が悪いときは、交渉に向いていない。相手の企業を知り尽くしていても、相手と心を通じ合わせられない人は、交渉の適任者ではないかもしれない。

だからといって、別人になる必要はない。下手な演技をしてもすぐ気づかれ、信頼を失うだけだ。

どんな対人関係でも、あなたの一番の資産は信頼性だ。相手に信頼されなければ、何についても相手を説得することはできない。知識やコネ、知性、資産、外見などより、信頼性の方が大切だ。

本書はむしろ、ありのままの自分でいる方法を学ぶために使ってほしい。特別な話し方があるわけではない。隠しごとをせず率直に話をすれば――その「隠しごと」が何であれ――相手は評価してくれる。そう考えれば、別人にならなければという重圧から解放される。

攻撃的な性格の人は、相手に前もって断りを入れておこう。「わたしが強引になりすぎたら、すぐ言ってください」。これにはどんな効果があるだろう？　第一に、あなたへの期待を「リセット」することで、問題をとり除くことができる。第二に、あなたを生身の人間らしく見せ、信頼性を高められる。第三に、自分をよく見せる必要や、自分らしくない行動をする必要をとり去ってくれる。その結果、目標を達成することに集中できる。

逆に気が弱い人は、自分は譲歩しすぎるきらいがあって、あとから撤回することも多いので、取引が不公平になりかけたら教えてほしいと、あらかじめ言っておこう。こうすることで、公平性を図る責任を相手に委ね、相手があなたの気の弱さにつけこもうとしても、逃げ道ができる。これで、自分らしくいられる。

わたしは文化をよく知らない国に行くと、前もってわびを言うことにしている。「うっかり不適切なことを言ってしまうかもしれません。もう少し文化の勉強をしておくんでした。わたしが変なことを言ったら、アドバイスしてもらえますか？」こう言うことで、すべての対立の火種を協力の機会に変え、相手を自分のアドバイザーにできる。文化的な失敗からくる緊張もとり除いた。これで、自分らしくいられる。

交渉の達人は、自分の置かれた状況を正しく理解している。交渉で相手とそりが合わない場合は、自問しよう。「何だかそりが合わないようだ、なぜだろう?」相手に直接そう言ってもいい。これはだれもが気づいているのに存在を認めようとしない、いわゆる「部屋にのさばる体重四〇〇キロのゴリラ」のような大きな問題だ。このせいでまともな合意が得られないこともある。機嫌が悪いときも、率直に言おう。「ちょっとイライラしていまして」。そうすれば、多少大目に見てくれるかもしれない。

　率直になるとは、自分の使うツールを相手に教えるということでもある。ツールを知る人が増えれば増えるほど、よい交渉ができる。交渉のねらいは、相手を出し抜くことではない、ゲットモアがねらいなのだ。だから夫や妻、子ども、友人、仕事仲間にもリストを教えよう。

　これは常識にそぐわない考えかもしれない。交渉で率直になるなどとんでもないと思う人がほとんどだろう。だがそのせいで信頼が失われることを忘れてはいけない。すべてをさらけ出せとは言わない。自分の目標を達成するために、開示できるところは開示して、相手を安心させるということだ。教えられないことについては、こう言えばいい。「それはまだ教える気になれないんです」

　交渉の達人は、自分の仕事ぶりにも、結果やプロセスにも、けっして満足しない。もちろん不満なわけではないし、失敗したわけでもない。どうすればさらに多くを得られるかを、いつも考え続けているのだ。

　取引の成功を祝いながらも、頭の隅では自問しよう。これ以上望めないほどよい関係を築けただろうか?　組み合わせ販売《クロス・セリング》ができたのではないか?　もっと早く、もっとうまく交渉できたのではないだろうか?　交渉のやり手は、反省をすることで、もっとうまくなろうと奮起するのだ。

　わたしの授業でも、優秀な学生ほど批判を歓迎する。間違いを犯しても、それを理解することで、さらに上達できると知っているからだ。こういう学生は、同じ間違いをくり返すことが少ない。わたしはいつも批評を求めている。あなたもそうすべきだ。

小さなステップ

大きく大胆な動きは、大きな成功をもたらすような気がする。だが現実の世界では、大きく大胆な動きは、たいてい相手を遠ざけてしまう。あまりにも性急に、多くを求めすぎているのだ。小さく段階的なステップを踏んだ方が、多くの成果が得られる。とくに双方の言い分がかけ離れている場合がそうだ。

段階的なステップを踏めば、相手に息抜きの時間を与えられる。相手は周りを見回し、あなたのとったステップが大丈夫かどうかを確認し、自信をもって次に進める。前進することに漠然と感じる主観的リスクを軽減できるのだ。

たとえ話を一つ。野球で打率二割八分の打者は、九回試合をするごとに一本余分にヒットを打てば、三割一分の打者になれる。これは野球殿堂入りと、年俸一〇〇〇万ドルアップに相当する違いだ。三六打席で一本多くヒットを打つだけでこうなのだ。

わたしは交渉でホームランはねらわない。ただ九試合で一本余分にヒットを打とうとするだけだ。これは交渉だけでなく、人生のよい教訓でもある。段階的な改善をいくつかするだけで、目を見張るほどの効果が得られるのだ。

スポーツでは、双方にとっての目標は勝つことだ。だが人生はスポーツの試合とは違う。スポーツではどちらかが負けることがきまっている。また、試合やトーナメント、シーズンの数は限られている。だが人生には明日があり、(少なくとも通常は)全員が何かを得られるはずだ。

とは言え、欲張ってはいけない。相手がうんざりして、何もしてくれなくなるからだ。少しだけ多くを求めれば、だれにも警戒されない。段階的な提案は、相手にとっても「消化」しやすい。次にまた少し多くを求めればいい。わたしはいつも学生にこう言っている。「いまの上限が、次は下限になる」と。

スカンジナビア航空(SAS)の伝説的CEOヤン・カールソンは、かつてこう言ったそうだ。「成功と失敗の差は……二ミリだ」。言いかえれば、ほんの些細なことが、交渉の成否を分けるということだ。たとえば言い方や目つき、仕草など。有効なツールというものは、ちょっとした目立たないことだが、それでも抜群の効果をあげる。

交渉は簡単なものから始めて、少しずつ難しいものに挑戦しよう。交渉での成功率を数パーセントでも高められれば、目を見張るほどの成果があがる。必ず成功するというふれこみの戦略に惑わされてはいけない。もう一度言うが、九試合に一本ずつ余分にヒットを打ちさえすればいいのだ。

「この授業をとる前、ぼくの手法の成功率は五割くらいだった。それでも自分では交渉がうまいつもりだった」。わたしのUSCでの教え子、ジェラルド・シングルトンは言う。「でもいまはよりよいツールのおかげで、成功率は七五%に上がった。ぼくにとってはものすごい改善だ。生涯かけて、この枠組みに磨きをかけていくつもりだ」

「ゲットモア」は、「ゲットエブリシング」ではない。日々上達していけばそれでいい。

すべてが状況次第

わたしの交渉術の授業は、三つの大まかな問いに集約できる。

一．自分の目標は何だろう？
二．「相手」はどんな人だろう？
三．相手を説得するには何が必要だろう？

同じ交渉、同じ状況は二つとしてない。なぜかと言えば、交渉に臨む人が違うからだ。それに人は同じでも、日が変われば状況も変わる。事情や情勢が変わったり、目標が変わったりすることもある。だからこれらを、交渉に臨むたびに自問しよう。

三つめの問いへの答えは、最初の二つの問いへの答えによって変わる。ここでリストが必要になるのだ。目標と相手に合わせて、リストの多様なツールのなかから、適当なものを選ぶ。議題と事情が同じでも、あなたがとるべき行動は、交渉のたびごとに変わる。それは目標か相手、またはその両方が違うからだ。万能ツールなど存在しない。

交渉の当事者と、当事者が用いるプロセスが、交渉で大切なことの九割以上を占める。交渉の内容、事実、専門知識は、大切なことの一割にも満たない。これはほとんどの人の直感に反する事実だ。

力の問題

本書のツールを身につければ、間違いなくあなたの力は大きくなる。だが力は慎重に使わなくてはいけない。それに、力は思った以上にはかないものだ。力を乱用する人は、結局は力を失う。やりすぎると相手に理不尽だと思われ、結果的に目標達成能力が損なわれる。力を行使された相手は、とても不愉快に感じる。そのため相手は反撃に出て、力のバランスを変えようとする。

力の大きさと交渉スキルには、関係がある。考えてみよう。一般に、女性は男性より交渉がうまいと言われる。第一に、女性はよく耳を傾ける。たくさんの情報を収集する。情報量が増えれば、説得力が高まり、よりよい成果が得られる。第二に、女性はゲットモアのツールを、男性より熱心に学ぼうとする。なぜなら世の中はまだまだ男性中心の社会だからだ。女性は行使できる実力に乏しいし、実力行使の対象になることがとても多い。

実力があり、実際に行使するのは、たとえていうなら野球のバットをふり回すようなものだ。前にも言ったが、これは報復を招く。反面、実力があまりない人は、もっとさりげなく、気づかれにくく、目に見えないツールを、実力をもった人に使おうとする。そうすれば報復されるリスクは少ない。女性はわたしの講座の受講生の三割ほどだが、成績優秀者に占める割合はそれよりずっと高い。目立たないツールの方が、結局は効果が高いのだ。

スウェーデンやスイス、マルタといった小国が、大国より紛争解決に長けていると言われるのも、このためだ。子どもが大人より交渉がうまいのも、この理由による。子どもが成長するうちにツールを失い、代わりに野球のバット、つまり実力を手に入れるのも、同じ理由による。交渉がうまい人は、相手を注意深く観察し、相手に神経を集中させ、最終的に自分の目標をたくみに達成する。交渉では力の小さい当事者が、力のある当事者よりも、創造的に解決を図ろうとすることを、さまざまな研究が示している。

このように、力は複雑な概念だ。人は力をもちたがるものだ。だから相手に力を与え、相手の力を肯定すれば、相手はよい気分になり、見返りに何かを与えてくれる。これは子どもを見ていればよくわかる。力の使用、とくに力の悪用がおよぼす長期的な影響に、細心の注意を払うことが何より大切だ。

交渉は実践してこそ上達する

本書で説明する交渉戦略とツールは、ただ覚えればいいというものではない。臨機応変に使えるようにならなくては、何の役にも立たない。世の中には交渉の理論家はごまんといる。彼らは交渉術の本を読み、講座をとり、見事な議論を展開する。だが臨機応変に交渉を成功に導く、交渉の達人はそういないのだ。

たとえばあなたが予約なしでレストランに行き、満席だったとする。どうにかして席に案内してもらいたい。さてあなたはどうする？　給仕長を相手に、この状況で、どうやって交渉を始めればいいだろう？

交渉のルールを知っていても、うまく交渉できるとは限らない。テニスの本を四二冊読んだからといって、ワールドクラスのテニスプレーヤーに勝てないのと同じだ。

本書の主なねらいは、机上の知識を実践的な知識に変えることだ。練習を積めば、現実の世界で必ず効果を発揮する。本書は、初めて受けるテニスのレッスンのようなものだ。上達したい人は、実際にツールを使って練習する必要がある。

同じツールでも、いろいろな状況に使える。だから、失敗すれば深刻な影響が生じるような、重大な交渉で練習する必要はない。ちょっとした交渉から始めよう。

値引きを求めるものが、一ドルの商品でも構わない。将来の一万ドル、一〇〇万ドルの商品のために練習しているのだから。プロセスは同じだ。わたしは、考えられる限りのあらゆる状況で、交渉の練習をしたものだ。友人たちは、そんなわたしをからかっていた。だが助けが必要になり、わたしが彼らにできないことをして助けてあげると、からかわなくなった。

交渉の達人は生まれつきではなく、つくられるものだ。卓越性は集中と練習から生まれる。わたしはこれまで交渉下手な人をたくさん教えてきたが、どんな人もたった一学期でみるみる上達した。別の言い方をすると、リストをつくるだけではだめだということだ。くり返し実行し、自分の失敗から学習しなくてはならない。学習は難しいことではない。

USCでのわたしの交渉術の授業に、ウェイウェイ・ワンというきゃしゃな女学生がいた。ウェイウェイは最初とても気が弱かった。ほとんどの交渉を避け、目標を達成するのにとても苦労していた。そこでわたしは、まずコミュニケーションとプレゼンテーションの講座を受講して、自信をつけてから来なさいと言った。「いいえ、ダイアモンド先生」と彼女は反論した。「どうしてもこの講座を受けたいんです。ビシバシ鍛えてください」。「わかった」とわたしは言った。

そこで一二週間の講座の間、彼女をことあるごとに講座の悪ガキに対抗させた。彼女の四倍の大きさはある、強硬な交渉人で、大胆不敵な性格のもち主だ。だが彼女はとても真面目で、講座で教えたツールを完璧にマスターした。最後の授業で、彼女は全員の前でこの男と交渉した。そして彼をこてんぱんにやっつけ、彼自身を含む受講生全員から、総立ちで拍手喝采を送られたのだ。

彼女は自分の上達ぶりを自覚していなかった。講座が半分過ぎたころ、彼女から手紙を受けとった。

「ダイアモンド先生、わたしの悩みを聞いてください。先生のおっしゃったことはすべてやっています。交渉のツールを身につけ、練習に励んでいます。必ず準備をしてから、交渉に臨んでいます。でもツールを全部使わないうちに、相手がすぐに『イエス』と言ってしまうんです。どうすればもっと練習できるでしょうか？」

事前に準備をし、練習に励んでいれば、相手は必ず気がついてくれる。そして必ず多くを与えてくれるだろう。どのレベルからスタートしてもだ。

当然だが、自分はこれから交渉するぞと、意識的に決断しなくてはいけない。以前アンケートをとったところ、ほとんどの人が週に一四時間ほどを交渉に費やしていると思っていた。ところが実際には、四〇時間以上も交渉に費やしている人がほとんどだった。この差は、意識せずに交渉している時間だ。交渉ツールを意識的に使えば使うほど、ゲットモアできる機会は増えていく。

こうしたツールを学ぶとき、直線的に向上するわけではない。だから本書は同じ考えを、いろいろな状況にあてはめて説明する。こうすることで、交渉で何をすればいいかがよりよく理解できる。授業で学生に新しいアイデアを教えるとき、少し経ってから同じアイデアを少し違うやり方で示すと、理解が深まることがわかった。本書も、授業形式で話を進める。自分の行動を分解し、一つひとつの部分を研究して改善し、それからもう一度組み立て直す、そのくり返しだ。

これはスポーツを習得するのにも似ている。上達するには、自分の試合を隅々まで分析し、弱い部分に焦点を絞って強化し、それから試合を組み立て直す。ピアノや車の運転を習うのも同じだ。

戦略やツールは、状況によって効果が異なる。だが先の三つの問い（38ページ）を使ってプロセスを整理するのは、どんな交渉でも同じだ。総菜屋《デリ》で値引きを求めるときも、一〇億ドルの買収交渉をまとめようとするときも、それは変わらない。一流の交渉人は何でも交渉できるが、二流の交渉人は何も交渉できないのは、こういうわけだ。

どんなに聡明で、才能にあふれ、尊敬を集めている人でも、本書で紹介するようなツールを使わなければ、失敗することがある。交渉は、新しい発展途上の分野だ。直感に優れているだけでは成功できないのだ。

だからリストを使おう。どの交渉にも持参しよう。交渉が終わったら、何がうまく行ったか、行かなかったかをふり返り、リストに手を加える。これをいつも心がけよう。一度に一つずつ戦略を練習し、様子を見てみよう。その経験から学び、また同じ戦略を使ってみよう。

どんな人にもコーチングは有効だ

本書は一言で言えば、コーチングのセッションのようなものだ。レベルを問わずどんな人でも、交渉力が高まるようになっている。コーチングはだれにも必要だ。実際、何かに熟達していればしているほど、競争力を維持するためにコーチが必要になるのだ。

たとえばオリンピックの水泳金メダリスト、マイケル・フェルプスや、ツール・ド・フランス七連覇のランス・アームストロングについて考えてみよう。彼らは大会で優勝すると、こんなことを言うだろうか？「楽勝だったよ、練習なんてもう必要ないね」。まさか！ 何かを交渉しているどんな人についても、同じことが言える。交渉の対象が、一〇〇万ドルの契約であれ、クリーニングに出したシャツの破損したボタンであれ、それは変わらない。

わたしの講座を受講した。

フィラデルフィアの老練な弁護士イラン・ローゼンバーグは、交渉スキルをさらに高めるために、わたしの講座を受講した。彼はたった一度授業を受けたあとで、長らく停滞していた交渉を再開すべく、メキシコに飛んだ。授業で学んだことを踏まえて、いきなり契約条件の話はしなかった。まず相手をよく知ることに努めた。相手の希望、夢、恐れは何だろう。相手は最初驚いていたが、次第に打ち解けて、心のつかえを話してくれた。結果どうなったか？「取引をまとめたよ」。イランは言った。「二〇〇〇万ドル相当のね」

交渉ツールを学ぶうちに、独習できるようになる。一人で練習し、ふり返る。月を追い、年を重ねるごとに上達していく。

だが自分の目標を達成するためには、相手の上達にも手を貸す必要がある。

これは意外に思えるかもしれない。だが相手はよい成果があがらないなら、取引しようとはしないだろう。あるいはあとから契約を修正しようとしたり、契約を逃れようとしたりする。相手を適度に満足させられなければ、ゲットモアは望めない。

また相手に手を貸すことが必要なのは、ほとんどの人がどうやって目標を設定するか、どうやって達成するかを知らないからだ。人の言うことに耳を傾け、頭のなかの絵を探しあてる方法を知らないのだ。だから敵対的になったり守りの姿勢をとったりといった、間違った態度をとってしまう。

相手が目標を定め、ニーズを満たし、ゲットモアできるよう、手を貸そう。強硬な交渉人は、交渉スキルが足りない人がほとんどだ。強硬になる以外、方法を知らないのだ。だが相手が本当に手に負えなくなるまでは、手をさしのべ続けなくてはならない。もちろん、あなた自身が大きなリスクをとる必要はない。小さく段階的なステップを踏み、様子を見る。相手に尋ねよう。「お互いにとって妥当なとりきめを結びたくないですか？」相手が賛成してくれたら、具体的にどうするかをきめよう。

引退した著名なスポーツ代理人ボブ・ウルフは、交渉でこんなことを言っていたそうだ。「わたしには絶対に譲れない条件が一つある。きみの利益をかなえさせてくれ」。相手が驚くと、こうたたみかけたという。「なぜだかわかるかい？　そうしなければ、きみがわたしの利益をかなえてくれないからだ。わたしは本当にわがままな男だ。どうしても自分の利益をかなえたい」

粘り強く交渉しよう

交渉が終わるのは、あなたが終わりを宣言するときだ。相手があなたに何度ノーと言い、何度異を唱え、何度なじろうと、へこたれてはいけない。自分の目標に集中しながら、求め続けよう（ただし、自分が火種にならないよう気をつけること）。粘り強さとは、目標を達成するための長期にわたる集中した努力をいう。

しつこいと怒られたら、こう言えばいい。「わたしはただ、自分の目標をかなえようとしているだけです。ほかによい方法をご存じですか？」あなたを助けることなど眼中にない人も、なかにはいるだろう。だが思っているより多くの人が手をさしのべ、あなたの思うようにやらせてくれ、最後にはあなたが求めるものを与えてくれる。

わたしの講座の最初の授業で、学生に交渉の練習をさせると、二、三度やっただけですぐさじを投げてしまう人が多い。だが講座が終わる頃には、飽きずに何度でも求めるようになる。しかも、一回ごとに少しずつ求める方法を変えながらだ。

ディエゴ・エチェトは、フィラデルフィア―マイアミ便のチケットを変更しようとした。前日に嵐のせいで空港に行けず、フライトを逃したのだ。だが彼は、デルタ航空に一五〇ドルの変更手数料を払いたくなかった。彼が電話をかけた回数は一三回。デルタの答えはノー、ノー、ノー、ノー、ノー、ノー、ノー、ノー、ノー、ノー、ノー、イエスだった。九〇分かかったが、とにかく一五〇ドルを免除してもらった。「礼儀正しく、毅然とした態度が肝心だ」。現在ワシントン州で家業の食品会社を手伝うディエゴは言う。「ノーと言われたら、なぜだめなんですかと聞き返す。一日がかりで交渉するつもりだった」

粘り強さは自信を生む。自分は絶対できるという信念だ。講座を受講して一番よかったことは、と学生に聞くと、自信がついたという答えが返ってくることがダントツに多い。ティム・エッセイは、講座で習ったツールを使って買収取引をまとめ、二五%ものボーナスを手に入れた。講座で得た自信が、彼の生涯に大きな違いをもたらしたのだ。

コリーン・ソレンティーノは、自分が勉強する間、約束通り食料品の買い出しに行ってくれるよう、夫のボブを説得した。自信をもって、しかもガミガミ言わずにだ。「わたしは文句も言わなかったし、一度も感情的にならなかったわ」。コリーンによれば、ボブはこの交渉から一〇年以上たったいまも、食料品の買い出しをずっと引き受けてくれているそうだ。「昔は頼みごとをするたびに、後ろめたい気もちになっていた」。現在家業の証券会社ウォールストリート・アクセスで業務執行取締役を務めるコリーンは語る。「交渉のコツをつかんだことで、力を手に入れたのよ」

人の心は簡単にモデル化できない

人は自分の人生でとても大切なことを、お金のためでも、合理的利益のためでもなく、感情的な充足感のためにやることがある。交渉プロセスでは、相手が得る感情的、精神的な見返り、そして苦痛も考慮に入れなくてはならない。

シャロン・ウォーカーの母は、乳がんで余命いくばくもなかった。ウォートンでわたしの講座を受講していたシャロンは、そろそろ自分の家族をつくりたいと思っていたのだが、母が初孫の顔を見ずに亡くなってしまうであろうことに気づいた。シャロンはまだ生まれていない孫に、おばあちゃまはこんな人だったのよと教えられるように、母が子どもの本を読む様子をビデオに残しておきたいと思った。

「母が動物にしゃべらせながら童話を読んでくれたのが、子ども時代の一番大切な思い出なの」とシャロンは言う。自分の子どもにも、同じようにしてもらいたかった。

でもシャロンはどうやって母に切り出せばいいのかわからなかった。病気のせいで、家族全員に感情的な苦悩がのしかかっていた。実際、父と姉は、母を悲しませることになると言って反対した。そこでわたしたちは授業で「役割交換」という、交渉のシミュレーションをした。シャロンが母を演じ、母が何を考え、感じているかを理解しようとした。シャロンが交渉している自分の姿を見られるように、シャロンの役をほかの学生たちが演じた。シャロンがとくに願っていたのは、家族にわがままだと思われたくない、母をさらに悲しませたくないということだった。

役割交換をすることで、シャロンは母がおそらく顔を見ることのない、まだ生まれぬ孫たちの人生に関わりたいと思うはずだと気がついた。また母の心の奥底に、童話を読み聞かせたいという思いがあることにも気がついた。だがその反面、母は怖がっていて、すでにとても悲しんでいた。母は五〇〇〇キロ離れたカリフォルニアに暮らしていて、自分一人ではもう本を読むこともできなかった。

でも自分がカリフォルニアに戻り、しばらく母と一緒に過ごせば、うまく行くかもしれない。母と話をして、シャロン自身が幼かった頃、童話を通して二人でかけがえのないときを過ごしたことを思い出してもらおう。家族全員ががんを恨めしく思ったことを伝えよう。だが母は特別な遺産を残せるのだ。「これから何が起こるかはわからない。でも孫にお話を読んでやりたいと思わない？」シャロンはそう言うつもりだった。「孫におばあちゃまの声を聞かせたくない？」

シャロンは母を操作して、何かをとりあげようとしていたのだろうか？　わたしがクラスにこの話を聞かせると、そう考える人たちもいる。だが本当のところは、もちろんそうではない。シャロンは交渉に勝とうとしていたのだろうか？　母は本を読むことで、交渉に負けるのだろうか？　まさか、そんなはずはない。もっと幅広く言えば、わたしたちはこれを「ウィン・ウィン」や「ウィン・ルーズ」の観点からとらえるべきなのだろうか？　実際、このような交渉では、この種の用語はまるで意味をなさない。人と人がふれあうときに起きることの、基本的な力学をとらえていないからだ。相手の感情的な重荷といった、目下の交渉とはまるで関係のないものが、大きな意味をもつことがある。

大切な人にプレゼントをあげるとき、だれが一番得をするのだろう？　その日初めて親切にしてくれた人だからといって、店員が値引きしてくれるとき、だれが一番得をするのだろう？　こういったことは、もったいぶった用語ではとらえきれないほど複雑で、相手や状況を深く深く掘り下げなければ、とうてい理解することはできない。

シャロンの話に戻ろう。彼女は卒業後カリフォルニアに戻り、母を説得することができた。だが母は病状が重く、もう朗読している姿をビデオに残すことはできなかった。声を出すことさえままならなかったのだ。シャロンの母は、仕事をやり遂げないまま亡くなった。現在ボストンでハイテク戦略コンサルタントをしているシャロンは、交渉ツールをもっと早くに学んでいれば、母の病気が重くなる前に交渉できたはずなのにと、残念に思っている。

だがシャロンはいま、五歳、七歳、九歳になる二人の息子と一人の娘に、自分の学んだことを、とくに人の気もちを理解し思いやることの大切さを教えている。そのおかげで子どもたちは、人間として成長しているとシャロンは言う。ただここで強調しておきたいのは、シャロンがこの交渉で、自分の目標を達成できなかったということだ。母はビデオを残さずに亡くなった。つまり、ここで説明するプロセスは完璧ではないし、完璧だと思ってもいけない。それでもツールは使い続けることで、人生を思いがけないたくさんの方法でよくしてくれる。だからいますぐ使い始めよう。待つことはない。

交渉がうまくなると人生が変わる

交渉術の講座をとった学生に、人生が変わりましたとしょっちゅう言われる。交渉がうまくなることには、たくさんのメリットがある。自信がつく、きめ細かな問題解決法が身につく、人生を思い通りにコントロールできるようになる、収入が増える、気もちにゆとりができるなど。

「講座から得たものは、はかり知れない」。ニューヨークのヘッジファンドで運用責任者を務めるイヴァン・クラーは言う。「自分がほしいものすべてを解き放つカギが、ここにある。キャリアだけでなく、プライベートな生活や人間関係でも」

キャロル・マクダーモットの経験が、これをよく表している。彼女は講座のツールを使って、たった一学期間に①職場で四万五〇〇〇ドルの昇給を打診され、②小切手を手違いで不払いにした銀行から、九〇ドルの手数料をとり戻し、③事前に指定した食事を出してくれなかったコンチネンタル航空から一〇〇ドル受けとり、④ケーブルテレビ会社に年間利用料を二四〇ドル割り引いてもらい、⑤花屋で四回花を買って「大量購入割引」として八ドル負けてもらい、⑥閉店後のレストランで食事をさせてもらい、⑦三カ月間口を利いていなかった二人の友人と関係を修復し、⑧感謝祭休暇を自分の実家で過ごしてくれるよう恋人を説得し、⑨厳しい交渉でも動揺しなくなり、⑩つまらない問題をめぐる言い争いに気をとられて目標をおろそかにしないことを学んだという。

これは彼女が思いつくままに書いたリストで、まだいくらでもあげられそうだった。それにここに含まれるのは、彼女がウォートンの学生だった頃の成果だけだ。卒業後はさらに大きな成果があがるようになったと、彼女は言う。そしてこの成果は、学生たちがごく平均的にあげている成果の、ほんの一例に過ぎないのだ。

「交渉術の講座は、ぼくの人生を二つに分けてしまった。受講前と受講後に」。ロンドンのメリルリンチでトレーダーをしているアレクセイ・ルゴフトソフは言う。「おかげで、幸せでゆとりのある生活を手に入れることができた。仕事でも成功し、人間関係もうまく行っているよ」

アレクセイは重要な交渉として、次の二つをあげている。一つは仕事、もう一つはプライベートな交渉だ。二〇〇九年の金融危機時、ロイヤルバンク・オブ・スコットランド（イギリス最大の商業銀行）とロイズ銀行（イギリスの住宅ローン最大手）が、配当を停止するという思惑が、投資界に広がった。アレクセイは講座のツールを使って、投資家を含む各当事者の頭のなかの絵を思い描き、どんな不等価交換が可能かを考えた。

彼は金融機関が、経済を下支えするバックボーンである一般投資家に対して、配当金の支払いを停止するはずがないと考えた。また政府は、政治的将来を投資家に握られているため、配当が支払われるよう手を貸すはずだ。そこでアレクセイは、デフォルトの危険がある二行の「買い」を、クライアントに推奨した。読みはあたった。配当は支払われ、二行の株価は五倍以上に跳ね上がった。彼の会社は数千万ドルの利益を得た。「この結論は、法律文書や財務諸表の分析ではなく、当事者の頭のなかの絵について考えることで導き出したものだ」とアレクセイは説明する。

彼の二つめの大事な交渉は、一週間のボクシング・キャンプに行こうと恋人のクインを説得することだった。彼女はウォール街で働いていて、カリブ海のビーチに連れて行ってと恋人に断固要求すべきよと、友人にからかわれたそうだ。「ぼくはビジョンを描いた」と彼は説明する。「世界的なボクサーと並んでトレーニングできる人が、いったい何人いると思う、と聞いたんだ。履歴書に書けるほどの価値があるぞって」。アレクセイは伝説のボクシング・プロモーター、ドン・キングがフロリダで始めたボクシング・キャンプに彼女を連れて行った。ボクシング界の偉人たちと並んで、汗水流してトレーニングに励んだことで、彼女の視野は広がったという。「今度はいつ行くのとせがまれていてね」とアレクセイは言う。

ボストンでコンサルタントをしているシンディ・グリーンは語る。「いまではどんなやりとりも、前とは違う目で見るようになったわ。周りの人をとても強く意識するようになった。人生が根本的に変わった」。あなたにも、同じことが起きるはずだ。

第2章　交渉の半分は「人」で決まる

二〇〇八年の初め、ハリウッドの全米脚本家組合は、三カ月間にわたってストライキを続けていた。わたしはハリウッドの有名エージェントの仲介で、当時の組合の交渉責任者で現組合長のジョン・バウマンと、電話で話すことになった。「まあ、この男の話を聞いてみなさいよ」。エージェントのアリ・エマニュエルはバウマンに言った。「メモをとりながらね」

火曜の午後だった。バウマンは木曜の朝ハリウッドの大手映画会社の代表と会って、この問題を話し合うことになっていた。作品使用料、基本給など、いくつか重大な問題があり、彼はどの順番で話し合えばいいのか悩んでいた。

そういったことはひとまず置いておけ、とわたしは言った。そんなことが問題なんじゃない。問題は、だれもがお互いに腹を立て、だれもが損をしていることだ。「世間話をするんだ」とわたしは言った。「相手にこう聞いてみる。『幸せかい？』と」。彼らが幸せなはずはないし、自分でもそう言うだろう。脚本家組合のせいだと、文句を言い始めるかもしれない。それでいい。「話をじっくり聞いて、慰めてやるんだ」とわたしは諭した。「それからこう聞いてごらん。もし一からやり直せるなら、どういう展開を望むかと」

バウマンは疑わしげだった。そこで、交渉は人がすべてだという話をした。本章でとりあげる例をいくつか織り交ぜながら説明した。交渉ではたいてい、人が一番大切だ。人は話を聞いてくれる人、自分を尊重してくれる人、自分に意見を求めてくれる人に、何かを与えたがるものだ。またわたしはバウマンに、組合がニューヨークのファッション界から雇った、二人の対決的な交渉人を外せと忠告した。二人の存在が、おおらかなハリウッドの映画会社の役員たちをも激怒させてしまったのだ。

電話でバウマンは、試しに助言通りやってみると言った。この時点で、彼が失うものは何もなかった。結果どうなったか？　木曜の朝食会議で、当事者たちは数カ月におよぶ失敗を乗り越え、交渉再開に合意したのだ。ファッション界の男たちは外され、バウマンが後を継いだ。正式合意まで、数日しかかからなかった。ストライキはまもなく終結した。「このプロセスが、脚本家のストライキを解決した」とアリは証言する。

このプロセスについて、もう二つのことが言える。第一に、実に簡単なものだということ。第二に、やり方をすでに知っているのでなければ、スキルはまったく目に見えないということだ。

太古の昔から、人は議題のリストをもって交渉に臨み、いきなり相手に迫ってきた。これとこれがわたしの問題で、それに対するわたしの提案はこれだ、と。しかし、そんなやり方は大間違いだ！相手と何らかの方法で心を通わせない限り、話がまとまるはずがない。まとまったとしても、結果は満足できるものでないか、定着しないかだろう。たとえ相手を憎んでいても、心を通わせなくてはいけない。

忘れないでほしい。あなたは交渉の全当事者のなかの、一番とるに足りない存在だ。一番重要なのは相手だ。次に重要なのは、交渉相手にとって重要な第三者だ。これを受け入れられない人は、だれに対しても、何についても説得できない。本章ではどうやって相手に集中し、目標を達成するか、その方法を教えよう。

相手の頭のなかにある絵を読み取る

何よりも大切なことは、あなたの向かいに座っている人たちの個性や感性が、交渉のすべてを支配する、ということだ。その日に相手の頭のなかにある絵を理解するまでは、交渉内容など考える価値すらない。月曜に三人ずつで交渉に臨み、火曜に双方が四人めを連れてくれば、まったく違う交渉になる。また同じ六人でも、だれかがその朝通勤で大変な思いをしたり、具合が悪かったり、子どもが病気だったりして、交渉から気がそれているかもしれない。

だから最初にしなくてはいけないことは、向かいに座っている人たちの感情的、状況的「体温」を測ることだ。どんなによく知っている相手でも、そこから始める。自分の配偶者であってもだ。

これは交渉のプロセスに対する、まったく新しい考え方だ。昔は交渉と言えば、もっぱら問題のことしか考えなかった。「これがわたしの提案だ、議題だ」。その後、利益についても考えられるようになった。「なぜこの取引をしたいんですか？　理性的に話し合いましょう」。これは問題から離れ、メリットに焦点を置いたという点では評価できる。だが問題や利益について考えるだけでは、十分とは言えない。本当に効果的に交渉するためには、最初にさかのぼって、こう考えることから始めなくてはいけない。相手はどう感じているのだろう？　この状況をどうとらえているのだろう？　頭のなかにはどんな絵があるのだろう？

これを出発点としなければ、何から始めればいいか、見当もつかない。人はそれぞれ違う。同じ人でも、日によって、また同じ日でも時間によって違う。いま話し合いをしているこの瞬間、相手は何を感じ、考え、ものごとをどうとらえているのだろう？　これに神経を集中させるのだ。そうしなければ、ただ暗闇のなかを歩き回っているのと同じだ。

交渉は中身がすべてだと、ほとんどの人が思っている。だが人が合意に至る理由のうち、内容と関係のあるものは一〇%にも満たないことが、研究からわかっている。五〇%以上が、人と関係のある理由だ。お互いを気に入っているか、信頼し合っているか、お互いの言い分に耳を傾けているか。そして三分の一強が、交渉で用いられるプロセスと関係がある。お互いのニーズ(理性的および感情的ニーズ)を知ろうとしているか、話し合うべき議題について意思統一が図られているか、お互いに真摯な姿勢でとりくんでいるか。

交渉では実質的な問題がすべてだと思っている人は、正論をふりかざすだけで、相手を説得することはまずできない。つまり、真実や事実は、交渉で話し合われることの一部分でしかないということだ。人とプロセスの方がずっと重要なのだ。これはとくに医師、エンジニア、金融専門家など、ものごとの実質的な側面を重視する人たちにとっては受け入れがたいことだ。だが研究は、これが現実だということを示している。相手が聞く耳をも

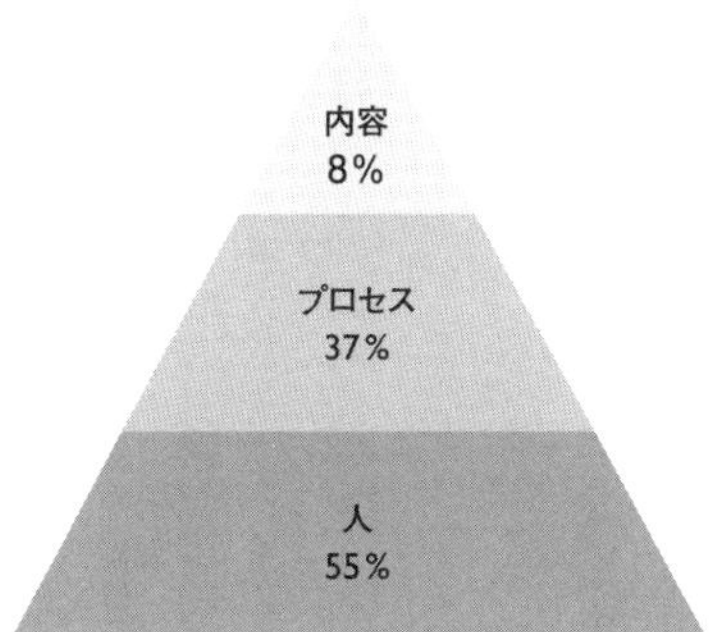

つまでは、いや聞く耳をもたない限り、相手を事実で説得することはできない。

このことは、交渉について何を教えてくれるだろう？　何かを議論していて、相手とうまく行っていないと感じたら、その場で議論を中断せよということだ。まずは人として話をし、そこで関係を修復しよう。相手に腹を立てたまま、強引に交渉を進めないこと。それでは取引をまとめられるはずがないし、まとめられたとしても定着しない。

ある女性が、ロサンゼルスで早期退職に関するとてもデリケートな交渉をしていた。一日めは順調に進んだのだが、二日目は不調だった。そこで問題について話し合うのをやめ、相手に言った。「マーク、昨日は順調に進んだのに、今日は何だか調子が乗らないですね。わたしの言動が原因なら、謝ります。もとの軌道に戻したいんです。どうかされましたか？」

マークは気をとられていて悪かったと謝った。二人はプロセスを再確認し、無事交渉を終えた。

心を通わせ、「個人」に接する

相手に関心を向ければ、ずっと多くを手に入れられる。取引に関する交渉であっても、人は一人の人間として扱われると、そうでない場合に比べて、相手を助ける確率が六倍も高くなるという。九〇%と一五%は、驚くほどの違いだ。

たとえ知らない相手でも、憎んでいる相手であっても、心を通わせれば、目標を達成するのに手を貸してくれることが多い。役所のくたびれた役人でも、電話会社のつっけんどんなサービス担当者でも、敵対国の指導者でさえそうだ。

あなたがやってはいけないことは、相手の怒りっぽい態度や、不愉快な態度を責めることだ。責めたところで、自分の目標からさらに遠ざかるだけだ。相手に優しくすれば、目標に近づける。

アリザ・ザイダは、サンフランシスコからフィラデルフィアまでの五時間の深夜便で、真ん中の座席を割りあてられた。残っているのはすべて真ん中の座席で、周りの人はみなゲート係員に文句を言っていた。自分の順番が回ってきたとき、アリザは係員が咳をしながら苦情に対応していて、具合が悪そうなことに気がついた。

アリザは余分にもっていた水のペットボトルを、咳止めドロップとお見舞いの言葉を添えて渡した。係員は喜んで受けとった。相手を操作しようと思ってやったことではない。現在ピッツバーグでコンサルタントをしているアリザは、もともとそういうタイプなのだ。「どっちにしろそうしたと思うけど」と彼女は言った。

アリザは、通路側の座席が空いたら、移してもらえるといいのですが、と礼儀正しく言った。押しつけがましくなく、文句も言わずに、ただそう言って、係員にチケットを渡し、腰を下ろした。何分かして、名前を呼ばれた。「足もとの広い、非常口前の通路側の座席に変えてくれたの」とアリザは言う。「そのうえ無料の食事までつけてくれた。お腹を空かせたまま眠らせたくないって。改めてお礼を言ったら、映画が見たいときのためにと、ヘッドセットまでくれた。大切なのは思いやりね」

あなたはこう言うかもしれない。だれもがこれを始めたら、どんな交渉ツールも効果がなくなってしまう。操作的でいやだ、など。そうかもしれない。でも、みんながこれを始めることはない。たいていの人はただ不満を言うだけで、頭のなかにあるのは相手ではなく、自分のことだけなのだ。それに、優しい人が増えるのは悪いことではない。わたしはそんな世界にぜひとも住んでみたいものだ。

あなたはそう思わないだろうか？

相手に関心を向けるとは、グループの代表と交渉するときでも、グループの一人ひとりに関心を向けるということだ。相手の会社や文化、性別、人種、宗教にではない。一人ひとりが特徴的で個性的なはずだ。一人の人間として話をしよう。

たとえば「ロシア人と交渉する方法」といったタイトルの本や記事がたくさん書かれている。これのどこが問題なのだろう？　こういったタイトルは、すべてのロシア人、日本人、中国人、フランス人、アメリカ人などを、同じと見なしている。わたしならこう言ってやりたい。「何だって？　一億三〇〇〇万の日本人と交渉するんだぞ？」

あなたが交渉する相手は、文化的規範という点では、あなたとそれほど違わないかもしれない。だが交渉でイエスやノーの結論を出すのは、文化や集団ではない。独自の考えや経験をもつ個人なのだ。もちろん文化的規範にはそれぞれ違いはあるが、それはあくまで平均だ。自分の向かいに座っているその人を説得する方法がわかるほど的確な知識ではない。

実際、あなたは会社で隣に座っている人よりも、モンゴルに住むだれかとの方が、たとえ言葉が通じなくても、共通点が多いかもしれないのだ。

「アメリカ人がみんな個人主義的で攻撃的で、日本人が全員チームプレーに徹するなんて、絶対にうそよ」。第1章で紹介した、USCで交渉力を大きく伸ばしたウェイウェイ・ワンは言う。

あるときわたしはクライアントが浮かぬ顔をしているのに気がついた。そこで尋ねた。「どうしたんです？」彼らは答えた。「弁護士が苦手なんですよ」。わたしは弁護士だ。「くわしく話してもらえませんか？」彼らは昔シンシナティの弁護士との間で起きたトラブルについて語ってくれた。

そこで言った。「いいことを教えましょう。わたしはそいつらを知らないし、親戚でもない。何ら責任を負う立場にもない……わたしはただのわたしです」

なぜ自社の過去一〇年間の全行動に、あなたが責任を負う必要があるのだろう？　同じ職業や文化の人が、過去一〇〇年、一〇〇〇年間にやったことすべてに責任をとれというのだろうか？　相手は自分の国や会社のだれかが一〇年、二〇年、五〇年前にやったことの罪をかぶるつもりなのだろうか？　それは言いがかりだし、それより何より、どうでもいいことだ。

目の前にいる人に関心を向け、相手と一緒にいまできることに集中しよう。あなたにできることはなんだろう？　交渉をこんなふうにとらえると、とても大きな力が湧いてくる。自分にはどうすることもできない、いらだたしいものごとはバッサリ切り捨て、自分の力で何とかできることだけを考える。このやり方は、ものごとに優先順位をつけ、仕事をてきぱきこなすのに役立つ。企業文化が交渉に影響を与えると言われたら、こう言い返そう。「そうかもしれない。でもあなたが知りたいのは、わたしがあなたのニーズを満たす決定を下せるかどうか、約束を守るかどうかじゃないんですか？」

最も過激な集団でさえ、均質ではない。たとえばあなたが一九四四年にポーランドに住むユダヤ人だったとしよう。あなたはもしナチスが全員邪悪だと信じていれば、当時オスカー・シンドラーに会っても、命を救ってもらえなかっただろう。シンドラーはナチスでありながら、ユダヤ人を救いたいと思っていた。だがあなたはナチスが全員ユダヤ人を憎んでいると思い、彼に助けを求めることもなかっただろう。

仕事であれ、プライベートな生活であれ、周りの人を理解し、違いを知っていることは、とても大きな強みになる。こうしたことは、外見的な特徴や所属集団だけではわからない。この理解があればこそ、違う集団の人たちと協力関係を結び、取引をまとめることができる。的外れでスキルに欠ける交渉人には、これができない。

ジョージタウン大学学長のジャック・ディジオイアは、ある年わたしがウォートンで開催した社会人向けの交渉ワークショップに参加していた。この点を議論していたとき、彼が興味深い指摘をしてくれた。二〇〇一年九月一一日のテロ事件後、彼がアラブ系アメリカ人の文化に関する調査を行ったところ、アラブ系アメリカ人の六三％がキリスト教徒だったという。

この研究や、その後わたしたちが行った研究から、アラブ系アメリカ人の半数以上が、アラブ文化の中心的宗教であるイスラム教に属していないことがわかっている。彼らはキリスト教徒なのだ。

しかし、同時多発テロ事件のあと、アラブ系アメリカ人は非難の矢面に立たされた。彼らを攻撃したのは、アメリカの著名な高官を含む政府関係者や、航空会社、教育機関、そして多くの一般市民だった。殺人や暴行、不当逮捕、不法監禁、飛行機の搭乗拒否など、数千の事件が記録されている。キリスト教徒への攻撃を、（キリスト教徒を含む）すべてのアラブ人のせいにする発言も聞かれた。それはごく少数のアメリカ人の問題だと、あなたは言うかもしれない。だがとくにアメリカのような国では、少数だからということはいいわけにならない。

このような偏見がなかったなら、アメリカは西洋文化を好む多くのアラブ人を味方につけ、アラブ過激派との戦いに、人脈や情報、支援を提供してもらえたかもしれない。これは人を人間として扱わなかったがために失われた機会の、ほんの一例だ。何もイスラム教徒を非難しているわけではない。問題は、個人の違いが十分明らかにされず、人について有効で正確な判断が下されないことにある。

昨今もやりきれない事件が続いている。二〇〇九年末にナイジェリア国籍の男性が、アメリカに向かう航空機で爆破テロ未遂事件を起こした。これを受けてアメリカ当局は、ナイジェリアをテロ支援国家に指定した。ナイジェリアはこれに反発して、アメリカに石油を売らないといって脅した。両国の当局は、過剰反応したのではなかったか？　ナイジェリア人テロリストが一人いたからといって、ナイジェリアがテロ国家ということにはならない。またアメリカ運輸保安局の数人が過剰反応したからといって、アメリカ人の指導層全員が偏見をもっているわけでもないのだ。

第三者——交渉の席にいない人のことを考える

アナンド・イヤーは、外国為替関連技術会社に勤めていた。あるときクライアントが、「うちの会社」はお宅の料金が高いと思っていると文句を言った。「当社は『会社』ではなく、人とお話しします、とぼくは返した」。現在サンフランシスコで為替と証券のトレーダーをしているアナンドは語る。料金が高いと言っているその人たちと、直接話をさせてほしいと、彼は頼んだ。結局、相手は外為関連のいくつかの分野で、「色」をつけてほしがっていることがわかった。そこで広報を含む若干の労力を要する取引を、契約に含めた。料金は据え置かれた。

交渉には必ずといってよいほど、三人以上の人が関わっている。交渉に参加する当事者は二人だけでも、当事者に影響をおよぼす第三者がいるからだ。第三者とは、当事者が何らかの形で判断を仰いでいると考えられる人（たち）をいう。実在の人だけでなく、過去の亡霊や妄想など、架空の存在も含まれる。たとえば当事者は配偶者、同僚、友人など、だれかに交渉をすることを知らせた手前、メンツを保つ必要があるのかもしれない。または上司が決定権をもっているのかもしれない。要は、あなたが目標を達成し、ゲットモアするためには、こういった人たちを考慮に入れる必要があるということだ。

たとえば相手は個人的にはあなたに同意しているが、理不尽な上司がいるのかもしれない。こういう場合、相手と協力して、その上司を納得させる方法を考えなくてはならない。

大手化学会社の営業部長を務めるスコット・ブロッドマンは、新規取引先の購買担当者が、契約条件は十分魅力的なのに、なぜそれ以上のことを要求し続けるのだろうと、不思議に思っていた。そこで背後に第三者がいるかどうかを探るために、質問をした。「相手の上司が厳しく監視していて、あとからとやかく言うタイプだとわかった」とスコットは語る。

スコットは相手が上司を説得できるよう、手を貸した。業界の相場を示し、また取引が相手の会社のニーズをすべて満たしていることを説明した。「担当者はこれ以上ないほど好条件の取引だと、上司に伝えてくれた」とスコットは言う。取引は成立した。

大事な第三者の意見を聞き流す人はほとんどいない。相手の考えを変えたいが、自分には十分な影響力がないとき、相手が一目置いていて、あなたが影響を与えやすい人がいないか考えてみよう。

ニューヨークで弁護士をしているバーナード・バートンは、一九七〇年代にロングアイランドの競馬場の施工者に対する訴訟で、請負業者の代理人を務めた。競馬場サフォーク・メドウズは経営難に陥り、施工者のロナルド・パーは、一部の債権者への支払いを停止した。バートンはそれまでの経緯から、パーが証人席で債務について真実を話さないのではないかと危惧した。

そこでバートンは、パーの三〇年来の秘書を裁判に召喚した。証人としてではなく、ただ法廷に座ってもらった。いくらパーでも、この親切で正直な老婦人の前でうそをつくことはないだろうと、バートンは踏んだのだ。ねらいはあたった。パーは真実を話した。バートンはクライアントの金を「一ペニーに至るまで」とり戻した。これが、第三者のもつ力だ。

相手を尊重する

　自分のほしいものを与えてくれるよう、相手を説得するためのカギは、相手を尊重することにある。映画や本で描かれる交渉は、相手をこてんぱんにやっつけることで、恥じ入らせ、打ちのめし、望むものを差し出させるというものだ。だがこれはまったくの誤りだ！　だいたい、自分が同じことをされたらどうするだろう。それにあなただって、自分を尊重してくれる相手には、何かしてあげたいと思うはずだ。家族のだれかが憤慨するのも、職場でだれかが愚痴をこぼすのも、自分が正当に評価されていないと感じているからだ。

　また交渉では、間違ったやり方で始めたことに気づいたら、すぐにやり方を変えることができる。わたしは一度だけ、ウォートンでの授業に遅刻したことがある。ペプシのトラックが、両側通行の道路の片側をふさいでいた。対向車線には、一台の車とタクシーが向き合う形で停まっていた。どちらの車の後ろにも、五台ほどの車がいてクラクションを鳴らしていたが、どちらも譲ろうとはしなかった。わたしは交渉の手伝いをすることにした。車を降り、タクシーの方に歩いていった。明らかに地元の人間とわかる相手の方が、交渉しやすいと思ったからだ。

「おいおい、そんなにムキになってどうする？」わたしは言った。失言だ！　わたしは彼を侮辱し、見下してしまった。ドライバーはあっちへ行けというふうに手をふって言った。「ふん！」そこで間違いに気づいたわたしは、方針転換して、もっと親身になろうとした。

「機嫌を直してよ」と試しに言ってみた。おそらく彼は以前、人がよすぎて馬鹿を見たことがあるに違いない。彼は少し考えていた。「何だよ」それでも彼は動かなかった。

そこでわたしは、彼の頭のなかの絵について考えた。彼は毎日どんなことをしているのだろうと考えた。そしてとうとう、彼を尊重できる方法がひらめいた。「わかるだろう」とわたしは悪事の相談でもするかのように、声をひそめて言った、「ここにいる面々のなかで、プロのドライバーはきみだけなんだ」

彼は車をバックさせた。

相手の頭のなかの絵を理解することは、これから何度も立ち返るテーマだ。これが、あなたが相手を説得するためにできることのなかで、ただ一つの最も重要なことだ。相手の頭のなかの絵を理解しようとすれば、相手の考えを変えるための出発点ができる。

今度交通違反をして警察官にとめられたら、まず謝り、お世話をおかけします、と感謝しよう。こう言うことで、あなたを止めた相手の判断を尊重することになる。彼らがキャリアを築くのに費やしてきた時間を尊重することにもなる。そして相手を尊重すれば、相手は必ずあなたに何かをしてくれる。法的責任が心配なら、「このたびのこと」を反省していて、「自分が関わったかもしれないすべての部分」について申し訳なく思っていると伝えよう。わたしは警察官には「仰せのままに従います」と礼儀正しく言うことにきめている。

わたしは数年前ニューヨーク三七丁目で、シートベルト非着用で警察官に止められた。路肩に停まっていた三台の車は、切符を切られているようだった。警察はそこに店を出したばかりだった。そこでわたしは警察官を尊重しようときめた。「職務を遂行してくださって、ありがとうございます。とめてくださって感謝しています、おかげで命びろいをしました」。さて、わたしは切符を切られただろうか？　まさか。

当然だが、本心から言わなくてはいけない。こういったことを、心からの誠意をこめずに言えば、必ず切符を切られる。警察官を嫌っている人は、必ず顔に出る。日々のどんな出会いも交渉と見なし、いつでも相手に集中できるよう、練習を積まなくてはいけない。言いかえれば、交渉で一番大切なものは自分であり、自分のニーズと認識なのだと、相手に心から思わせなくてはいけない。警察官は、あなたに教訓を教えたという満足感を得たがっている。あなたにとって一番の問題は、その教訓がどれだけの代償を伴うかだ。

わたしは記者だった時分、数秒間で相手の信頼を勝ちとることができた。わたしにとって何より大事な目標は、相手と会話を続けることだった。わたしは言うなれば、相手の脳内に入りこもうとした。相手は何を考え、感じているのだろう？　何があればわたしと話し続けてくれるだろう？　どうすれば、わたしと心を通わせたいと思ってくれるだろう？　相手の頭のなかの絵を探しあてるには、率直で、好奇心旺盛でなくてはならない。そうでなければ、どこから始めるべきか、途方に暮れるだけだ。

デニス・ザヴァヤロフの五歳になる娘のレジナは、プリンセスになるのが夢だった。「いつもプリンセスのアニメを見ているんだ。子ども部屋の壁はプリンセスのポスターだらけさ」。でも一つだけ問題があった。「部屋がひどい散らかりようなんだ」。そこでデニスはレジナを一人の人間としてとらえ、娘の頭のなかの絵について考え、娘の目を通して世界を見てみた。彼は娘に、紙皿でひまわりをつくってくれるかいと頼んだ。レジナは喜んでつくった。「ありがとう、プリンセス！」彼は言い、それから続けた。「でもこの散らかりようを見てごらん」。そう言って部屋を見回した。「これがプリンセスのお部屋に見えるかい？」

レジナは考えてみた。「プリンセスのお部屋は、ばっちくないの」。「それじゃ、どうしたらいい？」

デニスは尋ねた。レジナは答えた。「あたしお部屋を片づけて、かたくなったねんどを捨てて、プリンセスのお部屋にする！」それできまりだ！

思いもよらない大きな見返りが得られることも多い。ジェニファー・プロセクは、コロンビア・ビジネススクールの学生だった頃、クラスメイトのジミー・ルーに話しかけてみようと思った。ルーは物静かな中国人学生で、だれかが彼と話しているのを見たことがなかった。ジミーは感激して、五分もたたない間に、中国で広報の仕事をしませんかとジェニファーに申し出た。周りの人への好奇心それ自体が、ビジネスをもたらしたのだ。

現在ニューヨークとロンドンで事業を展開する広告代理店で、創業者兼CEOを務めるジェニファーは言う。「わたしたちにとって事業開発とは、人間の自然な好奇心が生み出すものよ」。このように考えれば、どんな単純な会話も交渉プロセスの一環になると、彼女は言う。

では相手のことを知るには、どうすればいいだろう？　ちょっとした世間話をするのだ。世間話をするのが役に立つと、どこかの本に書いてあったからやるのではない。相手に関心があるからやる。これは人生に対する一つの姿勢なのだ。

それに、これは人と接する姿勢でもある。フィラデルフィアのチャンプス・レストランの新米ウェイトレスは、たくさんのテーブルを受けもっていた。わたしの教え子の学生と友人たちは、夕食が来るのをかなり長い時間待っていた。そこで学生はウェイトレスを呼んで、努力をねぎらい、彼女を尊重した。あなたはここにきたばかりでとても忙しいのね。待っている間、何か前菜をもってきてくださらない？

ウェイトレスは無料の前菜をもってきて、メインディッシュの代金を勘定から差し引いてくれた。

ドリンク以外は無料になった。「ウェイトレスは言ってみれば、わたしの気づかいと思いやりに、お返しをしてくれたのね」と学生は言った。

「相手との共通の絆を見つけることで、大きな見返りが得られる」と言ったのは、フィラデルフィアで弁護士をしているルーベン・ミューノズだ。ルーベンは出生証明書と婚姻証明書の翻訳料金を半額にしてもらった。翻訳者に会う前に、彼女のことをネットで調べ、スペインへの関心と旅行という共通の趣味について語り合ったからだ。そんなことはしたくないって？　そうか。でもそれでは何も得られない。

サービスを提供する立場にある人は、使用人のように扱われることが多い。だから人として尊重すると、とても喜ばれる。

ゴーラフ・テワリは、夏の間倉庫に預けてあった荷物を自宅に配送してもらうのに、一〇〇ドルかかると言われた。彼は倉庫の管理人を探して、世間話をした。管理人はいつかＭＢＡをとるのが夢だと言った。ＭＢＡの学生だったゴーラフは、ビジネススクールに合格する秘訣を教えてあげた。どうなったか？　配送料は免除された。

心を通わせるには、自分だけでなく、相手にも関心をもち、相手を会話に引きこむ必要がある。わたしのウォートンでの教え子は、卒業後に妻と幼い息子と一緒に住む場所を探して、フィラデルフィア近郊の高級住宅街をドライブしていた。だが一時停止の標識を見落とし、脇道に停まっていたパトカーに止められた。

学生はひたすら謝り、安全を怠っていたことを認めた。「実は」と学生は言った、「卒業したら、妻と生まれたばかりの息子とこの辺に住めたらと思って、美しい家並みを見ていたんです。そうしたら標識を見落としちゃって」

「どんな処分も受け入れます」と学生は続けた。「でもこの辺りで家賃がそう高くない場所があったら、教えてもらえませんか？　この界隈に住みたいんですが、もう少し手頃なところがあればと思っているんですよ」。これを聞いた警察官は、財布をとり出して、自分の赤ん坊の写真を見せた。当然、切符は切られなかった。

　こんなことがいつも起きるのだろうか？　そんなわけはない。だがくり返し言うが、九試合ごとに一本余分にヒットを打つだけでいいのだ。

相手の力を認める／見きわめる

　相手を尊重することは、相手の力を認めることでもある。力をもっているのはCEOだけではない。高級レストランの給仕長や、ファイルのありかを知っている事務スタッフ、陸運局の窓口のイライラした係員にも、力はある。それにあなたの時間を有意義にするか、無駄にするか、そのカギを握る子どもや相手も、力をもっている。相手の行動や仕事を尊重することは、相手の立場や能力、考え方を認めることでもある。相手はその見返りに何かをしてくれる。たとえ力がわずかしかなくても、相手の自由になるものを認めることで相手に力を与えれば、あなたに何かをしてくれるはずだ。これは相手を力で支配することの正反対だ。これがおよぼす効果も正反対だ。相手はあなたに何かしてあげたい気もちになるのだ。

　そんなわけで、今度ホテルのフロント係や、電話の向こうの顧客サービス担当者、ガソリンスタンドの店員などのサービス提供者が、何か間違いをしたり、頼んだものをくれなかったりしたときには、責めたりつらくあたったりしてはいけない。そんなことをしても、自分の目標は達成できない。相手にもっとうまくやれる力があることを認め、そうすることで相手を尊重しよう。これは普通の人がやることの正反対だが、効果がある。実際、とても効果が高いのだ。

経営コンサルタントをしているドーン・マクラーレンは、友人と混み合ったレストランにいた。四回頼んだのに、ウェイターはドリンクをもってきてくれなかった。友人がウェイターを怒鳴りつけてなじると、ウェイターは向こうへ行ってしまった。ドーンはウェイターを追いかけ、さっきのことはごめんなさいと謝り、だいたい怒りっぽいお客が多くて困るわねと慰めた。「ドリンクと勘定をもってきてくださったら、チップが待っているわよ」

ドリンクは二分もしないうちに到着した。「彼をけなす代わりに、彼の目を通して状況を見ようとしたの」とドーンは言った。

大切なのは、相手の虫の居所が悪くても、売り言葉に買い言葉にならないことだ。いやなことがあれば八つ当たりもしたくなる。別にあなたに腹を立てているわけではないのだ。ツイてない一日だったのねと慰めよう。そうすればいいことがたくさんある。自制が必要だが、それだけの見返りはある。

こうした衝突は、人生で何千回と起きる。それをどのような方法で解決するか、その選択が、あなたの人生の豊かさに大きく影響するのだ。

相手の力を見きわめ、認めることは、意思決定者を探しあてることでもある。または意思決定者を直接動かせる人だ。これまでの人生で、間違った相手と交渉して時間を無駄にしてきた人はいるだろうか？　だれもがそうだ。だれかに電話をかけるときには、相手に自分を助けてくれる力があるかどうかを確かめよう。「もしもし、あなたには××をする権限がありますか？」人生は短いのだ。

あるフランスの企業が、韓国企業と三年間交渉を続けていた。フランス側がようやく取引にこぎ着けると思うたびに、韓国側はさらに上の層に判断を仰いだ。三年の年月と五〇万ドルのコスト――これは旅費その他の費用だけで、機会費用は含まれていない――を費やしたところで、フランス企業はさじを投げた。敗因は、交渉開始時にはっきりさせておくべきことを、うやむやにしていたことだ。プロセスをどのように進めるか？　だれが意思決定を下すのか？

これと関係が深いのが、だれが交渉人として適任かという問題だ。一番交渉に長けた人や、一番位の高い人が適任とは限らない。実際、大きな力をもっている人ほど、相手のニーズに関心を払わないことが、複数の研究で示されている。つまりそういう人ほど、パイを広げるのが下手なのだ。チームの一番下っ端の人が、実は一番交渉がうまい場合があるのは、実に皮肉なことだ。だから次の質問を考えよう。「わたしの目標を相手に達成させるには、うちのチームのだれを交渉人にするのが一番効果的だろう？」

相手に力を与える、効果的な方法がある。ただしこの方法はほとんど使われていない。相手に問題を委ねるのだ。共感を使うか、直接助けを求めよう。自分の問題に相手を巻きこむことで、相手は力を与えられたと感じ、自ら率先して手を貸してくれることが多い。相手の助けを求めよう。

わたしは交渉人としての長年の活動のなかで、一度だけＣＩＡ（中央情報局）の相談に乗ったことがある。あるとき監察官局のスタッフから電話がかかってきた。当局は局員の苦情に困惑しているようだった。上層部の手に負えなくなったらしい。

そこでわたしは本部のあるバージニア州ラングレーまで出かけていった。そして、局員の苦情件数を減らすには、局員に問題を委ねるのが一番だと助言した。局員苦情処理委員会を設け、さまざまな局員を委員に任命する。委員は六カ月ごとの回りもちにするなどして、少額の手当を与えるか、人事考課で評価するといった特典を与える。すべての局員の苦情はまず委員会で検討され、そこで承認されたものだけが経営陣に送られる。

こういうふうにしておけば、局員の苦情件数は激減するはずだと、わたしは教えた。同僚にたわいもない苦情や、悪意のある苦情を申し出るのは、きまりが悪いものだ。残ったものを正当な苦情として処理すればいい。そんなわけであなたも、自分の問題を解決する方法について、同僚や上司、従業員に助言を求めよう。あらかじめ、助言に必ず従うわけではないと断っておこう。だがこれは必ずゲットモアできるやり方なのだ。

信頼

あたりまえのことだが、信頼は対人関係の重要な問題だ。信頼がもたらすものは、はかり知れない。取引が早くまとまり、取引件数は増え、より大きな成果が得られる。逆に、信頼がないことの代償は大きい。フランスで行われたある研究によると、フランス人は相互の信頼関係が低いため、そうでない国に比べて、就労率は八％低く、ＧＮＰは五％低く抑えられているという。ちなみに比較の基準となった国は、スウェーデンだ。これは数十億ドルに相当する違いだ。また全般的に見て信頼関係が最も高い国は、北欧諸国とアメリカだった。

多くの途上国が抱える経済的問題の一つに、取引費用が法外に高いことがある。それは、社会に信頼関係がほとんどないからだ。アメリカの経済的問題の一つは、同時多発テロ以来、人や組織の間の信頼関係が急低下したことだ。そのせいで、さまざまな取引にかかる時間とコストが増している。たとえば空港セキュリティやローンが、その最たる例だ。この結果、より生産的な活動に資金が回らなくなっている。二〇〇九年にデンマークで行われた研究によると、社会的信頼度と海外からの投資の間には、正の相関関係があった。とくに旧共産圏や途上国といった信頼度の低い国に、この傾向が顕著だという。

ここで信頼を定義しておこう。信頼とは、相手が自分を守ってくれるという安心感のことだ。信頼がある程度あれば、相手はリスクが高くなりすぎたと感じるまでは、またはよりよい機会が訪れるまでは、あなたを助けてくれる。相手と深い信頼で結ばれていれば、相手は自分が傷ついてもあなたを守ってくれる。この信頼の力学を理解しておくことが、とても大切だ。

信頼をつくる大きな要素は誠実さ、つまり相手に対して率直であることだ。交渉でいう信頼とは、お互いの意見が一致することではないし、いつもお互いに感じよくするということでもない。当事者がお互いを信じることだ。あなたの信頼性は、前にも言ったが、あなたの一番大切な交渉ツールなのだ。

信頼の反対は、もちろん、不誠実やうそをつくことだ。これには相手を欺こうとするあらゆる行為が含まれる。たとえば真実は述べるが、一部の事実を隠蔽して、誤った印象をつくりだすのもそうだ。相手の感情を巧みに操作する、情報を誤り伝える、はったりをかける（脅したり、実行するつもりがない約束をしたりする）、恣意的に選んだ情報を流して相手の信頼性を傷つける、といったことも含まれる。つまり「怪しい」と思われることすべてだ。うそをつけば信頼関係が損なわれ、最悪の場合、うまく行くはずの交渉が頓挫する。

まずは信頼の基盤を築こう。ビジネスで初対面の相手に「わたしを信頼してくれませんか？」と言われたら、あなたはもちろんこう答えるだろう。「信頼も何も、いま会ったばかりじゃありませんか。それでわたしを信頼してくれるというなら、あなたはおかしいですよ」。信頼は時間をかけてゆっくり醸成される。信頼とは、相互の尊重、倫理、好意に基づく、お互いに対する感情的な思い入れだ。たとえば、相手が自分のことを気にかけているから、成果を独り占めしようとはしないはずだという安心感も、信頼のうちに入る。

関係に自信がもてないときは、相手を信頼してはいけない。相手にすべてをさらけ出さないこと。不誠実な相手にとるべき対応は、不誠実なことをやり返すことではない。相手が信頼を失うようなことをしたからといって、自分の信頼まで失うことはない。

同僚のマイケル・マークスは、一九七四年から八六年までニューヨーク商品取引所（NYMEX）の会長を務めた人物だ。エネルギー先物取引を開発し、一兆ドル規模の業界を生み出した。彼に成功の秘訣を聞いたことがある。「わたしはいつもテーブルに金を残してくるんだ」とマイケルは言った。「何も残さないことは絶対にない」。自分は信頼されているからこそ取引をもちかけられ、取引を増やして来られた。またそのおかげで、一つひとつの取引を早くまとめられることも、取引を増やす秘訣だと、彼は言う。

マイケルはカモなどではない。相手の信頼性に自信がもてないうちに、弱みをさらけ出したりはしない。ただ信頼性を自分の大きな武器にしたのだ。しかも彼が活躍の場としたNYMEXは、エディ・マーフィ主演の映画『大逆転』で描かれたように、取引主体の短期的な環境なのだ。

さて弁護士はこう言うに違いない。「テーブルに金を残してくるのは結構。でもそれが、全力を尽くしてクライアントの代理を務めるというわたしの職務と、どう関係があるっていうんだ？」わたしならこう答える。「それはどの期間を考えるかによりますね。いまあなたがすべてを独り占めしたために、相手が取引に応じてくれなくなったら、どうします？　必要な全期間にわたって、クライアントのために全力を尽くしたことになるんでしょうか？」

また一口に信頼と言っても、文化によって違うと反論する人もいるだろう。その通りだ。だがどんな文化でも、心の通い合いが増えれば増えるほど、信頼関係が高まることもまた事実だ。そして信頼がなければ、やはりコストがかかる。わたしは数年前モスクワで、旧ソ連の成功している実業家を対象に、交渉ワークショップを開いた。一日めの午前が終わると、三人の参加者がわたしの間違った考えを正すべく、ランチに行こうと誘ってくれた。

「協力がどうのこうのというのは、あなたが教える西側の学生にとっては、とてもためになることだ」と一人が言った。「でもわたしたちには何の意味もない。わたしたちの国では、何かがほしけりゃ盗むだけだ」。三人は笑ったが、本気で言っていた。わたしは賄賂はどうですかと聞いた。そう、賄賂も贈るよといった。

そこでわたしは言った。「そういうやり方は、いまのロシア国内では通用するかもしれない。でも国際的なビジネスの世界では許されないし、長い目で見れば高くつきますよ」。むろん、彼らは真に受けなかった。

一九九八年にロシアの銀行スキャンダルが起こり、アメリカの銀行はロシアの銀行詐欺により、数十億ドルの損失を被った。この結果、世界の対ロシア投資全体に占めるアメリカの割合は、二八％から二・九％にまで急減した。国際投資家にロシアの印象を尋ねれば、真っ先に返ってくる言葉は「不正」だろう。たとえ関わったのがほんの一握りの人であっても、代償は大きい。前に紹介したフランスの研究では、ロシア人のうち自国の司法制度を「まったく信頼していない」と答えた人の割合は、九〇％近くにものぼった。ちなみに信頼度が最も高いアメリカは約二三％、第二位のノルウェーは約一二％だった。

交渉でうそをついたりはったりをかけたりするのは、リスクが高い。はったりは見破られる。同じ組織で人によって言うことが違えば、いつか必ず相手に気づかれる。組織の内部でも、うそやはったりは、道徳規準が高い人たちの不和や不信を招く。それに、だれかが矛盾を逆手にとって、攻撃してくるかもしれない。

もちろん、相手に何もかもを打ち明けろということではない。第1章で説明したように、「いまの時点では」まだ明かす気になれないと言っておくのだ。その後関係が発展すれば、より多くの情報を与えればいい。

また相手が本当に求めているものを知ることは、交渉に役立つ。ある女性はマンハッタンから引っ越してからしばらくして、ひいきにしていた地元の店に音楽CDを買いに行った。買い物は一五〇ドルほどだった。レジのカウンターで、お近くの方ですかと店長に聞かれた。地元客には割引があったのだ。彼女はのちにクラスに質問を投げかけた。「わたしはうそをつくべきだったんでしょうか？」このときはうそをつかず、正価を支払った。

店長が本当に聞きたかったことは何だろう？　彼女が住んでいる場所に興味があったのだろうか？いやそうではない。常連客かどうかを知りたかったのだ。なら、彼女はこう答えればよかったのだ。「この近くに住んでいたんですが、最近引っ越したんです。でも好きなお店でお買い物をするために戻ってきました。こちらのお店もその一つ」

これはうそをつくより強力だろう？　何より、彼が本当に聞きたかったことに答えている。それにもしうそをついて、古い住所が載った運転免許証を見せたとして、店長がそこに住んでいる人を知っていたらどうなる？　店にはデータベースというものがある。彼女はその店で二度と買い物ができなくなるだろう。

この考えの正しさを証明するために、彼女はもう一度店に戻り、クラスが提案した答えを店長に言った。そして値引きしてもらったのだ。この方法をやるには、相手と状況についてよく考える必要があるが、リスクが低く、長期的に見ればより大きな成果が得られる。

信頼できない相手との交渉では、相手の方法で「確約」を得る

ご承知の通り、世の中には信頼できない人も多い。信頼が欠如した状況で交渉するには、どうすればいいだろう？　信頼できない相手であっても、客は客だ。

信頼があるに越したことはないが、率直に言って、なければ交渉が成功しないわけではない。これはとても大事なことだが、わかっていない人が多い。信頼は交渉を成功に導くための主要な必要条件ではない。それよりずっと根本的なことが必要だ。

必要なのは、確約《コミットメント》だ。信頼は、確約を得る手段の一つでしかない。ほかの手段には、契約、第三者、インセンティブ（報奨）などがある。

ここで大事なのは、あなたではなく、相手のやり方で、確約をとりつけることだ。「わが言葉がわが証文」だって？　そんなのだれが信じてくれるだろう？　それに、「相手の言葉は相手の証文」になるだろうか？　あなたが一方的に確約を行ったからといって、相手も同じ方法で確約してくれると

思わない方がいい。相手を確実に拘束するとわかっている方法で確約を得ることに、目標を設定するのと同じだけの労力をかける必要がある。

中国で事業を展開するアメリカ企業は、中国企業は価格をとりきめる際、契約書をとり交わさないことが多いと文句を言う。中国では確約を行う方法が違うだけなのだ。第一に、中国企業は取引の構造、たとえば供給、納入、期間などについては、契約書をとり交わす。続いて市場を調査し、市場実勢をもとに価格を提示するのだ。契約書の価格は参考価格と見なされる。実際、チャイナ・エコノミック・レビュー誌の二〇一〇年四月号は、このような契約をとり交わしたあとで、「第二の」交渉を計画しない西洋人は、「失敗する計画を立てている」ようなものだと論じている。

ところが、たとえばこの企業が一目置いている中国社会の長老が、価格決定方式が織りこまれたこの契約こそが、米中協力の象徴だと、新聞で発表するようなことがあれば、それこそ大きな確約になる。なぜなら中国では、企業行動においても個人の行動においても、面目を保つことがことに重視されるからだ。

アメリカのあるコンサルティング会社が、中国有数の企業から多額の債権を回収できずにいた。この債権は七〇〇日、つまり二年も前のものだった。アメリカ企業は弁護士を通じて交渉したが、らちが明かなかった。外交ルートを通じて申し入れたところ、少しだけドアが開かれ、会合がもたれることになった。

わたしはアメリカ企業に助言した。経営幹部がこの中国の伝統的企業のトップに直々に会って、こう言うべきだ。「御社による債務の不払いは、わたしたちの体面を汚しました。同僚たちの前で、わたしたちの体面を汚しました。友人たちの前で、わたしたちの体面を汚しました。家族の前で、わたしたちの体面を汚しました。従業員、コンサルタント、顧客、政府、隣人、地域社会の前で、わたしたちの体面を汚しました」

そう言ったあとで、中国企業が不払いによって、自国政府の前で自らの体面を汚しているのだと指摘する。中国が国際貿易界の尊敬を得たいと思うなら、なおさらだ。提供された役務に対する正当な債務を支払わないのは、国際基準に反する。そう指摘しなさいと、わたしは助言した。中国企業は三週間とたたずに債務を返済した。

中東の多くの市場では、握手が拘束力のある確約と見なされる。商人がまっすぐ手を差し出して、相手に言う。「この値段ではどうだ？　握手しよう」。相手の商人が腕を背中に回せば、申し出は拒否されたことになり、交渉は続けられる。取引が成立すると、二人は証人の前で握手をする。これは拘束力のある確約だ。

わたしの経営する会社の一つは数年の間、ボリビアのジャングルからアルゼンチンにバナナを輸出していた。わたしたちが売買を行ったアルゼンチンの市場では、次の言葉は確約とは見なされなかった。①「誓う」、②「母の命にかけて誓う」、③「約束する」、④「契約書に署名した」、⑤「絶対に保証する」

だがわたしたちが彼らに対して債務を負っている場合、彼らは少なくともわたしたちが債務を返済するまでは、とりきめを守った。そこで彼らと話し合って、次のしくみをつくった。まず中間業者が、バナナの熟成、配送、販売などのための先行投資を行う。最終消費者であるスーパーマーケットが、わたしたちに支払いをする。それからわたしたちが中間業者に、投資の全額と利益のとり分を支払う。

わたしたちがアルゼンチンの中間業者と仕事をした六年の間、彼らは契約の条件を、一つも、一度も破ることがなかった。わたしは彼らを信頼していただろうか？　いや、相手がだれなのかさえ知らなかったのだ！　というわけで、秘訣はこうだ。信頼関係のないところでは、約束を破らないことに報奨を与える、何らかのしくみが必要だ。いま説明したような金銭的構造でもいい。預託金や、第三者による非難もいい。また将来の利益の正味現在価値を相手に与えるのも手だ。

ティナ・ターナーの名曲「愛の魔力」の歌詞ではないが、交渉も「信頼となんの関係があるのさ」だ。信頼はあるに越したことはないが、絶対に必要ではない。

相手のうそや不正から身を守る方法は、ほかにもたくさんある。何よりも、段階的にものごとを進めることだ。相手に裏切られても失うものが少ない、ちょっとした情報や価値を与え、それに見合う見返りが得られるかどうか見てみよう。得られたら、もう少し与える。多くを与えたのに、相手からは価値あるものをほとんど得られない、詐欺のような状況に陥らないよう気をつけよう。一歩進むたびに、十分な見返りが得られるよう確かめよう。

ウクライナの実業家アレックス・ドゴーは、初対面の相手とビジネスをする際には、最初の数カ月間は、自分がすでに答えを知っている質問だけをするのだという。「相手がうそをついたら、二度と取引はしない。本当のことを言ったら、次のステップに進む」

わたしのお気に入りは、ロナルド・レーガン元大統領のソ連に対する発言だ。「信頼せよ、されど検証せよ」。これは古いロシアのことわざなのだ。

頭に入れておきたい項目を以下にあげる。

●相手がもっている情報量が、自分よりかなり多いとき、あなたは弱い立場にある。段階的に交涉を進め、十分な情報が得られるか、相手を十分信頼できるようになるまでは、確約を行わない。

●相手に関する情報をたくさん収集する（事前詳細調査《デュー・ディリジェンス》という）。相手にくわしい情報を求め、すべての情報が整合するか確かめる。すべてを確認、検証する。信頼できる第三者に手伝ってもらう。

●相手はあなたの質問をはぐらかしたり、話題を変えようとしたりするだろうか？　こそこそしている相手は、何かを隠しているリスクが高い。

●相手にとって、誠実であるより不正をする方が利益が大きいなら、インセンティブを変更しよう。たとえば相手が長期的に実現する成果（価値）に対して、報酬を与えるなど。

●はっきりとした保全策をもたずに資産（発明品、時間、建物など）を提供しない。

●真実性の保証を、あらゆる契約に盛りこもう。相手にはこう言えばいい。「あなたのおっしゃることが本当なら、あなたに余分なコストはかからないはずです。わたしに安心感を与えると思って、お願いします」。これを渋る相手には、気をつけよう。

●違反した場合の罰則を契約に明記しよう。

●相手と直に会おう。そうすれば相手は隠し立てしにくくなる。一部の文化では、交渉は直接会って、相手を観察しながら行うものとされている。

●何かがうやむやにされているような気がしたら、相手に尋ねよう。「何かほかにわたしが知っておいた方がいいことはありませんか？」

自分の直感を信じよう。相手はおどおどしていないだろうか？　やましい様子はないだろうか？　やたらと目をそらさないだろうか（文化的なものもあるが）？　長い間黙っていないだろうか？　確約したがらないだろうか？　こういった点があるからと言って、即不正ときめつけてはいけない。だが質問を投げかけることで、交渉のペースを落とすことができる。さらに多くの質問を浴びせ、段階的に進めよう。

より多くを手に入れるということは、とり分が減らないようにすることでもある。労を惜しまずに、このリストを実践しよう。あとで後悔しないように。

信頼を回復するのはたいへんだ

たとえばあなたは法律事務所で働いているとしよう。職業人生のなかでたった一度だけクライアントに一〇〇〇ドル過大請求し、それが発覚した。あなたには一生、過大請求する弁護士という評判がついて回る。法律事務所も過大請求する法律事務所として見られる。たった一度のことなのに。

不正の代償は、信頼の喪失だ。信頼喪失の代償には、大金のほか、評判、信用、そして交渉力の低下などがある。二〇〇八年夏のオリンピックで、史上最多となる一大会八個の金メダルを獲得したマイケル・フェルプスは、たった一度マリファナを吸ったことが発覚したために、数百万ドルの広告契約を失った。彼はいまもスポンサー契約を結んでいるが、その金額は全盛期の数分の一でしかない。

そしてもちろん、プロゴルファーのタイガー・ウッズが妻を裏切っていたことが明らかになったとき、広告塔としての彼のキャリアに何が起きたかは、だれでも知っている。

授業で交渉の練習をするとき、一方が不正をすることがある。あるとき弁護士とロースクールの学生が、交渉で何かのとりきめをした。ところが学生のチームはそのとりきめを破って、弁護士のチームに快勝した。弁護士は激怒した。教壇の上に立ち、大勢の学生の前でこう言い渡したのだ。「おまえを一生苦しめられるだけの情報を握ったことになるぞ」

学生は言った。「ちょっと、気にしないでくださいよ。ただのゲームじゃないですか」だが弁護士はこう返した。「点数稼ぎのためにこんなことをやる人間は、金のために何をやるか、わかったもんじゃない」

不正をしたと疑われるだけで、交渉や関係がだめになることもある。わたしがコロンビア大学の社会人ＭＢＡコースで教えた、ある管理職の話を紹介しよう。彼の勤める産業機器メーカーは、一〇年前に年間購入契約をめぐって、大手顧客とトラブルになったという。

当時顧客は、年間八〇〇〇万ドル相当の機器を購入していた。契約交渉で、顧客はある価格算定方式にとくに難色を示し、メーカーはこれを除外することに応じた。この方式は購入自体にはほとんど影響を与えないもので、契約書の終わりの方に記載されていた、目立たないものだった。それでもこの件については、双方の間で綿密に交渉が行われた。

契約書が完成すると、メーカーは署名し、顧客に送付した。顧客の購買部門が契約書を精査したところ、購買部長はあの価格算定方式がなんとまだ残っていることに気がついた。彼はだまされたと言って激怒した。メーカーは平謝りに謝ったが、もうあとの祭りだった。顧客はメーカーを信じなかった。あれほど交渉を重ねた算定方式をぬけぬけと入れてくるとは何ごとか。

その後の一〇年間、顧客はメーカーから何も購入しなかった。メーカーは総額で一〇億ドル（インフレ調整前）ほどの売上を失った計算になる。一〇年たつと、メーカーの上層部には、契約に関わった人がだれもいなくなった。だが顧客の会社には一人だけ残っていた。それはＣＥＯであり、一〇年前の購買部長その人だった。

最もドラマチックで、ここで紹介するのに最もふさわしい信頼喪失の事例は、ある大手化学薬品メーカーの顧客の話だ。

この顧客は、ニュージャージー州中心部にある大手印刷工場だった。ここの購買部長から聞いた話だが、同社が年間に必要とする化学薬品のうち、メーカーから調達していたのは一〇％未満、およそ一〇〇万ドルだった。本来であれば少なくとも五〇〇万ドル、あるいはそれ以上の金額を購入していてもおかしくなかった。だがメーカーは、印刷工場からこれほどの取引を得るどころか、取引自体を一一年前の一九九〇年に失っていた。二〇〇一年になって、印刷工場はメーカーとの取引を一一年ぶりに再開したのだ。

「何があったんです？」わたしは尋ねた。

「実はですね」と購買部長は切り出した。「一九九〇年に、メーカーはそれまでの製品が製造中止になったと言って、うちに新製品を勧めてきたんです。だが新製品は使いものにならず、生産時間が無駄になった」。のちにメーカーの言う「新製品」が、実は「試験材」だったことが発覚した。その結果、「信頼関係は失われた」。メーカーはこの会社から、総額一〇〇万ドル以上の取引を失った。

「それで、どうして取引を再開したんです？」とわたしは尋ねた。

「そうですね」。彼は話を続けた。「メーカーの営業担当者の努力ですよ。足繁く通ってきては、何かと教えてくれた。ナイスガイでね。そこで試しにつきあってみるかと」。だから二〇〇一年の購入額は少なめなのだと、購買部長は説明した。

「営業担当は、取引をとり戻すために、どれくらいの間御社に通ったんですか?」わたしは聞いた。

「六年間、一日も休まずにね」。購買部長は答えた。

信頼を失ってもとり戻すことはできる。もちろん並大抵のことではないし、必ずとり戻せるものでもない。「もう一度チャンスをください」と言えば、相手の心を動かせるかもしれない。プロセスは段階的でなくてはいけない。「礼を尽くし、謝罪し、今後改善することを約束しなくてはならない」。期待通りの成果を出せなかった市場調査会社に二度めのチャンスを与えた、サノフィ・アベンティスのマーケティング課長、ベラ・ナコーバは言う。「自分から進んで変わろうとしなければ。過去の行き違いについて、きちんと話し合うことが肝心よ」。信用回復のカギは、協調性を発揮し、起きてしまった問題をともに解決することにある、と彼女は言う。

第3章　相手の頭のなかをのぞく

下の図を見てほしい（円は赤いと思ってほしい）。自分の見たものを、ひとことで書こう。矢印はただの目印なので、無視すること。

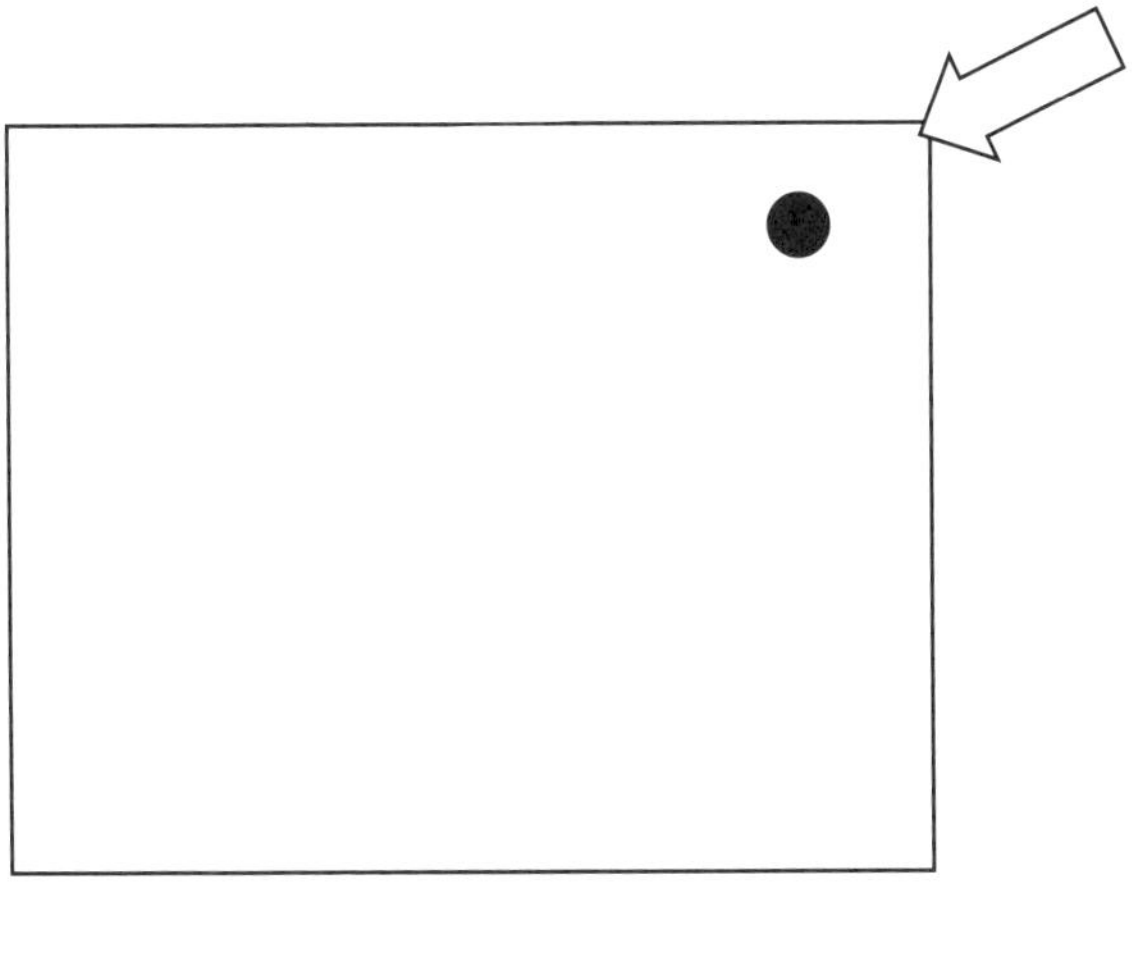

さてあなたは何と書いただろう？　一番ありそうな答えは「赤い点」だろうか。でもクラスでこれをしたとき、そう答えたのは全体の三三％だった。次が「赤い丸」で一八％。七％の人が「白い空間」と書いた。「赤」以外のことを書いた人は四〇％もいた。ほかにもいろいろな答えが出た。「連鎖球菌」と書いた医学生もいた。このときのリストを一部紹介しよう。「日本の国旗」「赤鼻のトナカイ」「右上」「ゴール」「眼球」「黒点」「血痕」「標的」「赤信号」等々。

同じ単純な質問に、なぜこれほどいろんな答えが出るのだろう？　難しく言えば、見たものに関して、意見の不一致があまねく存在したということになる。不一致がこの一〇〇〇倍になれば訴訟が起こり、一〇〇〇万倍になれば武力衝突が起きる。すべては同じ延長線上にあるのだ。

またほとんどの人が、与えられた情報のうちのわずかしか処理しなかった。この図では、矢印が赤い点に向いているが、質問はこうだった。「自分の見たものを書こう」。赤い点よりも、白い空間の方が明らかにずっと多い。質問のせいで、赤い点に注目するよう誘導されたと言う人もいるかもしれない。でもそれなら、なぜ白い空間を見た人が七%もいたのだろう？

世界中どこでも、交渉が失敗する原因で最も多いのは、おそらくコミュニケーションの失敗だろう。そしてコミュニケーションの失敗の唯一最大の原因は、誤解なのだ。二人の人が同じ絵を見ても、それぞれが違う部分を見ている。そして世界でよく見られるように、同じ絵の違う部分をめぐる言い争いの果てに、殺し合うのだ。

認識の違いはなぜ起きるのだろう？　第一に、人はそれぞれ違うため、興味の対象も違う。価値観も感情の成り立ちも違う。違う人に影響を受ける。違う情報に触れ、注目する。不適切な情報を無視し、却下する。議論や交渉では、自分の意見を裏づける証拠を選別的に集める。記憶も選別的だ。その記憶が認識に影響を与える。

いまあげたことが、有史以来のほぼすべての人間の対立を引き起こしてきた主な理由だ。これらがおよぼす影響は、はかり知れないほど大きい。

自分の見ているものは、ほかの人には見えていない

多くの人にとって、自分以外の人の認識は、存在しないも同然だ。人は自分の考え方を理解してく

れない人を、鈍くて頑固で理不尽だときめつけることが多い。だが必ずしもそうとは限らない。問題はそれよりずっと根深い。あなたがそれほど固く、心から信奉しているものごとが、相手の目に入っていない、つまり相手にとっては存在しないことがままあるのだ。

したがって、自分と違う認識をもった人を説得するには、まず自分の「事実」――考え、思い、認識――が相手の目に入っていないという自覚を、出発点にしなくてはならない。あなたにこれほどはっきり見えていることが、相手にはまったく見えていないことがあるのだ。

幼い頃からイスラエルの載っていない地図を見せられ続けている中東の子どもたちは、どうなるだろう？　イスラエルが存在することをようやくだれかに教えられても、信じようとしないのだ。

同じ用語を使って話している人たちが、驚くほど違う認識をもつようになることもある。わたしのあるクライアントは、ニューヨークに本拠を置くポリグラム・レコードのマーケティング部門で働いていた。ある日職場で同僚と口論になったとき、お互いが「マーケティング」という言葉を、違う意味で使っていることがわかった。一人は販売に近いものだと考えていたが、もう一人はもっと戦略的なものと考えていた。しかも二人は何年もの間、同じ部署の近くの席で仕事をしていたのだ。この認識の違いは、仕事へのとりくみ方や、経営資源の使い方、顧客とのつき合い方、時間の使い方にまで影響をおよぼしていた。

複雑な契約を交渉する賢明な弁護士は、契約書で用いられる用語を定義する章が必要なことを知っている。どんなに一般的な言葉であっても、さまざまな解釈が可能だとわかっているからだ。同じ言葉が意味することについて、当事者が違う考えをもっていれば、何についても合意が得られず、契約書全体が成り立たなくなる。

日常的な言葉では、この問題がさらに深刻になる。誤解が生じる機会がとても多いからだ。それに、おしゃべりをするために言葉を定義することなどまずないし、曖昧に思われる言葉を相手に問いただすとなると、さらにまれだ。

誤解の例は枚挙にいとまがない。「あるクライアントが、うちの建築サービス・パッケージの料金四三万ドルが高すぎると言ってきた」。不動産開発会社のオーナー社長アナップ・ミスラは言う。「しかもどの料金のことなのか、具体的に言わないんだ」。やっとのことで、クライアントに「建築サービス・パッケージ」に具体的に何を求めているかを、はっきり教えてもらった。結局、クライアントはパッケージに含まれる大半のサービスを必要としていないことがわかった。最終的に料金は、当初の半分のサービス内容に対し、二三万ドルときめられた。対立は解消した。

ボブ・ブラウンは、高校生の息子の成績に不満をもっていた。息子のアレックスを問いただしたところ、彼は志望校に合格するのに「十分な」成績をとっていると思いこんでいることがわかった。ボブはアレックスを大学入学相談員に会わせ、それが思い違いであることをはっきり言ってもらった。アレックスと、どちらの言い分が正しいかをめぐって口論をする代わりに、信頼できる第三者を通して、大学に合格するための本当の基準を示したのだ。「効果てきめんだった」とメルクの健康科学アドバイザーを務めるボブは言う。アレックスはウィンスコンシン大学に無事入学し、電気工学の学生として平均三・八（Aに相当）の好成績を維持した。

何年か前にわたしはサウジアラビアのリヤドで、企業幹部を対象に三日間の交渉ワークショップを開催した。アメリカに住んだことのある実業家が言った。「ほら、アメリカのレストランでは、コーヒーのおかわりがほしいとき、カップをもち上げて合図するじゃないですか。するとウェイターがやってきて、おかわりをついでくれる。だがサウジアラビアでそれをやると、カップをもって行かれる。それでいて、ウェイターは頼まれたことを完璧にやったと思っているんです」。このような認識の違いが一日中続いたらどんな気もちになるか、考えてみてほしい。

だいたい人は、「相手はこう言っているように思われるが、本当にそうなのだろうか?」と自問することがない。その結果、実にさまざまな形で人といさかいを起こす。心理学では、この誤りは「基本的な帰属の誤り」と呼ばれる。だれもが自分と同じようにものごとに反応するという思いこみだ。たとえばあなたがだれかに「ここは暑いな!」ときめつけるように言い、相手が「わたしは寒いわ」と答えたとする。これに「きみは間違っている!」と返すのこそ、間違った答えだ。人によって、ものごとへの反応のしかたは違う。人とのあらゆるやりとりで、このことをはっきり意識すればするほど、対立は減り、より多くの問題を解決できるようになる。要は、相手を説得したければ、あなたの提案よりも、相手の認識の方が大切だということだ。

社内で意思疎通がうまく行かないと、大きな代償を払う羽目になる。経費がかさみ、社員のイライラが募り、効率性やサービスの質が低下し、顧客を失い、(競争上の脅威などへの)反応が鈍くなり、集団の知恵を活用できず、機会を失い、組織の構築に費やすべき時間が減る。ある大手企業の推計によれば、この損失は従業員一人につき一週間あたり三・五時間分にも相当するという。これを金額に直すと、五〇〇人しか従業員がいない企業でも、年間一〇〇万ドルにのぼる。

認識のギャップを埋める

コミュニケーション不全や認識ギャップの問題は、どのようにして解決を図るべきだろうか? まず自覚しなくてはいけないのは、こうした問題はいつでもどこでも起きるということだ。何よりもまず、使われている言葉に注意を払い、お互いが同じことを言っているのかを確かめよう。

JPモルガン・チェースの業務執行取締役ジョスリン・ドナットは、二歳になる姪のアナリサを寝かしつけていた。「ジョスリンおばさんが、お話を一つ読んであげるわね」。姪はすかさず言った。「ふたつがいい」。押し問答を少ししたあと、ジョスリンはなぜ二つお話を聞きたいのと姪に尋ねた。「だってまだ眠くないんだもん」。そこで長めのお話を一つ読むことで手を打った。二人は話の長さについて、違う考え方をもっていたのだ。

今後だれかと衝突したら、自分の胸に聞いてみよう。①わたしはどんな認識をもっているだろう？②相手はどんな認識をもっているのだろう？③食い違いはあるだろうか？④あるとしたら、なぜだろう？

これまでも、こういったことを場当たり的な、系統的でない方法でやってきた人がいるだろう。今後はこの質問をあなたの交渉方法の一つとして、具体的かつ意識的に活用しよう。そのためにはお互いの先入観を理解し、相手の認識を言葉に表し、それから自分の認識を説明する必要がある。

次の二つの発言は、同じことを違う順番で言ったものだ。一つめ、「わたしはニューヨークに行きます。あなたはどこに行かれますか？」二つめ、「あなたはどこに行かれますか？　わたしはニューヨークに行きます」。経験から言って、最初のよりも二つめの発言の方が、相手の耳に届く確率がずっと高い。最初に相手の考えを尋ねると、相手を尊重することになり、相手はあなたの話に関心をもってくれるのだ。

同じ言葉を使った、順序だけ違う、二つの発言。本書のツールは、それを知っている人の目にしか見えないと言うのには、理由があるのだ。

また相手の話をさえぎることが、一般的に言って愚かだというのも、これで説明がつく。相手は話をさえぎられても、頭のなかでまだテープが回っている。だからさえぎった人の言うことなど、ほとんど耳に入っていない。相手をさえぎって憤慨させたら、自分の話を聞いてもらえる確率はさらに下がる。交渉でまずあなたがやるべきは、相手をあなたの言い分を聞く気にさせることだ。

ほとんどの人は相手にいきなり事実をつきつける。「市場実勢をもとに、二〇万ドルではいかがですか？」だが前に説明したように、事実は人が合意に達する理由の一割にも満たない。また合理的な「利益」の説明から始める人もいる。「住宅価格は今後も低迷しますから、いまが売りどきですよ」だが事実も、合理性も、ほとんどの人の心に響かない。それより、まずこう考えてみよう。「相手は自分の言い分を聞く気にすらなっていないのではないだろうか？」これに対する答えを知るには、相手の頭のなかの絵を理解するしかない。相手の認識や感情、相手があなたや世界をどのように見ているかだ。

さっきの例なら、こんなふうに会話を始めたらどうだろう。「こんにちは、すばらしい家をおもちですね。いつからここにお住まいですか？」

自分の認識を相手に説明するのは、一番あと回しだ。まず相手の認識を知ること。

大手生命保険会社の営業課長ティム・マククラーグは、ある仲介業者に、あなたのところの料金は「一五％高い」と言われた。ティムは相手の認識についてくわしく質問した。料金が高いことのどこが気に入らないのか？「仲介業者は料金が高いと、顧客に与える印象が悪くなると思っていた」。そこで彼は、サービス内容を変えた低料金のパッケージを追加して提供した。

相手の認識を知る有効な方法の一つが、質問をすることだ。交渉では、疑問文は平叙文よりはるかに強力だ。

平叙文は、あなたをあなたの発言に縛りつける。何も情報は得られないし、相手に攻撃の的を与えてしまう。これに対して質問は、あなたを縛りつけない。たいてい情報が得られ、お望みなら攻撃の的も手に入る。質問を相手に投げかけることで、相手は自分に集中せざるを得なくなる。

交渉中の発言は、できる限り質問形式にするのがいい。そうすれば、相手が本当にあなたの解釈通りのことを言おうとしているのかどうかがわかる。

ワシントンDCの国際金融公社（IFC）で投資責任者を務めるダミアン・オリーブは、融資を行ったメキシコ企業から、財務情報はおろか、電話の返事さえ得られずに困っていた。

ダミアンは圧力をかける代わりに、相手がどんな問題を抱えているのだろうと考えた。何かお困りではありませんかというメモを送った。「結局、クライアントにはいますぐ財務情報を収集する時間も、資金も、人員もないことがわかった」と彼は言う。メキシコ企業は困惑していたのだ。最終的に、情報をこまめに提供してもらうことで話がついた。おかげで、よけいなもめごとを回避できた。

自分の発言を、質問形式に変えてみよう。たとえば「それはフェアじゃない」と言う代わりに、「それがフェアだと思いますか？」と言う。息子に「部屋を片づけなさい！」と言う代わりに、「どうして部屋がきれいじゃないのか、理由を教えてくれる？」と言うのだ。もちろん、答えが気に入らないこともあるだろう。でも忘れないでほしい、質問に答えを得たからといって、交渉は終わりではないのだ。あなたが終わったと判断するまで、交渉は終わらない。

質問をすれば、相手を会話に引き入れられる可能性も高まる。何か貴重な情報が得られるかもしれない。少なくとも、相手がどう考えているかを尋ねることで、相手を尊重することができる。

ジャック・ダグラスは、自社の新しいウェブサイトを使って製品を注文するよう顧客を説得したが、聞き入れてもらえなかった。現行方式では、顧客は化学製品を受けとるために、一日に何度も店舗に足を運ぶ必要があった。新しいインターネット・システムを使えば、週に一度パソコンから注文するだけですむ。

「顧客はカンカンに腹を立てた」とジャックは語る。「どうしてもネットを使えというのなら、もう購入しないぞと言ってきた」。そこでジャックは質問を通して、顧客の購買慣行についてさり気なく聞き出した。

「本当は何を気にしているのかがわかった」。ジャックは言った。「人の問題だった。係と直接会ってやりとりをするのが好きだったんだ。それに地元の人たちの雇用を守ってあげたいという思いもあった」。ジャックは、新しいインターネット・システムが導入されても、いつもの係が職を失うことはありませんと説明した。それに、これからもどうぞご相談ください、システムを導入すれば在庫の割り振りを効率よく行えるので、係にとっても請求書の発行その他の雑用が減るんですと言った。客はインターネットで注文するようになった。

そんな悠長なことはやってられないという人も多い。だが対人関係をこのように進めることは、長い目で見れば大きな時間の節約になるのだ。敵意や感情を和らげる結果、相手は話を聞いてくれるようになる。

ジョーダン・ロビンソンは、近所に住む「魅力的な女性」から突然電話をもらった。ランチに誘われて行ってみると、彼女が二人の女友だちと連れ立ってやってきた。三人はよってたかって彼をほめそやし、質問攻めにした。彼はすっかり気をよくして、聞かれるがままに答えた。そのうち様子がおかしいことに気づき、質問し返したところ、四五〇ドルの自己啓発セミナーを売りつけようとしていることがわかった。断ったが、高圧的な販売戦術は続いた。「質問しなかったために、二時間も無駄にしてしまったよ」。彼はこぼした。

相手を不愉快にさせずに質問することはできる。質問をするといちゃもんをつけていると思われると、多くの人が思いこんでいる。だが質問する方法はいくらでもある。わたしがよく使う手は、ちょっと古いがテレビドラマの「刑事コロンボ」風のやり方だ。「お知恵を拝借できませんか、どうも頭がこんがらがっちゃって……」。これは質問をする強力な方法だ。相手に助けを求めることで、質問しやすくなる。

協力を求めるのも、効果的に質問をする方法だ。「わたしが間違ったことを言ったら教えてください」。間違いを指摘してもらうことで情報が得られ、それを次の交渉に活かせる。もう一度言うが、交渉はあなたが終わりと言うまでは終わらない。それに相手が間違いを指摘できなければ、あなたの説得力は増すのだ。

わたしは同僚にであれ、ＣＥＯにであれ、間違っていたら教えてくださいと必ず言うことにしている。ちょっとした一言だが、交渉では言葉遣いがとても大事だということを忘れずに。

大事なのは、正確さだ。細部に宿るのは悪魔ではなく、神だ。細部には罠ではなく、成功の秘訣が隠れている。自分の思いや希望、夢、気もち、そして情報全般を正確に伝えれば伝えるほど、コミュニケーションの不全や交渉失敗のリスクは低くなる。

効果的なコミュニケーションのとり方

わたしはコロンビア・ビジネススクールで、講座の初めに学生に尋ねたことがある。「ここからブロードウェイに行くには、どう行けばいいかな？」だれかが答えた。「一一八丁目を下っていけば、ブロードウェイにぶつかりますよ」

そこでこう聞いた。「一一八丁目に行くには、どうすればいい？」学生は口々に答えた。「キャンパスを北に横切るんです」。「キャンパスはどこだい、それに北ってどっちのこと？」「建物の外に出れば、そこがキャンパスですよ」。「建物の外に出るには？　それにどの出口から出ればいいの？」「エレベーターを使って一階に下りるんです」。「そのエレベーターはどこにある？」「教室を出ればわかりますよ」。「教室にはドアが二つあるけど、どっちのドアから？」

このもどかしいやりとりをしたことで、なぜコミュニケーション不全がこれほど頻繁に起き、なぜ対立や取引の失敗を招くのかが、はっきりした。それはわたしたちが、相手の頭のなかに、特定の知識や「絵」があるはずだと思いこむからなのだ。だがその知識や認識は、存在しないことが多い。相手を説得したいのであれば、最初から始め、一歩一歩段階的に――自分ではなく、相手のペースで――進める必要がある。

効果的なコミュニケーションの基本要素をあげておく。①コミュニケーションを欠かさない、②耳を傾け、質問する、③相手を責めずに、尊重する、④頻繁に要約する、⑤役割交換をする、⑥冷静を保つ、⑦目標をくり返し確認する、⑧関係を損なわない程度に、断固とした態度をとる、⑨小さなシグナルを見逃さない、⑩相手が確約を行う方法を調べる、⑪決定する前に相談する、⑫自分の力でコントロールできることに集中する、⑬だれが正しいかという議論は避ける。
それぞれ、くわしく説明しよう。

①コミュニケーションを欠かさない

これは昔から言われていることに反するが、見過ごされるあまり、よくない影響が出ている。最も極端な場合を除けば（たとえば大切な人を傷つけられたなど）、相手と話をしなくてはいけない。たとえ相手を憎んでいてもだ。

なぜなら、相手と話をしないということは、相手の言い分に耳も貸さないほど、相手を尊重していないことになるからだ。その場合の主な選択肢は、交渉不成立か、訴訟、もしくは戦いになる。話をすれば情報が得られる。その情報は、取引をまとめるのに使ったり、相手の暴言を第三者に報告して、相手を不利にするために使ったりすることもできる。

相手（敵を含む）をどう思おうと、何をすべきかを決定する前に、相手の腹の内を知っておいた方がいいと思わないだろうか？　たとえその決定が、攻撃だったとしてもだ。

相手と話をするのは、強さの表れだ。話さないことは、弱さの表れだ。これは常識の逆を行く。交渉がうまく運ばないとき、労使交渉の当事者や、弁護士、外交官、ありとあらゆる種類の指導者に、席を蹴る人がとても多いことに、わたしはいつも驚かされる。そんなことをすれば、ものごとがうまく行かなくなるにきまっている。いったい何の意味があるというのだろう？

それなのに世界中の人が、席を蹴って交渉をぶちこわしにし、自分では正しいことをしたつもりでいる。弱いと思われるのがいやなら、こう言えばいい。「あなたが譲歩したいと思ったときのために、わたしはここにいますよ」。ものは言いようだ。

二〇〇二年にアリエール・シャロン元イスラエル首相が、こんなことを言った。パレスチナ解放機構（ＰＬＯ）のヤシール・アラファト議長を、二〇年前に「殺しておけばよかった」と。この発言をしたからといって、シャロンが交渉人として無能だとは言わない。だが彼が少なくともこの場合に無能だったのは、言うべきことを言わなかったからだ。シャロンはこう言うべきだった。「アラファト、わたしはきみが憎い。二〇年前に殺しておくべきだった……わたしたちは話をしなくてはならない！」

シャロンが暴力を終わらせる協定を結ぶには、お互いをどう思っていようと、アラファトと話す必要があった。また事態を改善できる情報を得るために、ありとあらゆる人たちとも話す必要があった。テロリストを支持するかもしれない人たちも、例外ではない。彼らと話すことでテロリストを正当化する口実を与えたくないなら、交渉の担当者や交渉の位置づけを段階的に変えていけばいい。

ＦＢＩや国家安全保障局（ＮＳＡ）など、人質やテロリストの問題に関心をもつ連邦政府機関は、わたしのウォートンでの交渉ワークショップに職員を派遣して、交渉ツールを学ばせている。アフガニスタンのアメリカ軍には、これらコミュニケーション・ツールを使って、タリバンに対抗する協力関係を構築しようとしている人たちが、いまもいる。これについては社会問題を扱う第15章でくわしくとりあげる。

常識に反するコミュニケーション・ツールがもう一つある。交渉の開始や再開をエサに、相手から譲歩を要求する交渉人が多い。これはテレビ受けがいいし、交渉人が強くてタフだというイメージを、有権者に与えることができる。だがこのやり方はたいていい効果がないし、悪くすれば敵意を生み、ときに報復を招くこともあるのだ。

相手と話す栄誉だけのために、何かを譲歩しろと言われたら、わたしならまずこう言う。湖にでも飛びこめ！　交渉を行ううちに関係が発展すれば、相手が湖に飛びこんだときの怪我のお見舞いをしたり、譲歩したりすることもあり得る。だがこれから交渉を始めるというとき、つまりまだ信頼も関係もないときに譲歩するなど、あり得ない。

「譲歩するなら話し合ってやってもいい」という考えは、順序が逆だ。話が先、提案はあとだ。

②耳を傾け、質問する

そんなわけで、次の項目に移ろう。相手の言い分に耳を傾け、質問する。相手の受けとめ方を肯定しよう。自分の言い分より、相手の言い分の方が大切だ。またあなたが言ったと思っていることより、彼らが聞いたと思っていることの方が大切だ。相手を説得するには、まず相手の話に耳を傾けなくてはいけない。言葉だけでなく、言外の意味も含めてだ。相手を責めれば責めるほど、相手は聞く耳を持たなくなる。相手を尊重すればするほど、耳を傾けてくれる。これは子どもから官僚、営業担当者、顧客まで、ありとあらゆる人にあてはまる法則だ。

わたしには、保険の営業マンとしてとても成功した叔父がいた。彼は見こみ客のところに行くと、いつも二つ質問をした。小一時間ほど世間話をし、それが終わるとたいていの顧客は保険を買ってくれたという。「あんた会話上手だね」としょっちゅう言われたそうだ。

ほとんどの人は話すことを通して、自分を納得させる。相手に侮辱され、脅されたら、こう言うべきだ。「もっとくわしく話してくれ」。相手のことをよく知れば知るほど、相手の考え方がわかり、相手の頭のなかの絵をはっきり描き出すことができる。こうしてあなたは交渉力を高めていくのだ。

これをしなければ、破滅的な結果を招くことがある。いわゆる「専門家」が誤った考えのもとに招いた、華々しく犠牲の大きい失敗がどれだけあるか、考えてみるといい。

一九七二年のミュンヘン・オリンピックで起きたイスラエル選手人質事件で、西ドイツ当局が犯したあやまちについては、すでに多くのことが書かれている。西ドイツ当局はテロリストに敵対的で、対立的で、軽蔑的だった。テロリストがまだ人質に銃口をつきつけているとき、ドイツは銃撃を開始した。結果、テロリストは一一人の人質を殺害した。一九九五年に、ロシアはチェチェンの指揮官との交渉で同じ戦術を用い、一〇〇人を超える人質の死を招いた。

数年前、わたしはバージニア州からカリフォルニア州に至る南部の「サンベルト地帯」の大都市の警察に勤める人質交渉人を、ウォートンのクラスに呼んだ。彼には、感情的にとり乱した男性が恋人を殺したことで幕を閉じた、失敗した人質交渉について話してもらった。交渉人が駆けつけたとき、恋人に別れ話を切り出されて逆上した男が、彼女に銃口をつきつけていた。

交渉人は部屋に催涙ガスを投げ込むなど、「教科書通りの」強硬な戦術を用いた。前にも説明したように、こうした戦術は相手を不安定にさせる。その結果、相手は激昂して、何をしでかすかわからなくなり、多くの場合過激な行動に走るのだ。

この戦術をとる代わりに、なぜ人質交渉人は男の認識について、深く考えようとしなかったのだろう？　男が恋人に捨てられ、とり乱していたのは明らかだった。彼を一人の人間として尊重し、落ち着かせる必要があった。

交渉人の話を聞いたあとのディスカッションで、わたしはこう言った。大丈夫、女性はまだきみのことを愛しているから、よりを戻せるかもしれない、と男に言えばよかった。気の回る女性なら、調子を合わせてくれただろう。男は心がかき乱され、慰めの言葉を何より求めていた。こうすれば事態を収拾できたかもしれない、とわたしは言った。交渉人は、違う結果があったかもしれないことに気づき、青ざめた。

サンベルトの人質事件についてわたしが考えた代案の目標は、相手を傷つけることではなく、助けることにあった。最近では、極端な戦術は使わない人質交渉人も多い。

ところが、さまざまな状況で交渉する人が、うわべだけの優しさを使って、自分の意に添わないことをやめさせようとする。相手が心にもないお世辞で操作されたことに気づけば、古い戦術と同じように、反感、不安定、危険を引き起こしかねない。

③相手を責めずに、尊重する

人は責められるとやる気を削がれ、仕事の遂行能力も低下することが、過去五〇年間に子どもと大人を対象に行われたさまざまな研究からわかっている。逆にほめられれば、やる気も能力も高まる。相手を尊重することの大切さは、第2章で説明した。今度はそれをどうやって伝えるかを説明しよう。

次の表は、スキルに欠ける（つまり交渉に成功する確率が低いと思われる）交渉人とスキルに長けた交渉人の、交渉における行動を比較したものだ。

交渉で見られる行動	**スキルに長けた交渉人／平均的な交渉人**
・人をいらだたせる発言（自画自賛、言外の不公平など）	（一時間あたり）二・三回／一〇・八回

・選択肢の数　（一つの問題につき）五・一個／二・六個
・非難　（交渉の全時間に占める割合）一・九％／六・三％
・情報共有　（交渉の全時間に占める割合）一二・一％／七・八％
・長期を見据えた発言　（全発言に占める割合）八・五％／四・〇％
・「共通の土台」についての発言　（全発言に占める割合）三八・〇％／一一・〇％

平均的な交渉人は、スキルに長けた交渉人に比べて、相手を非難することに費やす時間が三倍長く、創造的な選択肢の数が半分で、相手と共有する情報がずっと少なく、長期を見据えた発言の回数が半分で、相手をいらだたせる、根拠のない発言を四倍している。後ろ向きな態度は、交渉の成功率を下げる。この一言に尽きる。

④頻繁に要約する

自分が聞いたと思う内容を頻繁に要約し、自分の言葉で相手に復唱する。こうすることで相手を尊重し、お互いが同じ理解のうえに立っていることを確認することができる。相手はあなたが耳を傾けていることを知って、あなたの話にも耳を傾けてくれるだろう。それにあなたが正しく理解していなければ、相手が誤解を正してくれる。

ここで強調したいのは、あなたが自分の意思をはっきり伝えているつもりでも、相手が同じように理解しているとは限らないということだ。相手が顧客であれ、友人、ライバル、配偶者であれ、注意が必要だ。

また話を要約することで、自分なりに情報をまとめたり、フレーミング（後で説明する）したりして、話を大局的にとらえる機会にもなる。「わたしの理解では、御社は当社の製品を気に入っておられるのに、まだ他社から購入されていると、こういうことですね？」「部内でわたしが一番成績がよかったのに、わたしだけボーナスをもらっていません。この理解は正しいでしょうか？」「息子よ、つまりおまえが言いたいのは、BやCだらけの成績をとっていても、アイビーリーグ校に合格できるということかね？　なぜそう考えるんだ？」など。

現在ロサンゼルスでコンサルタントをしているロリ・クリストファーは、シティバンクのクレジットカードに、年率一七・九％の金利を適用されていた。別の銀行に一一・六％を提示されたと言ってみたが、シティバンクの顧客サービス担当者は、どこ吹く風だった。「わかったわ」。ロリは言った。「つまりこういうことね。あなたの銀行の年率一七・九％のカード残高を、一一・六％を提示してくれた銀行に移せと、そう言いたいのね？」これでシティバンクの顧客サービス担当にも、状況がはっきりのみこめた。ロリは利率を八・九％に下げてもらった。フレーミングを通して、相手に絵を描いてみせたのだ。

⑤役割交換をする

役割交換とは、相手の立場に身を置いて考える手法で、本書の最重要ツールの一つだ。これをやることで、相手がものごとをどのように受けとめているか、どんなプレッシャーを感じているか、どんな夢や恐れをもっているかを、よりよく理解できるようになる。別の言い方をすると、相手を理解するためには、相手の苦しみや喜び、不安をくみとり、自分の交渉戦略を通してそれに対処しなくてはならないということだ。またあなたが努力していることを、相手にわかってもらうことも大切だ。

ある学生が就職活動でシティバンクに応募して、数千名のMBA学生のなかから、五〇名の内定者の一人に選ばれた。わたしの教え子のMBA学生はほとんどそうなのだが、どれだけの年俸を提示されても満足せず、さらに多くを求めた。学生は相談に乗ってほしいと言ってきた。

「きみの目標は何だい？」わたしは尋ねた。学生は、ほかのMBA卒業生に差をつけて、早く出世したいと言った。また自分を採用してくれた副社長の下で働くのが夢だと言った。

そこでわたしは目標を一つずつ考えることを提案した。「まず、人に差をつけるのがきみの目標なら、ほかのMBA学生と同じように高い年俸を要求するだけで、どうやって差をつけられるというんだね？」わたしは聞いた。

「確かにそうですね」。自分の行動が、目標の達成に役立っているのかを、つねに考えなくてはならない。「オーケー」。わたしは続けた。「次の点に移ろう。一緒に働きたいというのはだれだい？」

聞けば、学生が昨夏に部下として働いた副社長だという。副社長はこの九月から五〇名の新入社員にさまざまな部署での仕事を経験させるという、新しい計画を打ち出したばかりで、それがうまく行くかどうかをとても気にしているという。

「副社長の立場に身を置いて考えてごらん。彼が望んでいること、恐れていることは何だろう？　きみはどうすれば役に立てるだろう？」

学生は役割交換をして、頭のなかで副社長の立場に立って考えた。そして、自分が何をすべきかを悟ったのだ。彼は副社長に電話をかけ、採用してくださって本当に感謝していますと礼を言った。何とかしてあなたの下で働かせてもらえないでしょうか。その代わり、正式採用までの一〇カ月間、お役に立てることがあれば何でもやらせていただきます。インタビュー、調査、雑用など、何でも言ってください、と彼は言った。

「それはいい」と副社長は言った。「このまま一、二分待っててくれ、すぐ戻ってくるから」

副社長は電話口に戻ってくると言った。「きみに伝えることが二つある。一つ、いまこの場できみに一万五〇〇〇ドルのボーナスを支給する。二つ、来月世界中のシティグループの取締役が集まる会議があるから、一緒に来なさい。グループの会長とCEOに紹介してあげよう」

学生の出世街道は敷かれた。数千人の従業員と二兆ドル近くの総資産をもつ銀行に入行する前から、銀行を動かす二人の要人に会おうとしていた。それは、本書の交渉ツールを使って、ごくありふれたできごとからチャンスを生み出したおかげなのだ。役割交換を行うことで、相手の認識をとても敏感に感じとることができる。

人は自分の感情をうまく言い表せないことも多い。相手の発言の背後にある、本当の感情をつきとめるのは、あなたの仕事だ。相手の立場に身を置き、頭のなかの絵を考えることを通して、相手のことをもっと理解するのだ。

わたしはモントリオールの衣料品供給業者、コマークに助言を行ったことがある。同社のバイヤー、キャシー・コラカキスは、中国のメーカーとの間で、納期に関する問題を抱えていた。授業で彼女は以前の会合を思い出しながら、工場主の役割を演じていた。突然、彼女は止まった。

「いま思い出したわ。わたしたち、シャツがずらりと並んでいるところを歩いていたの。メーカーの工場を案内してもらったときのことよ。工場主が、ラックから一枚シャツをとって見せてくれた。『これがキャシーのシャツだよ』と言いながら」。キャシーはこのとき気づいたのだ。工場主は、何万枚とシャツをつくっていたにせよ、コマークのためにつくっていたのではなかった。キャシーのためにつくっていたのだ。そこでキャシーは悟った。工場主は悩みの種などではない。解決策を与えてくれる存在なのだと。

彼女は彼にプレゼントを贈った。「わたしのために」すてきなシャツをつくってくださってありがとう、とメッセージを添えて。それから電話をした。彼はとうとう事情を打ち明けてくれた。シャツの納期が遅れたのは、布地の仕入れ先に問題があったからだ。これはキャシーと工場主が、ともに解決を図らなくてはならない問題だった。彼女の交渉に対するとりくみ方は、これをきっかけに大きく変わったという。

相手の視点に立って考えることは、意外な結果を導くことも多い。医学部に在籍しながらMBAを学んでいたバーバラ・トラウピンは、フィラデルフィアの貧困地区の医院を手伝っていた。ある日虐待を受けていると思われる女性が、妊娠検査をしてほしいと言ってきた。

バーバラは質問を通して、女性について次のことを知った。彼女は①売春婦で、②コカイン中毒で、③無防備な性交渉をしていて、④客引きの男にいつも殴られ、⑤妊娠したら仕事ができなくなり、⑥子どもの父親がだれなのか知らず、⑦妊娠が知れたらまた客引きに殴られ、⑧貧しく、⑨無学で、⑩病院にかかったのはこれが初めてだった。

クラスでこの状況を分析してみた。そもそも彼女がなぜわざわざ病院に妊娠検査を受けにきたのだろうと疑問に思った学生は、ほんの少数だった。家庭用の検査キットがあるのに。この女性にとっては、病院に行くという行為自体が、助けを求める叫びだった。妊娠検査を受けにきたのではなかったのだ。相手が言っていることの上っ面をなぞるだけでなく、相手が本当に伝えようとしているメッセージを読みとることが、何より大切だ。

バーバラは妊娠検査をしてやり、彼女がとれる選択肢について説明した。暴力をふるう客引きの男から離れ、遠くの町の更生訓練施設に入所することも、その一つだった。

間違っていても構わない。相手はあなたが理解しようと努力したことを、きっと認めてくれる。

相手の立場に身を置く練習をしよう。仲間にあなたの役を演じてもらい、交渉のシミュレーションをするのだ。凝った理論など必要ない。ただ練習のやり方と、練習する意志、そして少しばかりの時間があればいいのだ。それさえあれば、交渉力を高められる。

⑥冷静を保つ

「ばか野郎!」と言われたら、何と返すべきだろう? 「失せろ!」「おまえこそ大ばか野郎だ!」「くたばれ!」どれも間違いだ。正しい答えは、「どうしてわたしがばか野郎だと思うのか?」だ。

なぜこれが正しいのだろう? 何よりも、いまの交渉や次の交渉について情報が得られるからだ。交渉の達人は感情を抑え、情報を求め続ける。

だれかに「おまえなんかキライだ」といわれたら、なぜですかと理由を尋ねよう。ライバル会社の一番気に入っている点、自社の一番気に入らない点は何ですかと聞いてみよう。相手に脅されたら、なぜそんなに腹を立てているのですかと尋ねる。相手の不器用な感情表現にあおられず、言葉の裏にあるものに反応しよう。相手が少ししか教えてくれなくても、説得に役立つ貴重な情報が得られる。

医療情報会社の役員デイビッド・ホロックスは、ある五日間のプロジェクトにとりくんでいた。「二日めが半分過ぎたころ、チームの一人が、きみはわたしを故意に欺こうとしていると言って、全員の前でわたしを憤然と糾弾した」。デイビッドは怒りをこらえ、自分が何をしたのか具体的に教えてくれと言った。「彼が何を求めているかがわかった。そこで、わたしには彼を陥れる動機なんかまるでないことを説明したんだ」。相手の怒りはすぐに収まり、チームはまた順調に機能するようになった。

怒りの爆発にきちんと対処しておかないと、感情の消耗を招いたり、あとあとしこりを残すことになる。あなたもそんな例を職場や家庭でいくつも見てきたのではないだろうか？

⑦目標をくり返し確認する

目標設定は、交渉の最初にやればそれでおしまいというものではない。その後もくり返し目標を確認する必要がある。

全員がいまも同じ理解に立っているだろうか？　新たなできごとや情報のせいで、目標を見直す必要が生じていないだろうか？　いまも目標にかなう行動をとっているだろうか？　目的地に向かって車を走らせるときは、ハンドルをあちこちに切り、障害物を避けるために、必要に応じて回り道をしながら行く。交渉でも、目標を達成する方法を同じように調整していこう。

⑧断固とした態度をとる（ただしメールには気をつける）

交渉のゆくえは、言葉遣いにも、口調にも、大きく左右される。とげとげしい口調で話したり、相手を侮辱したり、ふてくされたりすると、言っていることのインパクトが薄れる。相手を不快にさせることなく、意思を通すことはできる。皮肉を言っても、そのときはせいせいするかもしれないが、交渉では何の効果もないことが多い。確かに相手に皮肉を浴びせて成功した交渉の例はあるだろう。だがそれは皮肉を言ったから成功したのではなく、皮肉を言ったのに成功したのだ。勘違いしないこと。

世の中には電子メールなしでは生きていけない人が多い。いまや企業はその存続を、電子メールに頼っていると言っても過言ではない。二〇〇九年に世界で一日に送信されていた電子メールの数は、三四〇億通だった。一九九八年の一五〇〇万通に比べると、二〇〇〇倍だ。二〇〇九年一年間では、一〇兆通という計算になる。スパム・メールも入れると、数字はさらに五倍にふくれあがる。

電子メールは、コミュニケーションの手段としてはどうなのだろう？「てんでだめだ」とほとんどの人は言う。一つには、電子メールでは口調が伝わらないからだ。電子メールはある意味、豆腐のようなもので、受け手がそのときもっている感情に味つけされる。相手がびくびくしていれば、攻撃的と受けとめられるかもしれない。できれば直接会って話すか、電話で話した方がいいのは明らかだ。

どうしても電子メールを使って何かを伝える必要があるとき、問題を最小限に抑えるにはどうしたらいいだろう？　いくつかあげてみよう。

● 口調をメールに戻し入れる。たとえばこんな文で始める。「このメールは×××口調で読んで下さい」。×××には親しげな、建設的批判の、悲しげな、困惑した、といった言葉を入れる。こうすれば、受け手があなたの思っている通りの口調でメールを読んでくれる可能性が高まる。少なくとも、否定的反応が和らげられるだろう。
● メールを受けとったときの感情に任せて書いた返事を送信しないこと。そうしてはいけないことをほとんどの人が知っているのに、実際に守る人は少ない。しばしメールのことは忘れた方が、かえって時間の節約になる。実際、書いた返事を寝かせて、三〇分後に読み直した方が、いきなり返信して誤解を招き、その後何時間、何日もかけて正すより、ずっと時間がかからない。

●メールを送る前に、相手が最悪の気分で読んだらどうなるかを考える。ほとんどのメールは、書き手が意図したよりも攻撃的な印象を与える。最悪の場合に、相手の頭のなかの絵がどうなるかを考えよう。これでリスクを減らすことができる。

●役割交換をする。電子メールの冒頭には、何か相手と関係のあることを書こう。世間話のようなものだ。「お風邪は治りましたか」「そちらは大雪と聞きました」など。こうやって、メールに人間味をもたせ、心の通い合いの多い、顔をつきあわせての会議に近づけることができる。

●動揺しているとき、腹を立てているときにメールを送ってはいけない。思ってもいないことを書いてしまうからだ。書くのは構わないが、下書きに保存しておき、あとで読み返そう。

●メールは簡潔に。メールは、検討するのに長い時間がかかる、複雑な提案をするのには適していない。報告書を送るときは、添付書類として送付すること。いついつまでに（お時間のあるときに、数日中に、など）読んでいただければ幸いですと書き添える。相手の時間に配慮していることになるし、額に手をあてて「ったく、また長文メールか」と思われずにすむ。

●とくにデリケートなメールを書くときは、送信する前に、同僚や友人に目を通してもらおう。新鮮な目で見てもらうことが助けになる場合が多い。

●機嫌が悪いときにどうしてもメールを送らなければならない場合は、自分が火種にならないようにしよう。冒頭に、「どうも虫の居所が悪いので、とげとげしい口調になってしまったらお許しください」など、あらかじめ断っておく。

●同じユーモアのセンスをもっている相手には、ユーモアは効果的だ。皮肉っぽい言い回しには、世間話と同じような効果がある。

最後に、相手のコミュニケーション・スタイルを思い浮かべ、できるだけそれに合わせよう。まねするのではなく、相手のために翻訳するのだ。

相手が多忙な企業幹部なら、簡潔にまとめた方がいいかもしれない。肝心なのは、あなたが伝えたいことを相手に伝えることだ。伝わるかどうかは、伝えようとするあなたの姿勢と大いに関係がある。ビル・コグリアニーズは、結婚式の招待状の制作をデザイナーに発注したが、サンプルが一週間以上遅れていて、電子メールでしか連絡がつかなかった。デザイナーの助手に、もう一週間お待ちくださいと言われた。ビルは勢いでイライラしたメールを返信するのはやめた。代わりに、まずデザイナーが仕事を引き受けてくれたことに感謝し、結婚式のストレスがどういうものかを淡々と述べ、それからフィアンセと二人でそろそろ招待状をきめるべき時期が来ていると書いた。あなたにぜひ招待状をつくってほしいのだが、どういう形で協力してもらえるか、教えてほしい。ビルはそう書いた。

次の日、ビルは翌日配達便でデザインを受けとった。メールによって感情を排除できたおかげで、デザイナーは迅速で建設的な行動をとりやすくなったのだと、彼は言う。

⑨小さなシグナルを見逃さない

相手にしっかり目と耳を向ければ、たいていの場合、相手を説得する手段が手に入る。それなのに、相手に十分注意を払わない人が多すぎる。言葉を使うもの、使わないものを問わず、あらゆるシグナルに注意を払えば、相手を説得するのに役立つ情報がたくさん得られる。

もし相手に「現時点では、とてもできない」と言われたら、こう尋ねよう。「いつならできますか?」「ほかにできる人はいますか?」また「これがうちの標準契約だ」と言われたら、「これまで特例を設けたことは一度もないんですか?」と聞いてみよう。「価格面で譲歩はしない」には、「何なら譲歩してくれますか?」と聞き返す。相手のあらゆる言葉、抑揚、行動に目を光らせよう。

メリッサ・グロウザードは、家主にアパートの家賃を下げてほしいと頼んだが、すげなく断られた。そこで、これまで家賃を下げたことは一度もないんですかと尋ねた。「二年前はしたが、今日はしない」と家主はいった。現在シカゴで弁護士をしているメリッサは「今日」というシグナルに反応して、切り返した。「今日がだめなら、明日はいかがですか?」家主は家賃を下げてくれた。

ファビオ・バッセルは内定先の投資銀行のUBSに、期限内にビザを取得できなくても、内定をとり消さないでくれますかと尋ねた。人事部長は「わたしには何の力添えもできない」と答えた。「ではだれなら力添えをしてくれますか?」彼はしかるべき相手を探し出し、内定をとり消さないでもらった。現在ロンドンの野村インターナショナルに勤めるファビオは、注意深く耳を傾けることで、シグナルをとらえた。人事部長は、自分の権限について話していただけだった。

日本の企業は大人数で会議に臨み、相手側を注意深く観察し、耳を傾けることが多い。細かい言い回し、手や目の動き、いつメモをとったか、いつ下を見たかといったことにまで注意を払う。こういったことから、実に多くの情報が得られるものだ。会議が終わると、全員で集まって情報交換をするという。

このことは何を教えてくれるだろう？　多少なりとも重要な会議に出るときは、だれかを連れて行こう。この同僚が話している間、あなたが注意深く耳を傾け、目を光らせる。細心の注意を払っていない人には見えないシグナルを傍受できるはずだ。

数年前、ウォートンの非営利組織の医療研究会が、五〇〇名の参加者を集めて会議を開くことになり、バインダーが必要になった。オフィス用品店のステイプルズに行くと、一三〇〇ドルと言われた。学生グループには、とても支払える額ではなかった。そこでカリフォルニアの製造元に電話をかけて、直接買ったら安くしてくれますかと尋ねた。

メーカーの営業担当者は、最終消費者には直接製品を販売しないと言った。「わたしには、あなた方にバインダーを販売することはできないんですよ」

この発言には、学生たちの目標と関係のある三つのシグナル――三つの単語――が隠れていた。それは何だろう？　「わたし」「販売」「あなた方」だ。「わたし」＝担当者が販売できないのなら、この会社のほかの部署が、学生グループに販売できないだろうか？　「あなた方」＝学生グループが購入できないなら、大学のどこかの学部が代わりに購入して、学生グループに与えるのはどうだろう？

学生たちが最後にぶつけたのは、この質問だった。「販売」できないなら、「提供」してくれませんか？　答えはどうだったか？　イエス！　医療会議でメーカーの宣伝をするという条件で、前年の型落ち品のバインダーを無償で提供してくれることになった。それで十分です！

相手の言葉に注意深く耳を傾け、観察すれば、相手を説得するのに使える、大小さまざまな材料が必ず手に入る。

⑩相手が確約を行う方法を調べる

第2章で説明した通り、有効な確約をとりつけるには、相手の頭のなかの絵と、その絵を伝えあうコミュニケーションの方法が必要だ。ここでは、相手がどのような形で確約を行い、順守するかについて、はっきりと話し合う必要があるとだけ言っておこう。ただし、これをしっかりやっておかないと、次に示す例のようなことが、あなたにも降りかかるかもしれない。

スイスのある企業は、中東の取引先と「拘束力のある契約」に署名をとり交わし、契約の履行を求めた。ところが中東企業は拒否した。スイス企業が、署名のことを指摘すると、中東企業は「失礼にならないよう署名しただけで、契約には縛られないと言った。両社の代表が直接会い、「握手をして口頭で合意」に至るのでない限り、契約には縛られないと言うのだ。

スイス企業にとっては、書面による契約が拘束力のある確約だったのに対し、中東企業にとっては、握手だけに拘束力があった。

⑪決定する前に相談する

あなたはだれかに影響をおよぼすような決定を下すことになった。映画や外食に行く決定でもいいし、新しい店舗や工場の建設に関する決定でもいい。あなたはこの決定に影響を受ける人たちに相談せず、一人で決定を下す。何が起きるだろう?

まず間違いなく起きるのは、相談を受けなかった人たちが、ただ軽視されたという理由から、反対することだ。あなたは彼らに影響がおよぶのを知りながら、彼らの意見を聞くほど彼らを大切に思っていなかったことになる。彼らにちゃんとした意見があろうがなかろうが、彼らの意見がすでにわかっていようがいまいが、そんなことは問題ではない。相談をもちかけないことで、彼らを遠ざけてしまうことが問題なのだ。時間を節約するどころか、かえって時間がかかってしまう。彼らはわざと邪魔をしてくるだろう。それは、あなたが彼らの意見には聞く価値がないという、言外のシグナルを送ったせいなのだ。

起きそうな二つめのことは、考えてもいなかったアイデアが得られないということだ。こうしたアイデアには、優れているものも多い。

時間に追われているなら、こんなメモを送るだけでいい。「この件について、明日の×時までにきめることになっています。それまでにご意見がない場合、次の通り進めることに同意を得たものと見なして進めます」。そうすれば彼らは相談を受けたことに満足し、多くの人はあなたにわざわざ連絡しようとも思わないだろう。期限を過ぎてから何か言ってきても、期限を設ける必要を理詰めで説明すれば、わかってもらえる。締切が気に入らないと言われたら、次回はもっといい方法を全員で考えればいい。

彼らの意見を必ずしもくみ入れる必要はない。自分がなぜその決定を下したのか、その理由を説明すればいい。反発されるかもしれないが、少なくとも相談はした。それに彼らはあなたに尊重されたことで、そう感情的にならないはずだ。

ある世界的な銀行が、手数料値上げのお知らせを顧客に送った。銀行の支店長によると、「顧客はみな憤慨した」という。値上げ自体が問題だったのではない。値上げの時期と方法について、事前に何の相談もなかったことが反発を招いたのだ。顧客は銀行からきちんと説明を受けるまで、上乗せ分の支払いを拒否した。銀行は関係修復を図る必要に迫られた。

グレッグ・ゲバーツは、イスラエルに旅行したかった。だが家族は危険だと言って心配した。そこで彼は心配している家族の一人ひとりの意見を聞き、懸念を一つひとつ解消した。「紛争多発地帯には、足を踏み入れないことにした」と彼は語る。「ツアーに正式に申しこむ前に、必ず相談するからと約束した。一人ひとりに不安を完全にはき出させたんだ」

結果、母は「落ち着きをとり戻し」、父は「安全だと納得してくれた」そうだ。

大事なことを相談せずに勝手に決定してしまうことは、国際舞台でもひどい結果をもたらす場合がある。ジョージ・W・ブッシュ大統領は、二〇〇二年九月一二日に国連総会で重要な演説を行う前に、世界にとって決定的に重要な重大問題について、他国の意見を聞かなかった。主権国家であるイラクに進攻すべきかどうかという問題だ。それどころか彼は、この演説を皮切りにその後数週間かけて、アメリカは脅威を感じれば、世界中どこでも先制攻撃を辞さないという、新しい方針の概要を説明した。

かくしてブッシュ大統領は、国連の約二〇〇の加盟国と地域の指導者の意見を軽視し、多くの国の怒りを買った。アメリカを支援するためにイラクに派兵しなかった国も多かった。派兵部隊を減らしたり、早期に撤退させたりした国もあった。ブッシュは十分な支援を得られなかった。

ブッシュ大統領はあれほど強い拒絶反応を招かずに、アメリカに同じだけの自由度を確保しながら、同じ趣旨の演説を行うことができたはずだ。彼に欠けていたのは、よりよい説得スキルだった。決定する前に広く意見を聞き、他国を尊重していることを示せばよかった。ブッシュはこう言えたはずだ。「多くのみなさんにとって、いまはつらい時期だと思います。アラブ諸国を代表するみなさんは、葛藤を感じておられるでしょう。途上国を代表するみなさんも、わが国に不満をおもちでしょう。しかし謹んで申し上げたいのですが、わたしたちには共通の敵があります。それは国際テロリズムです。結局のところ、アメリカを含めここに集う主権国家は、何をなすべきかについて、自らの意思で決定を下すしかありません。外交手段を用いるか、軍事行動をとるか、その中間の何かを行うか。しかしアメリカはその決定を下す前に、できるだけ多くのみなさんに助言を求める所存です」

同じ趣旨の演説で、アメリカのために同じだけの自由度を確保できる。読みあげるのにかかる時間はせいぜい一分だ。だがまったく違う印象を与えないだろうか？　このようなスピーチは、より多くの国やより多くの部隊の支持を得て、何年にもおよぶ人命の喪失よりもましな結果を生んだことだろう。

⑫自分の力でコントロールできることに集中する

昨日起きてしまったことは、もうどうすることもできない。昨日をどんなに変えたくても、それはできない相談だ。交渉で、すでに起きたことをめぐって言い争っても、何の得にもならない。

過去をめぐる争いは、主に三つの結果に帰結する。①戦い、②訴訟、③取引不成立だ。このような争いは多大な代償、時間、苦痛を伴い、対立を解決しないことも多い。またそのせいで人々は目標を見失ってしまう。

アラブ人とイスラエル人が過ぎ去ったことで争うのをやめない限り、中東に平和は訪れない。いくつ条約を結び、何人特使を送っても、過去の恨みを晴らそうとする人があとを絶たないからだ。

とはいえ、協定において過去のことを考慮に入れるべきでないとは言っていない。だが何よりもまずお互いが一人の人間として話をし、これまで説明したような交渉ツールを使うことが必要だ。前進への道を探るのだ。そうして初めて、過去について何らかの策を講じることができる。だがこういった問題はつねに慎重を要する。過去の責任をとらない人とは取引できないというのなら、そのような取引を行う価値はほとんどない。

交渉と訴訟の大きな違いの一つが、当事者の姿勢だ。つまり昨日に向いているか、明日に向いているかだ。訴訟は当事者の目を昨日と責任追及に向ける。交渉は価値と明日、そして今日に焦点を合わせる。

石油会社でサプライチェーン・マネジャーを務めるマーク・フッドは、過去の「復讐」にとらわれた業者に悩まされていた。業者はマークの前任者に受けた扱いに憤慨していて、まったく無関係なプロジェクトの条件や金額に関して無理難題をふっかけてきた。「信頼の問題だった」とマークは説明する。「まずは昼食や夕食を何度かともにして、話し合うことにした」。マークたちは業者の言い分をじっくり聞き、前任者の行動を謝罪し、精進すると約束した。

昨日にとらわれない交渉は、当事者をしがらみから解き放つ。お互いがコントロールできることだけについて話し合おうと提案しよう。そうすれば、意味のあること、ないことを区別できる。これが双方に力を与えてくれる。相手にこう言ってはどうだろう。「なぜ過去のことでわたしを責めるんですか。わたしは当事者ではないし、当事者をかばっているわけでもありません」

⑬だれが正しいかという議論は避ける

責任を追及し、罰を与えるのは、人間の自然な反応だ。だが罰を受け入れることは、心理的に難しい。自分の非を認めるのもつらいことだ。自分の目にも他人の目にも、自分という人間の価値が下がったように映る。責任追及には、必ずといってよいほど第三者の存在が必要になる。裁判官、陪審、審判など。だれが正しいかにとらわれていると、相手の協力を得て自分の目標を達成することはずっと難しくなる。それどころか、訴訟、第三者による調停、戦争といった、さらに代償の大きな道を歩む羽目になる。

それよりは次の質問をした方がいい。いまともに何をするか、二度とこのようなことをくり返さないためにはどうすればいいのか？

合成フリースとして人気の高い生地、ポーラーテックを製造するマルデン・ミルズ社は、一九九三年に火災でマサチューセッツ州ボストン郊外の工場を焼失した。被害総額は四億ドルにものぼった。同社のＣＥＯアーロン・フュースタインは、工場再建までの二年間、組合労働者の雇用を確保し、賃金を全額支給した。

失業問題が深刻化していた当時、フュースタインは国民的英雄となった。タイム誌の表紙にまで登場したほどだ。

しかしマルデン・ミルズは、火災に関して連邦法違反に問われることを懸念していた。連邦捜査官は地元の消防機関への聞きとり調査を予定していた。同社の工場消防団と、市の消防隊だ。

工場消防団は出火直後に駆けつけたが、火を消し止められなかった。市の消防隊は二〇分後に到着したが、その頃には火は制御できなくなっていた。市が最終的に消火したが、工場は焼失した。

当時のマーケティング部長で、危機管理コーディネーターを務めたジェフ・バウマンによると、工場消防団は「カンカンに怒り」、市の消防隊を責めようとした。わたしはこのとき同社のコンサルタントとして、バウマンに助言を与える立場にあった。われわれ二人は、CEOのフュースタインに強硬に主張した。工場消防団に市の消防隊を非難させては絶対にいけない。市を非難すれば、連邦政府から無罪証明を得るという目標を達成することはできない。

会社の目標は、自らの正しさを証明することではなかった。巨額の罰金を回避するのが目標だった。それに会社の名声を守ることも。フュースタインはとくに自らの名声が傷つくことを心配していた。だが市を非難すれば、市の消防隊を敵に回すだけだ。

「うそをついてはいけない」とわたしは忠告した。「工場消防団は、こう言えばいい。市の消防隊は二〇分遅く到着したが、それは隊員が遠くに住んでいるからだ。今後はもっと近くに住まわせた方がいいのかもしれない。だが工場消防団を訓練してくれたのも、最終的に鎮火できたのも、消防隊のおかげだと」

これは道理に適ったフレーミングだった。しかし工場消防団にこれを言わせるのがどれほど大変だったか、わかるだろう。彼らは衆目の前で、自らの正しさを証明したかったのだ。だが最終的にCEOに説き伏せられ、公の場では大人の対応をした。その甲斐あって、工場は市の消防隊の後ろ盾を得ることができた。

おかげで工場は、FBIから火災の大部分に関して無罪証明を得た。「あの後ろ盾がなければ、社の存続はあり得なかった」。その後CEOを辞職し、現在オレゴン州アシュランドで軍事衣料品メーカー、マッシフのCOO（最高執行責任者）を務めるバウマンは言う。マルデン・ミルズが生き延びたのは、だれが正しいかにではなく、目標に焦点をあてたからだと。

本章で説明したツールはどれも目立たない。どれを使うにしても、ほんの少し言い方を変えるだけだ。一度にすべてを使う必要はない。一つか二つを試してみよう。練習を積む。自信をつけ、結果を出す。それからまた別のものを試すのだ。
だが本章のモットーを覚えておいてほしい。それはデイビッド・リーン監督作品『インドへの道』に登場するインド人哲学者、ゴッドボール教授のモットーでもある。

聞く用意ができていない相手には
何も伝えることはできない

第4章　非協力的な相手と交渉する

わたしの学生が、マックフライポテトが食べたくなって、午後一一時五分前にマクドナルドに駆けこんだ。出てきたポテトは湿っぽかった。レジにいた店員に、揚げたてのポテトに替えてくれないかと頼んだ。店員は掃いて捨てるように言った。「あと五分で閉店なんだよ！」学生は落ち着いてカウンターの端まで歩いていき、「できたてのおいしさ」を保証するチラシを一枚もって戻ってきた。「ここはマクドナルドですよね？」学生は言った。店員はそうだと言うようになった。「ほら」と学生は続けた、「ここには、営業時間を通じてできたてのメニューを提供しますと書いてありますよ」。そしてポテトに関する箇所を指さした。お客さまにはおなじみの、マックフライポテトの「完璧な食感」が約束されていた。

「この店は午後一一時までの営業じゃないんですか？」と学生はたたみかけた。「できたて保証は閉店五分前に消滅すると、どこかに書いてありますか？」

学生は揚げたてのポテトを手に入れただろうか？　当然だ。

たいていの人は湿っぽいポテトで我慢するか、店を飛び出すか、怒って口論するか、そうでなければ機嫌を損ねるだけだ。この学生は、マクドナルドが自ら設けた規範を、冷静に活用することにした。確かにこれは些細なことだ。それでも相手の規範を盾にすることは、レストランから、職場、国際政治に至るまで、大小問わずさまざまな交渉で自分の目標を達成する、実に効果的な方法なのだ。

相手の規範を盾にすることは、知られざる優れた交渉ツールの一つだ。これがとくに有効なのは、非協力的な交渉人が相手のときだ。このツールを知る人は少ないし、使っている人となるとさらに少ない。そしてこれがなぜさまざまな場面で有効なのか、その心理的なしくみを理解している人はほとんどいない。ここでいう規範とは、「客観的」な基準や、あなたが公平だと考える基準のことではない。規範とは、相手が公平だと考える基準だ。

相手に規範を思い出させる手法は、魔法のように効く。この交渉ツールは毎日使えるし、ほかのどのツールよりも有効な場合がある。

相手の規範を盾にすることがなぜ重要なのか？　それは、世の中が不公平だからだ。人や企業は、自ら設けた規範をしじゅう破っている。質の高いサービスを保証したのに守らない。注文したものを、約束通り届けてくれない。最高のサービスを約束しながら、お客にひどい扱いをする。相手の言ったことをあてにしているのに、相手はいとも簡単に前言を翻す。多くの人がこれに憤慨している。だがこれからは、相手の規範を盾にして、自分がほしいものを手に入れられるのだ。

NBCのテレビ番組「ミート・ザ・プレス」の看板キャスターだった故ティム・ラサートは、すばらしい報道手腕をしばしば賞賛された。国政を担う政治家をインタビューする際、彼はこんな手法をとった。政治家に自らの行動と矛盾する過去の発言を聞かせ、その様子を全米に放送するのだ。政治家はたいていもじもじして、苦しい弁明をした。これが、相手の規範を盾にするということだ。

わたしが相手の規範を使うことの力に気づいたのは、いまから三〇年以上前、ジャーナリストをしていたときのことだ。その後弁護士と実業家としての活動で、その使い方に磨きをかけた。いまではわたしの授業で教えるツールキットの、欠かせない一部になっている。

矛盾した言動をとりたくないという欲求は、人間心理の基本原理だ。だから、自分の規範（つまり過去の言動や約束）に従うか、矛盾を認めるかの選択を迫られると、たいていの人は自分の規範に従う方を選ぶのだ。もちろん、どんな状況でも必ず成功するツールなどない。だがこうしたツールを使うことで、ずっと多くのものを手に入れることができる。相手は規範をそれほど破らなくなるし、あなたは自分のほしいものをしょっちゅう手に入れられるようになる。

規範の力

規範とは、決定に正当性を与える慣行や方針、判断基準をいう。過去の発言や約束、保証もこれにあたる。交渉で相手が同意した慣行もそうだ。

企業の方針は規範だ。企業方針とは要するに「これがわたしたちのルールです」と言っているものだからだ。もう一つ、規範を使った同じくらい強力な方法に、「御社はこれまで企業方針に一度でも例外を設けたことがありますか？」と質問する手法がある。今度航空チケット代理店に、チケット変更に一〇〇ドルの手数料がかかると言われたら、あなたの会社はこの規則に一度でも例外を設けたことはありますかと聞いてみよう。あると言われたら、自分のケースが前例のどれかにあてはまらないかを考えるのだ。

手始めに、何かのサービスを提供する会社を相手に、この交渉ツールを使ってみよう。サービスの提供が業務である以上、サービスに関する保証や基準を設けているはずだ。ケーブルテレビ会社や航空会社、クレジットカード会社、ホテルなど。何かとりあげるべき問題があれば、その会社が顧客サービスについて、ホームページやテレビＣＭでどんなことを言っているか調べてみよう。

たとえばサービス担当者に不親切にされたり、何か失礼なことをされたら、こう言えばいい。「お宅の広告では、顧客サービス担当者はいつもお客さまのお役に立てるよう心がけています、と言っていますよね。ちょっと気になるんですが、これがいまの状況にどうあてはまるんでしょうか？」相手は電話を切ったり、その場を去ったり、殴りかかってきたりしない。実際、あなたがやってほしいことをやってくれる場合がほとんどだ。

使えそうな過去の前例や規範がないときは、相手が受け入れられるような規範を定義できないか考えてみよう。ある企業の若手役員が、ニューヨークにあるフランスの高級ブティック、エルメスにスカーフを買いに行った。五〇〇ドルのスカーフが、二五〇ドルに値下げされていた。若手役員は販売員に、このスカーフを妻の誕生日の贈り物にしたいから、ギフト用に包んでくれないかと頼んだ。販売員は答えた。「セール品はギフト包装いたしません」

これほどの高級ブティックが、ひどい言いようだ。だが役員は、多くの人がやるように怒る（そして何も手に入れない）代わりに、こう尋ねた。「じゃ、このスカーフに五〇〇ドル支払ったら、包んでくれるんだね？」「もちろんです」。販売員は答えた。役員はたたみかけた。「最近のエルメスは、ギフト包装に二五〇ドルとるというわけか」

役員は、スカーフをギフト用に包装してもらっただろうか？　当然だ！

人がほとんどの場合自分の規範に従おうとする理由は、基本的に二つある。一つは、心の内にある道徳的指針が、そうすべきだと知らせるからだ。人は自分が誠実でないことを認めたがらない。二つめは、従うべき規範を破ることで、大切な第三者を困らせたり怒らせたりしたくないからだ。たとえば組織の規範を奉じる上司がこれにあたる。規範を侵害する人は非常識と思われ、下手すると解雇されることもある。

たとえばあなたがまったく筋の通ったことを要求しているのに、電話の向こう側のサービス担当者が理不尽なことを言ったとする。このとき相手は、会社の規範を踏みにじっているのだ。この会話に第三者を引きこむには、こう言えばいい。「あなたの会社のCEOがこの会話を聞いたら、あなたに賛成するだろうか?」

あなたは相手との会話に、絶対的な力をもつ体重四〇〇キロのゴリラの観点をもちこんだのだ。相手は自社の規範を踏みにじったとき、さらに大きなリスクにさらされることを自覚するようになる。

わたしは数年前、カリブ海の小さな貨物航空会社を共同経営者と一緒に買収することになり、買収事前調査《デュー・デリジェンス》で施設を点検するために島々を訪れた。会社の専属パイロットとわたしの二人で、小型単発機に乗って島をめぐった。気もちよく晴れあがった午後のことだった。英領バージン諸島のトルトラ島に着陸したとき、到着ラウンジには入国管理官が一人しかいなかった。

管理官はパイロットを知っていたし、ここ一〇年ほどの間に何度も彼を見かけていた。それにパイロットもわたしも、空港の入場許可証をもっていた。それなのに管理官は書類にあれこれ記入しろと言って、パイロットをいじめた。わたしはただ、会社の小さな事務所がきちんと切り盛りされているかを確かめたかっただけだ。事務所は到着ラウンジと五〇メートルほどしか離れておらず、わたしたちのいた場所からも建物が見えた。

わたしはラウンジを見回して、規範を探した。そして壁に、観光地でよく見かける額を見つけた。英領バージン諸島の首相のあいさつで、こんな感じのことが書かれていた。「英領バージン諸島へようこそ。当国の税関検査官と入国管理官は、観光その他でご旅行中のお客さまを、敬意と尊厳、誠意をもっておもてなしいたします」

わたしは入国管理官のところに戻って言った。「ちょっとすみません」「はい？」彼女は顔を上げて、迷惑そうに言った。わたしは例の額を指さして尋ねた。「あれは本物の首相の言葉ですか？」今度はややためらいがちな返事が返ってきた。「そうですけど」「それじゃ聞きますが、あの首相の言葉は、この場合の状況にどうあてはまるんでしょう？」

わたしたちは五分後に放免された。政府によれば、額はその後撤去されたという。

規範を使うときに考えるべきこと

規範がすばらしいのは、何と言っても透明なプロセスだという点だ。人を操るためのツールなどではない。自分のやっていることを、相手に包み隠さず伝えて構わない。「わたしの規範を盾にするつもりですか？」と聞かれたら、「その通りです！　あなたの思慮深い規範を判断基準にしてはいけませんか？」と返せばいい。つまり、相手の規範について話し合うこと自体を規範にするのだ。「御社がやると宣言されたことをしてもらいたいだけなんです、いけませんか？」

心理学者のなかには、規範に「一貫性の罠」というレッテルをつけ、人を操るテクニックと一緒くたにする人がいる。これでは規範について間違った考えを植えつけかねない。だれかを何かに陥れようとするわけではない。ただ相手に約束を守ってもらい、それ相応のことをやってもらおうとしているのだ。誠実さと公平性を求めて何が悪い？

もし相手が自分の規範を破り、不誠実になることを選んだらどうする？　相手はさらに過激になるが、これには別のリスクが伴う。この点についてはすぐあとで説明する。

もう一つ気をつけてほしいのは、このツールで相手を傷つけることもできるということだ。ツールに効果があることは間違いないが、どこまで追求するかは自分で判断する必要がある。

規範が人を傷つけるために用いられた事例を説明しよう。これは一九五〇年代初めの朝鮮戦争で起きた、アメリカの戦争捕虜の洗脳に関わる問題だ。北朝鮮を支援していた中国軍の将校は、アメリカ人捕虜にこう尋ねた。「アメリカは完全ですか?」アメリカ人兵士は当然こう答える。「完全な国などない」。そこで中国の将校がこう尋ねるわけだ。「ではそう書いてくれますか? もちろん、あなたが本気でそう信じていればの話だが。書いてくれたら、たばこを二箱さしあげよう」

そんなわけで多くの戦争捕虜が「アメリカは完全ではない」と書いた。

二週間ほどしてから、中国の尋問者が再び戦争捕虜に聞く。「アメリカが完全でないという、具体的な例をあげてくれますか?」中国がアメリカ人捕虜に求めたのは、要は自分の発言を裏づけることだ。多くの戦争捕虜がアメリカが完全でない理由を書き、見返りにもう一箱たばこをもらった。

これが何カ月か続き、捕虜はますますくわしい説明を求められた。中国軍は次にアメリカ人兵士が自ら書いた、この長い非難のリストを発表した。戦争捕虜のなかで、自分の意見を撤回した者は、ほとんどいなかった。自分の筆跡で書かれたものだったからだ。それどころか、彼らは自分の書いたことを必死に弁護した。アメリカ人兵士は文字通り洗脳された。これは士気を保とうとするアメリカ側のとりくみに、大きな心理的打撃を与えたのだった。

もう少し身近な例をあげよう。ペンシルベニア大学ロースクールの学生で、現在大手不動産会社の法務顧問を務めるニール・セティは、マイアミ・ドルフィンズの元監督が始めたフランチャイズ、ドン・シューラズ・バーに、友人たちを連れて食事に行った。彼はビールを注文したが、食事が来てから三〇分後にようやく運ばれてきた。「クラスの精神に則って、ぼくはほとんど反射的に尋ねた」と彼は言う。「ドリンクは夕食前に出すのがきまりだよね、って」

ニールによれば、ウェイトレスはしきりにわびて、ほかのテーブルとごっちゃになってしまったんですと弁解したそうだ。ニールは、それはぼくのせいなのかと尋ねた。とんでもないとウェイトレスは答えた。ニールはそのビールはもういらないと断った。それはできません、もうビンを開けて、端末に料金を入力してしまったんですから、とウェイトレスは言った。

「そこでぼくはこう聞いた。自分の間違いの尻ぬぐいを客にさせるのが、このレストランの方針なのかって」とニールは言う。「もちろん、そんなことありません」。そこでニールは、これまで端末に入力されたドリンクやほかのメニューの料金をとり消した前例はないのかと尋ねた。つまりこう言いたかったわけだ。もしこれがレストラン側の間違いで、料金が勘定から引かれた前例があるなら、今回も料金がとり消されるべきではないのかと。ウェイトレスは料金を引いた。

ウェイトレスが行ってしまうと、ニールの友人が、ウェイトレスが料金を引いたのには驚いたと打ち明けた。「このチェーンを知ってるけど」と友人は言った。「あの料金は、ウェイトレスの薄給から引かれるに違いないよ」。ウェイトレスは人前で馬鹿にされたくないばかりに、もしかしたら家族の食費を削ったのかもしれない。

「自分のビール代が彼女の薄給から出ているかもしれないと知って、ぼくはショックを受けた」。ニールは告白する。「あれをきっかけに、ツールの力を本当の意味で意識するようになった。これほどの力を秘めているからには、賢明に使わなければ、と」。結局彼はビール代を払い、対人関係のいい教訓になったよとウェイトレスに礼を言った。この教訓は、自分のキャリアに大きな影響を与えるだろう、と彼は語る。

この話を踏まえて、あなたもだれかと交渉するときには、自分にとって心地よいと思えるやり方を考えなくてはならない。そんなはしたないことは絶対やりたくないと思う人もいるだろう。この方法を使えば、最終的により多くを得られるが、気分の悪い思いをしてまでそうするのが得策かどうかは、自分で判断してほしい。

わたしが数年前台湾に一週間出張したときのこと。週の終わりに、滞在していたホテルから、一五〇〇回のクレジットカード通話に、一五〇〇ドルのアクセス料金を請求された。通話一回につき一ドルだ。もちろん、通話料金は支払うつもりだった。だが部屋にはアクセス料金に関する案内は何も書かれていなかった。そこでわたしは、ホテルの意思決定者である支配人を探して、交渉を始めた。

「あなたのホテルでは、顧客に事前に知らせていない料金を課すきまりになっているんですか？」

わたしはこの質問をすることで、規範を使うときいつもやるように、彼女に選択を迫った。「極端に走るか、わたしの側につくか」だ。彼女は「ええ、うちは法律を破りますよ。何か問題でも？」と答えるだろうか？　それはないだろう。顧客に何か料金を請求するときは、あらかじめ通知することが法律で義務づけられている。

そんなわけで、彼女は言った。「まさか、そんなことはありません」

「そうですか」。わたしは二つめの質問に移った。「でもクレジットカード通話のアクセス料金のことは、部屋のどこにも書かれていませんよね？」「ああそうですね」。彼女は答えた。「でもホテルはどこもアクセス料金をとりますから」

「そりゃそうでしょう」とわたし。「でも、ほかのホテルは事前に通知していますよね？」彼女はしばらく考えていた。「おっしゃる通りです、ダイアモンドさま」。彼女はそう言って続けた。「では、お互い痛み分けというのはどうでしょう。七五ドルだけお支払いくだされば」

それにはこう答えた。「いやあどうも頭がこんがらがっちゃって。ちょっとお知恵を拝借できませんか。もしわたしの認識が正しいなら、わたしはあなたに何も借りはないはずだ。わたしの認識が間違っているなら、一五〇ドルの借りがある。さて、この七五ドルというのは、いったいどこからきた金額です？」

交渉で妥協するのは、手抜きで、効果が薄い場合が多い。最後の最後、つまりすべてのツールを使い、ゴールまであとわずかというときに妥協するのは構わない。だが規範の方がずっと効果が高い。

「おっしゃる通りです」。支配人は引き下がった。「請求書から料金を差し引いておきます」

このやり方はちょっと強硬すぎると思う人がいるかもしれない。もちろん、こうした交渉では、適切な口調を使うのが大切だ。始めから終わりまで、冷静でとても感じのよい、きちんとした口調で言うこと。極端に走るか、あなたの目標達成に手を貸すかの選択を、相手に与えるのがポイントだ。わたしの学生たちはこうした手法を使って、長年の間に数百万ドルをとり戻してきた。本当に問うべき質問は、その金があなたの懐に入るべきか、相手の懐に入るべきかということだ。とくに、相手に不当な扱いを受けた場合、よく考えた方がいい。

相手が規範を問う質問に答えようとしなかったら、どうする？　質問に何か不都合がありますかと尋ねればいい。これを尋ねることで、あなたの質問に答えるかどうかを、規範を問う質問にできる。

注意を一つ。人が大勢いる場所で特別なはからいを求めると、失敗することが多い。なぜだろう？　相手にとって、あなたの要求をのむことが、より大きな決断になってしまうからだ。だれかに聞かれて同じ扱いを要求されたら、大ごとになる。

段階的に進める

規範を使うという手法を、そして本書のすべての手法を支えているのが、段階的に進めるという方針だ。交渉をたくさんのステップに分けよう。交渉に慣れていない人は、一度に多くのことを要求しすぎる傾向がある。相手をいまいる場所から、相手に行ってほしい場所まで、一足飛びに進めようとする。たとえば、「パソコンが壊れたから、新品と交換してくれ」など。

大きなステップを要求すると、相手はノーと言いやすくなる。大きなステップは現状とかけ離れているため、リスクが大きく思われるのだ。

だから、交渉は小さなステップに分けるべきだ。ステップを踏むごとに、「アンカリング（係留効果、判断基準）」と「バイイン（了承）」が得られる。一つのアンカー（錨）から次のアンカーまでの距離は短くなる。段階的なステップを積み重ねれば、相手に大きな距離を進ませることができる。身近なものから見知らぬものへ、一歩ずつ導いていけばいいのだ。

要するに、一歩進むごとに、その次のステップに進むよう相手を説得するための足場ができていくのだ。相手に何がねらいかと聞かれたら、あなたの規範を見きわめようとしていて、いまの状況で何ができるかを考えているのだと言おう。相手がさらに質問をしてきたら、あなたを目標に近づけてくれるような情報を小出しに与える。「二割値引きしてほしい」という、大きすぎるステップを求めるよりは、「何をしてくれますか？」と聞く方がいい。

まずは目標からずっと離れたところから始める必要がある。離れたところから始めるとは、どういうことだろう？　たとえば「合意に達したいですか？」「利益をあげたいですか？」「顧客を満足させたいですか？」などと尋ねてみよう。これが交渉のアンカーになる。相手が最初に合意に達したいと言ったのに、あとから理不尽な要求をしてきたらどうするか？　「その要求は、合意に達したいというあなたの意向にどうあてはまるんですか」と尋ねるのだ。

交渉では相手をなじみのある場所から見知らぬ場所へと、一歩一歩導かなくてはならない。状況が困難であればあるほど、一つひとつのステップをますます小さくし、数を増やす必要がある。

相手の頭のなかの絵は、単純明快で、ノーと言えないもの、かつあなたにとって受け入れられるものでなくてはいけない。

わたしの学生の一人、ロッキー・モトワーニは、交通違反の切符を切られ、フィラデルフィア西部地区の車両管理局まで罰金を払いに行った。そこには大きな字で貼り紙がしてあった。「個人小切手はいっさい受けつけません」。小切手しかもち合わせていなかったロッキーは、ひとつ交渉してみようと思い立った。

まず規範がないか探した。チケットの裏を見ると、個人小切手の送付先が書いてある。この住所には見覚えがあった。

ロッキーは窓口に行った。「ぼくのチケットの裏に、個人小切手はこの住所に送れと書いてあるんですけど、そうなんですか？」ロッキーは係員に言った。「ええ」係員は答えた。「この住所は、正確に言うとどこなんです？」ロッキーは尋ねた。「このビルですよ」。係員は答えた。

ロッキーは少し間を置いた。「それで、このビルのどこに個人小切手が郵送されてくるんですか？」「え、あそこのデスクですけど？」係員は二メートルほど離れたデスクを指さした。

「なるほど」とロッキーはかみしめるように言った。「ちょっと聞いてもいいですか？　ここからあそこまでの二メートルに、何か特別なことがあるんですか？　二メートル向こうでは個人小切手が使えるのに、そこから二メートル戻ると個人小切手が使えない。もし、もしもですよ、この小切手を封筒に入れて、向こうに向かって投げたら？　あなたの頭上を通過して、あそこのデスクに着地したら？　そうしたら小切手で払えますか？　切手も貼っちゃいますよ」

ロッキーはこの日小切手で支払いができただろうか？　できた。彼より前の三〇〇〇人は、できなかった。そして彼のあとの三〇〇〇人も、おそらくできなかっただろう。あなたは、そんな揚げ足をとるようなやり方は、性に合わないと言うかもしれない。またそれよりは、個人小切手は受けつけないという規則に、例外を認めた前例がないかどうかを尋ねたいという人もいるだろう。わたしが言いたいのは、ロッキーが車両管理局の規則が明らかに矛盾していることを指摘し、そうすることで目標を達成したということだ。もし彼が、すべてを一度に交渉しようとしたら（「個人小切手を郵送できるなら、どうして窓口で直に小切手が使えないんです？」）どうなっていただろう？　このステップは係員には大きすぎて、とても踏み出せなかっただろう。係員に思考プロセスのステップを、一歩一歩示す必要があったのだ。

現在JPモルガン・チェースの業務執行取締役として、二億ドルの事業を運営するロッキーは語る。「交渉ツールを毎日のように積極的に活用しているよ」。とくに、段階的に進める方針だ。

ビジネスの場で使われた事例もあげておこう。化学大手のBASFでマネジャーを務めるマレー・ヘルムズリーは、大手顧客からすべてのパッケージにバーコードをつけてくれと言われた。顧客はバーコードがないために、製品を手作業で仕分けていた。バーコードをつけてくれないなら、この作業の費用として、一パッケージにつき四五〇ドルを差し引くと言ってきた。本社に伝えたところ、一社のためにバーコードをつけるなどできないとつっぱねられた。さてマレーはどうしただろう？

「顧客の要求はひとまず置いておいて、もっと段階的な選択肢がないか、考えてみた」。マレーは回想する。顧客が用意したバーコードを一カ月間試験的に使ってほしいと、本社に頼みこんだ。試験は成功した。BASFの物流とマーケティングの担当者が、顧客と打ち合わせをすることで話がまとまった。

弁護士は、段階的に進める方法が、反対尋問に似ていると言う。相手を自分の連れて行きたいところに向かって、一歩一歩導いていく。一つひとつのステップが、相手を目標に近づける。交渉が反対尋問と違うのは、相手を策略にかけるのが目的ではないことだ。自分の交渉相手がどこから来るのかを、相手に正確にわからせるのがねらいだ。

はじめから大きな成果が得られなくても構わない。もらえるものをもらって、また出直せばいい。思い出してほしい、「今日の上限が明日は下限になる」のだ。今月はクレジットカード金利の一％引き下げで我慢する。来月また交渉すればいい。ここで五〇ドル、あそこで七五ドルと積み重ねていけば、温かい懐で年を越せるというものだ。

相手の規範を知らないとき

相手の規範を知らないときはどうすればいいか？　何をすべきだろう？　尋ねるのだ。仕事なら、上司に昇給やボーナスの決定基準を尋ねよう。教えてくれない場合、何を求められているかが正確にわからなければ、要求に応えられません、と感じよく言おう。できるだけ具体的に聞き出そう。上司の求めるものと、金額の両方だ。これをやっておけば、基準を満たしたとき、昇給をずっと要求しやすくなる。消費者物価指数を調べ、去年より実質ベースで給料が上がっているかどうかを確かめよう。もし下がっていれば、あなたの価値が、少なくとも去年よりは下がっていることになる。あるいは、会社の成功を測る何らかの尺度を使ってもいい。

これがうまく行かない状況もある。前にも言った通り、完璧なツールなどあり得ない。だがやらないより、やった方が成功率は高い。そして成功率がほんのわずかでも上がれば、あなたの人生はよい方向に大きく変わるのだ。

相手の規範を尋ねることは、とくに敬意をこめてやれば、相手を尊重することになる。あるときわたしはアメリカン・エキスプレスの高額の請求を、期日までに支払い忘れてしまった。そのせいで、このときの利用金額には航空マイルが付与されなかった。これが長年の顧客に対する扱いかと、アメックスの顧客サービス担当者に腹を立てかけたが、すんでのところで怒りを抑え、彼女の一日について考えてみた。

「あなたは多分、一日中お客に怒鳴られているのではないかな」と電話の向こうの女性に言った。

「ええ、そうなんです」。彼女は答えた。

「そういうとき、どうするの?」わたしは聞いた。「そうですね、黙ってカード解約部門に電話を回します。そういう人たちは、相手にしなくていいことになっているから」

「支払いが遅れた人のマイルを戻してあげることはある?」わたしは尋ねた。「もちろんありますよ」。彼女は言った。「どういうとき?」

彼女は教えてくれた。「お客さまが謝られたときや、お礼を言ってくださるとき、二度と支払いに遅れないと約束されたとき、そしてわたしに優しくしてくださるときですね」

わたしはいった。「わかるだろう、支払いが遅れて本当に悪かったと思っている。もしわたしのためにマイルを戻してくれたら、心から感謝するよ。もう二度としないと誓う。それに、あなたは本当に優しい人だと思うな」。彼女は笑って言った。「マイルはもうお客さまの口座にお戻ししましたよ」

このやり方は、練習すればするほど上達する。

規範をうまく使う秘訣は「フレーミング」にあり

フレーミングとは、相手を納得させるために特定の単語や言い回しを使ったり、情報をまとめたりすることをいう。

交渉では言葉遣いがものをいう。カギは、これが一番重要な問題だというビジョンを、相手のためにはっきり描き出すことだ。バラク・オバマは「チェンジ」を訴えた。コカ・コーラは「さわやかな、憩いのひととき」のキャッチコピーで、数十億ドルを稼いだ。

問題をどのようにフレーミングするか、いくつか例をあげよう。レストランに行って、予約した時間に席が用意されていなかったときは、「このレストランは約束を守らないんですか?」と聞く。また次の言い方は、どんなサービス提供者にも使える。「顧客を不満にするのが、御社の目標ですか?」

フレーミングする方法を見つけるには、まずこう考えてみよう。「ここでは実際のところ、何が起きているのだろう?」交渉の達人は、ものごとの本質を理解する。

ウォートンの学生リナ・チョウは、アメリカン・エキスプレスから入会キャンペーンの手紙を受けとった。入会ボーナスとして、提携航空会社のマイルが五〇〇〇マイルもらえると書いてあった。金額にして二五〇ドルほどだ。リナが電話をかけると、お客さまはすでに会員ですからキャンペーンの対象外となりますと言われた。新規会員だけが対象だった。

リナは少し考えた。それからもう一度電話をかけて責任者につないでもらい、要件を伝えた。彼女はこう言ったのだ。「御社が世界的な広告戦略とポジショニングを変更されたことについて、お話を聞きたいのですが、担当はどなたですか?」「それはどういう意味ですか?」責任者は尋ねた。

「それはですね」とリナは始めた、「アメリカン・エキスプレスは以前『メンバーシップ、それが特権』というスローガンを掲げていましたよね。でも最近では、会員より非会員の方が特権が多いようなんです。だからスローガンを変更したんじゃないかと思って。『非メンバー、それが特権』この件について、担当とお話しししたいんです」

責任者はその場でリナにマイルをつけてくれた。リナは現在ニューヨークで金融アナリストをしている。問題を適切にフレーミングすること、そして第三者の前で(または第三者に伝えると言って)相手の規範を使うことは、非常に効果的な手法だ。この例でいうと、アメックスが既存会員より新規会員が重要だというメッセージを伝えていることを、リナのフレーミングは明らかにした。リナがこのように言いかえたからこそ、アメックスはリナにマイルを提供すべきだと考えたのだ。

まったく同じ事実を提示する場合でも、それを提示する方法(フレーミング)によって説得力が大きく異なることを、さまざまな研究が示している。交渉に成功する人は、相手の頭のなかに違う絵を描き出すような方法で、情報をパッケージする。よくあげられる研究に、手術の生存率に関するものがある。ある手術について、半数の患者には生存率が九〇%だと教え、残りの半数の患者には死亡リスクが一〇%だと伝えた。まったく同じ情報を伝えたにもかかわらず、生存率が九〇%として提示されたときの方が、手術を受けることを選ぶ人が多かったのだ。

ある学生がコンプUSAでノートパソコンを購入した。ところが一月後に壊れてしまった。店に電話すると、まだ保証期間内なのでメーカーに送り返してほしいと店員に言われた。学生はそんなことはしたくなかった。時間がかかるし、何より学校の勉強にパソコンが必要だったのだ。

そこで学生はもう一度電話をかけて、店長につないでもらった。学生は言った。「『地元のお客さまをサポートする』のが御社の方針じゃないんですか？　それとも問題が起きそうになったら、すぐ他社に回すんですか？」

「もちろんお買い求めいただいた製品は、保証いたします」と店長は答えた。

「それなら今日学校でパソコンが必要だというのに、なぜメーカーに回そうとするんですか？」学生はたたみかけた。「それでは商品を保証しているようには思えない」

学生は代用機を貸し出してもらった。ほかに新品交換してもらった学生もいる。たいていの人はただ「パソコンが壊れた」と文句を言うか、「どうして修理にそんな面倒な手続きが必要なんだ」とつっかかるだけだ。それでは店長を動かすことはできない。学生はむしろ、店が自ら掲げた顧客サービス基準という観点からものごとをフレーミングして、目標を達成したのだ。

「そんなのは道理に合わない」とあなたは言うかもしれない。だがほとんどの重要な交渉は、理性がすべてではない。当事者の感情と認識がすべてなのだ。だからこそ情報を提示する方法、つまりフレーミングがとても大切なのだ。フレーミングをうまく使えば、より公平な世界をつくることも夢ではない。

シェナズ・ギルは、フィラデルフィアのPNC銀行の手違いで、預金残高がマイナスになってしまったが、銀行側の過失にもかかわらず貸越手数料をとられた。彼は銀行の責任者に質問した。「ＰＮＣは顧客に自分の間違いの尻ぬぐいをさせるんですか？」責任者はうまい答えを思いつかず、うろたえるばかりだった。彼にとって、このような非を認めるのは難しいことだった。

そこで、現在コカ・コーラで戦略担当責任者を務めるシェナズは、ＰＮＣ銀行の二つめの規範をもち出した。銀行が広く宣伝している、「お客さまのために解決策を生み出します」という公約だ。あなたならここでどういう解決策を生み出しますか、とシェナズは尋ねた。彼は払い戻しを得た。

規範は非協力的な交渉人にだけでなく、どんな関係でも使える。大事なのは、関係を壊さないように気をつけてやることだ。あなたは相手の側に立っていることを忘れてはいけない。相手が違う角度からものごとをとらえられるよう、手を貸しているだけなのだ。

タヒール・カジには、ナディアという二歳半になる娘がいた。彼女は夕食のたびに幼児いすに座らされるのをとてもいやがった。家族のみんなと同じテーブルに着きたいと言って、駄々をこねた。だが父親のタヒールは、ナディアに頭ごなしに命令したり、言いくるめたりしなかった。代わりにテーブルを回って一つひとつのいすを指さし、ナディアに尋ねた。「こちらのいすには、だれを座らせましょうか？」このゲームはナディアを大いに喜ばせ、またナディアに家族が座る場所をきめる権限を与えた。彼女は夢中になって遊び、いすはすぐに埋まった。

現在コムキャストの副社長を務めるタヒールは、このときナディアに、テーブルにはきみの座る場所はないと言わなかった。むしろ、彼女にどうするかをきめさせたのだ。ナディアは気がついた。自分が大人用のいすに座れば、いつもテーブルに着いているだれかが押し出される。そして幼児用いすに座れるのは、自分だけなのだと。

もちろん、もう少し年のいった子どもなら、「もう一ついすをもってきて！」と言ったり、親を困らせたりしただろう。だがこの状況のナディアにとっては、これらのツールがうってつけだった。彼女に力と意思決定権限を与え、段階的なプロセスを通して、幼児用いすに座れるのは自分だけだと気づかせたのだ。

相手の規範やフレーミングを、あなた自身が受け入れる必要はない。フレーミングの大半が、「リフレーミング」だ。まず相手がものごとをどのような言葉で表現するかに注目し、それを別の方法で解釈できないかを考える。そうすることで、相手に新しい見方を示し、うまく行けばあなたの目標を達成させることができるのだ。

相手がどれほど大規模で、強力であろうと、フレーミングによって交渉のパワーバランスを変えられることが多い。だから前にも言った通り、このツールは注意深く、前向きな方法で使わなくてはいけない。わたしがウォートンのＭＢＡプログラムで教えた女性は、世界有数のコンサルティング会社マッキンゼーから内定をもらった。彼女は、自分はメディア娯楽産業での長年の経験を買われて採用されたのだから、契約金をあと三万ドル上乗せしてもらって当然と考えた。将来の上司も、彼女がボーナスを得る資格があると思っていた。だがマッキンゼーの全社方針として、すべてのＭＢＡ内定者に同等の待遇を与えることが定められているから、上乗せはできないのだと説明した。

学生はマッキンゼーのしきたりを、「あと三万ドルを早く手に入れる」という自分の目標に合わせてリフレーミングしようと考えた。そこで将来の上司に、マッキンゼーが新入社員にボーナスを支払うのは、一番早くていつですかと聞いた。「三カ月後だよ」上司は教えてくれた。「それなら入社三カ月後に、三万ドル支払って頂けませんか？」と彼女は尋ねた。「ああいいよ」。上司は答えた。

実際の交渉は、あなたがこの話を読み終えるより早く終わった。

相手にこういう決定を下しなさいと命令するより、相手自身にその決定を下させる方が、ずっと効果が高い。フレーミングと段階的プロセスを通して、相手を行かせたいところに向かって導くのだ。のちの章で説明するように、このやり方は、とくに親が子どもを相手に交渉するとき、絶大な効果を発揮する。

フレーミングと段階的に進める方法は、職場での人間関係で目標を達成するのにも役立つ。ウォール街で負債性金融商品のトレーダーをしているピーター・トーカスは、休暇明けに出社すると、席がなくなっていた。「トレーディング・フロアでは、場所がものをいうんだ」と彼は説明する。上司がよそから呼び戻したトレーダーのトムに、ピーターの席を与えたのだ。トムが仕事を引き受けた条件の一つが、トレーディング・デスクに座ることで、ちょうどピーターの席が空いていたというわけだ。たいていの人はこの時点であきらめるだろう。でもピーターは交渉することにした。

「上司に、トムが破綻債権と正常債権のどっちを担当するのか聞いてみた」。ピーターは説明する。「破綻債権だ」。上司は答えた。「それならなぜほかの破綻債権トレーダーと一緒に座らないんですか?」ピーターは上司に問いただした。次に彼は、トレーダーは全員トレーディング・デスクに座る必要があるんですかと尋ねた。上司は「ある」と答えた。そこでピーターは、トレーディング・デスクに座っている営業担当者はいますかと聞いた。「いる」が答えだった。ピーターはとどめに、営業担当者はトレーディング・デスクにいる必要があるんですかと尋ねた。

ピーターはこのやりとりをすべて説明すると、席をとり戻すまで本当に長い時間がかかったと言った。とにかく、席は戻ってきた。

フレーミングと段階的に進める手法は、身につけるのがとくに難しい。ほとんどの人はものごとを早く進めたがるため、小さなステップに分けて考えるのを難しく感じる。それに適切なフレーミングを考えるだけでも時間がかかり、それすら我慢できない人が多い。だがフレーミングはうまくやれば、交渉をあっという間に、しかも自分の思い通りにまとめることができるのだ。

ドイツ銀行の業務執行取締役を務めるケビン・シャーロックは、とりきめられた以上の仕事を無償で要求する顧客のために、状況をフレーミングした。「わたしたちはただで仕事をするべきでしょうか？」これは、協力的な口調で言えば、顧客に現実を認識させるのに役立つ方法だ。

非協力的な相手を牽制するルールを設定する

ルールは交渉が始まる前に設定しよう。プロセスの開始時に原則を定めることの大切さは、万人が認めるところだ。これを怠り、明らかに自分が有利なときにルールを設けければ、状況を操作して有利にことを運ぼうとしていると思われても仕方がない。

ビジネス会議の最初に設定すべきルールとしてお勧めなのが、「一五分以内に解決できない議題は飛ばして、次の議題に進む」というものだ。この基準があれば、午前三時に四番めの議題で行きづまるような事態を避け、三〇番までさくさく進み、あと四つを残すのみだ。最後まで行ったら、また難しい問題に戻って考えればいい。これは交渉に用いられるプロセスを制御するためのルールだ。

アジェンダ（議事次第）もプロセスの一つだ。ほとんどの人はアジェンダなど大したものではないと考え、わざわざ作成しようと思わない。どこに行きたいかがわかってさえいれば、それで十分だと思っている。だがわたしはそう思わない。

会議をアジェンダなしで行うなど、わたしには考えられない。話し合いたいことがわかっていても、アジェンダは会議進行の道すじを定めてくれる。途中で横道にそれても、アジェンダがあれば軌道に戻れる。アジェンダには必ず全員の同意を得る必要がある。そうしておけば、だれかが邪魔をして議論を脱線させようとしても、全員がアジェンダに同意したはずだと指摘できる。新しい議題が出たら、全員に見えるように、ホワイトボードの「その他の項目」の下に、逐次書き足していこう。

アジェンダはどんなに簡単な会議にも必要だ。会議が始まる前にアジェンダを作成した場合、事情が変わっていないかどうか、開始時に再度確認しよう。会議が脱線しがちなことはだれでも知っている。全員が同意したアジェンダをもたずに会議を始めるのは、目的地までの道を知らされずに運転席に乗りこむようなものだ。

交渉は、簡単なものから始めよう。そうすれば双方が達成感を味わえる。簡単なこととは、たとえば「次の会議はいつにするか？」といったことだ。たとえ最初の五項目が事務的な問題でも、それをきめることには意義がある。何かを片づけることで、双方が会議にやりがいを感じ、ずっと協力的になるのだ。

二つのハイテク企業が、三億ドル規模の合併成立に向けて、最終交渉に入った。しかし交渉は遅々として進まず、不毛な言い争いに終始していた。わたしはいつまでたっても合意に到達できないのは、合併委員会が大きすぎるせいだと思った。相手側のだれかと話をするきっかけを探していたとき、リック・シーファートと目が合った。

「やあリック、隣でコーヒーでも飲まないか？」とわたしは声をかけた。もしかしたらリックと二人で、何か打開策を考えられるかもしれない。

リックの同僚たちはめざとく反応した。「それはどうだかな」とリックの会社のＣＥＯが叫んだ。わたしが分割統治をねらっているか、リックが情報を漏らすか、わたしがリックを利用するとでも思ったのだろう。むろん、馬鹿げた考えだった。

そこでこう言った。「おやおや、なるほど！　わたしがリックを一五分で洗脳するとでも言うんですか？　そうなのか、リック？　きみはたった一五分で洗脳されてしまうのかい？」

彼の同僚は、きまりの悪い思いをした。経験豊かな交渉人のリックに何の信頼も置いていなかったこと、自分たちの懸念に何の根拠もないことが露呈したのだ。わたしは彼らの頭のなかの絵について考えた。おそらく、わたしがなぜリックと二人で会いたがっているのか、疑問に思っているのだろう。

そこでまた口を開いた。「実はですね、わたしはこれからリックとコーヒーを飲むつもりです。お互い、休憩が必要なようですね。みなさん、リックとわたしがコーヒーを飲みながらとりくめる問題を何かくれませんか？　二人で解決策をもって戻ってきますよ」

だれも異論はないようだった。リックとわたしは問題を渡され、隣の部屋に行った。そして交渉がなかなか進まないことについて愚痴を言い合い、課題にとりくみ、解決策を見つけ、交渉の場に戻った。二人が協力して答えを出したことが、交渉の方向性をすっかり変え、合併交渉を成功に導いたのだった。

決定に用いられるルールをとりしきろう。昔のキャリアウーマンは、会議の内容を黒板に書くよう男性社員に頼まれると、むっとしたものだ。だがわたしに言わせれば、書記役はいつでも買って出るべきだ。これはプロセスをコントロールする方法なのだ。

わたしは世界最大の鶏肉、牛肉、豚肉の生産会社タイソン・フーズのＣＥＯバディ・レイとＣＦＯ

ウェイン・ブリットを相手に、アトランタで交渉したことがある。このときわたしはクロアチアの企業の代理人を務めていた。同社はロシアでタイソン・フーズの鶏肉を販売しており、その代金としてタイソンに七五〇〇万ドルの債務を負っていた。負債を減らし、クライアントが営業を継続できるような計画をとりきめるのが、わたしの任務だった。

わたしは二人よりずっと年下で、タイプが打てた。そこで会議の議事録を作成しますと申し出た。タイソンのCEOはちょっと見下したように、ああそう、じゃきみがつくってよと言って、わたしを手で追い払った。

そこでわたしは議事録を自分の書きたいように書き、主要なポイントを自分の思い通りに整理し、次回の会議のアジェンダを思うまま作成し、タイソンの二人に送った。

次の会議では、タイソンの銀髪のCEOが、ラップトップをまるで初めてもつかのようにぎこちなく抱えて部屋に入ってきた。彼はわたしを指さして叫んだ。「今度はわたしが議事録をつくるからな！」彼は抜け目がなかった。

あなたが組織のどの階層にいようと、よく練られた質問をいくつかすれば、すぐに会議をコントロールできるようになる。「この会議の目的は何でしょうか」とまったく威圧感を与えない口調で言おう。自ら志願して、会議の内容を黒板に書き出そう。それだけで、あなたが会議をコントロールできるようになる。

問題行動を指摘する

相手の規範を指摘することと、問題行動を指摘することは、一歩しか違わない。問題行動をする人は、自分の所属する社会や企業、集団、その他の組織の慣行に反する行動をとることで、自らの規範を破っているからだ。

この場合の「社会」には、相手が世話になっている第三者が含まれる。その場にいようがいまいが、第三者はとても重要だ。大切な第三者の前で非常識な行動をとる人は、信頼を失い、ときには非難を浴び、解雇されることもある。

あなたはだれかにいやなことをされたら、その問題行動の代償として、いわば「引換証」つまり借用証書をもらえる。謝罪も引換証の一種だ。車の修理が遅れたら、この問題行動を指摘することで、無料でオイル交換をしてもらえるかもしれない。これまであげた例にも、暗黙の第三者が関わっていたものがある。たとえば、トルトラ島の入国管理官の事例がそうだ（係官が自分の約束を破ったことを知ったら、首相はどうするだろう？）。

問題行動を指摘する手法は、男性社会に生きるキャリアウーマンの、力強い味方になる。やり方はいろいろある。ズバリ指摘してもいいし、ユーモアを交えて言うのもいい。どんなやり方をしても、たいていうまく行く。ある女性副社長はとても優しい人だった。これは普通はすばらしいことなのだが、周りには彼女を食い物にしようとする連中がたくさんいた。

ある日彼女はCEOと別の男性副社長の三人で話をしていた。男性副社長は彼女の話をいちいち遮った。そのうえ彼女が話している最中に席を立ち、恥をかかせたのだ。とうとう抗戦すべきときがきた、と彼女は思った。CEOとの話を終えると、男性副社長を追いかけた。

「ちょっと聞いてもいいかしら」。彼女は言った。「何です？」

「わたしがCEOに話をしている最中に席を立って恥をかかせるなんて、いったいどういうつもり?」彼女はつめよった。「あなたのねらいは何? いったいわたしを何だと思っているの? わたしが男だったら、同じことをしたかしら?」

彼は二日にわたって謝り続けたそうだ。

交渉の達人は、ものごとの本質を理解し、それを言葉に表す。だから問題行動を指摘するときは、ズバリ言う必要がある。「わたしに向かって声を張りあげる必要があるんですか?」「あなたの話をけっして遮らないと約束しますよ。だからあなたも同じ気遣いをしてもらえませんか?」など。覚えておいてほしい、これらは人間関係の何たるかがわかっておらず、あなたをおとしめようとする、非協力的な交渉人にしょっちゅう使えるツールなのだ。

映画『ゲット・ショーティ』で、ジョン・トラボルタ演じる役が、ジーン・ハックマンの役に、交渉のコツを伝授するシーンがある。交渉するときはブラインドを開けて、太陽が目に入る場所に相手を座らせ、気をそらすのだという。さて、もしあなたがこれをやられたら、相手をとがめなくてはいけない。「なぜわたしは光が目に入る位置に座っているんでしょう?」と聞くか、「まぶしくて気が散ります。ブラインドを閉めて、会話やあなたの話に集中させてくださいよ」と言ってみよう。

非協力的な交渉人を相手にするときは、ツールが欠かせない。交渉の相手は善人とは限らない。交渉では相手に親切にするのがよいとも言われる。そうすることで、かえって力をもてるのだと。これは時と場合による。サメのいる海で泳ぐときは、サメよけ剤入りの日焼け止めを塗らなくてはいけない。わたしだって相手に親切にしたいのはやまやまだが、親切が必要とされない状況では、自分を――そしてあなたを――無防備なままにしておくわけにはいかない。

問題行動を指摘するには、コツがある。ちなみにこれは、すべてのツールのなかで最強のものの一つだ。問題行動を指摘するとき、自分が火種になっては絶対にいけない。そんなことをすれば「引換証」を失ってしまう。あなた自身も理不尽な行動をとっているからだ。弁護士はよくこれをやってしまう。「まぬけとは何だ？　おまえこそまぬけだ！」そうではなく、相手が無理難題をふっかけ、騒げば騒ぐほど、あなたはますます落ち着いて、穏やかでいなければならない。これは数少ない、防御不可能な交渉ツールなのだ。たとえばとても感じのいい声で、こう言ってみよう。「どうしてそんなにひどいことを言うんですか？　わたしはあなたをののしるようなことはしません。敬意をもっていますから」

全神経を相手に集中させよう。そうすれば相手はますます醜態をさらし、自ら崖につっこむだろう。このツールの最高の使い手は、マハトマ・ガンジーだ。彼は抗議の声をあげることも、武器をふりかざすこともせずに、大英帝国から王冠の宝石たるインドを奪い返した。英国が強硬になればなるほど、ますます無抵抗になった。最終的に英国はあまりにも過激化したために国際世論の非難を浴び、これに耐えられなくなって、インドを放棄したのだ。

マーティン・ルーサー・キング牧師の非暴力主義も、同じ反応を引き起こした。白人至上主義者は過激になりすぎて、政治機構と国民の支持を失った。

自分が火種にならずに問題行動を指摘する手法は、なぜこれほど強力なのだろう？　それは、相手に非難の矛先が向くからだ。相手に関心が集中するのだ。二〇〇八年アメリカ大統領選挙の第二回大統領候補討論会で、バラク・オバマはジョン・マケインに失礼なことを言われるたびに、礼儀正しく返した。討論後、マケインが握手を拒否したときも、オバマは寛大だった。非難の矢面に立ったのは、マケインだった。マケインの敗北はおそらくこの瞬間にきまった。

職場や男女の関係では、問題行動を指摘する際、相手を傷つけないような配慮が必要だ。機転を利かせよう。よくあるのが、職場で仕事の手柄を横どりされそうな場合だ。あなたが会議ですばらしいアイデアを発表したのに、だれかがあとで同じアイデアを少し言いかえて、さも自分の発案のように説明している。これは問題行動を指摘する絶好の機会だ。

まず相手をほめよう。「すばらしい！」と皮肉でなく言うこと。「わたしはこのアイデアを数分前に提案したとき、だれかが支持してくれるのを待っていたんです。賛成してもらえてよかった！」さらにタフなやり方がお望みなら、こう言ってもいい。「すごい！　わたしはこのアイデアを数分前に出しましたが、まさか、ほかにもとりくんでいる人がいるとは思いませんでしたよ」。それから、自分たちがそのアイデアに関してやってきたことを説明し、優しく尋ねるのだ。「それで、あなた方は何をしてきたんですか？」

相手はもごもごとその場をとりつくろおうとするかもしれない。だがもう二度としないだろう。

当然だが、どのやり方も練習すれば上達する。フレーミングした質問に規範を組みこんでみよう。練習すればするほどうまくなる。たとえば「あなたにとって公平とは何ですか？」「どうやってきめましょうか？」「わたしがあなたの間違いの尻ぬぐいをするんですか？」「顧客を満足させるのが御社の目標ですか？」など。

相手が自らの規範を破ったとき、あなたが腹を立ててはいけない。これをうまくやるには、意識を変える必要がある。たとえばわたしは、相手がわたしをだまそうとするたび、腹を立てるんじゃない、とチームに言い聞かせる。「こう考えればいい。もうかったぞ！　と」。問題行動を指摘して、「引換証」をもらうのだ。だれかがわたしをだまそうとするたび、嬉しくなる。いまや相手はペテン師として認定された。わたしはそれを一生武器にできるのだ。

電話や電子メールの返事が返ってこなくても、気に病むことはない。自分が電話をかけた日付と時間を、どんどんメモしていく。十分な記録がたまったら、相手にメールで送りつけよう。「ここ二週間で一四回お電話をさしあげたのですが、連絡がつきません。何かほかに方法はないでしょうか?」いまやあなたの手元には、第三者に提示できる記録がある。でもこれを使う必要はそうないはずだ。すぐに電話がかかってくる。

モイラ・マッコローがある雨降りの週末に、夏の間海辺に借りた別荘に行ったところ、オーナーが友人連れで泊まっていた。「わたしたちが来るはずがないと思っていたのね」と彼女は言う。

こういう場合、たいていの人はオーナーを責め立てるだろう。でもそんなことをしても何にもならない。オーナーは引き下がらず、モイラは下手すると賃貸契約を履行するために、オーナーを訴えなくてはならなくなる。だがモイラは落ち着き払っていた。「彼に尋ねたわ。わたしたちこの家をひと夏の間、一週間に七日、一六週間使えるように、お金をお支払いしているんですよね、と」

オーナーは自分の行動が不適切だったと認めた。モイラはまだ淡々とした調子を崩さずに、オーナーに値引きを求めた。結局、九月にもう二週間、無料で借りられることになった。「人は目標を見失ってしまうことがとても多い」。その後ロンドンとニューヨークの通信会社でマネジャーとして働き、現在は七歳、一〇歳、一一歳の子どものために専業主婦をしているモイラは言う。

ベン・ヤングはマンハッタンの電器店に、ビデオカメラ用の大容量バッテリーを買いに行った。「二〇〇ドルです」と店員に言われた。これは相場の四倍だった。ベンは内心「しめた」と小躍りした。「なんで普通の四倍もするの?」ベンは感じよく言った。「一〇〇ドルです」。店員は言った。「どうしてそんなに下がるのかな?」とベンは言った。「ぼくをカモにする気かい?」

価格はその後八〇ドル、六五ドルと下がり、とうとう五五ドルになった。「これ以上勉強できません」。店員は泣きついた。この時点で、現在不動産ヘッジファンドを経営しているベンは、店長を呼んだ。「客に相場の四倍の値段で商品を売りつけるのが、おたくの方針ですか?」ベンは尋ねた。店長はめっそうもないと言い、店員を叱責し、商品を五〇ドルで売ってくれ、「迷惑をかけたおわび」にと言って、無料の携帯用ケースまでつけてくれた。何という急展開だろう! 非協力的な交渉人との交渉は、これだからおもしろいのだ。

カミン・リンは、アパートの修繕をしてもらえずに困っていた。だが管理人室に寄せられる怒りの苦情には、係がちゃんと対応していた。そこでカミンは管理人に言ってみた。「文句を言わない人ほどあと回しにされるなんて、ひどいと思いません?」現在シンガポールの銀行の取締役を務めるカミンは、要するに優れたフレーミングで問題行動を指摘したのだ。補修係は四時間後にやってきた。

あなたは何か間違いを犯して、相手に理不尽な代償を要求された経験はないだろうか? ここでもフレーミングが使える。このとき相手は一言で言えば、あなたの問題行動に「過大請求」をすることで、問題行動をしているのだ。そんなときは「わたしをどれだけ苦しめるつもりですか?」と聞けばいい。相手にものごとを冷静に見る目を与えられる。

ジェームズ・サーレッタの婚約者は、コーエンズ眼鏡店から、めがね一式が三四ドルで買えるというクーポンをもらった。クーポンには何の条件も記載されていなかった。だが店に行ってみると、このクーポンは一部の(安い)フレームにしか使えませんと言われた。たいていの人は大ごとになるのがいやで、ここであきらめる。だがジェームズは、冷静に規範を使って、店に約束を守らせようときめた。

ジェームズの婚約者が選んだフレームには、一七四ドル五四セントの値札がついていた。ジェームズは店の女主人に自己紹介し、この店がフランチャイズ店であること、店主が店内の全商品についていっさいの権限をもっていることを確認した。それからコーエンズが、広告で謳っている通り、顧客満足を重視していることを確かめた。

「そこでぼくは、ここではコーエンズの発行したクーポンが使えますねと尋ねた」とジェームズは言った。「お使いいただけますと言われた」。ところが店主は、そのフレームにはクーポンは使えないと言い出した。ジェームズは、コーエンズは自分で出した広告を守るつもりはないのかと問いただした。「店主は、広告代理店が間違えたのだと言った」。ジェームズは説明する。「そのうちむきになった。ぼくは冷静を保ち、何とか彼女の目を規範の問題に戻そうとした。彼女の権限、顧客満足、方針の遵守。あなたにとっては顧客満足と方針の遵守より、金もうけが大切なんですかと問いつめた」

とうとう彼女は、ジェームズと婚約者に向かってわめき立てた。「ええそうよ、わたしにとっては何よりも金もうけが大事よ！」ジェームズは一歩後ろに下がり、しばらく黙っていた。混雑した店内の客がふいに足を止め、ぎょっとした顔で彼女を見つめた。永遠にも思われる数秒が過ぎた。ジェームズはこのとき、コーエンズの本部あてに書く手紙の文面まで考えていた。彼女もそれを察していたと、彼は言う。

「ぼくは静まり返った店内の客に聞こえるように、彼女の言葉を淡々とくり返した」。ジェームズは続ける。「店長はぼくを遮り、謝罪し、お客さまのおっしゃる通りですと言った。確かにお客さまの方が大切です、店は広告を守りますと」。ジェームズは婚約者に、フレームとクーポンを店長に渡すように言った。「めがねは三〇分ほどでできあがった」と彼は言う。

この物語は、普通の人が公平な扱いを受けるためにやることを超えている。ジェームズ自身、このやりとりの間中、唇が震えていたという。もちろん、練習を積めばそんなこともなくなるのだが。しかしジェームズは終始冷静を保った。逆上したのは店主の方だった。あなたは、店が広告代理店の間違いの尻ぬぐいをさせられるべきでないと思うだろうか？　確かにそうかもしれない。

だがこの物語を紹介したねらいは、これを具体的にどうやるのか、その方法を示すことにあった。ジェームズが段階的に歩を進め、けっして動転しなかったことに注目してほしい。このやり方は、人生で起きる、大小問わずさまざまなできごとに適用できる。あなたに必要なのは、相手に約束を守らせようと決意することだけだ。

次は重要なビジネスの交渉の事例をとりあげ、こうしたツールがどのように使われているかを考えよう。ヒューレット・パッカード（HP）は数年前、カイロのテレコム・エジプトのコンピュータ設備を刷新するという、大規模プロジェクトに関わっていた。ところがある業者が、HPの言葉を借りれば、無礼で男女差別的、敵対的な態度をとり、ことあるごとにHPを妨害した。現地のアメリカ人職員は憤慨していた。

HPは交渉ツールを使って解決を図れないだろうかと考え、フィラデルフィアのわたしの事務所に、二人の社員を派遣してきた。わたしたちは数時間話し合った。HPはビジネス上のさまざまな理由から、こうしたあやふやな証拠をもって、テレコム・エジプトに直訴するわけにはいかなかった。

そこでわたしはHPの社員に尋ねた。このプロジェクトには、アメリカ政府が何らかの形で、支援を与えていないだろうか。アメリカ国際開発庁（USAID）が、少額だが支援を提供していた。アメリカ企業は、アメリカの法律に違反するプロジェクトへの参加を禁じられている。業者の行動は、明らかにアメリカの法律に違反していた。そしてアメリカの法律を守ることに最も高い関心をもっている当事者と言えば、もちろんアメリカ政府だ。

そこでHP社員にこう指示した。現地職員一人ひとりにメモとペンをもたせ、今後一カ月にわたって、この業者の言動を逐一メモさせる。その間彼と口論したり、抗議したり、腹を立てたりしてはいけない。

そしてひと月が終わったら、メモを回収してゴムバンドで束ね、短い要約をつける。これをワシントンのUSAIDに送りつけて、「どう思われますか」と聞いてみなさいと、わたしは助言した。ほどなくして、業者はお払い箱になった。面倒なことも、ややこしいことも、問題もなかった。これは問題行動に対処するために規範を使った、模範例だ。

わたし自身がこれまでに経験した最も非協力的な交渉は、数年前に行われた、ウクライナ企業の巨額の資金調達に関わるものだった。ウクライナ最大の企業ユージュニィ機械製造工場(ユージュマシュ)は、当時一億七五〇〇万ドル相当のユーロ債発行を計画していた。ユージュマシュは、旧ソ連の核弾頭搭載大陸間弾道ミサイル(ICBM)のほとんどを製造した企業だ。同社はソ連崩壊とウクライナ独立を受けて、核弾頭をモスクワに引き渡した。これはクリントン政権が、核兵器保有国の数を制限する目的で仲介した、核軍縮のとりくみの一環だった。

ウクライナはこの善意に対する見返りとして、西側とのビジネスを獲得した。その一つが、ボーイングが通信衛星の打ち上げのために設立した商業合弁会社のために、ロケットを製造することだった。

ユージュマシュは、ロケット製造のための運転資金を必要としていた。このユーロ債は、海外での商業資金の調達としては、ウクライナ史上最大規模になるはずだった。わたしはユージュマシュ側の弁護士として、起債を成功させる責任を負っていた。最終的に、ロンドンのJPモルガンを説得して、主幹事を引き受けさせた。

プロジェクトが開始したのは一九九八年、ユージュマシュの調達する一億七五〇〇万ドルに対し、ウクライナ財務省から無条件かつ取消不能の政府保証をとりつけたときだ。この保証は非常に厳しいものだった。ユージュマシュは過去に西側から融資を受けたことがなく、信用リスクが大きいと見られていたため、投資家がそれだけの保証を要求するはずだと、わたしは考えた。実際、欧州復興開発銀行（ＥＢＲＤ）はリスクが高すぎるとして、同社への融資を二度拒否している。

だがウクライナの財務大臣は喜んで保証を行った。当時のウクライナ大統領レオニード・クチマは、ユージュマシュの前社長だったため、彼にとっては願ってもない政治的ジェスチャーだった。それに、財務省にコストがかかるわけでもなかった。保証には、それが印刷された紙ほどの価値もなかった。ウクライナはまだ投資適格級の格付けを得ていなかったからだ。

わたしはこの保証を五年もの間温存していたが、二〇〇三年三月になって、ウクライナは何と、投資適格級の格付けを得た。わたしは財務省を再訪して、こんな感じのことを言った。「お久しぶりです！　起債の用意がととのいましたよ！」ロンドンのＪＰモルガンと傘下の法律事務所リンクレイターズは、五年も経過したのだからと言って、保証の再承認を求めた。

ところがウクライナの財務省は、まったくとり合わなかった。クチマ大統領は退任間近だったし、財務省は他国政府から数十億ドルを借り入れていた。そのうえわたしたちの保証の条件はいかんせん厳しすぎた。決定権は、財務大臣にあった。彼は全権を握っているつもりでいた。財務省は外国政府から巨額の資金を呼びこんでいたため、クチマ大統領の意思に対抗する力が自らにあると勘違いしていたのだ。力の乱用についてわたしが言ったことを思い出してほしい。

わたしたちは協調的な態度を心がけた。これはウクライナにとってまたとないチャンスだ。海外資金を商業金融市場に呼びこみ、ウクライナの民間部門の経済成長に道を開くことができる。だがまったくらちが明かなかった。とうとう、規範を使うしかなくなった。

ユージュマシュの役員とわたしは、財務大臣と各次官と会合をもった。五年前に財務省が署名した保証の写しを全員に配った。わたしは大臣に尋ねた。「この保証には『取消不能』とありますね?」聞くまでもなかった。「『取消不能』とはどういうことでしょう? あとから気の向くまま取り消せるということですか?」とわたしは尋ねた。もちろん、そんな意味ではない。全員が少し気まずくなった。わたしたちは相手の規範を盾にしていたのだ。

続けてこう言った。「この保証には『無条件』ともありますね?」もちろんそうだ、が答えだった。「『無条件』とはどういう意味ですか?」とわたしは問いただした。「あとから好きなときに条件をつけられるということですか?」うなり声が聞こえた。むろん、そんな意味ではない。

それから保証の最後のページを見てくださいと促した。「この取消不能かつ無条件の政府保証にあるのは、ウクライナ財務大臣の印章と署名でしょうか?」明らかにそうだった。

最後にこう言った。「つまりウクライナ財務省は、政府が数十億ドルを借り入れようとしている国際的金融機関に対して、『財務省は都合のいいときに約束を破る』という基準を設けることになりますよ」。そんなことでは投資家を呼びこむことはできないと、わたしは言い放った。

これは楽しい会合ではなかった。次官の一人は激怒のあまり、おまえたちアメリカ人は、ウクライナにいることを忘れるなと言った。それは肉体的な脅しですかと、わたしは聞き返した。彼はこの過激な発言で、自分の信用を傷つけただけだった。財務省は保証に承認を与え、起債は無事行われた。

わたしは財務省との関係を、最悪のままで終わらせたくなかった。そこでユージュマシュと相談して、財務大臣を海外歴訪の旅に誘った。わたしたちはロンドン、ウィーン、フランクフルトなどを訪れて、投資家と会うことになっていた。新しい投資家と会って、ユージュマシュのユーロ債の保証を承認したあと、別の案件を売りこんではいかがですかと勧めて、話をつけた。これは明らかに財務大臣の利益になることだった。財務省は別の次官をよこした。

最後になるが、わたしはこの歴訪中、ほかの人たちもまじえてだが、次官と二度ほど食事をともにした。一週間が終わる頃には、廊下ですれ違えばハローと声をかけてくれた。あれは本当に非協力的な交渉だった。だがわたしたちは目標を達成したし、最終的に全当事者にとってベストな結果を実現したと自負している。

当然だが、こうしたすべてでとても大事なことがある。それは、相手が本当に問題行動をしているかどうかを確認することだ。つまりこの場合でも、最初に情報収集のプロセスが欠かせない。本当に起きていることを調べる必要がある。

ブライアン・ホームズは、大手一般用医薬品会社でブランド責任者を務めていた。あるとき工場長から電話がかかってきた。品質管理部門が、「プエルトリコからのバッチを、またはねた」のだという。ブライアンは、判断を下す前に、事実関係をはっきりさせようとした。不合格の基準は何だろう？

調べてみると、一般用医薬品の標準的な不良品発生率は三％だった。だがプエルトリコの工場は、それよりずっと厳しい、処方薬に適用される一％を課されていた。「あれは間違いだった」。ブライアンは言う。一般用医薬品では「一%など、まず不可能だ」。三%に戻されると、工場は申し分ない成績をあげるようになった。間違った基準が適用されていたのだ。一つひとつの要素に分解して考えれば、何でもない問題だった。でもこれをやる人が、いったいどれだけいるだろう？

ショーン・ロドリゲスは、ローンは金利の低いものから返済することが「連邦規則によって」定められていると、銀行の融資担当者に言われた。これはのちに誤りだと判明した。だがショーンは、担当者とけんか腰で交渉する必要はなかった。ただ相手の名前を尋ね、それにはどんな裏づけがあるんですかと聞くだけでよかった。その後よく確認して間違いである証拠をつかむと、しかるべきはからいを得ることができた。

「戦争をするつもりなんかなかった」。現在ギブソン、ダン&クラッチャー法律事務所に勤務するショーンは言う。「けんか腰になっても逆効果だったろう。だから事務的に問題を解決し、面目を施し、目標を達成したんだ」

互いの利益が反する交渉に臨むとき

何か競技をしたときのことを考えてみよう。バスケットボール、フットボール、ホッケー、水泳、何でもいい。試合の最中、あなたは何を考えていただろう？　授業でこう聞くと、ダントツの答えは「勝つこと」だ。これが答えの少なくとも九五%を占める。だがこれは間違った答えだ。勝つことを考えれば、必ず負ける。

もっといい質問をしよう。あなたはそのとき、何に集中していただろう？　答えはおそらくボール、パック、ストローク、息継ぎ、などだろう。つまり技術の最も細かな部分だ。これを考えない体操選手は、平行棒で腕を骨折するだろう。

互いの利害が反するときの交渉も、これとまったく同じだ。たとえば勝つこと、負けること、昨日のできごと、不正なプレー、審判の判定、明日起きるかもしれないこと、次のイニング、いまの感情など、余計なことに気をとられていてはいけない。

大事なのは実行と集中だ。自分の目標は何か、どの規範を使うか、相手は何を求めているのか、共通の敵を呼び起こせるか、長期的関係のビジョンを描けるか、相手側の意思決定者はだれか——。

交渉する前に、必ず戦略を練り、準備すること。それから淡々と戦略に集中し、それを実行に移す。問題に気づいたら中断して戦略を見直し、必要な修正を行う。それから交渉に戻って、再び戦略を実行する。これは非常に有効なプロセスだ。最高のスポーツチーム、最高の交渉人が、このプロセスで成功している。

またこの手法を、非協力的な交渉人に使うことを検討すべきだ。世の中には不正をする人が本当に多い。そういう人は、交渉で非協力的な態度をとり、そのせいで公平なプロセスや結果を得ることが難しくなる。だからこそ、非協力的な相手にはしかるべき態度で対処することが大事だ。動揺してあなたまで感情的になり、間違いを犯すようではいけない。目標に集中すること。本章で説明した冷静なプロセスを踏むことで、非協力的な相手にもずっとうまく対処できるようになる。

この競争社会には、二種類の人がいる。できる人と、できる人から奪おうとする人だ。つまり、非協力的な交渉人の大半とまでは言わないが、その多くは、正攻法で目標を達成する能力がないからこそ、うそをつき、人をだまし、盗みをはたらくのだ。

大切なのは、とり乱したり、むきになったりしないことだ。能力の高くない人たちも、食べていかなくてはならない。実際、研究によれば、不況時には不正をする人の数が増えるという。

だから淡々と目標を見きわめ、交渉ツールを活用し、目標を達成して、前へ進もう。相手はそういう人たちなのだ。最初から信用しないことだ。そうすればがっかりせずにすむし、思いがけない喜びが得られる。

くり返しになるが、ツールはいつもだれにでも効果があるわけではない。ジョン・レイトンは数年前、高級デパートのニーマン・マーカスで瑕のついた葉巻箱《ヒュミドール》を見つけ、値引きしてくれませんかと、売り場の責任者に尋ねた。責任者はノーといった。「瑕のついた葉巻箱に、瑕のないものと同じ代金を要求するのが、ニーマン・マーカスの方針なんですか」。現在投資顧問会社の取締役を務めるジョンは言った。

だが責任者は、値下げはできかねますと言って、向こうへ行ってしまった。そういうこともある。世の中にはいろいろな人がいるのだ。とは言え、昨今の経済状況では、そうしょっちゅう起こらなくなっているのだが。もちろんジョンは、ニーマン・マーカスの上層部に、この責任者のふるまいを訴えることもできた。実際、これをやって、さまざまな便宜を図ってもらう人たちもいる。それに、ジョンはこのできごとをブログに書くこともできた。

規範はあなたの創造力次第で、いかようにでも利用できる。現在製薬会社グラクソ・スミスクラインでイノベーション部長を務めるエレーヌ・ルートレッジは、わたしの授業でとったノートを、夫のジョンに読ませたという。二人がツールを理解すれば、二人の交渉でさらによい結果が得られると考えたのだ。彼女の考えは正しかった。

ある日夫が言った。「きみはもう、ぼくのことを愛していないんだね」。エレーヌは仰天した。なぜそんなことを言うのだろう。彼女はひどい咳が続いていたが、医者に行こうとしなかった。「自分を大事にしていないきみは、二人で健康的に長生きするという誓いを破っていると、彼は言ったの」。夫は言った。「きみは先に死んで、ぼくを一人にするつもりかい？　もう愛していないんだね」

まあちょっと大げさかもしれないが、何かを訴える方法としては、なじるよりずっとすてきじゃないだろうか。エレーヌは医者に行った。

第5章　不等価交換

数年前、ある製紙会社の幹部が、まとめるのにとても苦労した、数百万ドルの契約について話してくれた。

「契約と顧客について徹底的に考え、顧客が何を求めているのかつきとめようとした」。現在ユタ州で新興企業を経営するラリー・スティルマンは言った。「最後にようやくそれがわかった。四枚のバスケットボールのチケットだった」。チケットと言っても、NBAファイナルのチケットだが、チケットであることには変わりない。

これは顧客が求めていた通りの確証だった。この業者は顧客を満足させるためなら何でもやってくれるという確証だ。結果、ラリーの会社は数百万ドル相当の用紙供給契約をとりつけた。

その日、ラリーはあることを発見した。それを日常的に実行している人はほとんどいないし、意識的に、一貫して、効果的に使えるほど理解している人となると、さらに少ない。それは「不等価交換」という概念だ。人によって、何に価値を置くかは違うし、どれだけの価値を置くかも違うことが多い。その何かがわかれば、交換することができる。そうすることで、自分にとってそれほど価値のないものと引きかえに、自分が価値を認めるものを手に入れられるのだ。

不等価交換によって、交渉の対象となるものの総数と価値を増やし、全員の手にわたりやすくすることができる。その結果仕事であれ、プライベートであれ、相手は取引の条件にそれほどこだわらなくなり、関係は深まり、信頼は高まり、相手にとってのあなた自身の価値も高まるのだ。

これを「パイを広げる」と呼ぶ人もいる。そのほか「ウィン・ウィン」「利益に基づく交渉」「コラボレーション」など、いろいろな呼び名がある。だがこうしたキャッチフレーズのどれ一つとして、この強力なツールを自信と一貫性をもって使うために理解しなくてはならないメカニズムを、十分に表してはいない。どれ一つとして、使い方を教えてくれない。

その点「不等価交換」という言葉は何をすべきか教えてくれる。まず相手の頭のなかの絵を明らかにする。次に自分の頭のなかの絵を明らかにする。それから、一方にとってそれほどコストがかからないが、他方にとって大きな価値があるものを見つける。それを交換するのだ。

頭のなかにあるものは、本来の交渉の対象でなくても構わない。どこからもってきてもいい。実際、世界全体を資源の宝庫と見なせば、相手がほしがるものを見つけやすい。

フィラデルフィアのある大手企業のCEOが教えてくれた話を紹介しよう。彼が二〇年来のつき合いの最も重要な取引先のために、これまで行った何より重要なことは、ある土曜の夜に取引先のCEOの義理の母を、フィラデルフィアの空港に迎えに行ったことだという。彼の行動は、それまでのどの取引ともまったく関係なかったが、その後のすべての取引に影響をおよぼしたのだ。

本書が教えるほかの多くのツールと同様、不等価交換も直感に反しているように思えるかもしれない。だが練習を積めば積むほど、その威力を実感するだろう。

不等価交換のしくみ

二〇〇〇年にわたしは電子部品メーカー、タイコ・インターナショナルで合併買収（M&A）を担当する四〇名の上級役員を対象に、二日間の交渉ワークショップを行った。当時タイコは世界で最も活発に企業買収を進めている企業で、平均すると毎日一社のペースで買収を行っていた。

上級役員の一人マット・ロジャースは、M＆A部門の最高責任者で、このとき学んだ不等価交換の概念を胸に刻んだ。そして翌週には、子会社の売値として三〇〇万ポンド（約六〇〇万ドル）を提示していたイギリス企業と交渉して、タイコが子会社を引きとる見返りとして、逆に支払いをさせたのだ。

ことのいきさつはこうだ。このイギリス企業は、子会社を三週間以内に手放す必要に迫られていた。マシューは社内外の関係者に話を聞き、ケーブルテレビの設置・保守を行うこの子会社が、多額の赤字を垂れ流していることをつきとめた。親会社は子会社を三週間以内に売却しなければ、債務に関する銀行との協定に抵触することになる。「少なく見積もっても三〇〇〇万ポンド相当の事業全体」が倒産の危機にさらされていたと、マシューは語る。

そこでタイコは、無償という条件なら、三週間以内に子会社を引きとろうと申し出た。タイコにとっては三〇〇万ポンド（買収費用）の節約になるし、イギリス企業は少なくとも二七〇〇万ポンドを失わずにすむ（銀行に融資を引き揚げられ、倒産する事態を免れることができる）。マシューは、タイコは買収をまとめるために必要とあれば何でもすると、子会社に約束した。

最後の最後になって、イギリス企業は「事務手数料」として、タイコに六万ポンドを支払うことをきめた。もちろん、高級レストランでの食事つきだ。このようにしてタイコは他社から子会社を引きとることで、支払いを受けたのだった。要するに、タイコは買収手続きを早めることと引きかえに、買収金額を三〇〇万ポンドからゼロに引き下げさせたことになる。またイギリス企業にとっては、三〇〇〇万ポンドの事業全体を失う代わりに、三〇〇〇万ポンドを放棄するだけですんだ（差し引き二七〇〇万ポンドの損失を防いだ）。

「あれ以来、不等価交換はわたしの交渉ツールキットに加わった」。現在マイアミに本拠を置くケーブルテレビおよびインターネット運営会社HコントロールでM&A部長を務めるマシューは言う。

これはとびきりの事例だったが、交換するものは大きいものでなくても構わない。愛する人に一本の花を買うこと、旅先から珍しいが値の張らないおみやげをもち帰ることに、どれほどの効果があるかは、だれでも知っている。多くの場合、大切なのは贈り物の金銭的価値ではない。あなたは贈り物をあげることで、敬意、友情、愛情、貴重な時間を相手に与えるのだ。つまり相手を尊重していると いうことだ。相手はそれに応えて、あなたのことがもっと好きになる。そしてこのことには、よく言われるように、値段がつけられないほどの価値があるのだ。

本書では、普通の人たちが不等価交換をしている例をたくさん紹介する。月曜に洗濯をしてくれたら、火曜に買い物をしてあげる。水曜に子どもを学校に連れて行ってくれるなら、木曜はぼくが連れて行く等々。本章を読んで、これをより意識的、効果的に、また利益をあげながらやるための骨組みを身につけてほしい

ビジネスでさえ、とても小さなものと引きかえに、大きな利益（たとえば新規取引先の獲得など）が得られることがある。わたしはよく企業幹部にこんな質問をする。あなたは月曜にトラック一台分の製品を取引先に届け、代金を受けとる。火曜にはまったく同じ製品を同じ取引先に届け、同じ金額を受けとる。だがこの日はそれに加えて、取引先の購買部長に、夫婦で行く二度めのハネムーンにぴったりの、カリブ海のお得なホテルの名前を――名前だけを――教える。さて、あなたが届けた製品

は、月曜と火曜で、同じだろうか？

もちろん同じはずがない！　火曜には月曜に比べて、購買部長の人生の価値を高めたことになるのだ。もちろん、ほんの少しだけだ。だがこの熾烈な競争社会では、ほんの少しの差が、成否を分けることが多い。

交渉の相手を、一〇億のシナプスの集まりと考えよう。シナプスの一部は取引に含まれているが、大多数はそうでない。あなたが相手の多くのシナプスを活性化させればさせるほど、相手は価格にこだわらなくなり、関係は深まり、取引の価値は高まる。たとえばわたしのクライアントには、わたしが大学で教えていると聞くと喜んでくれる人もいる。そういう人やその子息には、大学の入学願書の書き方を伝授している。

このプロセスは、最近ではビジネスの要になったとも言われる「利益に基づく交渉」とはまったく異なるものだ。一般に「利益」とは、相手が何かを求める最も直接的な理由をいう。たとえば「住宅ローンを低金利で借りられるなら、この銀行に口座を移そう」「きみの新しい高解像度テレビでフットボールを見せてくれるなら、スナックをもっていくよ」といったことだ。

これは効果のある方法だし、こういった交換も、できるだけたくさん見つけるに越したことはない。だが本書が提唱するのは、それよりずっと幅広いことだ。交換できる「利益」や「ニーズ」は、敬意でも、パソコンを教えることでも、何でもいい。取引に含まれる／含まれないもの、合理的／不合理なもの、明示的／暗示的なもの、長期的／短期的なもの、言葉を使う／使わないもの、大きい／小さいものなど、とにかく何でも構わない。コンサルティングの仕事を回してあげるから、または球場のボックス席を使わせてあげるから、きみの高級車を貸してくれ。低金利の住宅ローンを借りられるなら、銀行の毎年恒例のピクニックで料理の腕をふるおう。きみの高解像度テレビでフットボールを見せてくれるなら、庭師代を節約できるように、ひと夏の間ぼくの芝刈り機できみんちの芝を刈ってあげよう。

世界中のあらゆるものを自由に使って、合意をとりつけよう。交渉の対象に縛られる必要はない。そうすれば、ますます多くを手に入れられる。人は生きているうちに、実にいろいろなものを求める。相手が必要としているものを知れば知るほど、交換できるものは増える。

わたしの講座の受講生は、クレジットカード会社から、忠実な顧客でいることと引きかえに、返金や金利引き下げ、手数料減免などを得ている。クレジットカード会社の担当者にそれはできませんと断られると、学生はお金以外のことで何かしてもらえませんかと尋ねる。すると担当者は航空マイルなど、ほぼ現金代わりに使える特典を提供して、学生の要求する金額の二倍、三倍、ときには四倍もの価値を与えてくれることも多いのだ。

相手のニーズに目を向ければ、取引では金が最も重要な部分を占めるという考えから脱却できる。実体のない「無形物」が、高額の支払いの代わりになる場合があるのだ。プラシャント・デサイは、家族のために住みこみのベビーシッターを見つけた。だがこのベビーシッターは別の父子家庭から、プラシャントが払える金額の二倍のオファーを受けていた。ピッツバーグに住むコンピュータ・ネットワークキング専門家のプラシャントは、おしゃべりでもしませんかと、ベビーシッターを家に招待した。

そこでわかったのだが、彼女はシングル・マザーで、血液がんで闘病中の息子のために、近くの病院を探していた。「ぼくは心から思いやりを示した」とプラシャントは言う。「妻が医師で、父が病理検査室を経営していることを教えた。そしてわが家ではベビーシッターも家族の一員だと伝えたんだ」

彼は家族が肩肘張らない暮らしをしていること、支援態勢が整っていることを説明した。またベビーシッター料金の相場を教え、自分のオファーが不当に低いわけではないことを示した。結局、ベビーシッターは、別の家族が提示した半分の料金で、プラシャント家の仕事を引き受けてくれた。

「給与の問題は脇に置いて、彼女のことをよく知ることが大切だった」。プラシャントは語る。「以前の自分だったら、この取引を進めようとは思わなかっただろう」。講座のツールに助けられて成功できたのだと、彼は証言する。

無形物をうまく利用しよう

不等価交換を支える主要な原動力が、「無形物」だ。つまり、相手にとって価値のある、金銭以外のものだ。ビジネスの取引では、金額面ではあまり差がつかないことが多い。そんなとき、往々にしてきめ手となるのが、全体的なパッケージの価値を高める、金銭以外のもの、つまり無形物だ。こうした無形物は、一方にとってさほど価値はないが、他方の夢（や恐れなど）にぴったり合うものが多い。

サンフランシスコの大手航空機リース会社ＧＡＴＸに勤めるジャニス・ブルーは、エア・カナダにリース物件の返還を求めていたが、官僚主義に阻まれ、目的を達成できずにいた。ジャニスはとうとう交換すべきものを見つけた。全米屈指の名門ゴルフコース、ペブルビーチでの一ラウンドのゴルフプレーだ。彼女にとって、これを手配するのは朝飯前だった。エア・カナダの幹部は、この申し出を歓迎した。

のちの章でも説明するが、不等価交換は子どもに絶大な効果を発揮する。子どもはいつも無形物を交換している。ぼくの野球カードときみのビー玉、わたしのお人形とあなたのぬいぐるみ。交換しているもの自体は有形だが、その特定のものに対する特別の愛着という、無形の要素が大きい。愛着は定量化できる場合もあるが、できない場合が多い。

たとえば、その特定のものがクッキーだとする。あなたは普通のクッキーになら、三ドル出す。でもおばあちゃんのお手製のクッキーにまつわる懐かしい思い出を呼び覚ますオートミールクッキーになら、実質的にはほぼ同じクッキーなのに、五ドル支払ってもいいと思うかもしれない。このとき、あなたにとっての無形物の価値は、二ドルということになる。

保険会社の副社長デビー・シモンシーニ・ローゼンフェルドは、八つになる娘のジェシカと話し合おうとしていた。ジェシカは就寝時間の八時半を過ぎても起きていたいと「泣き叫んで」懇願した。本を読みたかったのだ。そこでデビーは、就寝時間を九時半にずらす代わりに、学校にへそ出しTシャツを着ていかないこと、公道で自転車に乗らないことを約束させた。デビーにとっては娘の就寝時間よりも、品性と身の安全が大事だった。「子どもはルールづくりに参加したがるのよ」とデビーは言う。「何かを与えれば、何かをあきらめさせることができる」

わたしの教え子でアメリカの大手コンピュータ会社に勤めるノブコ・アオキは、日本企業との合弁事業を統括していた。当初、双方の企業が五一%の所有権を主張して譲らなかった。だが現在財務部のマネジャーを務めるノブコは、細かく問いただすことで、日本側には、アメリカ側が日本人従業員を解雇しないという条件で、四九%を受け入れる用意があることに気がついた。

不等価交換は、思った以上に幅広いビジネスシーンに応用できる。たとえば会社法上の概念に、「経営判断の原則」というものがある。これはほとんどの合併買収に適用される考え方で、企業の取締役会は自社に提示された最高価格を受け入れる義務はないと定めている。低い価格に無形物の価値を含めた提案《オファー》が、長期的な株主価値を高めると合理的に判断される場合は、その提案を受け入れることができる。

かつては、とくに上場企業の場合、取締役会は企業に提示された最も高い株価を受け入れるよう、裁判所に命じられた。取締役会はできるだけ高い価格を得るべきというのが定説だった。非上場企業であっても、株主が取締役会に最も高額の提案を受け入れるよう訴訟を起こすことも珍しくなかった。だが最近では、企業ブランドや従業員のスキル、企業の評判といった無形資産が大きな価値をもち得ることを、裁判所が認識するようになった。こうした無形資産を保護する何らかの方法を示した買い手が、全額現金の高額の提案を抑えて、買収を許可されることもある。

こうした無形物を定量化する試みが行われている。数年前には、ユナイテッド航空のブランド価値が、有効座席マイルあたり三セント、つまり三〇〇〇マイル（約四八二八キロメートル）のフライトでは乗客一人あたり九〇ドルと推定された。これは莫大な付加価値だ。コカ・コーラのブランドは八四〇億ドルと評価されているし、ケロッグのブランド価値は時価総額の三分の二と評価されている。たとえば交渉相手に一時間、または一週間の時間を節約してあげること、心配ごとやリスクから解放してあげることには、どれほどの価値があるだろう？　こんな考え方をするようになれば、まったく新しい選択肢が開けるはずだ。

相手がこうした選択肢を考えてくれると思ってはいけない。たいていの場合、あなたが相手のために、この仕事をする必要がある。相手は付加価値を加える方法を知らないのだから。

ある種の無形物を提供することが倫理に反するような状況も、当然ある。たとえば製薬会社から医師への贈り物、公務員への賄賂や利益の供与などだ。不等価交換は、違法な行為や倫理に反する行為を促すものではない。合法的な無形物を探さなくてはいけない。だが無形物はいくらでもあるから、これは難しいことではない。ある大手企業のコンピュータ専門家は、見こみ顧客の娘に土曜日を利用してコンピュータの手ほどきをして、新規取引先を獲得した。

大手技術系企業のネットワーク買収責任者は、業者にケーブルを九〇％以上値引きさせ、会社のコストを数億ドル節減した。業者は買収資金を調達する必要があった。大手技術系企業は、業者の資金調達を支援する見返りに、余剰在庫を低価格で提供してもらったのだ。

ジョンソン・エンド・ジョンソンの法務担当副社長エリック・シュワルツは、糖尿病患者用の人工膵臓を開発するよう会社を説得したが、経済的根拠からそうしたわけではない。製品が経済的に成立可能かどうかはまだ不透明だった。開発のきめ手となったのは、青少年糖尿病研究財団（ＪＤＲＦ）との協力関係や、アメリカ食品医薬品局（ＦＤＡ）との関係強化、好意的な評判、企業理念との一貫性といった無形物だった。

さて、あなたはこう思っているかもしれない。「つまり、既成の枠にとらわれずに考えるということだな」。それは違う。「枠などない」と言っているのだ。目標とニーズ、相手の頭のなかの絵について幅広く考えるには、創造力をはたらかせるだけでいい。実際、取引に含まれないニーズについて幅広い考え方をすればするほど、パイ全体を広げ、取引に付加価値を加えることができるのだ。

相手が必要としているものは何か

交渉人はとかく「利益」について話したがる。だが利益と言われても、何のことなのかよくわからないことが多い。目標とどう違うのだろう? 「目標」とは、いまもっていないもので、プロセスの終わりにもっていたいものをいう。わたしはほとんどの交渉について、たいてい一つの目標をもち、その目標を達成することで満たされる多様なニーズをもっている。つまりニーズとは、わたしがこの目標を求めるさまざまな理由のことだ。

たとえばあなたは昇給を会社に求めたが、その要求には応じられないと言われたとする。あなたの本当の目標は、よりよい生活を手に入れることだ。だから昇給の代わりに、毎月の返済額を減らしながら、よりよい家が購入できるよう、会社に有利な住宅ローンの連帯保証人になってもらってもいい。社外コンサルティング活動ができるように、休暇を増やしてもらったり、夢のバカンスを安くあげる手段を提供してもらえるかもしれない。あなたの心の奥底にあるニーズを会社に知らせれば知らせるほど、ますます多くのニーズを満たしてもらえる。

もう一つの問題は、「利益」が一般に、ある程度の合理性を前提としていることだ。ほとんどの人は、交渉の当事者が、それぞれの求める利益について、理性的に議論できるはずだと思っている。だが現実の世界には、理不尽な人がたくさんいる。多くの善意の人たちがどう頑張ったところで、世界を合理的にすることはできない。人は腹を立て、熱狂し、おびえもする。交渉相手に道理をわからせ、落ち着かせたいのはやまやまだが、残念ながらわたしもあなたも同じ現実世界に住んでいるのだ。

したがって、相手の無形のニーズを満たしてパイを広げるためには、相手の感情的なニーズや、理屈に合わないニーズについても知る必要がある。たとえば相手は一人きりになることや、高層階で働くこと、あらゆる種類の虫などを恐れているかもしれない。プロ野球キャンプに参加する、釣りの講習を受講するといった夢をもっているかもしれない。わたしはいつも自分の講座の受講生に、きみたちの夢や恐れは何かと質問する。夢は旅行、セーリング、レストラン経営、マラソンを走る、会社経営など。恐れには蛇、人混み、人前で話すこと、飛行機に乗ること、高所など、実にさまざまなものがあがる。

相手が旅行好きとわかれば、それを会話の糸口にしたり、自分が知っていることを教えたりできる。就職希望者が高所恐怖症とわかっていれば、地階のオフィスを提供してもいい。そうすれば、相手も見返りに何かを与えてくれるはずだ。

一言で言えば、相手のことを知れば知るほど、交渉で相手をますます説得できるようになるということだ。相手を知ることでパイを広げ、自分の目標を達成し、適切な選択肢を探し出し、不等価交換をすることができる。

ここで同族企業について考えてみよう。世界中の全企業のうち、家族経営の企業は九〇%以上を占める。先進国のGNPの少なくとも三分の二、雇用の三分の二が、同族企業によって生み出されている。途上国になると、この割合はさらに高くなる。ウォールストリート・ジャーナル紙でとりあげられるような分散所有型上場企業の世界は、ほとんどの人の居場所ではないのだ。

ほとんどの人の居場所では、無形物が思った以上に重視されている。同族企業の買収では、企業の創設者や功労者が法外な金額をふっかけることが多い。だが少し掘り下げれば、相手が求めているものは無形物であることが多い。敬意を表してほしい、ブランド名を残したい、自分の肖像をロビーの目立つ場所に飾ってほしい、姪を夏の間働かせたい、名誉会長の座に就きたい、など。言いかえれば、価格が低くても、こうした無形物とセットなら受け入れるということだ。

このような合図を見逃すと、買収できる可能性は低くなる。一般に何と言われていようと、交渉ではどちらの側にとっても、金が最も重要な考慮事項でない場合がほとんどだ。もちろん価格は適正でなくてはならないが、それ以外にも多くのものが求められる。

無形物は、一見凝り固まった二つの考えの隔たりを埋めることがある。ジェフリー・デューバスの妻は、アパートを走り回る二匹のネズミを夫に退治してほしかった。「ネズミは病気を運ぶのよ」と妻は言った。パリのベンチャー投資家ジェフリーは、ネズミが気にならず、「害にならない生きものだと思っていた。

あなたが二人の立場についてどう思おうと、ジェフリーの妻が本当に求めていたのは、二匹のネズミを退治することではなかった。アパートにネズミが出ないようにすることだ。そこでジェフリーはネズミが出入りする穴を探して、漆喰でふさいだ。ジェフリー、妻、ネズミのだれもが満足した。

ペンシルベニア大学ロースクールの学生だったローズマリー・フォードは、読み終えたデパートのファッション・カタログを五歳の娘に与えた。だがしばらくして、工作の課題のために、表紙の模様を写しておこうと思った。そこで娘のコーデリアに、カタログを返してちょうだいと言った。コーデリアはいやよと言って、カタログを隠してしまった。「あたしの雑誌よ、ママ、さっきくれたじゃない」

ローズマリーは怒ったり、いらだったりせず、娘が雑誌にどんな無形のニーズを求めているのだろうと考えた。「どうして雑誌がほしいの?」と娘に尋ねた。「なかのすてきな写真を見たいからよ」コーデリアは答えた。

現在フィラデルフィアで弁護士をしているローズマリーは、娘に言った。「ねえ、ママは表紙の模様を写したいの。雑誌をもってきて、ママに表紙をちょうだい。そうしたら、なかのすてきな写真は、全部あなたのものよ」

コーデリアはカタログをもってきた。注意深く表紙をはがして母に渡し、カタログの中身は大切にもっていた。それからローズマリーは、娘に不等価交換のしくみについて教えた。

ローズマリーの五歳の娘は、これがとても気に入った。それから一週間というもの、思いつく限りの人に教えて回った。友だち、家族、近所の人。そして自分でも不等価交換に使えそうなものを探すようになった。この事例は、母がいかに娘の交渉力を高め、よりよい親子関係を築いたかを示す好例だ。相手からプロセスを隠していては、実りある交渉はできない。教えてしまおう。

事前に情報を収集する

相手がほしいものを教えてくれないときは、どうすればいいだろう？　あなたが望むほど率直な人ばかりではない。脅えている人もいれば、無口な人もいる。単に自分のほしいものがわからないという人もいる。そんなときは、推測すればいい。推測があたれば、必要な情報は得られる。それに相手との関係は深まり、取引成立の見こみも高まる。読みが外れても、たぶん相手がそれは違うといって、求めているものに関する情報を与えてくれるだろう。いずれにせよ、あなたはゲットモアできる。

何度も言うが、完璧なツールなどない。肝心なのは、これをすべてやれば、成功率が上がり、ゲットモアできるということだ。

ニューヨークのミューチュアル・ファンドで運用責任者を務めるマイク・レスキネンにとって、相手の価値に関する情報を収集することは、とくに大きな意義があった。彼の母は、一家がペンシルベニア州に所有する土地に暮らし、そこに携帯電話の中継塔を建てた企業から、毎月五〇〇ドルの支払いを受けていた。やがて企業はこの土地の永久地役権が必要になり、母に八万ドルで打診してきた。彼と母は当初、一二万ドルもらえれば御の字だねと話していた。

マイクは講座のツールが使えないか考えた。「これが自分だけでなく、相手にとって、どれだけの価値があるかを調べたんだ」と彼は説明する。「ネットで情報を集め、相手の頭のなかの絵について考えた」。中継塔の移設にかかる費用についても調査した。こうしたことをすべてやってから、企業を訪問した。企業は一家に七五万ドルを支払った。だが彼はけっしてふっかけたわけではないという。地役権には最大で一二〇万ドルの価値があったのだ。

パイを広げる

あなたは相手から情報を収集することで、自分の目標とニーズをよりよく満たせるようになる。忘れないでほしい、これは相手を犠牲にして力を得る方法ではない。あなたの力が増したからといって、相手の力が減るわけではない。パイが広がったのだ。新しい技術が開発されたときのようなものだ。一部の職は失われるが、全体として見ればほぼ必ず、雇用も富も増大する。

相手のニーズや関心が大まかにでもわかっていれば、非協力的な相手にもうまく対処できる。たとえばあなたがパイを広げる方法を思いついたとする。つまり、当初考えられていたよりも多くのものごとを取引に盛りこむ方法だ。だが相手は非協力的だ。あなたが売り手の場合、相手は値下げを求め、あなたが買い手の場合、相手は値段をつり上げ続ける。協力に関するどんなことも話し合うつもりはないという。

そんなときには、こう言えばいい。「この取引から、ずっと大きな価値を引き出す方法にご興味ないですか？　あなたにとって、ずっと大きな利益になる話ですよ？　うちが支払いを増やします。話し合うおつもりがないなら、御社のほかの部署、営業開発部などとお話しできないでしょうか？　あなたが聞いてくださらない、利益の拡大を図る機会について話し合える人を、だれか紹介してください」

そんな話はしたくないと言って断る人はいないだろう。そんなことが上層部に知れたら、首が飛ぶかもしれない。この交渉の主導権を握るのはあなただ。相手が非協力的であれ、協力的であれ、それぞれに使えるツールがある。協力的な相手とは、ともにパイを広げる。非協力的な相手には、パイを広げる方法を、ほかのだれかに教えたいと言ってみよう。

たとえば、関連商品を販売する機会や、お互いの（事務管理から出張に至るまでのさまざまな）業務間の相乗効果があるかもしれない。だからまずニーズと無形物について話し合い、そのあとで提案をするのだ。もし「あなたの提案は何ですか？」と聞かれたら、「さあ、取引の中身がわからないことには」と言っておけばいい。

相手はこの方法を知らない。だからまずあなたが相手に手を貸すのだ。不等価交換によってパイを広げるしくみを、相手が理解すればするほど、交渉はしやすくなる。賢明なクライアントは、わたしのワークショップに得意先を連れてくることさえある。その結果、すべての当事者がよりよい結果を得られるのだ。

パイを広げて成功したビジネスの事例のなかでもとくにめざましいものが、ブラッド・オバーウェイジャーの経験だ。彼はカリフォルニア州オークランドに本拠を置く高級フルーツカクテルのメーカー、サンディアのCEOを務める。一五年ほど前わたしの講座を受講したブラッドは、不等価交換のスキルを高等芸術の域にまできわめたのだ。

数年前、ブラッドは北米の大手スイカ農家二〇軒のうち、一〇軒に話をもちかけた。農家が店に卸すスイカに、「サンディア」ブランドのシールを貼らせてくれたら、これから立ち上げるフルーツカクテル事業の株式を提供するというのだ。農家にコストはいっさいかからない。そんなわけで二年の間、青果店の店主たちはシールを目にしていた。そしてとうとうある日ブラッドは農家の口添えを得て、青果店を訪問し始めた。店がすでに知っていた「サンディア」ブランドよりもさらに付加価値の高い、高級フルーツカクテルを売りこんだのだ。「一夜にして三二%のシェアを獲得したよ」と彼は言う。

サンディアの事業戦略全体は、彼が授業で習った一つの文章に集約できるという。「相手に費用がかからずに自分のニーズを満たしてくれるもの、自分に費用がかからずに相手のニーズを満たせるものは何だろう?」彼は多くの情報を開示し、計画をオープンにし、過剰なほど準備をするという。「頭が切れるだけでは、交渉の達人にはなれない」と彼は言った。「交渉の達人は将来を見通すことができる。それは準備をしているおかげだ」

どんなに敵意に満ちた状況でも、パイを広げる努力はできる。そして少なくともときどきは、実際にパイを広げられる。つまり、ゲットモアできるのだ。相手に「おまえの会社をめちゃめちゃにしてやる」と言われても、「そうか、でもほかにお互いもっと利益になる方法があるんじゃないか?」と言えばいい。この答えは直感的に受け入れがたいかもしれないが、効果があるのだ。

わたしはカリブ海の小さな貨物航空会社を共同で所有し、経営している。この会社はあちこちの敷地に倉庫や格納庫、事務所などを置いている。

こうした敷地の一つに、アイビーポートという名の会社が、連続掘削機やレッカー車、トラックといった運搬機械を、何カ月もの間無断で放置していた。うちの社員が何度電話をかけて動かすように言っても、なしのつぶてだった。

八カ月が過ぎた頃、わたしは社員に言って運搬機械を使用させた。すると数時間のうちに、もち主が怒って電話をかけてきた。現在アイビー・インベストメンツを経営する、アルフォンソ・フェルナンデス・ジュニアという男だ。うちの機械を盗んだな、警察を呼ぶぞと脅してきた。

「プエルトリコの法律を知らないのか！」彼は電話で息巻いた。「わたしは弁護士だぞ！　こんなことは許されない！」

「おや」とわたしは冷静に言った。「あなたも弁護士ですか、それはよかった。わたしもですよ。ロースクールはどちらへ？」

「コロンビアだ」彼は言った。「すばらしい！　コロンビアはいい学校です。わたしはすぐそばのハーバード・ロースクールに行ったから、隣同士のようなものですね」

「わたしはMBAももっているから、ビジネスにはくわしい」と彼は言った。「おまえがやったのは、ビジネスマンにあるまじき行動だ」。わたしは答えた。「そうですか、ところでMBAはどちらで？」

「ウォートンだ」。彼は言った。「わたしもですよ」

「そ、それにだ」と彼は続けた。「わたしはビジネスを教えている」。「奇遇ですね、わたしもなんですよ」

わたしが感情的にならず、相手の情報を収集し続けたおかげで、二人ともゲットモアできた。大いにだ。彼はうちの敷地に無償で機械を置き、うちは彼の機械を無償で使うことになった。またその後の二カ月で、彼は得意先の一〇万ドル相当もの倉庫保管の仕事を、有利な条件で回してくれた。二人は懇意になった。

たまたま運がよかったのさと、あなたは言うかもしれない。いつもうまく行くはずがないと。何度も言うが、いつもうまく行く方法などもちろんない！　大事なのはその過程だ。つまりどんな取引からもゲットモアするぞという、その姿勢なのだ。このやり方でゲットモアしようとする人は、あまりにも少ない。だれもが自分を守り、相手を非難し、理屈をこねるのに必死だ。だが思い出してほしい、九試合ごとに一本余分にヒットを打つだけで十分なのだ。

わたしの教えた経営者たちは、交渉相手にこう言っている。「お互い儲かる方法があるのに、なぜ争う必要があるんですか？」

交渉では「よい面」にだけ目を向けよう

このすべてに必要なのが、ものごとに対する姿勢を改めることだ。悪い面よりも、よい面を考えよう。これは問題をどのようなものとしてとらえるかということと、大いに関係がある。

こんなふうに考えればいい。あなたには一生のうちに多くの問題がふりかかり、そのつど時間をとって問題に対処することになる。そこで、どうせ問題に対処するなら、これを利用して何かを手に入れてやろうという姿勢で臨むのだ。人生は短い。もっと賢明に時間を使ってはどうだろう？

問題に潜んでいる機会を見抜くのに、そう時間はかからない。どんな機会があるか、目を配っていればいい。問題は厄介ごとではなく、むしろあなたに発見され、開発されるのを待っている機会だと考えるのだ。

だれかとの間に問題が起きるたびに考えよう。この問題から利益を得るには、どうすればいいだろう？　無形物を交換する方法はないだろうか？　パイを広げるにはどうすればいいのか？　いつもこんなふうに考えていれば、ゆっくりとだが着実に、ゲットモアできるようになる。

このプロセスでは、相手を満足させるために、あなたが努力する必要がある。つまり相手が非協力的な場合は別として、「影響力」をおよぼすとか、優位に立つ、力を手に入れるといったことは、すべて忘れよう。何かを無理強いすれば、相手は機会を幅広く見つけることをやめ、自分の身を守り、場合によってはあなたを傷つけようとするだろう。

この話をするとき、いつも思い出すジョークがある。男が店で魔法のランプを買う。家に帰ってランプをこすると、魔神が出てくる。「ご主人さま、何でもお望みのものをさしあげます。ただし、お隣さんにはその二倍さしあげます」

男は考える。「家が一軒ほしいが、あいつは二軒も手に入れるのか！　一〇〇万ドルほしいが、あいつは二〇〇万ドルじゃないか！」とうとう男はひらめいた。「ほしいものがわかったぞ」と魔神に向かって言った。「俺の目を一つとりだしてくれ！」

わかっている、悪趣味だと言いたいのだろう。だがこれこそが、ほとんどと言わないまでも、多くの人が交渉に臨む姿勢ではないだろうか？「おまえを俺より傷つけてやる」「俺より損をさせてやる」相手をどれだけ傷つけられるかを競い合うより――あらゆる冷戦と、多くの法的交渉の根底に、この姿勢があるように思われる――関係者全員のためになる機会について話したらどうだろう？　交渉を打ち切るぞと脅す人がいるとき、わたしはこの会議ではだれが交渉を打ち切っても構わないことにしようと、前もって全員の同意をとりつける。それから「そうは言っても」とつけ加える、「この部屋にいる全員で、もっとよいとりきめができないものでしょうか?」

フレーミングは、規範やその他の交渉ツールと併用すると効果が高いが、不等価交換を相手に受け入れさせるのにも役立つ。相手のニーズを、自分の目標にかなうようにフレーミングするのだ。第2章で登場した経営コンサルタントのドーン・マクラーレンには、耳が遠い六六歳の父がいた。父は二年もの間、どうしてもいやだと言って補聴器をつけなかった。

とうとうある日の午後、ドーンは父に会いに行った。彼女は（声を張りあげて）言った。「お父さん、子どもたちの声を聞きたくないの?」父はその日のうちに補聴器を手に入れたという。彼女は、父に補聴器をつけさせるという目標を達成した。それに父は、子どもたちの声を聞くという、自分のニーズも満たしたのだ。

あなたが挑戦したい有望なプロジェクトに志願するときに、使えるフレーミングがある。上司にこう言うのだ。「部長、うちの部の今期の収益を増やす方法を思いつきました」。上司は当然、収益向上を図りたい（ニーズ）。そしてあなたは収益向上に貢献する、お目あてのプロジェクトにとりくみたい（目標）。

交渉にまつわる思いこみには、興味深いものがいろいろある。その一つが、交渉材料が多ければ多いほど、交渉は困難で複雑になるというものだ。実際はその逆で、交渉材料が多ければ多いほど、交渉は簡単になる。なぜなら不等価交換の材料になりそうなものが、それだけ多いからだ。わたしはできるだけ多くの材料をテーブルに広げることにしている。

多くの人が、交渉で相手のニーズを聞き出すのは難しいと思っている。ポーカーの言い方をすれば、人は手の内を見せたがらないというのだ。わたしの経験から言うと、その逆だ。あなたが相手のニーズを探り、満たそうと努力していることを、相手に知らせよう。そうすれば、相手は話してくれと頼むまでもなく、これでもかというほど話してくれる。

ウォートンの社会人MBAプログラムの学生に、六年前から続いているという、ビジネス上の紛争について助言を求められた。あるソフトウェア製品企業の所有者夫婦は、離婚係争中だった。持ち分は夫が六〇％、妻が四〇％だった。

この会社は資金が枯渇していた。だがある上場企業が、買収合併をもちかけてきた。上場企業は株価は堅調だったが、これといった主力製品に欠けた。どちらの企業も、単独では生き残りが難しかった。だが合併すれば、時価総額は三億ドルを超える。

しかし合併は難航していた。妻が四〇％の議決権の投票を拒否し、合併を事実上阻止していたからだ。どちらの会社も訴訟寸前だった。妻の会社は、合併しなければ破綻することは目に見えていた。

わたしは妻に会いに行った。彼女はお金に困っていた。貯金は底をつきかけ、夫の支払いは滞っていた。あなたの望みは何ですかと、彼女に尋ねた。暮らしていけるだけのお金が欲しいと、彼女は言った。子どもの単独親権がほしいと言った。そして、自分より夫の方がとり分が多くなるのは許せない、彼には自分よりも大きな苦しみを味わわせたいのだと、そう語った。

わたしは彼女を諭した。昔の楽しかった日々はもう帰ってこない。またあなたの思うようにご主人を傷つけることもできないと。それから、子どもたちが大学へ行くためにまもなく家を出ようとしているのに、なぜ単独親権にそれほどこだわるのか、なぜいさかいで何年も人生を無駄にするのか尋ねた。そして何よりも、なぜ自分が苦痛を被ってまで、夫を傷つけようとするのかと聞いた。合併が成功しなければ、全員が路頭に迷うことになる。

最終的に、彼女は気がついた。自分がいまやっていることは、自分の本当の目標やニーズをかなえるうえで、何の役にも立っていないのだと。彼女は離婚の手続きをし、合併に同意した。

わたしは夫の側とも話さなくてはならないと、彼女に伝えた。双方の合意が必要だ、そうきまっているのだと。彼女は当然神経質になっていたが、最後にはわたしが夫と話すことを許してくれた。

わたしは夫とも同じプロセスをくり返した。彼にも彼なりの問題があり、それを二人で一つずつつぶしていった。最後に彼も気がついた。妻に生涯安楽に暮らせるだけのものを渡してやらなければ、彼自身の人生の目標を達成し、ニーズを満たすことはあり得ないのだと。それに母が子どもに会えなくなるのは、理不尽なことだ（彼も単独親権を要求していた）。彼は離婚の条件に同意した。

上場企業との合併交渉では、二人ともがわたしを代理人に指名した。そこでわたしは二人の代理人として、この交渉でも先のプロセスをくり返した。それぞれの側と、ニーズ、目標、認識、悩みなどについて話した。合併は実施された。

この事例で興味深いのは、何といっても、すべてが超人技などではなく、ごく簡単な手法だということだ。当事者にニーズと目標を尋ね、それぞれの側にとって大事な無形物を見つけ、悪い面ではなくよい面に集中するだけでいい。彼らを満足させるのはいったい何だろう？　またもう一つ興味深いのは、このやり方は理解するまでは目に見えないということだ。

本章を締めくくる物語は、わたしが文字通り、また比喩的な意味でも、心に刻んでいる大事な教訓てくれる。これらのツールが生死に関わる状況でもわたしたちの力になってくれることを、この物語は教えてくれる。

二〇〇一年の一月、わたしは心臓発作を二度起こし、心臓バイパス手術を受けるために、フィラデルフィアの病院で安静に過ごしていた。だがそこで投与された薬が体に合わなかったため、別の病院で手術を受けたいと思うようになった。

わたしは最高の心臓外科医はだれだろうと調べた。そして世界最高の心臓バイパス外科医の一人である、ウェイン・O・アイソム博士の名を知った。彼はデイビッド・レターマン、ラリー・キング、ウォルター・クロンカイトといった著名人のバイパス手術の執刀医だった。

予想はしていたが、アイソム博士にはやはり接触できなかった。彼の予定は数カ月先まで埋まっていた。彼とは面識もなく、コネもなかった。そのうえ彼と連絡をとれる手段は、電子メールしかなかった。前にも説明した通り、電子メールは説得に使うツールとしては、よく言って不完全だ。

いったいどうしたら電子メールを通じて博士と心を通わせ、わたしを手術することに意味があると思ってもらえるだろう？　わたしはフィラデルフィアの病院のベッドで、アイソム博士について調べ始めた。彼の人となり、関心、時間の過ごし方、人柄について調べた。彼との接点を探したのだ。

アイソム博士の当時の研究テーマの一つが、小動脈のコレステロール蓄積だった。わたしにもこの症状があった。そこで彼の論文をじっくり読んでから、電子メールをしたためた。自己紹介をして（元ジャーナリスト、大学教授）、自分の心臓の検査結果について説明し、手術をしていただけないでしょうかとお願いした。博士が多忙で手術ができないかもしれないことは承知しており、長い順番待ちリストがあることは知っていると書いた。

たとえ手術をしてもらえなくても、わたしたちにはこのような接点があると説明した。一度お話をうかがえないでしょうか。そう書いて、自分なりの調査を通して得た、具体的な質問を二つあげた。わたしがただの思いつきで手紙を書いたのではないこと、彼のライフワークをじっくり読み、時間と労力をかけて理解したことを、彼にわかってほしかったのだ。

次に家族と手分けして、ニューヨークの知り合いで心臓手術をした人全員にあたって、アイソム博士と同じ病院に勤める医師を知りませんかと尋ね回った。こうして見つけた心臓専門医のマイケル・ウォルク博士が、アイソム博士のオフィスに電話をかけてくれた。

長くなるのでかいつまんで話すと、アイソム博士はわたしの手術をするために、わざわざ休暇を一日早く切りあげて、ニューヨークに戻ってきてくれた。手術は大成功に終わった。

わたしはアイソム博士に、なぜ休暇を切りあげてまでわたしを手術してくれたのかと尋ねた。彼ほど高名な人が、そんなことをする義理はなかったはずだ。この本を執筆していたとき、博士のオフィスで楽しいひとときを過ごしながら、もう一度尋ねてみた。わたしが第三者を通じて探した著名な心臓専門医、ウォルク博士の口添えも、もちろん大きかった。だがそれだけではないと博士は言った。わたしは彼の研究について質問した、数少ない患者だったのだ。わたしは彼と「心を通わせた」のだ。

考えてもみてほしい！　本章で説明した交渉ツールが功を奏したのだ。相手の人となりを知り、相手の懸念や認識、ニーズや無形物を理解する。不等価交換をする。わたしは実際、自分の命のために交渉したことになる。

後日、ビル・クリントン元大統領がアイソム博士に手術を依頼したというニュース記事を読んだ。だがクリントンの側近は、「要人」の患者がだれなのかさえ、博士に言おうとしなかった。アイソム博士は、ほかをあたってくれと断ったそうだ。心を通わせていれば、また違っていたかもしれないと、アイソム博士は言う。

博士は熟練した技術をもつようになったいまも、患者との心の通い合いが、少なくとも技術と同じくらい大切だと考えている。治療費を支払えない貧困者でも、心を通わせた患者には、分け隔てなく手術を行っている。ブルックリンに住む貧しい女性に手術をしたとき、彼女は彼の研究にと言って、五〇ドルを寄付してくれたそうだ。彼女の所得に占める割合からいえば小さな額ではない。

このことは交渉について何を教えてくれるだろう？　心を通わせることに集中すれば、どんな製品やサービスも、ただの「汎用品」ではなくなるということだ。あなたの経験、時間、労力、相手への関心を差し出すのだ。こうすることで、あなたの提案をほかの提案から際立たせることができる。これらが相手の生活を豊かにし、よりよい取引を実現する無形物なのだ。その結果、だれもがゲットモアできる。

第6章　（相手のも自分のも）感情は交渉の敵

コロンビア・ビジネススクールでのわたしの教え子リサ・スティーブンスには、五歳になる娘がいた。娘のオーブリーは、ある土曜の朝キッチンで転び、テーブルのとがった角で額をざっくり切ってしまった。オーブリーはパニックを起こした。子どもの祖父である、リサの父もおろおろするばかりだった。

オーブリーが病院で傷を縫う必要があるのは明らかだった。でも彼女はいやだと言って、テーブルにしがみついて離れなかった。だれも彼女の小さな指を、キッチンのテーブルから外すことはできなかった。

リサもわれを失いかけたが、ふと冷静をとり戻し、腕に優しく触れた。「ママはあなたを愛してるわよね？」リサは尋ねた。「うん」娘は少し落ち着いて、すすり泣きながら答えた。「ママはあなたを傷つけるようなことをするかしら」。母は尋ねた。「ううん」。娘は答えた。「大人になるとね、ときどき自分のやりたくないことをやらなくてはいけないのよ」。「そうね」。オーブリーは答えた。

「ママも縫ってもらったことがあるのよ」。リサはそう言って、傷跡を見せた。「おじいちゃんも縫ったことがあるわ」。リサが言うと、父はオーブリーに傷跡を見せてやった。五分と経たないうちに、娘はテーブルから離れ、自分の足で車まで歩いていった。

このできごとについて、はっきり言えることがある。一つには、オーブリーが病院に行くのを拒んだのは、まるで道理に合わないことだった。病院に行くこと、できるだけ早くそこにたどり着くことは、オーブリーの利益になることだったからだ。だが日々行われている無数の交渉の例に漏れず、彼女は筋の通らないふるまいをしていた。

この物語が教えてくれる二つめの点は、交渉は相手の頭のなかの絵について考えるところから始めなくてはいけないということだ。リサの目標は、オーブリーをこれ以上動揺させずに、病院に連れて行くことだった。オーブリーの頭のなかの絵が「わたしは傷ついていて、ひとりぼっちで、愛情を求めている」だということを、彼女は見てとった。

こうして自分の目標と、相手の状態について考えたリサは、続いてオーブリーを説得するには何が必要だろうと考えた。そこでこう尋ねた。「ママはあなたを愛しているわよね?」この質問を聞いた娘は、自分が愛情を求めていることを、母がわかってくれていると感じた。リサはこの質問に答えさせることで、娘の心を開いたのだ。

それからリサは、娘がこう考えているはずだと思った。「ああ、ママはわたしのこと愛してるのね。でも痛いの」。そこで尋ねた。「ママはあなたを傷つけるようなことをするかしら?」オーブリーは、母が自分の痛みのこともちゃんとわかってくれていることを知ったのだ。

このプロセスのすべてが、母が子どもの頭のなかの絵について考えるところから始まり、母の目標を達成することに向かって、段階的に進められた。時間はあまりかけずに、一歩一歩進められた。そして最終的に、オーブリーは五分とたたないうちに、暴れて泣きわめきながら車にむりやり押しこまれるのではなく(これはよくある、心に傷跡を残すやり方だ)、自分から進んで車まで歩いていったのだ。

一言で言うと、リサがオーブリーに与えたのは「感情のお見舞い」だった。これがオーブリーの恐れを直《じか》になだめ、母はすべてをわかっているというメッセージを伝えたのだ。そのほかの状況では、感情のお見舞いは謝罪であったり、思いやりの言葉であったり、譲歩だったりする。心をかき乱された人の話をじっくり聞いてやることもそうだ。

感情のお見舞いには、相手を落ち着かせる働きがある。相手に聞く耳を持たせ、自分自身の幸せについて考えられる状態にする。不合理から始め、合理的とは言わないまでも、よりよい結果に向かって、相手を少しずつ動かしていく。

感情と交渉の関係

感情は、有効な交渉や有能な交渉人の敵だ。人は感情的になると、耳を傾けるのをやめる。予測不能になることが多く、目標に集中できることはまれだ。そのため自分の不利になることをしてしまい、ほとんどの場合目標を達成できなくなる。映画ではよく交渉人が感情をあらわにして熱弁をふるうシーンがでてくる。つまり、このやり方が効果的だと暗に示しているわけだ。だが本当に効果があるかどうかは、交渉人の状態による。感情的になりすぎて、ものごとをはっきりと考えられない状態になっていれば、効果は薄い。

ここで言う「感情的」とは、自分の気もちに流されて聞く耳を持たなくなり、自分に不利なことをしがちな状態をいう。人は感情的になると、自分の目標やニーズに集中できなくなる。これに対して「共感的」とは、相手の感情に集中することをいう。つまり思いやりを示し、親身になることだ。感情は自分の問題、共感は相手の問題とも言える。共感は非常に効果が高い。感情はその逆だ。

もちろん、愛情や悲しみ、喜びなど、心からの感情を表に出すのは、人間としてあたりまえのことだ。こうした感情は確かに大切だが、聞く耳を奪うため、交渉の妨げになる。交渉では情報の処理がカギを握るからだ。感情に流されている人は、必ずと言っていいほど慰めや充足を求めるあまり、周りが見えなくなっている。必ずしも最高の結果を求めることが目標でなくなる。長期的な視野や大局観を見失う。確かに状況によっては、感情が必要で効果的な場合もあるが、熟慮を重ねて結果を導くには役立たない。実際、人は感情のせいで、後悔するようなことをやってしまうことが多い。これには、肉体的限界に自分を追いこむという、危険なことも含まれる。感情に流された人は、自分を傷つけることに抵抗がなくなるからだ。

これに対し本書の感情戦略は、プライベートや仕事での人間関係を深めることをねらいとする。本章のよりどころとなる考えは、感情的にならずに、それでいて相手の感情をくみとることは可能だという考えだ。

「交渉の感情的要素を減らすことで、交渉が感情的な対決ではなく、成功への道筋を体系的に明らかにする方法だとわかったわ」。ゴールドマン・サックスの元副社長で、ウォール街の金融界で活躍する女性たちのドキュメンタリーにもとりあげられたアンバー・アーマドは言う。また彼女によれば、本書のツールは、感情に流されないようにする方法を女性に示すのに、とくに役に立つそうだ。

交渉が感情的になるのは、当事者が次のことをする場合だ。

- 事実を曲げて伝える——自分自身や事実に関してうそを言う、根も葉もないことを言う

●約束や契約を破る、または守らない
●相手をおとしめる――相手を侮辱する、脅す、敵対的な態度をとる、相手の顔をつぶす、相手を差し置く、相手の権威や信頼性に疑問をもつ、非難する
●強欲または自己中心的――極端に高い要求をする、越権行為をする、厚意に報いない（贈り物に礼を言わないなど）
●自制心に欠ける――プライベートまたは仕事で十分準備をしてこない、一貫性に欠ける、感情を抑えられない
●相手の期待を踏みにじる――会議をすっぽかす、不当に扱う

人が感情的になると、目標や関心、ニーズに集中し、意思の疎通をきちんと図ることができなくなり、相手を罰し、復讐、報復することに気をとられる。取引はまとまらず、目標は達成されず、判断力は鈍り、ニーズは満たされない。感情は交渉を破壊し、創造性が妨げられる。焦点がぼやけ、不適切な意思決定がなされ、報復がくり返される。

交渉における感情の影響は、一九九〇年頃から注目を集めるようになった。研究者や教師、実務家は、人間の合理的な側面だけでなく、感情的側面にも目を向ける必要性に気づき始めている。だがこうして関心は高まったものの、成果はまちまちで、必ずしも効果はあがっていない。

たとえば相手に自分の思い通りのことをさせるために、怒りや賞賛といった感情を装ってもいいとする風潮が見られる。これはもちろん不誠実だし、相手を操作するために行われることが多い。この戦術のねらいは、相手を怖がらせたりおだてたりして感情的にさせ、相手が普通ならしないこと、

往々にして相手の不利になることをさせることだ。

こうした戦術は「戦略的感情」「にせの肯定的フィードバック」「譲歩を引き出すための怒りの表出」「自在な感情表出」「戦術的感情」「印象のマネジメント」「戦略的な怒り」「感情操作」などと呼ばれる。脅し役となだめ役の分担戦略、いわゆる「よい警官、悪い警官」のバリエーションで、状況を不安定にして、相手を予測不能にし、間違いを誘う。たとえば自分を不利にするおそれのある情報を開示させるなど。

スポーツの試合中に、観客が選手に罵声を浴びせたり、心ない言葉を書いた横断幕を掲げたりするのは、こういうわけだ。そのねらいは選手を怒らせて感情的にさせ、試合に勝つための効果的な行動をとるという目標から気をそらし、焦点を見失わせることにある。

交渉を操作するために感情を使えという助言は、人間関係に与える長期的な影響を考慮しないものがほとんどだ。相手が操作されていることに気づけば、たいていの関係はそこで終わってしまう。信用や信頼性はガタ落ちになる。相手がうその感情によってあなたの行動を操ろうとしていることがわかったら、そんな相手とはできるなら二度とつき合わない方がいい。

あなたから何かを引き出すために感情を装う人は、いかさま師と考えよう。最も極端な例として、テロリストの指導者は報復したいという感情的ニーズを満たすため、または莫大な報酬を得るために、支持者に自爆テロを実行させる。これはだれの利益になるのだろう？　犠牲になる市民ではないし、自爆犯でもない。利益を得るのは、身体的被害なく政治的権力を強化するテロリストの指導者なのだ。そして彼らに劣らず感情的な人たちが、さらに資金を提供する。

感情を交渉の手段として使い、実際に成功したという人もいるだろう。だがこのやり方の問題は、結果が危険を伴い、予測不能で、その姿勢が冷笑的で信頼できない点にある。このようなやり方は人間関係を損なう。「二つに一つ」の選択を迫るやり方は、拒否される率が高いことを、さまざまな研究が示している。相手はこうした要求を不公平と感じ、腹いせに自分に有利な取引まで拒否することがあるのだ。否定的な感情が用いられるときには、そうでないときに比べて、申し出が受け入れられる確率は半減するという。

交渉で感情を用いることに、一般にどのような効果があるか、もう少し具体的に考えてみよう。第一に、感情は状況を不安定にする。相手の反応が読めなくなる。当事者が感情的になると、結果が予測できなくなる。

感情は人の情報処理能力を損なう。つまり、時間をかけて、創造的な選択肢をじっくり考えられなくなる。事実や状況を分析して、パイを広げる方法を考えようとしなくなる。その結果、ゲットモアできないのだ。実際、研究によれば、感情的な人は自分のニーズを満たすような取引をすることより、相手を傷つけることで頭が一杯になるという。

確かに肯定的な感情は創造性を促し、合意に至る可能性を高めることがわかっている。だがそのような交渉は、興奮状態にある当事者によって、熱情の赴くままに進められることが多く、リスクが高い。熱狂的な人たちが、それまで愛着をもっていた人やものを突然攻撃し始めるのを、あなたも目にしたことがあるだろう。この種の不安定には注意した方がいい。交渉は冷静に、着実に進めよう。温かい感情ならまだいいが、それでも確固たる判断に裏打ちされていなければならない。目標を達成し、厄介な問題を解決するには、感情を抑えることが欠かせない。

では「よい警官、悪い警官」の戦略はどうだろう？　交渉術講座の受講生も使ったことがあると答える、一般的な交渉ツールだ。警察はこの戦術を使って、容疑者の感情をゆさぶり、不安定にするという。容疑者の間違いを誘い、（自分の目標や利益に反する）自白をさせるのがねらいだ。したがって感情は、相手を傷つけ間違いを誘発したいときには有効だと言える。それがあなたのねらいなら別だが、たぶんあなたは怒りを交渉ツールとして使おうとは思わないはずだ。

感情を意図的に用いることのもう一つの問題は、何度も使ううちに効果が薄れることだ。声の調子を変えるのは、たまにはいい。いつも静かな人なら、ときどきは声を張りあげてもいいだろう。だがこれが一月に一度になれば、あなたは「どなり屋」と陰で呼ばれ、信頼を失う。交渉を打ち切ると脅す戦術についても、同じことが言える。

この種の戦術はよく練り、慎重に行わなくてはならない。

交渉は安定していて予測可能な方が、効果が高い。

脅しは抵抗を生む

現実の交渉では、脅しが使われることがとても多い。だが脅しは数ある交渉戦略のなかでも、最も効果が薄い。人は脅されると感情的になり、ものごとをはっきり理解できなくなり、あなたがやってほしいと思っていることができなくなる。人は感情的になると、自分を傷つけることに抵抗がなくなるため、あなたが思うほど脅しを気にしないのだ。

研究によれば、脅しを使う人はそうでない人に比べて、ほかの条件が同じ場合、合意に達する確率が半分だという。それならなぜ脅しを使う人がいるのだろう？　それは交渉の経験やスキルに乏しいからだ。だれかに何かをするよう無理強いすれば、された方は面目を失う。一部の文化では、顔をつぶされた人は、殺人や自殺を含む暴力行為に走ることがある。つまり面目は、自尊心や自己価値と切っても切れない関係にあるということだ。脅しは面目をつぶし、抵抗を生む。

もう一つ、脅し関連でよく使われるが効果の薄い交渉戦術に、「二つに一つ」の選択を迫る戦術がある。たとえばある研究で、参加者に一〇ドルを渡し、別の参加者と二人で分けるように言った。このとき一〇ドルをどう分けるかは一人めがきめる。二人めがこの分け方を受け入れれば取引は成立し、二人はその通りの金額がもらえる。ただし拒否した場合は取引は成立せず、お互いにお金はもらえない。

提案者は九ドル、受領者は一ドルという分け方の場合、七五％の受領者が提案を拒否した。これは合理的に考えると意味をなさない。何ももらえないより、たとえ一ドルでももらった方がいいからだ。だが提案者がほとんどの金額をもらうという不公平な提案に、受領者は感情的になり、自分の目標や利益に反した行動をとったのだ。

とり分が五ドルずつのときは、九五％の人が提案に応じた。ところがとり分が三ドルに減ると、三分の二の人が拒否した。

したがって、相手にどのような手法を用いるかを考えるにあたっては、不合理を考慮に入れなくてはいけない。相手が不合理な行動をとりそうなら、感情のお見舞いを提供する。相手に合わせて、手法を調整する必要がある。

調整の一例をあげると、「協調的な脅し」がある。普通の脅しでは、あなたが「価格を下げないなら、業者を乗りかえるぞ！」と脅すと、相手は感情を害し、売り言葉に買い言葉となる。相手にとっては価格を下げてあなたを引きとめた方が利益になるのに、あなたは相手を威嚇することで、感情的な反応を引き起こしてしまったのだ。

これを別の形でフレーミングする言い方がある。「御社にはこれまで本当によくしていただいて、ずっと仕入れさせていただいていますが、御社のライバル会社からもっと有利な話をもちかけられているんです。できるならこのまま取引を続けたいんですが、いったいどうすればいいでしょう？」この言い方にも、業者を乗りかえるという同じ脅しが潜んでいるが、相手の協力を求めている。どうすれば取引を続けられるだろう？　つまり関係という観点からフレーミングしたのだ。この姿勢が、より創造的な解決策への道を開く。

状況をフレーミングし直し、問題を実質的に相手に委ねることで、感情的要素を減らし、よりよい結果を導いたのだ。いまの状況を、ともに解決すべき共通の問題にしたことで、相手を尊重したことになる。

自分の感情をコントロールする

それでは交渉で感情をコントロールするにはどうすればいいだろう？　このとき二種類の人について考えなくてはいけない。あなたと相手だ。ここではあなた自身の感情について考えよう。

あなたが感情的になっても、交渉に関わるだれのためにもならない。感情的になりかけたら、休憩をとって、頭を冷やそう。どうしても感情を抑えられないなら、あなたは少なくともいまは、交渉人としてふさわしくないのかもしれない。冷静になるまで長めの休憩をとるか、だれかに手伝ってもらおう。いらだちや怒りなどの感情に流されているときに交渉すると、目標やニーズを見失う。そして自分が火種になってしまうのだ。

攻撃の矛先を自分から外すには、こう言えばいい。「いま感情的になっていて、思ってもいないことを言ってしまうかもしれません」。相手に共感をもってもらえれば、とても効果のある言い方だ。入念な準備は、目標を見失うことを防ぐ防衛策になる。いらだちを感じたら、自分が準備した資料に目を通せば冷静になれることがある。

期待しすぎないこと。相手が厄介で、無理を言い、失礼な態度をとり、欺こうとするかもしれないことを覚悟して交渉に臨めば、期待を裏切られることも、その結果感情的になることもない。交渉で起きることに過大な期待をもたなければ、がっかりすることもなくなる。それどころか、嬉しい驚きがあるかもしれない。精神的に準備をすることが大事だ。

ときに「あんなことをしなければよかった」と思うこともある。確かにそうかもしれない。でもわたしたちが住んでいるのは理想的な世界ではなく、現実の世界なのだ。本書のツール通りにやれば、交渉の進め方がだんだんうまくなる。相手の態度はよくなり、結果もよくなる。少しずつだが、世界はよくなっていくだろう。人類はいまのようなやり方で、何千年も生きてきたのだ。それが一夜にして変わると思ってはいけない。

「復讐は、冷ましてから食べるべき料理だ」という、すばらしいことわざがある。周りのだれもが怒っているからといって、あなたまで一緒になって怒っても、ろくなことはない。周りの感情にふり回されてはいけない。

自分にこう言い聞かせよう。「相手は自分の目標からわたしの気をそらそうとしているな」。相手に操作されて、得られるものを減らしたり、なくしたりしてはいけない。だれかに腹を立てていては、絶対に目標を達成できない。それはこう言っているようなものだ。「おまえに腹が立ったから、自殺する」。相手のせいで、自分を傷つけるようなことがあってはならない。

あるとき裁判所の外で、弁護士二人がクライアントと一緒にいるのを見かけた。一人の弁護士が、もう一人の弁護士とクライアントに向かって、延々とわめき散らしていた。非難されていた弁護士は、ただクライアントとその場に立って、黙って聞いていた。

最後に、矢面に立っていたその弁護士が、叫んでいた弁護士を見て、軽い口調でこう言った。「お疲れさん!」これで怒りの爆発の効果もぶちこわしになった。

相手の感情に対処する

そんなわけで、自分の感情をコントロールすることは可能だ。ただし相手の感情に対処する方は厄介だ。

感情的な状況や人に対処する方法

- 相手が自らの目標やニーズに反する行動をとっていることを認識する
- 相手の感情や認識を理解しようと努める
- 感情を引き起こした原因と、相手のニーズや目標を明らかにする
- 自分の交渉スタイルが、感情を引き起こす一因になっていないかどうか考える
- 信頼関係を築く
- 過激な発言を慎む——火に油を注ぐだけだ
- 相手の規範を盾にする

●事実に反する発言を訂正する

第一歩は、相手が感情的になったことを認識することだ。いつもはっきりわかるとは限らない。たとえばイギリス人やスウェーデン人は、ブラジル人やイタリア人に比べて、文化的に感情をあまり表に出さないが、だからと言って感情が薄いわけではない。外面は冷静なのに、腹のなかが煮えくりかえっている人もいれば、その逆もいる。

相手が感情的になっているかどうかを見抜くカギは、自らの利益やニーズ、目標に反する行動をとっているかどうかだ。あなたも、人が自分の利益になることと正反対のことをするのを見たことがあるだろう。そんなとき、こう思ったのではないだろうか？「いったいどうしたんだろう？自分のためにならないということがわからないのだろうか？」わからないのだ。感情的になると、言われたことが頭に入らないのだ。

そんな相手を説得するには、まず相手の聞く能力を高めなくてはならない。まずはあなた自身、冷静になることだ。相手の心の友になろう。相手の感情を理解しよう。なぜ感情的になってしまったのだろう？　落ち着かせるにはどうすればいいだろう？

あなたも友人やパートナー、結婚相手と激しく言い争ったことがあるだろう。そんなとき、相手に頭を冷やせと言えば言うほど、相手は逆上する。それはなぜかと言えば、頭を冷やせと言うことで、相手の感情の正当性をおとしめているからだ。人はおとしめられたと感じると、さらに感情的になる。

だから相手の感情に共感しよう。何が相手の感情を引き起こしたのか、その原因を理解するよう努めるのだ。ただ「理性的になろう」とか「論理的に考えよう」と言うだけではだめだ。相手だって、理性的、論理的になりたいのなら、もうなっているはずだ。相手は感情を発散したいのだ。その気持ちをわかってあげよう。そうすればたいていの場合、相手を落ち着かせ、会話のキャッチボールができるようになる。相手の言うことに耳を傾ければ傾けるほど、落ち着かせることができる。

相手はどんな「感情のお見舞い」を必要としているのかを考える。女性は男性によくこう言う。「べつに悩みを解決してほしいわけじゃない。ただ愚痴を聞いてほしいのよ」。女性は話を聞いてあげることが、感情のお見舞いになることが多い。相手の感情を何らかの行動によって尊重することは、どんなことでも感情のお見舞いになる。優しい言葉をかける、腕にそっと触れる、ただ話を聞くなど。何が感情のお見舞いになるかは、人によって違う。だからまずは相手の頭のなかの絵を理解しなくてはいけない。

わたしが感情のお見舞いの威力を初めて実感したのは二〇年ほど前、ハーバード・ネゴシエーション・プロジェクトに参画していたときのことだ。このプロジェクトも交渉業界のご多分に漏れず、「理性的な人々」「合理的存在」「賢明な交渉人」のための交渉術を教えていた。だがわたしの周りでは、子どもからビジネス、政府まで、あらゆる存在の意思決定を、不合理が左右しているのは明らかだった。

学生や社会人をはじめだれもが、理不尽で感情的な人と交渉する方法を知りたがっていた。そこで、はたと気がついた。ほとんどすべての研究が、現実の世界ではなく、理想的な世界を対象としている、と。これを機に、わたしは感情に対処するためのツールや戦略の開発にとりくむようになった。

それからほどなくして、わたしはニューヨークの上流社会の離婚調停を担当した。夫は多額の報酬を支払い、男性の弁護団を雇っていた。妻側には、公益のための無償労働《プロボノ》を行う女性弁護士団がついていた。当初莫大だった資産は、多額の弁護士費用や株の暴落で大きく目減りしていた。わたしが調停を依頼されたとき、夫妻にはそれでもまだ四〇万ドルの資産があった。夫は離婚条件として、資産のほぼ全額を妻に支払うつもりでいた。離婚問題は彼の事業にたえず影を落としていた。だが妻は受けとりを拒否した。夫に激しい憤りを感じていた彼女は、法廷で彼を糾弾し、恥をかかせたかった。全員で路頭に迷えばいいと思っていた。

彼女が感情に押し流されていたのは明らかだった。自分の利益に反する行動をとっていたのだ。そこでわたしは考えた。彼女にいったい何を与えれば、彼女は感情のお見舞いを与えられたと感じ、夫の金を受けとるようになるだろう。

ある日彼女の相談に乗りながら、こう言った。「いいですか、この調停案を受け入れれば、彼から全財産を巻きあげることになるんですよ」。彼女は少し考えて言った。「つまり、この金額はあの人の全財産ってこと?」「そうですよ」。すると彼女は言った。「受け入れるわ」。彼女は心のなかで、彼を苦しめたいと思っていた。だからこの言葉が、彼女にとっての感情のお見舞いになったのだ。

相手が感情のお見舞いとして認めるものを探すには、相手の頭のなかの絵に全神経を集中させなくてはならない。相手は世界をどのようにとらえているだろう? 相手のニーズや認識はどんなだろう? ものごとをどのようにフレーミングすれば、相手は喜んで聞くだろう? 相手は譲歩を求めているのだろうか? そうだとしたら、どんな譲歩だろう? ただ謝るだけでいいのか? 言葉を尽くして謝罪する? 謝罪はいいから花を贈る? 要するに、何が感情のお見舞いになるかは、人や状況によってまったく違うということだ。

相手に聞く耳をもたせなければ、もとの状態に戻すことはできない。相手が前に使った規範で、いま受け入れそうなものはないだろうか？　だがいきなり規範を使っても、感情的な状態にある相手には対処できない。規範を使うには、相手が矛盾に対処できる状態でいるのが前提だ。そして過激な発言や脅しは厳禁だ。感情をあおってしまう。

相手に自分のことを話させるのも、一つの手だ。話すことで感情を発散させたり、表現することができる。これがあなたの悩みではないですかと、相手に尋ねてみよう。たいてい、あなたの読みがあたっているか、間違っているかを教えてくれる。相手に質問をしよう。質問について考えるだけでも、エネルギーを使い、興奮状態が収まる。本章の冒頭で紹介した、子どもの例が示す通りだ。相手がどんな苦痛を感じているかを想像し、それを言葉で説明すれば、たとえ間違っていたとしても、相手を落ち着かせることができる。相手はそれがあたっているかどうかを考えようとして、自分の内面を見つめるからだ。

最近では、医師が医療ミスや事故を犯した場合に、患者に謝罪することが、訴訟リスクを大幅に減らす効果があるとわかっている。これまで弁護士や保険会社は、謝罪をすれば、責任を認めたものと見なされると考えていた。だが必ずしもそうとは限らない。あとになってみないと、過失だったかどうかがわからない場合もある。それにたとえ過失があったとしても、医師が相手の感情に共感することで、患者や家族の報復願望を抑えられることは間違いない。

ジャド・アル・サレは、サウジアラビアのリヤドで食品会社の買収交渉を進めていた。食品会社のオーナーは、ジャドが示した提案に魅力を感じながらも、売却を渋っていた。「オーナーは、会社を思い通りに動かせなくなることを恐れて、感情的になっていた」とジャドは説明する。事態を打開するために、ジャドはまずオーナーの不安を聞き出した。次に新会社での重要な役職と雇用を保証した。

そして海外進出のビジョンを示した。最後に、ビジョンの実現に協力してもらえるなら、報酬を上乗せすると言った。

オーナーは、これまで規模や経営資源の不足から単独ではできなかったことを、新しい人材とともに成し遂げられるのではないかと考えた。そんなわけで買収合併に合意したのだった。

サザン・カリフォルニア大学ビジネススクールの学生マーク・ロビンソンは、修理がすんだ婚約指輪を受けとるために、妻と車で宝石店に向かった。店はロサンゼルスの治安の悪い地区にあり、近くに駐車スペースを見つけるのはいつも大変だった。ラッキーなことに、ちょうど車が出るところだった。マークはその前に車をとめ、バックで入れようと、スペースが空くのをじっと待っていた。

永遠のような時間が過ぎ、やっと車が出て行った。マークが早速バックで入れようとすると、別の車が後ろからやってきて、さっさとスペースに車を入れてしまった。車にはこわもての男が二人乗っていた。だがマークはこの状況を交渉で解決するぞと心にきめた。妻は震え上がっていた。「もういいから忘れましょうと言われたよ」とマークは言う。「でもぼくは相手のドライバーに集中した。もしかしたら、ぼくの車が目に入らなかったのかもしれない。もしかしたら交渉できるかもって」

マークは落ち着き払って車を降りると、二人のタフガイの方に歩いていった。運転席側に回って、にこやかに手をふった。「やあ！」ややあって、運転席の男が窓をおろした。「何だよ？」彼は言った。「知り合いのように声をかけた」とマークは説明する。「こう言ったんだ。『気づかなかったと思うけど、ぼくはここが空くのをずっと待っていたんだ。譲ってくれないかな？』」それから妻の方を身ぶりで示した。「妻の前で恥をかきたくないんだ」。それからこう言った。「きみたちがきめてくれ。でも、どんなことでも感謝するよ」

二人の男は顔を見合わせ、それからマークをしげしげと見た。彼は因縁をつけているわけではなかった。何も責めたりしていない。それどころか、度量の大きいところを見せるチャンスを二人に与えたのだ。

「わかったよ、クールに行こうぜ」。一人が言った。マークは運転席の男と握手した。男はエンジンをかけて行ってしまった。驚いただろうか？　そう、マークは二人に大きな感情のお見舞いを与えたのだ。どこかの男が妻の前で面目を失わないようにしてやったと、だれかに自慢できる。「妻はしばらくの間、このプロセスの威力に呆然としていた」。マークはあとで話してくれた。

やりたくないことや、危険だと思うことは、やらないこと。だがこの学生は、ほとんどリスクがないやり方で、自分の言いたいことを伝えた。男たちの心理をうまく利用したのだ。このツールを使って効果がないと感じたら、これは適切なツールだろうかと自問してみよう。

ウォートンの学生が、フィラデルフィア西部地区で強盗に銃をつきつけられた。彼は強盗に財布を渡して言った。「ぼくはあなたの銃弾を無駄にするほどの価値もないし、だいいち大きな音がしますよ。あなたがボスです」。強盗は最後に運転免許証と学生証を返してくれたそうだ。強盗には使い道のないものだった。学生は言った。「こういうものをなくすと、役所の連中にひどい目に遭わされますからね」（共通の敵だ）。なぜ強盗はこんな行動をとったのか？　彼が最後に「あなたがボスです」と言われたのはいつだろう？

感情が交渉で果たす役割の一つに、結束力を高めることがある。精神的に大変な思いをした人たちは、結束することが多い。たとえば事故や危険などのつらい経験もそうだし、大きな大会を勝ち抜くなどのよい経験もそうだ。こうした感情は、チームワークを培う土台になるが、使い方を誤ると精神的な傷を残すことがある。

相手に何かを伝えようとするが、どうしても伝わらないときはどうする？ 第三者を探そう。あなた以外に、だれか相手が信頼し、一目置いている人はいないだろうか？ 相手を落ち着かせることができる友人や同僚、仲間はいないだろうか？ あるいはあなたと相手を結びつける、共通の敵に仕立てられるような第三者はいないだろうか？

すべての方法が失敗して万策尽きたときは、相手側に話ができる理性的な人がいないか探してみよう。個人ではなく、会社やチームと交渉する場合は、協力的な人を見つけやすい。ただし感情的になっている人を差し置いて、別の人と交渉することには、報復を招き、関係を台無しにするリスクがあるため、プライベートではお勧めしない。ビジネスの場では、ときには必要な場合もある。

ビジネスの交渉で相手側に感情的で過激な人がいる場合、相手のチームの全員に尋ねよう。いま言われたことに一言一句、口調と内容を含め、同意されますか、と。あくまで状況を把握しようとしている口調で尋ねること。非難してはいけない。相手側に迷いが見られたら、休憩しませんかと聞いてみよう（休憩を命じるのは攻撃的すぎる）。もしかしたら休憩中に、感情的な人をなだめたり、交渉チームから外してくれたりするかもしれない。

また相手が交渉を操作するために感情を利用しているのがわかったら、手を打たなくてはならない。わたしはありきたりなお世辞を疑うことにしている。「あなたはすばらしい先生です」は、わたしにとっては無駄な言葉の羅列でしかない。「どういう点がすばらしいんだい？」と聞き返す。「具体的に、どんな貴重なことを学んだのかね？」相手がただ有利な結果を得ようとしているのか（よい点をつけてほしいなど）、わたしを操作しようとしているのか、それとも本心から感謝しているのか確かめるのだ。

食べ物や贈り物が使われることもある。クッキーや、ちょっとしたプレゼント、高級レストランでのランチ。こういったもので態度を和らげ、貸しをつくるというのだ。交渉で緊張をほぐすための方法として使う分には問題ない。不等価交換の材料として使うのも構わない。だが相手が何のためにやっているのかを確かめる必要がある。純粋な気もちからやっているならいいが、あとからその見返りとして譲歩を求められないよう、気をつけよう。

相手が「よい警官、悪い警官」戦術をとっているのがわかったら、ズバリ尋ねよう。「『よい警官、悪い警官』をやっているんですか?」相手の問題行動を指摘するのだ。またはこう言ってもいい。「お二人のやり方は正反対ですね。一人は優しくて、もう一人は厳しい。ちょっと休憩をとって、やり方を統一したらどうですか?」こう言うことで、相手に操作は危険だと思い知らせることができる。交渉の達人はアウトを宣告し、操作をする人は信用を失う。

期限や時間制限は、相手に精神的苦痛を与えるために用いられることが多い。人は期限が近づくと情報処理能力が落ち、パイを広げることへの関心が薄れ、創造力が低下する。相手に期限を押しつけられたら、こうしたマイナス面があることを伝えよう。それよりいいのは、最初に期限を確認することだ。そうすれば不利な取引で妥協しなくてすむよう、自分で時間を管理できる。創造性を発揮する時間を十分とれるということは、要するにゲットモアの時間を十分とれるということだ。

交渉人のなかには、極端な要求から始めて、譲歩の余地を広げるのが得策と考える人もいる。極端な要求をすれば、相手はほぼ必ずノーと言う。そのあとで、もっと合理的で妥当に思われる、控えめな要求をすればいいというのだ。

これも操作戦術の一種だ。こういった戦術をとっても、結局は信用を失い、取引成立の見こみを下げるだけだ。相手にやられたら、こういう感じのことを言えばいい。「最初の提案からなぜこんなに変わったんですか？」操作したことを責めて、相手を窮地に立たせるのだ。ただし何度も言うが、相手の問題行動を指摘するときは、攻撃的になりすぎないよう気をつけよう。

このような感情の暴力に対処するには、まず本書のツールを使ってみよう。相手のニーズを探る、規範を使う、関係構築を図る、相手を動かせる第三者を利用する、感情のお見舞いをする、相手の相手の認識を理解する、など。相手は自分の行動を自覚していないのかもしれないし、あなたの話を聞いてくれるかもしれない。あるいは横暴で、自分のことしか考えていないのかもしれない。

どのツールにも効果がなかったら、その場の状況から一歩身を引いて、客観的に眺めてみよう。感情のはけ口にされないようにしよう。相手はあなたを傷つけようとしていて、あなたのことを大事に思っていない。操作的な戦術には、状況を不安定にするリスクがある。操作されている人がわれに返れば——われに返るのは時間の問題だ——操作されていたことを知ることになる。こうした近視眼的な戦略は、いつか必ず裏目に出る。

たとえ相手に過激な態度をとられても、冷静を保つことができれば、かえって選択の幅が広がる。ときにはちょっとしたユーモアや質問で、その場にいる全員を味方につけることができるのだ。

わたしの教え子だったスチュアート・メロイが、こんな逸話を送ってくれた。「二年ほど前のことですが、妻の馬が一頭逃げてしまい、この界隈で一番鼻もちならない偏屈者の敷地に逃げこんだんです。しかも彼の誕生パーティの真っ最中に。ぼくが引きとりに行くと、酔っ払った男が庭に出てきて、馬がトラックに傷をつけたから弁償しろとすごむんですよ。「一緒に酒を飲んでいた男の家族や友人たちに、あっという間にとり囲まれました。正直言って、身の危険を感じましたよ。でも先生に教わったことを思い出して、冷静を保ち、その傷を見せてくださいと言ってみたんです。男は運転席側のへこみを指さした。山に入る仕事に使っているようで、トラックはくぼみやへこみだらけでした」

「そこでぼくは、何の判断も感情も交えずに質問をし始めました」とスチュアートは回想する。「あのへこみじゃなくて、こちら側のへこみなんですね？　おや、ここにもたくさんへこみがありますね。うちの馬がこれをつけたというのなら、もうさびているのはどういうわけでしょう？　わたしが質問をし終えると、周りの連中は大笑いしていました。男は引き下がり、無事に馬を引きとりましたよ」。彼はこうつけ加えている。「先生に習ったツールをいつも使っています」

自分の性格と交渉スタイルを知っておく

感じのよいふるまいは、会話の端緒を開くのに役立ち、言うなれば感情を争点から外す効果がある。人は感じのいい相手に、何かしてあげたいと思うものだ。自分のスタイルが交渉にどのような影響をおよぼすか、交渉にどのように活かせるかを考えておこう。

スタイルがなぜ重要かと言えば、相手があなたの目標をかなえようと思ってくれるかどうかに影響を与えるからだ。こちら側の感じのよい人が、相手側の優しい人と気が合うこともあれば、その逆もある。あなたのチームの一番下っ端の担当者が、交渉人として最もふさわしい場合もある。彼らのスタイルが、相手に安心感や自信を与えることもあるのだ。したがって、本当に考えなくてはならない問題はこれだ。「相手がうちの目標をかなえてくれる可能性が最も高くなるのは、うちのチームのだれを交渉人に立てた場合だろうか？」

大きな権限をもつ交渉人ほど、相手のニーズに関心を払わないという研究結果もある。つまり、パイをうまく広げられないということだ。いちばん位の高い人が交渉を行うのがたいていの企業の通例となっているが、実はいちばんの下っ端が適任なのかもしれない。皮肉なものだ。

わたしはあるときフロリダ州に医療サービス会社を共同創設した。このとき、主に最南部地方の投資家から、数百万ドルの資金を調達した。同社で交渉に最も精通していたのはわたしだったが、投資家との交渉は、別の担当者に任せた。わたしが何を言っても、あのニューヨークからやってきた押しの強い男か、という目で見られるのはわかっていたからだ。

こういった固定観念は気にくわないが、現に存在することを認めなくてはならない。それに本書は夢想ではなく、現実に関する本だ。そんなわけで、最南部地方出身の担当者が、実際の交渉にあたった。わたしはツールや戦略について、空き時間に相談に乗ることはあっても、交渉の場にはいないようにした。

もちろん、わたしとて機会があれば、自分やニューヨークに対する投資家の見方を変えたかった。だがこれはわたし自身に関する交渉ではなく、資金調達が目標だった（目標は達成できた）。

交渉力を高める一つの方法は、自分が人にどんな印象を与えるかを知ることだ。自分のスタイルを評価するための分析ツールはいろいろある。だがわたしはこういったツールを試せば試すほど、役に立つとは思わなくなった。人の人格をどうやって点数や数字で表せるというのだろう？　スタイルは百人百様だし、行動は相手や状況によっても変わる。

さらに言えば、スタイルはその場の必要に応じて変えることができる。いつもは毅然としている人が、銃を持った男に対するときは従順になるのと同じだ。

とは言え、一人ひとりのスタイルについて、何らかの結論を引き出すことはできる。授業でも、さまざまな状況で学生に自他について定性的な評価を行わせている。これをするだけで、自分のスタイルを改善するのに必要な情報が得られる。

危機に強い人もいる。プレッシャーを楽しむ人もいれば、プレッシャーを感じると何もできなくなってしまう人もいる。とりあえず右へならえの人もいる。対立を避ける人もいれば、自分から対立を求める人もいる。

ただ、わたしはこういった個人的なスタイルの違いを、あまり大げさにとりあげないようにしている。それは交渉のほんの一部分に過ぎないからだ。だがスタイルを知ることは役に立つ。またよりよい交渉スキルを学ぶうちに、スタイルが変わることもある。たとえば声を張りあげなくなる、感情に流されにくくなるなど。だからといって人が変わるわけではない。ただ自分のもっているスキルをよりよく使えるようになるだけだ。

ある企業幹部が自己評価をやってみたところ、攻撃的で協調性に欠けるという結果が出た。彼はこれを見るなり、授業中だというのに立ち上がって、わたしに向かってわめき散らした。「何だこれは？わたしは協調的な人間だぞ！」クラスはどっと笑った。彼の行動がすべてを物語っていた。建設的な批判として受けとめてくれればよかったのにと思う。

性格診断は、自己嫌悪に陥るためにやるのではない。自分のことをよりよく知り、交渉力を高めるのがねらいだ。自分に関する情報をたくさん得れば得るほど、プロセスをより強く意識するようになり、目標達成に役に立つような、効果的な変更を加えられる。

あるときわたしは世界最大の製薬会社ジョンソン・エンド・ジョンソンの本部で、スタイル評価のツールを使って一六〇人の社員を評価した。それから全員の評価を実名入りで公表した。このなかに、際立って攻撃的な人が一人いた。この人は地位の高い顧問弁護士だった。彼は電話をかけてきて、いきなりわたしを厳しく非難し始めた。あなたはわたしの社内での評判をおとしめた、個人情報が含まれた結果を公表するとは何ごとだというのだ。

そこでわたしは同社の担当部署に確認してみた。全員が結果を見比べて、互いを高め合えるように、全員の名前と結果を公表する許可を事前に得ていた。顧問弁護士とのやりとりを話すと、彼らはクスクス笑った。「そういうことになるんじゃないかと思ってましたよ」と一人が言った。「やっと化けの皮がはがれましたね。自分の評価を知ることは、彼のためにもなりますよ」。実際、担当者たちは顧問弁護士に、社員に対して攻撃的な態度をとっていることを自覚してほしかったのだ。

あるアメリカ人女性が、離婚調停で二人の幼い子どもの親権を勝ちとった。ところがブラジル人の元夫がいきなり子どもを連れ去り、ブラジルに帰ってしまった。彼女にはブラジルの法制度を活用するだけの資力も能力もなかった。彼と直接電話で話して解決したいと考えていた。そこでわたしは彼女に自分自身と元夫の交渉スタイルを評価させた。彼女は自分を人の言いなりになるタイプ、彼を非常に攻撃的なタイプと評価した。

わたしは彼女に、彼とは直接交渉しない方がいいと諭した。そんなことをしたら、徹底的にやりこめられるだけだ。彼の家族のなかでよく知っている人を相手に、子どもをとり戻す交渉をするよう勧めた。このとき次の規範を利用するよう助言した。①幼い子どもは母親といるのが一番だ、②法は守らなくてはいけない、③子どもを連れ去るのはよくないことだ。家族はその通りだと言って、子どもたちをアメリカに送り返すよう、総がかりで彼を説得してくれた。このように、相対的なスタイルの違いを知ることは、厄介な交渉を行う方法をきめるのに役立つことがある。

個人のスタイルだけでなく、企業のスタイル（スタイルと呼べるものがあればの話だが）を理解することも大切だ。一九九七年にわたしは韓国のソウルにある大宇の本社に招かれて、二番手、三番手レベルの若手幹部向けに交渉ワークショップを行った。当時大宇は世界のトップ企業の一つで、自動車から船舶、電化製品に至るあらゆるものを製造する、年商六〇〇億ドル規模の複合企業体だった。

わたしが教えた大宇の幹部たちはほぼ例外なく、おそろしく協調的で、譲歩しすぎるきらいがあった。わたしは大宇の金宇中会長に、創業者たちが同社を立ち上げ、築き上げる原動力となった闘志が、後継者たちに受け継がれていないようだと進言した。実際、幹部たちは、ベトナムやブラジルの企業との熾烈な競争で苦杯をなめていると言っていた。

これに危機感をもった金会長は、経営陣の交渉力を高めるための戦略的計画に乗り出し、より果敢に、かつ効率的に目標を達成できる幹部社員の育成を図ろうとした。だが時すでに遅しだった。大宇はほどなくして、事実上倒産した。企業を運営するのは人であり、社員が交渉スキルに長けていない企業は苦境に陥る。

交渉では、国や企業、職業などの文化的規範があっても、個人に注目しよう。規範は出発点としてはいい。たとえば「あの弁護士は、所属事務所や職業の評判に違わず、やはり攻撃的だろうか？」など。だがこれは質問であって、答えではない。焦点はあくまで個人にあてなくてはいけない。ちなみに大宇では、個人間の違いがほとんど見られなかったが、これは例外的な状況だ。

ところでわたしの見るところ、アメリカのビジネス界では、男性と女性のスタイルにほとんど違いはない。性差を強調する本が売れているが、このことはデータによっても裏づけられている。ビジネス界の女性はやや協調的で、男性はやや事なかれ主義的な傾向がある程度だ。

またわたしはこれまでの研究や経験から、きわめて闘争的な人は、相手がきわめて協調的でない限り、取引で合意に至る確率が低いことを学んだ（また協調的な相手は、あとから必ず憤慨する）。

社内では各人のスタイルをもとに役割分担をきめることで、強力な交渉チームを選定できる。たとえば攻撃的で目標指向の人は、締結役《クローザー》にうってつけだ。取引を確実にまとめてくれるだろう。控えめな人は聞き上手なことが多く、きっかけづくりがうまい。相手と心を通わせることができる。妥協的な人は緊急時に活躍し、すばやく決定を下すことができる。協調的な人は進行役にうってつけだ。全当事者のニーズを考慮に入れることができる。

次にあげる一般的な交渉スタイルの説明を読んで、自分がそれぞれどの程度あてはまるか（高・中・低）を考えてみよう。

攻撃的

攻撃的な人は、相手の目標を犠牲にして、自分の目標をかなえようとする。交渉では得るものが少ない。なぜなら交渉の相手は、自分が大切にされていないことを察するからだ。いわゆる「タフ」な人は、この分類に入る。売られたけんかは買うタイプの人も、この部類にあてはまる。少し折れてみよう。大切なのは相手のニーズを考慮し、満足させながら、自分の目標を達成することだ。相手に耳を傾けよう。相手の価値を認めよう。

協調的

非常に協調的な人は、創造性が高い傾向にあり、共通の利益やパイを広げる方法を見つけようとする。不等価交換できるものを探し、問題を解決する。どんなものにも機会が潜んでいると考える。だが相手が信頼できるかどうかわからない場合には、段階的にことを進めよう。

妥協的

妥協する人は得るものが少ない。すぐに折り合いをつけようとする。質より早さを求めることが多い。「歩み寄ろう」とする。多忙な人には妥協的な人が多い。最初に目につく妥当な選択肢を受け入れ、次に進む。だがそうすることで、ゲットモアの可能性を犠牲にしているのだ。

もちろん、けっして妥協してはいけないとは言っていない。本書のツールをすべて使い、隔たりをできる限り埋め、使える限りの無形物を使い、それでも目標に少し届かないならば、歩み寄って、最善の手を尽くしたという達成感を感じればいい。だが交渉の達人にとって、妥協は最後の手段だ。

回避的

非常に回避的な人は一般に、だれの目標も達成しない。人との関わりを避け、対立を避ける結果、多くを得ないどころか、何も得られないことも多い。もちろん極端なケースでは、積極的に回避すべき場合もある。銃をもった人には口答えしない、など。だが日常生活ではほとんどの場合、相手のやる気を引き出した方がいい。そうすればゲットモアできる。最初は段階的に交渉を進め、相手のやる気を引き出す努力をしよう。まずはちょっとしたものを求める。いきなり値引きを要求するのではなく、この店ではセールをやらないのですかと尋ねるなど。

控えめ

控えめな人は、人の話を聞くのがうまい。だが極端な場合には、自分の目標を犠牲にしてまで、取引をまとめようとする。公平性の規範を使う、確約を得る、第三者を使うなどの手法に集中しよう。逆に、控えめでない人は、人の話をよく聞かないことが多い。交渉をうまく進めるには、基本的な情報をもっと収集する必要がある。相手や状況について十分な情報を収集しなければ、目標を達成するのは難しい。発言する前にもっと相手に質問をしよう。相手の話を途中で遮らない。これは気をつければ簡単に直すことができる。

ゲットモアのツールを学び、練習を積めば積むほど、こうした特徴は薄れていく。何度も言うようだが、最も重要なのは次の質問だ。自分の目標は何だろう？　相手はどんな人だろう？　相手を説得するには何が必要だろう？　相手にとても感じよくしながら、なおかつ説得力をもって交渉することはできる。交渉スタイルのせいで失敗することがないよう気をつけよう。

倫理

倫理は——というよりは、倫理が欠如しているという認識は——感情的な問題だ。交渉の大部分と同じで、何をもって倫理とするかは、状況によって異なる。絶対的な倫理もあることはあるが、意外と少ない。

倫理を定義してみよう。倫理とは、人がお互いを公平に扱うことを期待されるような行動体系をいう。「公平」は主観的な概念だが、社会的に合意された正義のプロセスの一環として行う場合を除き、故意に人を傷つけないことでもある。また周りの人が公平だと思う方法で行動することでもある。「倫理」は文化や認識によって異なる。法は一つの指針だが、ほとんどの倫理的問題は、法的介入にまでは至らない。倫理がなぜ交渉で問題になるかと言えば、人は相手が不公平だと感じると、感情的になるからだ。情報処理能力が低下する結果、状況が思った以上に複雑で微妙なあやがあることに気づかなくなることが多い。このような場合、申し分のない取引がだめになることもままある。本書が提唱するのは、倫理にこだわる前に、もっと質問をしようということだ。

在カザフスタン・イスラエル経済領事は、カザフスタンの倫理の欠如についてこぼしていた。一例として、イスラエル政府は一九九〇年代初め、現地の一二人の検査官が揃って賄賂を要求してきたため、ある工場への五〇〇〇万ドルの投資を中止したことがあるという。「わが国は、けっして賄賂を支払いません」と領事は言い放った。

五〇〇〇万ドルという金は、旧ソ連の東端に位置するカザフスタンのような新しく独立した途上国にとっては大金だ。「検査官のことを聞いてもいいですか」とわたしは尋ねた。「彼らは意思決定者でしたか?　つまり、工場を認可する省庁の人間でしたか?」

検査官は工場を認可する省ではなく、その意思決定を行う省に影響力を有する姉妹省に所属していたという。

彼らは六カ月間で「六〇〇〇ドル」の賄賂を要求した。これはプロジェクト総額の一〇〇〇分の一%

でしかない。だが領事は、原則は曲げられないと言った。

次に検査官が毎月いくらの給料をもらっていたのかを聞いた。「一二ドルですよ」。つまり一二人の検査官が、一人につき毎月八ドルの上乗せを、六カ月間にわたって要求した計算になる。月給の、何と三分の二増しだ。最後に、検査官の暮らし向きについて尋ねた。裕福、中流、それとも貧しかっただろうか。検査官とその家族は、食べていくのもやっとだったと領事は答えた。

そこでわたしは説明した。ニューヨークやほかの都市では、公務員が「促進係」として民間企業に雇われることがある。企業がプロジェクトの承認を得られるよう、官僚機構をくぐり抜ける手助けをするのだ。このやり方はすべて公開され、合法的で、とくに外資を呼びこもうとしている国では一般的なのだと。

「ところで」わたしは彼に言った。「検査官がなぜ賄賂を要求したと思われます？　仕事を要求する方法を知らなかったからですよ」

イスラエルの経済領事は困惑した。そして、イスラエル政府とわたしは間違いを犯しましたと言った。これはよくある間違いだ。前に説明した「基本的な帰属の誤り」の好例だ。だれもが同じ思考プロセス、経験、知覚の枠組みをもっているという思いこみだ。

つまり、これを倫理の問題にする必要はなかったのだ。問題を違う枠組みでとらえていたなら、感情的反発を招かず、全員が利益を得られたはずだ。

賄賂とは一般に、だれか、とくに公務員に金を払って、すでに政府から報酬を得ている仕事をやってもらうことをいう（これに似た「ゆすり」は、金を支払わなければ害を与えるという脅しだ）。どんなに少額でも賄賂は賄賂だと、あなたは言うかもしれない。でも本当にそうだろうか？　だれかをランチに連れて行ったり、ちょっとしたプレゼントをあげたりするのは、賄賂と見なされない。創意をはたらかせることがカギになる場合がある。すべての当事者の利益になる選択肢を見つけるのだ。

もう少し身近な例をあげよう。たとえば就職面接で、ほかに内定をもらっていますかと聞かれ、もらっていない場合、どう答えたらいいだろう？　内定をもらえなくなるのを恐れて、うそをつこうとする人が多い。そんなふうに考えてはいけない。第一に、相手はただあなたが市場でどのように評価されたかを知りたいだけなのだ。内定がとれそうな会社があるなら、「ほかにも受けている会社があります」と言えばいい。それは本当のことだし、うそをつかずにすむ。

質問がもっと具体的な場合はどうするか。「去年の夏モルガン・スタンレーでインターンとして働いたとき、そのまま内定をもらいましたか？」もらわなかった場合、他社の面接を受ける前に、この質問に備えて準備をしておこう。こういう場合、相手がどう思うかを考えよう。「内定が出なかったということは、何かが足りないということだ。モルガン・スタンレーは、人を見る目があるというから」

こう思われかねないことを踏まえて、フレーミングの方法を考えよう。あなたがモルガン・スタンレーに内定をもらえなかったのは、力不足が原因だろうか？　ほかに理由があったのだろうか？　たとえば相性が悪かったとか。それなら、いま受けている会社が自分に合っていることを力説しよう。別の言葉でいえば、偽りのない、倫理に適った方法で話すということだ。または、他社ではなく御社自身の基準で判断してください、と面接官に言ってもいい。

ここでやろうとしているのは、交渉の状況を改善することだ。代償が小さく、リスクが少なく、相手の倫理を侮辱しない方法で、段階的に相手を動かしていく。数千年かかって培われた人間の性質や文化的規範を、一夜にして変えようというのではない。あなたやわたしの住む現実の世界では、どんな改善もプラスになる。

第7章　問題解決のためのゲットモア・モデル

カリフォルニア州マウンテンビューのグーグル本社に勤務する弁護士のエリック・ホックは、営業部と法務部の面々が何かと揉めていると言った。「顧客にどんな提案をするか、どれだけのリスクをとるか、譲歩すべきか、交渉をどのように進めるべきかといったことについて、意見の不一致があった」

これは多くの組織に共通する問題だ。法務部はリスクを回避するのが仕事だ。営業部は収益をもたらす。弁護士たちは、契約に知的所有権をはじめ、会社の資産を保護するための厳しい条項を入れる。営業部は支払いを得るためにてっとり早く契約をすませたい。細かい法律関係の話は、あとで何とかすればいいと考える。そんなわけで口論が絶えず、何をするにも時間がかかる。ときには顧客から苦情がくることもある。

だが世界最強のブランド力を誇るグーグルは、解決策を生み出す企業だ。わたしがグーグル本社で開催したワークショップで、社員は本書の問題解決モデルを身につけた。ワークショップの一環として、エリックは役割交換の演習で、営業担当者の役を演じることにした。このとき、本章で説明するプロセスを使った。エリックは演習を通して、法務部と営業部の間にある根本的な問題を見てとった。信頼関係が不十分なこと、コミュニケーション不足、規範に対する見解の不一致、そして準備不足だ。「自分の見方があっけなく変わってしまったことに驚いた」。エリックは言う。演習をする前の彼は、当然のように弁護士側の立場に立っていた。ところが演習をやり始めるとすぐ、自分の役を演じている弁護士に、いつの間にか反論している自分に気づいたという。これをやったおかげで、営業部と交渉する能力が、そして営業部の観点を理解する能力が、大幅に増したそうだ。エリックはこの手法をほかの弁護士にも教えた。おかげで弁護士たちは、なぜ特定の条項が将来必要になる可能性があるのか、その理由を営業担当者に事前に説明するようになった。法務部はそのほか、交渉プロセス全体にわたって営業部を巻きこもうとして、一層努力している。営業電話に関しても助言を行っているという。

「だからといって、うちが譲歩しっぱなしというわけではない」とエリックは言う。「だが結果は前よりおおむね改善している」

交渉の達人は、問題を解決する。自分の問題、そして相手の問題を解決するために、斬新で独創的なよりよい方法を見つける。問題をチャンスに変えることが多い。これが、交渉で成功するためのカギだ。なぜなら行く手を阻む問題をつきとめて、解決しない限り、目標は達成できないからだ。

わたしはこれまで二〇年をかけて、包括的な問題解決モデル（「ゲットモア・モデル」）の開発にとりくんできた。いまではわたしの教えた数万人の学生やクライアントが、世界中でこのモデルを使っている。モデルは交渉を組み立てる手がかりになるだけでなく、ツールのチェックリストとしても使える。このモデルは、一二の戦略とそれを支えるツールを整理し、すべてを一覧できるようにまとめたものだ。生涯を通じて目標を達成するのに役立ててほしい。これを指針とすれば、交渉の準備を効果的に進められる。一人で使うことも、チームで使うこともできる。

「ゲットモア・モデルは、ぼくの知る限り最強の交渉ツールの一つだ」。わたしの講座を受講した企業幹部のケネス・オドグーは言う。「いろんな状況で使える」

ケネスはこのツールを使って、スイス、イスラエル、ナイジェリアの企業の間で、アフリカでの化粧品の製造と流通に関する交渉をまとめたそうだ。「交渉の準備をし、全員に満足のいく円満な解決策を考えるのに、モデルが大いに役立った」

次頁の図がそのモデルだ。

一二の戦略は、ゲットモア・モデルの根幹だ。ただしどんな交渉にも、必ずすべての戦略とモデル全体を使うということではない。原則を検討し、交渉の状況における自分の目標と当事者の目標をもとに、どのアイテムを使うかを考える。大がかりな交渉に備えるには、一つひとつのステップを綿密に確認する必要があるだろう。

各ステップを、簡潔な言葉でまとめるのがいい。ハリウッドでもよく言われる。「名刺の裏に書けないほどのアイデアは、自分の言いたいことがはっきりわかっていない証拠だ」

ではゲットモア・モデルを、ステップごとに説明しよう。

ステップ1と2が、大事なことのほぼ半分を占める。目標を明らかにし、それを達成するうえで、本当の問題は何かを見きわめる。目標とは、あなたがいまもっていないもので、交渉の終わりにもっていたいものだ。問題とは、目標達成を阻むものをいう。

最初に頭に浮かぶ目標は、こんなものかもしれない。「就職面接のためにシカゴに行く」。あなたの問題、つまり目標達成を阻む障害は、「雪のためにフライトがキャンセルになったこと」だ。だがモデルを最後までやり通すと、根底にある本当の目標が、就職面接のためにシカゴに行くことではないことに気づく。「X社に就職する」が目標だ。そして本当の問題は、「X社は採用決定を下すために、

［ゲットモア・モデル］

第一象限●問題と目標

1. **目標**　短期／長期
2. **問題**　目標達成のための問題点
3. **当事者**　列挙する。意志決定者、相手、第三者
4. **交渉がまとまらない場合**　最悪の場合どうなるか
5. **準備**　時間、相対的な準備度、どちら側がより多くの情報をもっているか？

第二象限●状況分析

6. **ニーズと利益**　双方の理性的／感情的／共通の／相反する／不等価なニーズと利益
7. **認識**　双方の頭のなかの絵。役割交換、文化、意見の不一致、信頼関係
8. **コミュニケーション**　スタイル、関係構築を阻害していないか
9. **規範**　相手の規範、基準
10. **目標を見直す**　双方がイエス／ノーと言う理由

第三象限●選択肢／リスク軽減

11. **ブレインストーミング**　目標、ニーズをかなえるための選択肢。何を交換するか、何をつなげるか？
12. **段階的に進める**　リスクを軽減するための小さなステップ
13. **第三者**　共通の敵、当事者に影響をおよぼす人たち
14. **フレーミング**　ビジョンを描き出す、問うべき質問を考える
15. **選択肢**　必要に応じて取引の内容を改善／変更する

第四象限●状況分析

16. **最善の選択肢／優先事項**　交渉決裂要因、暴露された情報
17. **だれが提示するか**　どのようにして、だれに？
18. **プロセス**　アジェンダ、期限、時間管理
19. **確約（コミットメント）／インセンティブ**　相手に合わせて
20. **次にやるべきこと**　だれが何をするか？

［モデルの基盤となる12の戦略］

目標がいちばん大切	状況はすべて違う
相手がすべて	段階的に進める
感情のお見舞い	不等価交換
相手の規範を使う	本当の問題を探す
オープンに、倫理的に	違いを受け入れる
コミュニケーションとフレーミング	リストをつくる

自分についてより多くの情報を必要としている」ことなのだ。

この気づきが、さまざまな選択肢への道を開いてくれるおかげで、あなたはフライトがキャンセルされたという事実に、創造的な方法で対処できるようになる。電話インタビューで用が足りるかもしれない。またはもっとくわしい履歴書を送る、今日面談で話すつもりだった情報を提供するなど。あなたの創造的な問題解決能力をアピールする方法は、ほかにないだろうか？

もうずいぶん前のことになるが、わたしは長年の目標だった、その分野では全米最高のコロンビア大学ジャーナリズム大学院に入学を許可された。ところがその翌日に、全米最高の新聞の一つ、ニューズデイから内定をもらった。途方に暮れたわたしは、コロンビアの入学試験事務局長に電話をかけ、どうしたらいいでしょうと相談した。彼は言った。「何をばかなことを！　きみはニューズデイに就職するために、コロンビアに入りたいんだろうが」。わたしはニューズデイに入社した。事務局長に言わせれば、わたしは間違った目標をもっていたということになる。

まず手始めに、自分の目標を分析してみよう。目標がわからないなら、何が問題かを考えるといい。だがいずれにせよ、根本問題まで掘り下げなくてはならない。答えを思いつかなくなるまで「なぜ」をくり返そう。

たとえば「車が壊れた」は、それ自体では問題ではない。たとえば車を二台もっている人もいるだろう。これよりましな問題は「今日会社に行く足がない」や、「一台しかない車が壊れたから、仕事に遅刻しそう」だ。

根本問題を明確にすることがなぜ大切かと言えば、この事例でのあなたの目標は「車を直す」ことではないからだ。目標は、出社することだ。問題をこのような形で説明するところから始めると、さまざまな選択肢が開かれる。たとえばバスを使う、タクシーを呼ぶ、友人に車を出してもらう、一日休みを取るなど。問題を明確に説明することで、それを解決するための明確な選択肢を考えられるようになる。

ステップ3では、交渉の主な当事者を特定する。意思決定者のほか、意思決定者に直接影響をおよぼす人たちをすべて洗い出す必要がある。重要な当事者を除外すると、相談しなかったと言って機嫌を損ねるかもしれない。今後交渉に関与し得る、隠れた第三者がいないだろうか?

ステップ4では、交渉がまとまらなかった場合に何が起きるかを考える。「交渉が成立しない場合にとり得る最善の選択肢(BATNA)」を考える人もいるが、これには問題がある。最善の選択肢に焦点をあてると、多くの場合、目標を達成せずに交渉を終えることに抵抗がなくなってしまうのだ。撤退の選択肢を考えておきたい人は、代わりに「交渉が成立しない場合にとり得る最悪の選択肢(WATNA)」を考えてみよう。これをやることで、合意が得られない場合のリスクがわかる。さらによいのが、最善から最悪まで、ほかのすべての選択肢と、それぞれが実現する可能性について考えることだ。現実的に行こう。

あまり役に立たない用語に、「交渉範囲」がある。買い手が支払える最高額から、売り手が受け入れられる最低金額までの範囲をいう。だが交渉の達人は、たとえば不等価交換などを通して、交渉範囲を変えることができる。無形物に目を向ける、独創的なフレーミングを考え出すなど、本書の創造的なツールを使えば、状況を変えられるのだ。一般に、交渉範囲は固定的で、主に金額に関わるものだと思われている。だがそうではない。それは出発点に過ぎないのだ。

たとえばある家が売りに出されている。買い手は三二万五〇〇〇ドルまで支払う用意があり、売り手は三〇万ドルに満たない金額は受け入れるつもりはない。この場合、当初の交渉範囲は三〇万ドルから三二万五〇〇〇ドルまでになる。だがたとえば売り手が購入代金の一部に後払いを認めたり、住宅ローンを斡旋したり、家具をつけたりすれば、範囲は変わるのだ。

ステップ5の準備の重要性は、いくら強調しても足りないぐらいだ。準備しない人は、インディ500に出場するアマチュア・カーレーサーのようなもので、衝突事故に遭う可能性が高い。また相手が準備不足だと、感情的になりすぎる、目標に集中しない、創造性に欠けるなどの問題が生じる。相手を冷静にするために、相手の準備を手伝う必要があるかもしれない。

これは直感にそぐわないかもしれない。だがゲットモア・モデルがめざすのは、操作的なプロセスではなく、相手に見える透明なプロセスだ。相手にゲットモア・モデルのコピーを渡してもいいくらいだ。当事者双方が不等価交換という概念を知っていれば、どちらの側もゲットモアできる。準備に時間がかかるかもしれないし、そのために期限を見直す必要が生じるかもしれない。だが準備をするかしないかが、取引の成否をきめることが多いのだ。

もちろん、すべてを開示しろというわけではない。だが相手に今日も明日も満足できる何かを与えなくてはならない。そうしなければ、何らかの形で報復されるだろう。従業員なら、きちんと仕事をしなくなるなど。他社やその担当者なら、契約内容を変えようとする、契約を履行しないなどのリスクがある。

相手が非協力的で、あなたのニーズについて真剣に考えてくれない場合は、相手の準備を手伝う必要はない。相手がどれだけ準備をしているかがわかれば、それを上回る準備をして、相手を出し抜く方法を考えよう。これができるかどうかは、相手や状況についての情報収集に、どれだけの時間と労力をかけられるかによる。

簡単な例をあげよう。あなたは航空料金の割引を求めるが、航空代理店ににべもなく拒否された。相手がこの種の交渉を一日中やっていることをお忘れなく。だから彼らと交渉するつもりなら、運頼みではいけない。準備が必要なのだ。

以上の第一象限が、交渉の土台となる。これをやることで基本情報を肉づけすることができる。だが本書の大部分は、第二象限と関わりがある。状況を分析する、つまり各当事者の頭のなかの絵について考えることだ。

ステップ6では、幅広いニーズと利益について考える。合理的／不合理（つまり感情的）なニーズ、長期的／短期的なニーズ、共通の／相反するニーズなど。あなたの「目標」とは、あなたが交渉の終わりにもっていたいものだ。あなたの「ニーズ」とは、なぜその目標を求めるのかという理由だ。たとえばあなたは休暇を家族と一緒に過ごしたい。問題は、仕事をしなくてはいけないことだ。あなたのニーズは、子どもを喜ばせ、子どもが喜ぶものを与え、家族と充実した水入らずの時間を過ごし、妻と特別な夕食をともにすることだ。このとき、家族はあなたがくつろいだ気分でいるときにこそ一緒に時間を過ごしたいと思っていて、ただ一緒にいるだけでなく、充実した時間を過ごすことに重きを置いていることがわかれば、いろいろな選択肢が開かれる。たとえば楽しみを何日か先に延ばすのも、その一つだ。自分自身と相手を知れば知るほど、より多くのニーズをつきとめ、より多くのものを交換できるようになる。

ステップ7と8は関係している。「認識」とは、相手がどのように世界を見ているかだ。役割交換をやってみよう。相手は何を考え、感じているのだろう？　相手の頭のなかにはどんな絵があるのだろう？　ステップ8では、これが相手との会話やコミュニケーションのなかで、どのような形で表れるかを考える。相手のスタイルはどんなだろう？　相手の認識が、効果的なコミュニケーションを阻んでいないだろうか？

ステップ9は規範と関係がある。相手が過去に表明した規範はないだろうか？　ほかに相手が受け入れそうな規範はないだろうか？

第二象限が完了したら手を止めて、全体を俯瞰する。目標を見直してみよう（ステップ10）。相手はあなたの目標にイエスと言うだろうか、ノーと言うだろうか？　分析の結果、目標が現実離れしていることがわかったら、目標を調整する必要があるかもしれない。

第二象限が終わったところで、対処すべき課題のリストができあがった。次はこれを解決するための選択肢を考え、そのすべてに優先順位をつける。これが第三象限の選択肢とリスクの軽減だ。ステップ11の選択肢のブレインストーミングは、一人でやってもいいし、同僚とやってもいい。このとき気に入らない選択肢のアイデアを、むげに却下してはいけない。せっかくの創造的プロセスが台無しになってしまう。

最高のアイデア、最も革新的なアイデアが、最も馬鹿げた提案から生まれることもあることを、研究は示している。生煮えのアイデアでさえ、だれかのすばらしいアイデアの呼び水になるかもしれない。だから全員がアイデアを出し切るまでは、どんなアイデアも批判してはいけない。すべてを紙やホワイトボード、黒板などに書き出そう。すばらしいもの、馬鹿げたもの、相反するもの、とにかくすべてだ。ノーベル賞を二度も受賞したライナス・ポーリングも言っている。「優れたアイデアは、たくさんのアイデアから生まれる」。最初は、ほかの取引や関係と関連づけられる選択肢から始めるといい。これをやればやるほど、選択肢が強力になる。

二〇〇六年にイギリスで行われた研究「なぜ悪いアイデアがよいアイデアを生むのか」では、悪いアイデアが創造的プロセスを誘発し、それがよいアイデアを生むしくみが、経験的に示されている。「これからは悪いものがよいものになる」（とくにテクノロジーの分野）という。これは一般に考えられていることの正反対だ。変わったアイデア、最適ではないアイデアはけなされることが多いが、実はよりよい解決法のもとになることがある。

次の三つのステップ（12、13、14）は、最善の選択肢を選び、手法に優先順位をつける意思決定プロセスを改善するのに役立つ。提案を段階的に行う、つまり小さなステップに分けることで、相手の主観的リスクを軽減できないだろうか？　取引を支持してくれそうな第三者、避けるべき第三者はだれだろう？

情報を相手にとって説得力のある形でフレーミングしたり、まとめたりできないだろうか？　相手にビジョンを与えられないだろうか？　たとえば六カ月間で六％の増益を図る「六六計画」や、子どもがよい成績をとるたびに開く「お利口さんパーティ」など。

ステップ15は第三象限の最後の項目で、合意を得るため、またはパワーバランスを変えるために、選択肢を改善する。たとえば強力な第三者を交渉に引き入れたり、助けを借りたりすることで、力関係を変えられることがある。

本書を通じてくり返すように、交渉で力を行使することには、大きなリスクが伴う。交渉で相手の優位に立つことだけしか考えないのは、自ら対立を招くようなものだ。相手はあなたが力で押さえこもうとしていることに気づけば、感情的に反応するだろう。「交渉がぶちこわしになっても構わない、とにかく借りは返すぞ！」力という手段を使ったが最後、関係はおしまいになる。

これはいくら言っても言い足りないほど重要なことだ。本書のツールは力を与えてくれるが、せっかくの力も、時を選び建設的に使わなければ、極端な反応を引き起こしかねない。つねに全員のニーズに気を配ろう。

第四象限「行動」のまとめの数ステップでは、最善の選択肢を選び、それを全当事者が守るべき確約に変える。

ステップ16では、最善の選択肢を選ぶ。つまり相手が受け入れる可能性が最も高く、リスクが最も少ないように思われ、あなたを目標に近づけ、第三者に支持され、将来のビジョンを描き出すような選択肢だ。

自分の提案をどのような形で提示するかを考える必要がある。これがステップ17になる。どんな形式が適切かは、受け手によって大きく変わる。二、三行の電子メールで十分という人もいる。バインダーにまとめる、会議で徹底的に話し合う、ワードファイルにするなど、人によって要求は違う。人は慣れない形式で提案を提示されると、内容に集中できず、興味が湧かない。内容とは何の関係もない理由から、提案が却下されることもある。

わたしが以前法律事務所で夏期研修生として働いていたとき、資産譲渡における環境負債について、一〇九ページものレポートをまとめた。共同経営者に提出したところ、このレポートは短すぎる、参照資料が少ないと評された。

同じ夏の終わりには投資銀行で働いた。公益企業間の八億ドル規模の合併について、二ページの戦略計画を提出したところ、取締役に長すぎると言われた。CEOは一ページを超える書類は読まないのだという。要するに、受け手のことをよく知らなくてはいけないということだ。相手を説得するうえで提示方法が担う役割は、思っている以上に大きい。

次に、あなたの提案がどのようなプロセスで検討されるかを調べる。これがステップ18だ。成功を測る基準を新たに設定する必要がある場合、基準の選定には必ず関与するようにしよう。不適切な基準が使われれば、目標の達成に支障をきたすこともあるからだ。

ステップ19は確約に焦点を絞る。前に説明した通り、相手が確約を行うその方法で確約をとりつけることが、何より重要だ。そうしなければ、単なる時間の無駄だ。このステップには十分な時間をかけよう。全員の全面的支持をとりつけただろうか？　その証拠は？　インセンティブや罰則を設けただろうか？

交渉自体はまったく申し分なかったのに、フォローアップが不十分なせいで、好ましい結果が得られない例があとを絶たない。これを防ぐのがステップ20のねらいだ。次のステップは何か？　期限は？　だれが何をするか？　こうしたことをきめておかないと、担当者が変わるたびに、多くの条件が忘れ去られる。

交渉を始める前に、精神的、戦略的に準備をすればするほど、交渉を進めやすくなるうえ、よりよい結果が得られる。実際、これこそがこのモデル全体のねらいなのだ。席に着く前に、交渉についてできる限りのことを調べよう。

わたしのクライアントや学生は、ゲットモア・モデルは見かけによらず強力だと言う。このモデルを使うとき、少なくとも三つのことが起きる。第一に、当初問題だと思っていたことが、実は本当の問題でなかったことに気づく。明白な事実の陰に、何らかの根本問題が潜んでいることが多いのだ。

本当の問題が明らかになれば、解決策を探しやすくなる。

大手資産管理会社ＳＥＩインベストメンツに勤めるロンダ・クックは、当初、クライアントが契約に含まれない仕事を要求してくることが問題だと思っていた。だがモデルを実行してみて、本当の問題がわかった。「ＳＥＩの契約は曖昧すぎる」。これが、ＳＥＩと一部のクライアントの認識のずれを生み出していたのだ。契約書を明確化することで、問題は解決した。

モデルを使うとき、あなたに起きることの二つめは、当初思っていたよりたくさんの解決策を思いつくことだ。専門家と呼ばれる人たちも、このモデルを使うと、目標や問題、解決策について考える新しい方法を発見する。

ある大手技術系企業の技術開発マネジャーは、主要な仕入れ先の値上げを受け入れたくなかった。当時彼の会社は、この仕入れ先からの購入を減らしていた。彼はモデルを使って、役割交換を行い、仕入れ先を社内の他部門に紹介すれば、おそらく値上げを要求されないだろうと気がついた。「仕入れ業者にとって、大手に入りこむのは至難の業だ」と彼は言う。「ほかの部署に紹介することで、取引の幅を広げた」。仕入れ先は価格を据え置いて収益を放棄する見返りに、紹介という無形物を手に入れた。つまり、大きな得意先との取引拡大の可能性だ。

あなたに起きる三つめのこととして、全当事者の頭のなかの絵を、よりよく理解できるようになる。一人ひとりの絵がどう違っていて、その違いにどう対処すればいいかがはっきりわかるのだ。

わたしの社会人向けプログラムに参加していた女性は、娘が帰りが遅くなるときに電話を入れてくれないと言って悩んでいた。娘はこのことについて、話し合おうともしなかった。母は娘が無責任だと思っていた。ところが、役割交換で娘の役を演じたところ、娘の気もちがわかった。娘は、母がわからず屋なのがいけないと思っていたのだ。ようやく娘と話し合いを始める方法がわかった。「どうしてママがわからず屋だと思うのか、そのわけを話してちょうだい」

こんなふうにして、新しいアイデアがたくさん浮かぶだろう。ものごとをよりよい形でフレーミングする方法、確約をとりつける方法、段階的に進める方法など。全体として見れば、モデルを通して、実に多様な新しい発見が得られるはずだ。

わたしがこのモデルを初めて海外での重要な交渉に使ったのは、一九九三年のことだ。旧ソ連から独立したばかりのリトアニアで、科学局と交渉を行った。わたしは数人の同僚とともに、旧ソ連の技術を西側諸国で商業化しようとする科学局を支援していた。会議室は、人で一杯だった。科学大臣と科学局長以下、数十人の科学者や役人が集まった。

会議は終日を予定していた。このときのねらいは、さまざまな関係集団に、有効な解決策を考えてもらうことにあった。各集団に問題を割り振り、午前一〇時頃にステップ1と2の問題と目標が終わったところだった。そのとき、首席科学官がいきなり立ち上がり、わたしに向かって人差し指をふりながら言った。「ここは学校ではない！」彼はロシアなまりの強い英語でわたしを叱責した。「われわれはそんなことはしない！」ほとんどの人が相づちを打った。「そうだ《ダー》、そうだ《ダー》」

おやおや、問題発生だ。大臣の面前で、リトアニアの一〇〇人の要人が、われわれのプロセスに対して反乱を起こしたのだ。わたしたちがこの国で行っていたあらゆる仕事（国連から資金提供を受けていた）に、長期的な影響がおよびかねなかった。たとえ会議が短く終わろうとも、最低でも全員を会議室にとどめて、最後までモデルをやり通すよう説得しなくてはいけない。そうすることは、リトアニアのためにもなる。

だがその場にいた最も信頼の厚い人物が、侮辱を感じていた。小学生のように扱われたと思ったのだ。彼は感情のお見舞いを必要としていた。「わかりました」。わたしは言った。「そうおっしゃるのも、ごもっともです」。わたしの後ろにいた国連の同僚が、安堵のため息をもらすのが聞こえた。

次に、わたしは何としてでも全員にプロセスを最後までやり通してもらい、モデルの力を理解してもらわなくてはならなかった。そこで交渉のテンポを緩めて、段階的に進めることにした。「コーヒーブレイクにしましょうか。グループに分かれて、コーヒーと軽食をいただきながら、第二象限の状況分析の最初からやってみませんか？　休憩が終わって、わたしたちのプロセスがお気に召さなければ、もうお帰りになって構いませんから」

コーヒーと軽食は小さなステップだったから、全員が喜んで従った。首席科学官といえども、コーヒーブレイクには反対できない。それにわたしが求めたのはほんの小さなステップだったため、それを断るのは失礼というものだった。

それからほぼ八時間後の午後六時になっても、だれ一人として部屋から出ようとしなかった。最後には、全員が掃除係に叩き出された。このわずか一日の間に、おびただしい数のアイデアが生まれ、国はそのすべてを実行するのに、三年の年月を要したほどだった。

とは言え、交渉でモデルどおりにやるだけでは、その力を半分しか使っていないことになる。残りの半分の大きなメリットは、事前に交渉のシミュレーションを行うことで得られる。

シミュレーションとは、相手と実際に交渉の席に着いたときに行われるであろう交渉を再現しようとすることだ。そうは言っても、相手が交渉の前にこう言ってくることはまずあり得ない。「わたしとの交渉の準備をしているんでしょう？　いまからそちらにうかがってお手伝いしますよ」

だからゲットモア・モデルを使うのだ。ほかの人やチームを相手に、実際に交渉が行われる様子を想像しながら、シミュレーションを行ってみよう。実際の交渉で何が起きるかがよくわかるはずだ。驚くほどの情報が得られるだろう。問題の「所有者」が相手の役割を演じ、相手を説得する方法について、さらに洞察を深める。

交渉シミュレーションのねらいは、何らかの成果を出すことでは必ずしもない。もちろん、成果や新しい選択肢が得られれば、それに越したことはない。だが本当のねらいは、交渉のプロセスがどのように進むかを確認することにある。冒頭にやるべきこと、やってはいけないことは何だろう？ 何を、どんなふうに言うべきか、言わないべきか？

あるとき交渉シミュレーションで、一人が何かの提案をしたところ、相手が反射的に「失せろ」と言った。そこで全員が気がついた。実際の交渉でこの提案を出せば、交渉はおそらく決裂する。そこで実際の交渉では絶対にその提案をしないことにきめた。

サンフランシスコで弁護士をしているジェニファー・モリルは、以前ヤフーに勤めていたころ、広告主のことで困っていた。「ヤフーのサイトに載せる広告の見た目《ルック&フィール》を、もっと自由に変えさせてくれと言ってきたの」と彼女は言った。交渉シミュレーションをやり、彼女がクライアントの役を演じた。その結果、本当の問題が、ウェブページのコンテンツとは何の関係もないことに気づいた。「取引を始めた当初から、信頼が欠落していたことが問題だった」

クライアントは、ヤフーに顧客を奪われることを恐れていたのだ。実際の交渉で、ジェニファーはクライアントの懸念を的確に指摘することができた。クライアントはまるで心を読まれたようだと驚いていた。クライアントの懸念を払拭することで、冷静に議論ができるようになり、問題は解決した。

交渉シミュレーションをやるときは、それぞれの立場に立って議論する人が、少なくとも二人ずつ必要だ。これより少ないと、ブレインストーミングにならない（最大で四人ずつ、合計八人まで増やしていい。これ以上増やすと、かえってやりにくくなる）。

これが二当事者間で行われる交渉だということを忘れずに。それぞれの立場を代表する人を、一人ずつ立てること。ただし代表は一人だが、全員が発言できるようにする。実際の交渉で全員が発言するのは望ましくないが、このようなブレインストーミング・セッションは、できるだけ多くのアイデアを出すのがねらいだ。

三当事者以上でもシミュレーションはできる。ただし、モデルを完全に自分のものにするまではやってはいけない。変数が多くなりすぎるからだ。二当事者間でやるか、そうでなければ二当事者間の交渉を数回に分けて行うのが望ましい。

シミュレーションでは、問題の「所有者」は、相手の役を演じなくてはいけない。つまり問題の所有者が、自分自身に対してできる限りの反論を行うということだ。問題の所有者はこのような役割交換をすることで、相手側の立場に身を置き、相手の認識を本気で理解しようとする。

別の言い方をすると、問題の所有者は、相手がやるように準備をすることになる。また所有者は少なくとももう一人と協力して、相手がやるように交渉をする。他方、ほかの人たちが問題の所有者として準備をし、所有者の役割を演じる。つまり所有者は、自分が交渉する様子を見ることになる。これが第1章で紹介したシャロン・ウォーカーが、末期がんの母との話し合いに備えてやったことだ。

問題の所有者は、自分の議論が相手にどんな影響をおよぼすのか、どんな議論を展開した方がよいのかといったことについて、すばらしい洞察が得られることも多い。

全員が同じ情報を共有するようにしよう。あらかじめ全員にざっと背景を説明する。それから双方が物理的に離れて（相手の声が聞こえないところに行って）、ゲットモア・モデルを最初から最後までやり、自分の演じる役割の立場に立って、各項目に答えていく。チェックリストをしっかり確認し、すべての質問に答えるのに、四五分から九〇分ほどかかる。

問題の所有者によっては、これを難しく感じることもあるだろう。だが映画『プリティ・リーグ』でジーナ・デイビス演じるキャッチャーがやめたいと言ったとき、トム・ハンクス演じる監督は、何と言っただろう？「大変なものなんだ。でも大変だからこそ、すばらしいんだ！」

準備が終わったら、双方が再び集まり、準備をした役割で交渉を行う。ただぼーっと見ているだけではだめだ。もの思いに浸らないこと。役割を忘れず、自分の立場にとって最善の議論を尽くそう。これをやっておくと、実際の交渉でどんなやりとりが行われるか、感触がつかめる。少なくとも四五分はやろう。やりたければ何時間やっても構わない。

交渉が終わったら、その場で起きたことをふり返る。起きたことについて、相手と話し合おう。お互いに準備ノートを見せ合う。何がうまく行ったか、行かなかったかを相手から聞き出そう。あなたが発見したことで、実際の交渉に使えそうなものはあるだろうか？

最後にこの結果を、実際の交渉をどのように進めるかという計画にまとめる。問題の所有者のために、全員がとったメモを、一つのゲットモア・モデルにまとめよう。このリストがあれば、相手の認識について数分間考える代わりに、数人が九〇分かけて生み出したアイデアを使える。彼らはこの九〇分の間に、双方のニーズや、どんな規範を使うか、どんな選択肢があるかをじっくり考えた。おかげでずっと内容の濃い準備ができるはずだ。

忘れないでほしい、問題の所有者に必要なのは、専門家の助言ではない。新鮮な目が必要なのだ。なぜなら交渉は専門知識ではなく、人とプロセスがすべてだからだ。

以前ある企業が三億ドル規模の取引のために、六人チームで交渉することになり、わたしはその準備を手伝った。交渉に参加しない三〇人の社員にも手伝ってもらった。六人のグループを六つつくり、それぞれのチームに担当者を一人ずつ含めた。

それから同じ事実をもとに、六つのチームが同時に交渉シミュレーションを行った。一日がかりでとりくんだ。結果はすばらしかった。交渉チームは実にさまざまな観点やアイデアを得ることができた。それまで表面化していなかった問題がたくさん見つかり、周到な準備ができた。

シミュレーションには好きなだけ時間をかけていい。一五分でも、一週間でもどうぞ。時間をかければかけるほど、万全の備えができる。わたしはソ連崩壊から間もない一九九三年に、独立したばかりのラトビアで、首相と二八人の大臣が一九一八年のロシア革命以来初めての民選政府を組織するのを手伝った。

このとき政府関係者の要請で、首都リーガ近郊の保養所で三日間のセッションを行った。金曜の朝九時に、会議が行われる本館の方に歩いていくと、すでに怒鳴り合う声が聞こえた。

論争の大きな焦点の一つが、政府補助金に関わる問題だった。農業大臣は、資金の大部分を小麦栽培にあてるべきだと考えていた。小麦はパンの原料であり、大衆に食料を与え、輸出して外貨を稼ぐ手段だ。

だが防衛大臣は、補助金の大部分が武器購入にあてられるべきだと考えた。ラトビアはソ連崩壊後不安定な状況が続いており、国防力を高めなければ政府は転覆されてしまう。

わたしはグループに向かって、その論争は議論にうってつけのテーマですねと言った。だれもが大きな感情のお見舞いを得て落ち着いた。そこでわたしは言った。これにとりくむためのとてもよい方法があります。でもそれをやるには、防衛、農業大臣をはじめ、みなさん全員から、このプロセスをわたしに任せるという、特別な約束が必要です。

彼らはわたしが何をするつもりなのか、よくわかっていなかった。だがわたしは週末の間雇われるほどには信頼されていたため、何とか約束をとりつけることができた。

「さてそれでは」とわたしは言った、「これから農業大臣と防衛大臣に、みなさんの前で討論していただきます」。歓声があがった。「テーマは補助金です。そのほか、何でもお望みのテーマをどうぞ」

農業大臣と防衛大臣が、それぞれ部屋の前まで大股で歩いてきた。戦いの予感に、二人とも頬が上気していた。

「討論の進め方に関して、一つだけルールがあります」とわたしは宣言した。「それぞれには、相手になったつもりで議論してもらいます」

場内は騒然とした。「だめだ、そんなことは許さない！　絶対やらんぞ！」二人の大臣は口々に言った。ほかの大臣の約半数は嬉しそうに笑い、残りの半数はどちらかの肩をもった。

「たったいま、わたしにプロセスを任せると言われましたよね？」とわたしは言った。「みなさん全員が、厳粛に誓いませんでしたか？」（規範と確約だ！）

「し、しかし」と防衛大臣は口ごもった。「そんなことはできない！」

「もちろん、おできになりますよ」。わたしは言った。「相手の立場を完璧にわかっておられるはずですから。ご存じないのは、相手がどう感じているかです。それを深く理解しないことには、合意は得られません」

やっただけの価値はありますから、とわたしは請け合った。わたしがプロセスの専門家として雇われたことを、お忘れじゃありませんよね。一時間か、おそらくそれより早く終わりますからと説得した。二人は渋々承諾した。

二人には別々に準備してもらった。どの大臣の助けを借りても構わないと言って、簡易版のゲットモア・モデルを渡した。五分間の冒頭陳述から始め、それから交渉に移った。彼らがフリップ・チャートに書いたことを、わたしはメモしていった。ほかの大臣たちも、二人の討論者に主張すべき論点を大声で教えていた。

一時間ほどたったころ、討論をおしまいにした。わたしはメモを読み上げて、二人が行った議論をおさらいした。休憩が終わると、討論で出た意見を踏まえて、二人で提案をまとめてくださいと言った。

二人の大臣は再び全員の前に出て、今度は自分の役割で討論を行った。たったいま二人でやったことを踏まえて、妥当な合意点を見つけてほしいと伝えた。ご想像の通り、二人は段階的な目標を設定し、それぞれのステップを達成するための補助金を設定した。目標と照らしてこまめに進捗状況をチェックすることで合意した。優先順位が決定された。

二人の大臣はわたしと全員に向かって、政府高官としてこれまで問題解決に長年携わってきたなかで、これが最高の経験だったと言った。だが本書を通じて言っているように、これは超人技ではないのだ。

投資銀行に勤めるハイジ・バンハムの見こみ顧客は、銀行との契約書に記された手数料体系に難色を示していた。ハイジはクライアントの立場に身を置いて考えることで、顧客の懸念が手数料でなく、運用成績にあることに気がついた。クライアントは高いコスト・パフォーマンスを求めていた。「そこで運用成績に基づく、段階的な手数料体系にした」と彼女は言う。これでクライアントの主観的リスクが軽減された。クライアントにとっての価値が高まった結果、投資銀行のとり分は増えたという。「顧客の真意を理解することができたわ」。そしてこのすべてが、交渉の前に役割交換を行った成果なのだ。

モデルは議論の弱点も明らかにしてくれる。「自分たちが思っているほどリスクをとっていないことがわかった」とハイジは言った。「クライアントは、もっとリスクをとってほしいと思っていたの」。彼女はこうつけ加えた。「自分たちの議論の欠陥を発見したわ」

こうした情報を事前に得ていれば、最初からもっと具体的な質問ができる。相手が感じていること、心に引っかかっていること、もっと重要だと考える議題などについて、具体的に尋ねるのだ。

このモデルは、問題を生んだプロセス全体を理解するのに、とくに役に立つ。問題を解決しても、その問題をもたらしたプロセスを修正しなければ、翌月になれば同じ不良プロセスが、また別の問題を生み出すにきまっている。

わたしの会社が保有する航空機の無線機が壊れても、保守部門が修理するとわかっている。それはわたしの問題ではない。わたしが知りたいのは、なぜ無線機が飛行中に壊れたかだ。修正が必要な一般的プロセスがないかどうかを調べなくてはならない。それをしなければ、翌月にはタイヤがパンクし、その翌月にはプロペラが故障し、そのまた翌月にはシリンダーに問題が起きるだろう。問題を引き起こしたプロセスをつきとめる必要があるのだ。

モデルは適切な取引先を選定するのにも使える。たとえばストライカーとシンセスは、人工股関節などの人工関節を製造する企業で、どちらの企業の製品も品質のよさから多くの医師に好まれている。だが病院の購買部門はコストを安く抑えようとして、低品質の競合企業に乗りかえたため、二社の利益率は打撃を受けていた。

二社はモデルを通して気づいた。医師たちを説得して、病院の購買部門と直接交渉してもらうのが得策だと。そして医師たちに人工関節の価格ではなく、品質や耐久性を問題にしてもらえばいいのだ。「これからもずっとこのプロセスを使い続けますよ」。ストライカーの医療事業部長ベン・ピッチャーは言う。

第8章　文化の違いに対処する

サンフランシスコで八歳の中国人の男の子が、腕から血を流しながら学校に登校した。すぐに保健室に連れて行かれ、児童虐待を疑われた。養護教諭は直ちに通報し、子どもを親から引き離すべきだと言った。

あとになってわかったことだが、少年と家族は中国の辺境からきたばかりだった。その土地では風邪の民間療法として、悪霊を追い出すために腕をひっかくのが一般的だったのだ。

さてこれは児童虐待にあたるだろうか？　いや、従来の意味での虐待とは違う。子どもは親からとりあげられるべきだろうか？　もちろん、そんなことはない。ではだれが親に話をするべきだろう？　何を伝えるべきだろう？　その適任は、中国人社会で一目置かれていて、両方の文化に精通している人物、たとえばアメリカ生活が長い中国人の医師などだ。医師は子どもの親に「そのやり方はひどい」と言ってはいけない。こんなふうに言ってはどうだろう。「あなた方が前いたところでは、その方法でよかった。でももっと効果のある方法がありますよ。子どもを泣かせずにすむ方法が」

この事例は、異文化の人たちとの間に起こりがちな問題と、その解決法を教えてくれる。

異文化の人たち、つまり自分と違う人たちとうまくつき合うことは、いまの時代に成功するための要件の一つだ。だれもが知っているように、世界はますます狭くなり、違う育ち方をした人たちの出会いやぶつかり合いは増える一方だ。

それなのに「違い」とは本当はどういうことなのか、それにどう対処すればいいのか、まるでわかっていない人が多い。これが原因で、毎日のように申し分のない取引が流れ、戦いが始められ、対人間、国際間の対立が起きているのだ。

実際、わたしたちのだれもが違いにうまく対処できないことが、有史以来のほぼすべての人類の闘争の根本にある原因だ。しかし前進するためには、まず「違い」「多様性」「文化」が実際には何を意味するのか、そこから理解しなくてはならない。

多様性とは何か？

次のうち、違いが大きいのはどちらの組み合わせだろう？　①同じ会社に勤務する黒人と白人の管理職、②ナッシュビルの敵対する暴走族に属する二人の白人の少年。白人の少年たちは、出会ったとたんに殺し合いのけんかを始めるかもしれない。その意味では、黒人と白人の管理職よりも違いが大きいと言えるだろう。言いかえれば、「違い」は普通考えられているほど、人種とは関係がないということだ。

ではこれはどうだろう？　①テルアビブに住むユダヤ人の中流家庭と、カイロに住むアラブ人の中流家庭、②テルアビブに住むユダヤ人の中流家庭と、近くに住むイスラエル首相を殺害したユダヤ人過激派。この場合、①のユダヤ人とアラブ人は、②のユダヤ人の二つの集団に比べて、感性がずっと似ているのは明らかだ。したがって「違い」は普通考えられているほど、宗教とも関係がないのかもしれない。

「多様性」は、人種、宗教、言語、食べ物、衣服、音楽、性別、出身国、年齢、職業といった外的要因よりは、何を考え、何にアイデンティティの基盤を置くか、つまり頭のなかの絵との方が関係が深い。アイデンティティを外的要因に求める人もいるが、最近ではその傾向は薄れつつある。

多様性についてはさまざまなことが書かれているが、その大部分が間違っている。つまり、わたしたちの実際の考え方や暮らし方に裏づけられていないのだ。交渉で相手を説得しようとするとき、相手の心理的な帰属意識の方が、外見や宗教などよりずっと大きな意味をもつ。

したがってわたしが「文化」と呼ぶのは、人がアイデンティティを得ていると思っている帰属のことだ。同じ企業の製造部とマーケティング部は、まるで異なる文化をもっていることがある。同じことがニューヨークっ子とロサンゼルスっ子、石油推進派と太陽光推進派、会計士と機械工、クラブの会員と非会員などについても言える。これがあらゆる人的交流において、お互いに対する感じ方や接し方に影響を与える。

したがって、まず理解しなくてはいけないのは、相手がどんな文化に属していると思っているかだ。それを知らなければ、説得を始めることすらできない。戦間期のヨーロッパの異なる言語（フランス語、ドイツ語、イタリア語、スペイン語、英語）を話すブルジョア階級の方が、今日ニューヨーク市の同じブロックに住む二人よりも、おそらく共通点が多かった。

あるときアメリカの主要紙に、こんな見出しの記事が載った。「アメリカのヒスパニック・ロビーはまだ弱い」。これも、問題の一つの表れだ。第一に、この記事は数千万のヒスパニック系アメリカ人全員を、同じ文化に属する人たちとして扱っている。これはまったく現実にそぐわない。ヒスパニックには医師や弁護士、会計士、機械工がいるかと思えば、スペイン語を話す人やフランス語を話す人もいるし、民主党員も共和党員もいる。出身国もスペイン、ハイチ、キューバ、メキシコ、ドミニカ共和国など、さまざまだ。この記事は彼らを一様な集団として扱っているが、そのようなものは存在しない。偏見や差別をもたらすのは、この種の言動なのだ。

第二にヒスパニック・ロビーなるものは、これほど多様な集団を代表することはけっしてできない。彼らの利害が一致するのは、特定の時期に特定の問題に関してだけだ。

「イスラム教徒」の全員が同じ文化に属すると考えるのも、同じくらい事実に反している。イスラムにもいろいろな宗派があるし、イスラム教徒は国籍もまちまちで、彼らの間で交戦することも珍しくない。たとえばイラクのシーア派とスンニ派は、このような状況にあることが多い。また同じ宗派でも、親米派の人がいれば、そうでない人もいる。

わたしは異文化間の違いを、「交渉相手の頭のなかのまったく異なる認識から生じる違い」と定義する。こうした違いは、人種や宗教、性別と関係があるかもしれないし、まったく関係ないかもしれない。だがそれは相手の信念、つまり相手が影響を受けているものや、相手の世界観、希望、夢、恐れなどと深い関わりがある。相手の頭のなかの絵を知らない限り、または知ろうとしない限り、交渉の相手が本当に自分と違うかどうかはわからないのだ。

違いを特定、解決しようとして、表面的な違い——多くの場合外見的な違い——を論じるのは、目隠しをしてダーツを投げるようなものだ。たまにまぐれで標的にあたることもあるが、人それぞれのもつ本当の違いに対処する方法としては的外れで、結局は効果をあげられない。

わたしがモスクワでロシア人の管理職を対象に行ったワークショップでは、参加者にいま抱えている問題をロシア語で書いてもらい、それを通訳に英語にしてもらった。参加者の多くは英語を話さなかった。タチアナ・ポリエブトバという名のコンサルタントは、息子に宿題をさせるのに苦労していると書いていた。

「子どもにきちんと宿題をやらせるために、やる気を引き出し、見返りを与える方法が見つかったわ」。ワークショップの終わりにタチアナは言った。「双方が満足した。親も息子も喜んでいるの。彼が求めているものがわかったわ。大きなステップを小さな部分に分けたおかげね」

タチアナがここで話しているのは、子育てにまつわる問題という、世界共通の言語だ。彼女はアメリカやイラン、アルゼンチン、中国、日本の親たちとまったく同じ方法で問題に向き合った。ロシア国籍をもっているからと言って、こうした問題を経験する方法が違うわけではない。彼女がいまの生活のなかで最も強く意識している文化的結びつきは、世界中の「子育て中の親たち」とのつながりかもしれない。彼女が交渉に臨むときには、ロシア人であるという意識は、自分は何者かという自己認識やアイデンティティの上位三位にも入らないかもしれないのだ。交渉で考えなくてはいけないのは、こういった問題だ。

お互いの違いにうまく対処する方法を身につけた人は、交渉でとても有利な立場にある。合意に達する見こみが高く、相手とよりよい関係を築き、相手を深く早く理解し、よりよい質問を投げかけ、多くの分野で成功できるはずだ。

これに引きかえ、相手のことを何も知らず、何を尋ねるでもないのに、相手を「相棒」「仲間」などと呼ぶ人もいる。この呼び方で、共通の土台があることを匂わせているのだが、そんなものは存在しないかもしれない。外的要因だけできめつけてはいけない。本当につながりがあるかどうかは、自分で確かめなくてはならない。そうしなければ、ただの操作戦術と思われてしまう。

「文化」の定義を広げることで、この多様な世界によりよく対処できるようになる。セバスチャン・

ルーベンス・イ・ロホが友人たちを家に招いたとき、隣人が家主に二度も苦情を言った。セバスチャンは、とくにうるさくしていたわけではなかったという。そこで彼は直接話をしようと、隣人に会いに行った。

「ぼくたちはお互い違う文化の出身ですね、と彼に言った」。アルゼンチン出身のセバスチャンは語る。「あなたの仕事第一主義の文化を、ぼくはとても尊敬しています。でもぼくやアパートのほかの連中の文化は、学生文化なんですと言った」。学生は週末になればパーティを開くものだ。あなた自身、学生時代はそうだったのではないかと、セバスチャンは尋ねたそうだ。

現在アブ・ダビの教育省に勤めるセバスチャンは、隣人と家主の両方に、自分たち学生も気をつけるが、周りに合わせなくてはいけないのはお互いさまだと言った。このようにして、全員のためになる建設的な基本原則が定められた。「お隣さんは外国人留学生にとても興味をもっていて、ぼくのアパートでタンゴを踊っても構わないと言ってくれたんだ」とセバスチャンは言う。

世界にはアメリカ人が嫌いだと公言してはばからない人たちがいる。三億人全員が嫌いなのだろうか？　全員が同じであるはずがない。実際、アメリカに住む人のなかには、自分はアメリカ人である前にベジタリアンだと思っている人もいるほどだ。

本当の文化的違いに対する無理解は、多くの歴史的問題を引き起こしている。外交史上最も注目を集めた瞬間の一つは、一九六〇年ソ連のニキータ・フルシチョフ書記長が国連総会で、西側を威嚇する目的で、履いていた靴を脱ぎ、その靴で机を叩いたときだった。これについては諸説あるが、フルシチョフが靴でテーブルを叩いていたとき、別の靴を履いていたと、いくつかの研究論文が示唆している。

このふるまいは、自制心を失った指導者による感情の爆発で、核戦争を実際に引き起こすおそれがあったのだろうか？　それとも西側の感情をゆさぶる方法を知り尽くしていた人間による、冷静で冷徹な交渉戦略だったのだろうか？　冷戦初期の一九六〇年に、西側がロシア人の交渉スタイルをよりよく理解していれば、交渉をもっとうまく進められただろうことは間違いない。フルシチョフが二足の靴を履いていてもいいようが、三足履いていていいようがだ。

性別や人種などにまつわる問題は、職場での――だれの得にもならない――もめごとに発展することが多い。こういった争いに加勢しようとする弁護士やジャーナリスト、役人連中はいくらでもいる。だがそれよりは、本書の交渉ツールを使って自分の目標を明確にし、問題の本当の原因をつきとめ、関係を修復した方が、ずっといいにきまっている。

原因は、文化的誤解であることが多い。当事者間の認識やコミュニケーションのとり方の違いが誤解を生むのだ。異文化インターフェース（接点）の調整役、つまり一種の文化の橋渡し役が、当事者間の通訳をすることも多い。本章の冒頭の事例でいう、中国人医師のような存在だ。場合によっては当事者双方が、それぞれ信用の置ける文化仲介者を通して、相手側に文化を説明する必要があるかもしれない。

文化的な平均は、出発点としては興味深いが、それを知っていても、個人との特定の交渉で何をするべきかまではわからない。それでもやはり交渉相手の頭や心のなかに入りこむ必要があるのだ。また相手の頭のなかの絵をつきとめない限り、平均的な文化的特性があなたの事例にあてはまるかどうかはわからない。これをやらなければ、何度もあやまちを（もしくはさらに悪い事態を）くり返すことになる。

次にあげるのは、わたしがときおり実施する「政治的に正しくない」調査の結果の一部だ。この調査は二〇〇一年の同時多発テロ事件の直後に、ウォートンのプログラムに参加していた一七名の企業幹部を対象に行ったものだ。

この文章は正当だと思いますか？

	イエス	ノー（人）
「一部の人種はスポーツが得意だ」	九	八
「一部の人種には特別な匂いがある」	五	一二
「一部の文化の人はダンスが得意だ」	四	一三
「一部の文化の人は信頼できない」	七	一〇
「正統派ユダヤ人はあまり風呂に入らない」	一	一六
「ほとんどのイスラム教徒はアメリカ人への報復を支持している」	二	一五

これからわかるように、どの質問に対する答えも意見が分かれた。企業幹部たちがいろいろな先入観や偏見をもっているのは明らかだった。

このアンケートのあとで、それぞれの偏見に「イエス」と答えた人に立ち上がってもらい、その偏見が正しいと思う理由をクラスに証明してもらった。最初の質問は「一部の文化の人は色を好む」だった。イエスと答えた人たちに、わたしは尋ねた。「情熱的な文化の一二〇〇万人全員とベッドをともにしたんですか？」

わたしは偏見をもっている人には、いつもその正しさを証明してもらうことにしている。「わたしの私設研究所の調査では、人種間に知性や成績に基づく差はないという結果が出ています。あなたの研究所はどうですか?」いつもそうやって証拠を求めるのだ。そして当然だが、そんな証拠は存在しないことが多い。

あるときわたしは白人の人種差別主義者と話したことがある。白人と、彼らの嫌う黒人の間には、文化的な違いが本当にあるのかと尋ねた。「それとも」とわたしは聞いた、「単に皮膚の色の違いなのか?」これは規範を問う質問だ。極端に走るか、わたしの側につくかだ。相手にとって、「いや、俺たちはただ皮膚の色が気に入らないんだ」と言うのは、「なんてこった、俺たちはただの間抜けやろうだ」と認めるようなものだ。

「冗談じゃない」と彼らはもちろん言った。「文化的な違いが本当にあるさ」

そこでわたしは言った。「そうか。ところできみらジャズは好きか?」「ジャズは大好きだ」。彼らは一斉にうなずいた。

「そうなのか」とわたしは言った。「ジャズは黒人文化から生まれたんだぞ」。そしてたたみかけるように言った。「つまり、きみも黒人だというわけか」。「何だと!」彼らはいきり立った。

「悪い、悪い」とわたしはなだめた。「じゃ、皮膚の色の問題だと言うんだね?」彼らはその場で固まり、そんなのはほんの一例に過ぎない、といったようなことをつぶやいた。

「わかったよ」とわたしは言った。「教えてほしいんだが、きみらはグリッツ(訳注　トウモロコシでつくったおかゆ)は好きか?」さらに気まずそうな答えが返ってきた。「そりゃ、グリッツは好きさ」

「そうなのか。グリッツは伝統的な奴隷食だった」。わたしは少し黙った。「ってことは、きみたちはほとんど黒人だな？　それともただ皮膚の色を問題にしているだけなのかい？」そしてつけ加えた。「わたしの見る限り、きみたちは黒人文化の多くを共有しているようじゃないか」

固定観念の根源

固定観念には、明らかに人類と同じだけの歴史がある。太古の昔、人々は自らの生存と保護を、家族や種族に頼っていた。自分と同じ人たちは安全だった。見知らぬ人たちは危険だった。見た目や言葉、ふるまいが違う人たちは、それだけで「敵」と見なされた。

だが彼らは、人間にとって最も重要な精神においては、違いはなかったかもしれないのだ。逆に、親類どうしでも、まったく違う人たちがいる。聖書にも、弟のアベルを殺したカインの物語がある。したがって、だれが同じでだれが違うのかを明らかにするために、もっと質問をする必要がある。

結局、固定観念的な考えはどこから来るのだろう？　無知だろうか、それともたった一度のいやな経験や、だれかの影響だろうか？　交渉では、それをつきとめる必要がある。固定観念を排除するカギは、一人ひとりの人間性について、相手に情報を与えることにある。この原則から始めよう。「『彼ら』という存在はいない」。単に違う認識をもった人たちだというだけだ。あなたは多様な認識や観点の荒波に揉まれながら、自分の目標を達成しなくてはならない。

固定観念を乗り越えるには、だれかの立場に身を置いて一週間、一日、あるいは一時間過ごすだけでも効果がある。ビジネスの世界なら、マーケティング担当者と営業担当者が、数日間仕事を入れ替わるか、少なくとも役割交換をやってみよう。経営陣と従業員が、数日間仕事を交換してもいい。気の利いた企業は実際にこれをやっている。不信やコミュニケーションの問題が減り、チームワークや生産性が向上する。異文化に接した経験がないことが、主な問題である場合が多いのだ。

世界では「関係」がすべて

残念ながら、一般にアメリカ人は異文化を理解することは得意としていないように思われる。この一因は、わが国の法制度のあり方にある。

アメリカにはたいていの場合、きちんと機能する法制度がある。一般に公正で、開かれており、腐敗が少なく、所得に対する割合で言うと、他国に比べてコストも低めだ。司法サービスのコストはGNP比〇・五%に過ぎず、しかもこの比率は緩やかに低下しつつある。これに対してインドでは、裁判手続きの遅れに伴うコストだけでも、対GNP比二%と推定されている。

アメリカ法制度の問題は、契約の相手と関係を築く必要がないという点にある。ただ契約書に署名し、相手が契約違反をすれば訴訟を起こすだけだ。ほんの少額の報酬か成功報酬で訴訟を引き受けてくれる弁護士はいくらでもいる。この結果法制度では契約が偏重され、関係にほとんど目が向けられなくなっているのだ。

世界の大半の国には、このような贅沢は存在しない。法制度は閉ざされ、不公正で、腐敗しており、非常にコストがかかることが多い。つまり世界中のほとんどの人は、お互いに頼るしかないのだ。このことは、人とのつき合い方に大きな違いをもたらす。

たとえばあなたがボリビアかイエメン、モンゴルで、共同経営者にだまされたとしよう。現地の法制度はおそらく助けにならない。こうした国には失業保険も、食料配給券も、福祉制度もない。あなたと家族は文字通り路頭に迷うかもしれない。途上国の多くで、賄賂は単なる必要経費と見なされている。「多くの途上国で、法廷は腐敗を根絶する手段ではなく、政府が脅威と感じる対象を処罰し、排除する手段と化している」とアイオワ大学国際金融開発センターは述べている。

そんなわけで、アメリカでは「関係」についてはよいことばかりが語られる。人々は関係をテーマとする本を書き、テレビに出ては関係の話をする。

しかし世界の大半の国にとって、関係はただの好ましいテーマではない。関係が死活問題であることも多い。だからこそ、相手に真剣に集中せざるを得ないのだ。

たとえばアメリカ人とペルー人の実業家が、リマでランチに出かけたとしよう。一時間のビジネスランチだ。ペルー人は一時間のうちの五五分をかけて、アメリカ人を友人や家族、趣味などについて質問攻めにする。アメリカ人はこう考える。「いったい何のつもりだろう？　仕事の打ち合わせだというのに」

ペルー人の実業家に、仕事の打ち合わせに来ているという自覚はあるだろうか？　もちろんだ。ペルー人が自分に問いかける質問はこうだ。「この人を信用できるだろうか？　彼らの手に自分と家族の人生をすっかり委ねてしまう前に、どんな人なのかを知りたい」

これが、世界のほとんどの国の人が問いかける質問だ。しかしアメリカのほとんどの人は、これを問いかけようとは思わないようだ。アメリカでは関係より、契約や罰則に焦点があてられる。そしてこのことが、アメリカやアメリカ人が他国と交渉するうえで、妨げとなっている。これを裏づける研究もある。アメリカのビジネスでよく使われる言い回しに「そろそろ本題に入ろう」がある。だが異文化の衝突が絶えない世界で目標を達成するには、この方法は効果がないばかりか、相手に侮辱を与えることも多い。

人をだましてあたりまえの社会でも、特定の相手には、長く真剣に考えた末でなければうそをつかない。それはどんな相手だろう？　関係で結ばれている相手だ。家族や親しい友人、つき合いの長い、または長くなりそうな仕事仲間など。

マラソン・オイルに勤めるマイク・フィンチは、海外の仕入れ先との間で問題を抱えていた。「返事が遅く、権限レベルをしょっちゅう変更し、担当者を無視した」と彼は言う。「いつも不十分な情報しか提供してくれなかった」

そこで役割交換を行い、マイクが相手側を演じた。マイクには本当の問題がすぐわかった。「うちが取引の内容を重視していたのに対し、仕入れ先は関係に重点を置いていた」とマイクは説明する。「マラソンは、この業者とのつき合い方を見直す必要があった」

簡単に言うと、仕入れ先はマラソンに十分な信頼を置いていなかったため、精製プロセスを改善するために必要な情報を提供しなかった。そのせいで、コスト削減が実現しなかった。取引先との関係への無関心が、マラソンに損失をもたらしているのは明らかだった。

マラソンはメキシコやアジアでも、似たような問題を抱えていた。マラソンが取引の詳細をつめようとするのに、相手は関係について話し続ける。マラソンのアメリカ本社では、海外の取引先は「受け身で待っているだけ」と揶揄されるほどだった。マラソンの経営陣は、どうすれば海外の取引先に「切迫感」をもって問題にとりくんでもらえるだろうと考えた。

当初マラソンは、アジアやメキシコの企業が、有利な条件を引き出そうとして、待ちの戦略をとっているだけだと思っていた。だがそのうちに、彼らが「長期にわたって関係を続ける」という確約を待っているのだとわかった。ビジネス上の確約と個人的な確約の両方だ。

メットライフも、韓国の子会社に関して同じ経験をした。韓国子会社は、さまざまなビジネス・プロセスについて、新しい全社統一方式を受け入れようとしなかった。メットのアメリカ本社でマネジャーを務めるジョン・ラオは、韓国人が経費節減や業務効率化に、それほど重点を置いていないことに気づいた。

「重要なのは信頼関係だった」と彼は言う。「韓国人は発言権を求めていた。ある程度の裁量権がほしかったんだ」。また韓国側は、技術支援を英語でなく、韓国語で受けたいと主張した。

先進国間でも、さまざまな文化的問題が生じることがある。ドイツの化学企業ＢＡＳＦのアメリカ支社でマネジャーを務める、マイク・ギャラガーの話を紹介しよう。マイクは、ドイツ工場からの黄色顔料の納品が四日遅れたせいで、大きな問題に巻きこまれた。顧客は去り、ドイツ工場は顔料の返品を受けつけなかった。

「向こうの文化が理解できなかった」とマイクは言う。しかも、これは同じ社内でのできごとだ。結局わかったのだが、アメリカ支社はドイツ工場に、「予想できなかった注文」と当地で呼ばれる無理な注文をして、ドイツ工場の注意深く計画された日程を混乱させた。ドイツ人は、アメリカ人がまた思いつきで行動している、と思った。

ドイツ工場はほかの作業を直ちに停止し、注文をこなした。四日ほど遅れはしたが、それが彼らにできる精一杯のことだった。それをアメリカ側が非難してきたのだ。ドイツ側の反応は、くそくらえ！　だった。ドイツ人とアメリカ人は違うのだ——彼らの目からすれば、前者は秩序の文化、後者は混沌の文化だった。「解決が必要なのは、一つの問題だけではなかった」。マイクは語る。「プロセス全体が問題だった。コミュニケーションのすべてだ」

「世界が目にもとまらぬ速さで狭くなっていることを考えると、どんな交渉も異文化間交渉と言って過言ではない」。ニューヨーク大学（NYU）でわたしの交渉術の講座をとり、現在ロンドンの新興市場ヘッジファンドで運用を担当するイゴール・オジェレリエフは言う。「文化によって、何が公正で何が適切かという基準が違うことを忘れてはいけない」。彼によれば、中国ではほとんどの（すべてではない！）露天商で値切る必要があるため、最初は値段の話をしないようにしているという。またエジプトの空港ではほとんどの（すべてではない！）タクシー・ドライバーが、急いでいないように見える客には料金をふっかけてこないという。「大事なのは頭のなかの絵だ」

関係改善へのステップ

改善への第一歩は、相手と効果的なコミュニケーションを図ることだ。相手が出しているシグナルを理解する。とくに異文化の人との交渉では気をつけよう。相手が「関係のシグナル」を出し始めたら、それはあなたが信頼できる人物かどうかを知りたがっているというしるしだ。関係のシグナルとは、たとえば趣味やスポーツ、食べ物、音楽といった、ビジネス以外の話をするといったことだ。相手はあなたを一人の人間として知ろうとしているのだ。

これを表面的にしか理解していない人が多すぎる。二つばかり気のない質問をするが、答えを聞くでもなく、すぐにビジネスの話に移ろうとする。だが関心がないことは、相手にはお見通しだ。だから本心から言わなくてはいけない。

製薬会社ワーナー・ランバートのマネジャー、クリスティーン・ファーナーは、二億七五〇〇万ドルの工場を建設する計画を話し合うために、アイルランドのコーク州に行った。当地の計画委員会は、当初よそよそしかった。だがクリスティーンは、コロンビア・ビジネススクールの学生だった頃、交渉術の講座で文化について学んだことを思い出した。「お互いを知るために、夕食に誘ったわ」。夕食が終わる頃には、全員が同じアジェンダと計画プロセスを共有し、連帯意識をもっていたと、彼女は言う。

次に、違いをオープンに認めることが大切だ。お互いが違っている場合、または違っているように感じられる場合、違いについてどれだけ率直になれるかが、信用と信頼を得るきめ手となる。相手の文化について勉強不足だと言われたら、謝罪して、これから学び始めるつもりだと言えばいい。人は相手に何よりも誠実さを求める。

次にどこからでもいい、とにかく始めよう。どんな些細なことでも受け入れよう。たとえばどこに座るか、どの飲み物を頼むかなど。相手や相手の文化について、気に入った点を口に出してほめよう。相手の文化について気がついたことや読んだことを話題にし、本当かどうか尋ねよう。それは間違っていると言われたら、実際はどうなのか聞いてみる。好奇心をもとう。

アーサー・アンダーセンのコンサルタントだったドナ・ファレルは、いつもクライアントに「若い女の子」として見られていたという。ときにクライアントは、彼女の能力に不安をもち、もっと年長で経験を積んだ人に代わってほしいとまで言ってきた。つまり男性と仕事がしたいのだろうと、彼女は考えた。クライアントは法律上、そう公言することはできない。だがこの問題は、彼女の心に重くのしかかっていた。

そこで彼女は問題を正面からとりあげることにした。「年齢や性別について相手がもっている認識を、率直に口にしたの。わたしがその認識を不本意に思っていることは、ひとまず置いておいて」と彼女は言った。「ユーモアを交えたわ。相手の恐れを見抜き、それを率直に言ってみた。おかげで、相手と親密な信頼関係を築くことができた」

そんなわけで、次の点に移ろう。これは直感に反するが、違いに対処するうえでとても大切なことだ。質問に答えてほしい。

- 相手はあなたにも自分と同じになってほしいと思っているだろうか？
- 郷に入っては郷に従うべきだろうか？

正しい答えは、どちらもノーだ。あなたと違う人たちは、あなたまで同じようになってほしいとは思っていない。あなたが違う存在だということを知っている。ただあなたに尊重されたい、敬意を払ってほしいと思っているのだ。これは些細なことかもしれないが、重要な違いだ。

わたしは中国に行っても、サルの脳みそは食べない。さらに言うと、わたしには食事制限がある。だがお金をかけてごちそうを用意してくれたあとで、それを伝えるような野暮なことはしない。事前に電話をかけて、食事制限のことを伝えている。相手は喜んで必要な食事を用意してくれる。結局のところ、料理をつくる目的は、相手を喜ばせることなのだから。

ちなみに文化疲労という言葉は、社会学の用語というだけでなく、医学用語でもある。文化疲労が起きるのは、異文化のなかで周りの人と同じになろうとして、日々さまざまな面で順応しようとするときだ。六カ月もたつ頃には、肉体的にも疲弊してしまう。文化疲労は、外国人の経営幹部やその家族が新しい文化への順応に失敗する、最大の原因だ。大事なのは順応することではない。ありのままの自分でいることだ。言葉を少し覚え、気に入った習慣を身につければいい。だが同じになる必要はない。そしてこれこそが、本書の主な主張の一つだ。人と違うことには価値がある。違いは価値を高めるのだ。

アメリカのGNPが第二次世界大戦後に増加の一途をたどった最大の理由は、新技術にある。こうした新技術を開発してきたのは主にイノベーターと呼ばれる人々だが、そのイノベーターは、普通とは違う人たちだ。イノベーターは変化の象徴であるとともに、新しいものごとが試され、導入されるときの違和感をも象徴している。

変化を嫌う人は多い。違いを嫌う人も多い。企業は多様性や違いを歓迎すると、建前では言う。だが社内で変化を推進すれば、多くの場合、肩たたきが待っている。それでも、価値を高めるのは違いであり、違いのなかにこそ力が潜んでいるのだ。

だからだれかにイライラした様子で「わたしたちはどうも違うようですね」と言われたら、わたしはテーブルをぴしゃりと叩いて、こう言うことにしている。「すばらしい！　金儲けができますよ！」同質性はそれほど利益を生まない。違いこそが、利益をもたらすのだ。わたしはよく言う。「わたしたちと意見が合わない人はいませんか、一緒に一儲けしましょう！」

価値をもたらすのは、新しいものごとを試すという厄介なプロセスであり、著しい不一致であり、最高のアイデアの融合なのだ。失敗して心が傷つくこともあるだろう。だが結果は実り多いものになる。

だから、違う認識や解決策を積極的に求めよう。議論のプロセスに注意を払おう。目標をどのように設定し、お互いに対してどのような確約を行い、相手の価値にどれだけ関心を払っているか。これがうまく行くとき、ゲットモアが実現する。

研究はこれらの結論を裏づけている。ある研究で、アメリカの都市の多様性を調べたところ、経済的に最も成功している三都市、ニューヨーク、ロサンゼルス、サンフランシスコは、多様性の最も高い三都市でもあった。都市の多様性が一〇%高まるごとに、アメリカ生まれの以前からの住民の純所得は一五%増加した。意見の多様性、つまり違いに対する受容性は、とくにハイテク部門では成功のカギを握る。シリコンバレーがサンフランシスコ郊外に発展したのは、偶然ではない。サンフランシスコはアメリカの同規模の都市のなかで、多様性に対する受容度が最も高いことを、さまざまな研究が示している。

そこで、次の点を強調しておきたい。違いを活かすためには、違いを受け入れる環境が欠かせないのだ。ルワンダでは、多様性が民族大虐殺をもたらした。なぜならルワンダでは違いが受け入れられなかったからだ。違いが許容されればされるほど――いや、積極的に受容されればされるほど――大きな経済的利益が得られる。違いを排斥するような国でなくても、違いを積極的に活かそうとしなければ、経済的にダメージを被る。アイデアや認識の衝突を活用できない企業では、離職率が高まり、生産性は低下し、利益も減少するという研究がある。

離職率が高まるだけでも、企業にとっては大きなダメージとなる。従業員数二〇〇〇人の企業で言えば、このダメージは年間五〇〇万ドルにも相当することを、研究は示している。しかもこの金額には、よりよいアイデアを逸することの機会費用は含まれていない。要するに、莫大な経済的ペナルティだということだ。

異なる認識や経験がぶつかり合うことで、創造性が促されることは、多くの研究の示す通りだ。最も創造的な人たちは、多様な経験やスキルの引き出しをもっている。実際、多様な集団はそうでない集団に比べて、三倍もの数の優れた解決策を生み出すという。

これに口先だけで賛同してもだめだ。違う人というのは、しょっちゅう意見が対立する人のことだ。外見的な特徴が違う人を選び、これを「多様性」としてひけらかす集団の何と多いことか。だが「認識」の違う人を選ばない限り、本質的に同じ人が揃うことになり、このようなメリットは得られない。

違いがどれほどの力を生み出すか、その実例を紹介しよう。これはわたしの人生で最も実りある経験の一つだった。一九九〇年代半ばから末にかけて、わたしは仲間とともに、ボリビアのジャングルに住む三〇〇〇人の農民を説得して、コカイン用のコカを栽培する代わりに、バナナの栽培を始めさせた。バナナは数年にわたってアルゼンチンに輸出され、利益を生んだ。その後アルゼンチン・ペソが暴落して、わたしたちには利益をもたらさなくなったため、現在は農民たちが独自に栽培を行っている。

このプロジェクトは、当時の駐ボリビア米大使ドナ・フリナクに、麻薬撲滅運動を支援してほしいと要請されたことがきっかけだった。彼女はジャングル地帯であるチャパレ地方の農民に、コカ栽培をやめさせようとしていた。彼女とは、現地で携わっていた経済開発の仕事を通じて知り合った。

わたしたちは農業市場を調査して、高級バナナの供給が不足していると判断した。実はバナナの収益は、農民がコカ作物から得ていた収益より高かった。麻薬取引で儲かるのは加工業者と流通業者であって、農民ではないのだ。しかも政府はコカ畑を焼き払うなどの措置を講じていたため、コカ栽培は農民にとってリスクの高いビジネスになっていた。

プロジェクトは、一〇〇人の生産者を集めてスタートした。初めて話し合いをもったのは、うだるように暑い一月の夜だった（南半球では夏にあたる）。ジャングルの狭い空き地で会議を開いた。とても暗い夜だった。バッテリー駆動のノートパソコンの光を除けば真っ暗で、人や動物の影しか見えなかった。ジャングル特有のざわめきが聞こえた。わたしと通訳以外に、英語を話す人はいなかった。生産者は先住民の方言の一つ、ケチャ語を話した。通訳が英語とケチャ語を橋渡ししてくれた。

男性のなかに女性や子どももちらほらいて、みなボロを着ていた。栄養不良に見える人たちも多かった。ボロ布を着た裸足の子どもたちが、二階建ての掘っ立て小屋に開いた窓代わりの大きな穴から、身を乗り出して見物していた。その肌は泥にまみれていた。

わたしはわざわざ三つ揃いのスーツとネクタイ、サスペンダーを身につけていった。「わたしを見てください」。通訳を介して集団に話しかけた。「わたしはこれ以上ないほど、みなさんと違っています。まず服が違います。言葉も違う。外見も違う」。それからつけ加えた。「わたしが乗ってきた飛行機のチケット代だけでも、みなさんの年収より高いでしょう」「それでも」とわたしは続けた、「わたしたちには共通点があります。わたしたちは自分や子どものために、よりよい暮らしを手に入れたい。そんなわたしたちが力を合わせれば、何かができるかもしれない」

彼らには土地と安価な労働力、そして病気のせいで実のならないバナナの木があり、わたしたちには資本と技術、市場がある、とわたしは言った。

それから、彼らがどんな生活を送り、どうやって収入を得ているのか、政府にどんな不満があるのか、よりよい医療を求めているかといったことを、じっくり聞き出した。読み書きができる人はほとんどいなかったが、子どもの教育への関心は高かった。それからわたしは、このバナナ栽培のベンチャーに参加するという確約を、一人ひとりから得なくてはならないと伝えた。

わたしたちは数時間かけて、長い契約をとりきめた。わたしが契約書を英語でタイプし、通訳がそれをスペイン語に直してタイプした。生産者はほぼ全員が読み書きができなかったが、けっして馬鹿ではなかった。的を射た質問をし、この種の契約で考えられるすべての条件を要求した。契約にはニューヨーク州法が適用された。全員で一つひとつの点について、丁寧に慎重に話し合った。わたしたちはバナナ生産のための設備、トラック輸送、マーケティング、技術、農薬の資金を提供する。生産者は一定の価格保証のもとで、一定の生産量を達成する。わたしたちは世界最高のバナナ生産技術を教える人たちを招聘し、彼らはその技術を学ぶ。

時期によっては、コカ栽培より稼ぎが少なくなることもあるだろう。だが価値あるブランドを築くことで、長い目で見ればより多くを得られるはずだ。またボリビアの法の下ではさまざまな技術的問題から、契約を結ばないのがつねだが、ニューヨーク州法では、合意が得られたら必ず協定を結ぶことになっていると彼らに教えた。「だから」とわたしは言った、「この契約に署名するか、自分の名前の横に×印をつけるのは、約束をするという意味です。確約です。本気だということです」

わたしたちが会議を終えたのは夜明け頃だった。電力がないため、契約書を印字できなかった。そこで読み書きができ、スペイン語が話せる二人の生産者を連れて、三五〇キロ離れたボリビアの商業の中心地サンタクルスまで車で戻り、そこで契約書を印字して署名した。

その後の数年間、ボリビア人たちとの契約は、時と距離の試練に耐えた。これも、お互いの違いについて、また力を合わせる方法について、オープンに話し合ったからこそだ。わたしたちは二つのかけ離れた文化の出身だが、同じ目標をもっていた。わたしたちの合意をつくっていたのは、人間的感情だった。

プロジェクトはこのように幸先のよいスタートを切ったが、わたしの求めていた長期的な絆を築くには不十分だった。そこで現地を頻繁に訪れては、ジャングルを見て回った。彼らの慣習や暮らしぶりを知りたかった。そんなとき、わたしは名案を思いついたのだった。

プロジェクトを支援していたアメリカとボリビアの両政府は、生産者が銀行に口座を開設して、収益を預金するのが望ましいと考えた。現金経済は麻薬取引の温床だというのだ。関係当局は地方銀行のサンタクルス銀行の地元支店に、生産者の口座を開設した。

だがわたしは生産者をもっと尊重したかった。

この国で最高の銀行は、シティバンクのサンタクルス支店だった。なかでも同行の法人営業部と取引するのはステータスで、メルセデス・ベンツのような一流企業が取引先に名を連ねた。そこは優雅で静かな空間で、ふかふかの青い絨毯が敷きつめられ、エアコンの音がかすかに聞こえるのだった。厳しい財務条件を満たす一流企業だけが取引を許された。これに対して生産者たちは素寒貧だった。

だがわたしたちは、生産者に特例を与えてほしいと、シティバンクの法人営業部にかけ合った。「とんでもない」。法人営業部長は、そんなことを要請されるだけでも侮辱だと言わんばかりだった。そこで、政治的人脈を含むあらゆるコネを駆使して、生産者たちを預金者として受け入れるよう、シティバンクを説得にかかった。これは非常に注目を集めているプロジェクトで、アメリカの主要銀行であるシティバンクに、ボリビアのために一肌脱いでもらいたいのだ、と。シティバンクは承諾した。

こんなシーンを想像してほしい。ボロ布をまとった生産者たちが、贅沢な内装を施され、一分の隙もない青いスーツやドレスに身を固めた行員が居並ぶ法人営業部に入っていく。一人ひとりが初めてのキャッシュカードとなるシティバンクのカードと小切手帳を受けとる。そしてジャングルの掘っ立て小屋に戻ると、シティバンクのカードをかざしながら口々に言い合うのだ。「おれたちはメルセデスにも負けない」と。

契約をとり交わしてから二年後、大規模な交通ストライキが発生した。ジャングルのチャパレ地区を通る道路は、国の主要な輸送道路の一つだった。通行を許されたのはたった一台のトラックだけ——わたしたちのバナナ・トラックだった。

あるとき生産者のリーダーを、サンタクルス指折りのレストランに招待した。白いテーブルクロスのかかった高級レストランだ。彼らはジャングルからバスで乗りつけた。残ったごちそうは、家族への土産につめてもらった。レストランの客は一行を白い目で見ていた。だがわたしたちの招待客だったため、レストランは追い出すわけにもいかなかった。

プロジェクトの参加者の数は急速に、かつ着実に増えていった。六カ月を過ぎた頃には、ジャングル中の三〇〇〇人の生産者が名を連ねていた。プロジェクトはボリビア全土に知れ渡った。一部のコカ栽培者からあがった抗議の声は、バナナ栽培への大量の転向者によってかき消された。

だが最も大きく変化したのは、バナナそのものだった。過去の計画が頓挫したのは、この地域のジャングルに自生するバナナの木が病気にかかっていたからだ。木は黒シガトカ菌に侵され、葉が黒く変色していた。十分な光合成ができないため、バナナの実が育たず、売り物にならないのだ。

菌を殺すには、バナナの生育サイクルに合わせて、殺菌剤を一日数回散布する必要があった。だが薬を散布するために、三五〇キロ離れたサンタクルスから一日に何度も飛行機を飛ばすのは、コストがかかりすぎる。そんなわけで過去のバナナビジネスは軌道に乗らなかった。

だがチャパレの中心部に、小さな軍用空港があった。この空港に農薬散布用の小型飛行機をとめ、ここを基地として使わせてもらえれば、農薬と燃料はサンタクルーズからトラックで運んでくればいい。

空港を所有するのは、アメリカ軍とボリビア軍が共同で運営する国家航空局だった。それまでの二〇年間、この組織はコカ生産者の転作支援プロジェクトのために、空港を生産者に開放してほしいという要請を、再三にわたって拒否していた。そこでわたしたちは、本書で説明したツールを利用して交渉することにした。規範、フレーミング、第三者、目標だ。

わたしは違法薬物取引とたたかう国務、司法、財務の三省に手紙を書いた。この手紙は一言でいえば、彼らの規範を盾にして、彼らの行動が目標に適っているかどうかを問うものだった。

手紙の内容はこうだ。くだんの空港が閉ざされていることは、アメリカ政府が違法薬物取引を支持していることの証左だ。しかし政府は空港を生産者に開くことで、違法薬物に言葉だけでなく、行動をもって反対していることを、広く知らしめることができるのだ、と。このときも、しかるべき人たちに要請を届けるために、ボリビアとアメリカ両政府の口添えを得た。

また現地では、アメリカのマーケティング・コンサルタント、アレクサ・サンドバーグと、ボリビアの経済評論家アンドレス・ジュダの協力を得た。彼らを通じて政治家に圧力をかけ、メディアにニュースを流し、パイロットの団体を組織してさらに圧力をかけた。

空港は開かれた。アメリカとボリビアの両当局が一〇万ドルを投じて、軍用滑走路の隣、つまりバナナ農園の真ん中に、新しい商業用の滑走路を建設した。わたしたちはエクアドルの優れたバナナ栽培技術をとり入れた。新しい冷蔵、洗浄設備を導入した。アルゼンチンに販路を開発した。わたしたちの食品ブランド、アンデス・ゴールドは、アルゼンチンの一部のスーパーの定番となった。バナナがアルゼンチンで高く売れたことは、チャパレの先住民族が世界有数のバナナ生産者と互角に競争する能力をもっていることを証明した。

プロジェクト開始から数カ月たった頃、バナナ価格は短期間だが低迷した。この月は赤字を覚悟した。ところが会計報告を見ると、黒字のままだった。プロジェクトはまだ儲かっていたのだ。わたしは首をひねった。ボリビアの財務担当者に電話をかけ、なぜ赤字にならなかったのかを尋ねた。「ああ」。一人が言った。「生産者は相場が下落したのを知って、あなたに損をさせたくないと考えたんです。だから市場が回復するまで、卸値を下げることにしたんですよ」

これが、わたしと一見何の共通点もない人たちなのだ。わたしは彼らの言語を話さず、慣習も知らなかった。だが時間と空間、そして文化を超えたつながりを築き、いまに至るまでそれは続いている。いつもこんなことが起きるのだろうか？　もちろん、そんなことはない。だがこのプロセスを踏むことで、確率は驚くほど高まるのだ。

認識の違いを解消するには時間がかかる

当然ながら、異文化の人たちとどのように意思疎通を図るか、その方法がカギを握る。彼らの行動をどのように解釈するか。彼らの認識についてどのような質問をするか。だれもが自分と同じように世界を見ていると思いこむのは、あらゆる対立の元凶だ。

これに関するとくに興味深い研究を紹介しよう。それは笑顔の解釈に関する研究で、大学のキャンパスで行われたものだ。二人のアメリカ人が通路ですれ違い、ほほえみ合った。二人ともよい気分になった。次にアメリカ人が韓国人の学生とすれ違った。アメリカ人はほほえみかけたが、韓国人はほほえみ返さなかった。韓国人はこう思ったのだ。「まったくアメリカ人ってのは、うわべだけなんだから。知り合いでもないのに、ほほえみかけてきやがる。何とも思っていないくせに」。アメリカ人学生はこう思っていた。「まったく韓国人はよそよそしいぜ」

続いて、民族衣装の白いゆったりとしたローブに身を包んだアラブ人学生が、通路を歩いていった。周りの人はうなずきながら彼にほほえみかけた。だがアラブ人は、馬鹿にされたとしか感じなかった。このような状況でのほほえみは、一部のアラブ文化ではあざけりを意味するのだ。彼は急いでトイレに駆けこみ、自分の身なりを確かめた。

だがこの研究の最も興味深い部分は、アメリカ人女性と東南アジアの男性のふれ合いに関するものだ。女学生はある夕方、学校が終わってアパートに帰ろうと、シャトルバスを待っていた。そばでは東南アジア出身の男性が、二人の幼い子どもの面倒を見ていた。

若いアメリカ人女性は偉いお父さんねと思い、男性にほほえみかけた。ところが男性は急にどぎまぎして、彼女をふり返るとこう言ったのだ。「あとで会おうか。きみはいくらなの?」何と、彼女が売春をしていると思ったのだ。

ただのほほえみがこれほどの誤解を生むのなら、複雑な交渉や感情的な交渉で交わされる応酬にどれほどの危険が潜んでいるか、考えてほしい。

異文化に関わる問題を解決するためのプロセスは、交渉上のほかの問題に使われるプロセスと変わらないが、認識の違いが大きいため、一般にもっと時間がかかる。したがって大切なことは、もちろん、相手の頭のなかの絵から始めることだ。たとえその絵がどれほど異質に思えても、そこから始めなくてはいけない。

また段階的に進める必要がある。異文化間では莫大な距離をまたぐ必要があることが多い。交渉を小さなステップに分け、一歩ずつ進めよう。相手がためらったら、ステップをさらに短いものにしよう。

相手をとても離れた場所からこちらに連れてきたい場合、終着点をはっきりと具体的に示さなければ、成功はおぼつかない。彼らに頭のなかで、そして自分の目で、終着点を見てもらう必要がある。実体験という裏づけがなければ、相手の認識を変えるのはとても難しい。だからこそ、本書は役割交換にこだわるのだ。ほとんどの人は、実際にその状況に立たなければ、理解することはできない。

たとえば相手がだれかを嫌っているようなら、その人と時間を過ごしてもらおう。何かの文化を嫌っているなら、その文化で有意義な体験をしてもらう。ただデータを示したり、反論したり、相手がそれほど重きを置いていないメリット（たとえば給与など）を高めたりしても、何にもならない。相手にビジョンを与え、想像力を刺激しよう。相手の心の琴線に触れるのだ。

文化と規範

文化的規範を乗り越えるのは、とてつもなく難しいことだ。だが第三者の力を利用する、規範をフレーミングし直す、相手の認識を理解するといったツールの力を借りればできる。

第1章で、何人ものインド人女学生が講座のツールを利用して、お見合い結婚を逃れたという話をした。その一人の物語を紹介しよう。彼女をデナと呼ぶことにする。デナの両親は、彼女を同じ宗派の男性と結婚させようとした。これは四世紀にさかのぼる伝統で、今日でもインド人の結婚は九割が見合い結婚だ。

だがデナは別の宗派の男性と恋仲だった。冬期休暇中に両親にそれとなく話したところ、父は説得できそうだったが、母はカンカンに怒ってしまった。「あなたがそんなことをしたら、わたしたちは顔を上げて歩けなくなります」と言って母は泣いた。実際、数年前にデナの従姉の一人が、選ばれた相手との結婚を拒否したために、家族から絶縁されていた。それ以来親戚はだれも彼女と口を利いていない。

そこでデナは、授業でほかの学生と役割交換をして、どうすればいいか考えた。「まず気がついたの。母の感情を肯定し、口答えしないことが大事だと」。デナは言った。「母は子どものためだと思ってやっているのよ」。このような感情のお見舞いが、対話への道を開くはずだ。

デナは次に父と話すことにした。こと家族の宗教と伝統に関する限り、父はずっと融通がきいたからだ。また、外国人と幸せな結婚生活を送っている家族ぐるみの友人にも、話を聞くことにした。こうした第三者による裏づけが、デナの母をさらに落ち着かせ、理性的な会話を可能にするだろう。時間をかけて、とても小さなステップで進めていこう。

それからデナは、結婚を考えている相手を両親に紹介するつもりだった。正式な形ではなく、ただ彼に会ってほしかった。両親は事前に相談を受けたことに満足するだろう。デナは、この最初の顔合わせがとても大切だということを、恋人に教えないことにした。ありのままの彼を見てほしかったからだ。恋人は、社会的に認められる職についていた。この点では、彼女には人を見る目があった。デナはまた、自分が感情的になれば、すべてが水の泡になると知っていた。この状況自体が、そもそも感情の火種をはらんでいたからだ。デナのチームは授業で準備をし、何度も練習を重ねた。

デナは母に会うために帰郷し、数週間かけて戦略を実行に移した。ときには母と二人で、ときには父を交えて話し合った。だがつねに冷静を保ち、思いやりを忘れなかった。結果はどうだったか。「両親が結婚式の費用を出してくれることになったわ。とても喜んでくれているの」

「わたしたちが学んだ一番大事なことは、交渉ツールを計画的な方法で使うと、絶大な威力を発揮するということよ」。デナは言う。「理論を耳で聞いて知っているのと、相手の立場に身を置いて理論を実行するのとは、まったく違う。準備をすることが本当に大切。感情を排除することが欠かせない」。これを行ったおかげで、母との関係が根本的に改善したと彼女は言う。お互いに敬意を払い、尊重し合う関係になったのだ。

デナはいま、愛する人とカリフォルニアで幸せに暮らしている。彼女は大きな文化的違いを乗り越えた。世界中のすべての結婚のうち、六〇%が見合い結婚だという。デナは何百万人もの女性がそうしたいと切望しながら、交渉スキルがないためにできずにいることを成し遂げた。交渉を通じて、人生の幸せを手に入れたのだ。

相手の頭のなかの絵を見きわめ、それに正しく働きかければ、一見大きな文化的違いも埋められる。

文化とビジネス

今度はビジネスに関わる事例、わたしの教え子たちが何度か経験した事例について考えよう。この物語は、文化のギャップを埋めるために、段階的なステップと役割交換を用いた実例だ。

あなたはビジネススクールを卒業した聡明な女性だ。アメリカに本拠を置く大手国際コンサルティング会社の東京支店に、新入社員として配属された。任期は二年間。これまで日本へは何度も旅行で訪れていて、滞在や学習の甲斐あって日本語を流暢にしゃべれる。

あなたは日本の伝統的なメーカーの担当主任という任務を与えられる。この会社は経営陣も取締役会も全員男性で、きわめて保守的だ。彼らはコンサルタントとしてのあなたと関わりをもとうとしない。いつもあなたを避けて、男性の上司に話をする。そうでなければ秘書扱いだ。世界経済フォーラムが二〇一〇年に発表した報告書によると、調査対象企業の雇用者総数に占める女性の割合は、日本は二四％だった。これは調査対象の二七の主要国中、二三％のインドに次ぐ低さだった。役員にまでのぼりつめる女性となると、ほんの少数だ。日本で働く女性の多くが、お茶くみといった補助的な仕事に甘んじており、「オフィスレディ」、略してＯＬと呼ばれている。

あなたのとり得る選択肢は、二年間職場でやり過ごし、キャリアをほとんど前進させずにアメリカに戻るか、何らかの手を打って頭角を現すかだ。適切な交渉ツールを使えば、六カ月のうちに、日本企業に一目置かれる一人前のコンサルタントになれるだろう。

まずは伝統的な日本企業の男性オンリーの経営陣が、アドバイザーとして、つまり自分たちと対等の存在として送りこまれてきた若くて聡明な外国人女性をどのようにとらえるかを考えよう。すぐ頭に思い浮かぶのは、「脅威」という言葉だ。くわしく言うとどういうことだろう？　既成の秩序に対する脅威。社会の一体性に対する脅威。伝統に対する脅威。それに、家族崩壊をも連想させる（「女性が全員彼女のようになったらどうなることか」）。

したがって、相手の頭のなかに入りこむことがとても重要だ。こんなふうに探りを入れて、日本人男性に警戒されるのはいやだと、あなたは言うかもしれない。だが現実世界に目を背けていては何も始まらない。

もちろん、相手の認識と感情は出発点でしかなく、そこを起点として相手の認識を変え、自分の目標に近づけていかなくてはならない。前にも言ったが、問題は分析の出発点であって、終着点ではない。

ここで検討すべき交渉ツールは、相手のニーズ（利益）と、相手に影響をおよぼすことのできる第三者だ。

まずは彼らのニーズ（利益）をざっと書き出してみよう。収益をあげる、最高の人材を引きつける、革新的、国際的、協調的で、社会的責任を果たし、競争力に富む、長期的視野に立った企業というイメージを築くなど。

次は第三者だ。株主、従業員、顧客、政府、アメリカの取引先、世論、競合他社、取締役会、メディア、同業者など。

これが終われば、状況をどのようにフレーミングし直せばいいかがわかる。この若い女性は、脅威ではなく、利益と将来と競争力をもたらす存在だ。彼女は新しい世代の若いビジネスマンのなかでも、とびきり優秀な部類に属する。アメリカ人である彼女は、国際的なイメージに寄与できる。日本でもロールモデルとなる女性管理職は増えつつあり、企業の対外的なイメージの向上や売上の増大に寄与している。

ここでは、相手企業の経営陣にとって大切なことをそのまま利用した。それは、ビジネスニーズと人材だ。またアメリカ人の女性コンサルタントをのけ者にするという相手企業の行動が、自らが表明したニーズに矛盾していることを示した。伝統を守ることもニーズのうちだと反論されたら、伝統的な日本企業の多くが、この方向に向かっていると指摘すればいい。伝統は停滞ではない。サムライは近代的な兵士にとって代わられ、馬は車にとって代わられた。

さて、アメリカ人女性は、伝統的な日本企業の幹部に対して、このような主張を行うにはふさわしくない。同じコンサルティング会社で、この日本企業とすでに仕事をしているアメリカ人上司に代弁してもらうのがいい。また彼女は仕事を通して自分の能力を証明しなくてはならない。だが彼女は日本企業の経営陣の信頼を少しずつ得ていくだろう。そのうちに、ただの若い外国人女性ではなく、聡明な事業アドバイザーと見なされるようになるはずだ。

この状況では、上司のアメリカ人男性が果たす役割がカギとなる。つまり、双方の文化に精通し、双方に一目置かれる、「異文化インターフェース・マネジャー」の役割だ。異文化の人たちが自力では隔たりを埋められないとき、異文化インターフェース・マネジャーの助けがあれば、すばやくギャップを縮めることができる。

インターフェース・マネジャーの仕事は、問題を解決することではない。コミュニケーションの手助けをするだけだ。このプロセスのねらいは、当事者に互いの認識を理解させ、シグナルを送り、理解を深めることにある。

ここで言う違いが、単なる言語の違いではないことを忘れてはいけない。実際、言語を流暢に話せることは、かえって不利になる場合もある。言語を話せる人は、その他の文化的問題にも「通じている」と思われるからだ。言いかえれば、相手は間違いに厳しくなる。

わたしは国連のために対キューバ貿易に関わる交渉を担当していたとき、日本の大手製薬会社の副社長と会議をすることになった。当時わたしは、日本文化についても、製薬業界の文化についても、よく知らなかった。日本語と英語の通訳は必要なかった。製薬会社の副社長が完璧な英語を話したからだ。わたしに必要なのは、言語よりもずっと重要な、文化的問題で助けてくれる人だった。

そこでわたしはアメリカ暮らしの経験があり、ウォートンでわたしの講座を受講していた、日本人の製薬業界のコンサルタントを探してきた。彼にわたしの専属インターフェース・マネジャーとして、会議を手伝ってもらうことにした。

会社に着くと、わたしたちは会議室に通された。副社長はまだ来ていなかった。わたしはすぐにドアの脇の席に座った。アメリカでは、この席の向かい側の席が上座にあたる。そこをホストのためにとっておきたかったのだ。

わたしが座るやいなや、コンサルタントは優しくわたしを立たせ、テーブルを回って向かい側に連れて行き、ドアの正面の席にどかりと座らせた。「アメリカでは」と彼は教えてくれた、「ホストが上座に座りますね。でも日本では、上座はお客さまに座ってもらう席です」

ホストは部屋に入ってくるなり、すぐに三つのことに気づいた。第一に、わたしが正しい席に座っていること。第二に、わたしが労をとって正しい席を探したこと。第三に、わたしが文化通訳者を連れてきて、コミュニケーションの失敗を最小限に抑えようとしていることだ。

「わたしは日本語をしゃべり、日本の慣習に浸り、日本人のようになろうとしていたのではない。「わたしは文化的違いがあることを理解していて、効果的に意思疎通を図る方法を探そうとしているんですよ」という、小さなシグナルを送ろうとしただけだ。会議は非常にうまく行った。

この種の戦略は、さまざまな文化的状況で使える。わたしは初めてウクライナに出張することになったとき、当地では交渉を一度行うごとに、一人につき一本ずつのウォッカを飲み干すのが礼儀だと聞かされた。それも、アメリカの店で売っているようなウォッカではない。ライター用オイルのような代物だ。わたしは酒を飲まないし、ウォッカも飲まないし、もちろんライター用オイルの代用品も飲まない。だが交渉をする必要があった。

そこでわたしが連れていったのは——固定観念を許してほしいが、残念ながら実話なのだ——だれにも飲み負かされたことがないと豪語する、体重一六〇キロもあろうかというアイルランド人の銀行家だった。ウクライナの取引先には、彼をわたしの「専属ドリンカー」として紹介した。相手に異存はなかった。わたしは一生のうちで、人があれほど大量のウォッカを飲むのを見たことがない。取引はまとまった。わたしたちは文化的違いを乗り越える方法を見つけたのだ。

本当の文化

異文化とは何かということについて、たいていの人は間違った考えをもっている。ある人が中国人だからといって、中国の文化をもっているとは限らない。もしかしたらその人はアメリカで育ち、中国の慣習や伝統に従っていると思われるのを、侮辱と感じるかもしれないのだ。

わたしは以前、ニューヨーク州立大学ストーニブルック校の有名教授について記事を書いたことがある。このハナン・セルバンという教授は、視界が徐々に狭まり失明に至る、網膜色素変性症という病気を患っていた。セルバン博士は聡明な、独自の考えをもつ人だった。症状はかなり進んでいたが、活動的な日々を送り、伸縮杖を一本もって、電車でどこへでも出かけていった。さまざまな学会に所属し、天才的IQのもち主にしか入会が許されないメンサの会員でもあった。

わたしは彼に、網膜色素変性症の患者の協会に所属していますかと尋ねた。彼は憤然として「患者に学者はほとんどいない」と言った。「共通点と言えば、同じ苦しみを味わっていることだけだ」。この言葉はわたしから離れなかった。彼の存在を規定しているように思われる、最も目立つ決定的な特徴は、彼の眼中にすらなかったのだ。相手が帰属意識を感じている文化をつきとめるには、深く掘り下げる必要がある。

次のリストは、違う人たちとうまくつき合うために、留意すべき点をまとめたものだ。違いをもつように（少なくとも当初は）思われる人たちが、その違いからより多くの価値を引き出せるように、ツールをどのように使えばいいのかを示している。

違う人たちと合意に達する方法

1 目標を設定する。共通の目標を探す。何かを共通の敵に仕立てよう。
2 論理的極端を描き出す。つまり、いまのやり方を続けた場合、最悪どんなリスクがあるかを考える。
3 役割交換をしよう。相手はどんな人だろう？　自分の思いこみに疑問を投げかけよう。相手の夢／恐れを明らかにしよう。
4 相手のシグナル（言葉によるもの、よらないものの両方）に注意を払おう。
5 類似性をかき消している「ノイズ」をつきとめよう。
6 本当の違いを言葉で説明し、尊重しよう。
7 規範（相手の規範や、その他の妥当な規範）を探そう。
8 相手の問題行動を指摘し、自分自身の至らない点を認めよう。
9 相手の偏見を裏づける証拠を要求しよう。

10　どんな提案も段階的に進めよう。自分にコントロールできるものごとに集中しよう。
11　決定する前に相談しよう。相談者をプロセスに引き入れ、助言を求めよう。
12　あなたの提案が効果をあげた実例を探そう。
13　創造的な選択肢を一緒に見つけよう「本当にこれしか方法はないのだろうか？」
14　相手に隠された思惑がないか探り出そう。相手を変えるようなインセンティブを考案しよう。
15　相手の仲間を探し、彼らの価値観に訴えよう。
16　将来のビジョンを描き出し、それについて相手と話し合おう。
17　変化を望む人たちの新しい「文化」を生み出そう。

最初にやるべきことは、もちろん、自分の目標を明らかにすることだ。あなたが計画している行動は、目標と矛盾していないだろうか？　この人たちを相手に、目標を達成できそうだろうか？

論理的極端を描き出すことは、とても重要な手法だ。いまのやり方を続けた場合に起こり得る最悪の事態を、すべての当事者に理解してもらう。倒産だろうか？　長引く法廷闘争？　それとも核戦争？　以前イスラエルとヨルダンのビジネスマンと同席したとき、わたしは言った。「中東問題への解決策として、こんなのはいかがでしょう？　勝った方が負けた方をみな殺しにする。男性、女性、子ども、犬、猫、山羊、鶏、蛇、ミミズ、チョウなど、とにかくすべてを殺すのです」

何を馬鹿なことをと、彼らは言った。わたしは続けた。「でもそれが必要なんでしょう？　一人残らず殺してしまうことです。だって一人でも残っていたら、戦争が続くじゃないですか。過去に起きたことをめぐって、だれかが相手側を殺そうとするでしょう」。これが論理的に考えられる最悪の事態であること、そしてそれがだれの目標もかなえないことを、彼らは認めざるを得なかった。わたしは彼らにもっとましな選択肢を考えてほしかったのだ。

また提案は段階的に進めよう。少しずつ進展していけばいい。解決策が実際に功を奏した実例はあるだろうか？　探して参考にしよう。

新たな協力体制をつくりあげよう。新しい方法を試してみたい人たちから始めて、ますます多くの人をプロセスに引きこんでいこう。助言を求めよう。変えにくいことを変えられるようなインセンティブを考案しよう。

二〇〇七年五月、わたしはサウジアラビアのリヤドで、企業幹部や教育者、政府高官を対象に、二日間のワークショップを開催した。リヤドはとても保守的な土地柄だ。わたしたちは共通の絆に重点を置いた。その絆とは、交渉を通じてプロセスや結果を改善したいという意欲だった。この意味で、わたしたちはみな同じ文化に属していた。改善をめざす知識人の文化だ。すばらしいワークショップになった。伝統的なアラブの衣装を身にまとった四五人ほどの参加者に、本書のツールを教えた。

三日目の終わりに、わたしはズバリ言った。「イスラエル人がみなあなた方の敵ではないし、サウジアラビア人がみなあなた方の味方でもない。あなた方を豊かにしてくれるイスラエル人もいれば、あなた方を欺くサウジアラビア人もいる」

彼らはわかってくれた。プリンス・スルターン大学の教室にいた人たちの多くが、そうだそうだと頷いていた。この大学に名前を与え、後援していた人物は、同国の王位継承者だった。リヤド市の商工会議所会頭、サウジアラビア有数の企業の社長、プリンス・スルターン大学の学長をはじめとする、錚々たる面々が講座に参加していた。

二つの集団や二人の人の間に存在する大きな違いに、冷静かつ効果的に対処し、そこから永続的な価値を生み出すことはできる。やってみるしかない。

第9章　職場でゲットモア

ハーバード・ビジネススクールを優等で卒業した学生が、カリフォルニアの大手企業に就職した。それから三年足らずの間に、彼女を採用してくれた三人――CEO、社長、上級副社長――がそれぞれ退職、失職、辞職して、会社を去ってしまった。新しい経営陣は、古い経営陣の残りとともに、彼女をお払い箱にしようとした。

だが彼女の職を奪うのは不可能とわかった。彼女は当初採用されたときから、いつかこうなることを見越していた。採用してくれた人たちは、彼女より二五歳も上だった。自分のキャリアが軌道に乗るはるか前に、三人が会社を去ってしまうのはわかっていた。

そこで三年というもの、彼女は自分の仕事とはまったく無関係な、さまざまな部署からの頼まれごとを、進んで引き受けた。勤務時間後や週末、昼休みを利用してやったり、可能な場合には仕事の一環として行った。こうして社内中に味方をつくったのだ。そんなわけで、経営陣が刷新されたとき、社内中から抗議の叫びがあがった。「彼女はかけがえのない存在だ！　やめさせないでくれ！」彼女は職を失わずにすんだ。

この幹部社員は、一言で言えば全社員と三年にわたって交渉を行ったのだ。社員たちは、交渉をしていることにすら気づかなかった。そんなのは狡猾で操作的だと、あなたは言うかもしれない。それなら言うが、だれか傷ついた人はいるのか？　いや、だれもいない。それどころかこの企業は、彼女から三年分もの無償労働を得た。そのうえ社内の勢力争いで貴重な従業員を失わずにすんだのだ。

雇い主と従業員の関係は、難しくなる一方だ。従来、従業員は忠誠心と能力、時間を提供する見返りに、安定した仕事と生活給を手に入れるという、交換が成り立っていた。労働組合はこれを成文化した。ところが最近ではほとんどの地域で、パワーバランスが明らかに雇い主側に傾いている。

このような環境では、巧みな交渉スキルが欠かせない。就職面接で企業にいびられた学生に、わたしはいつもこんなことを言う。「いま企業がきみたちに見せているのは、最高のよそゆきの顔だ」。この時点ですでに問題があるなら、先が思いやられる！

世の中には、就職のアドバイスがあふれている。こう言いなさい、あれを着なさい、この質問をしなさい、あれを準備しなさい等々。この種のアドバイスの問題は、どんな状況にも適用できることを前提にしている点にある。だが本書で何度も言っているように、万能な方法など存在しない。どんな交渉方法が功を奏するかは、状況による。したがって就職に関して一番大切なことは、相手を理解することだ。また相手に影響をおよぼす人たちを理解する。そうして初めて、特定の状況に合わせた交渉戦略を立てることができる。

つまり同じ会社と交渉するのでも、相手によって違う交渉戦略をもたなくてはならないということだ。手間が余計にかかるが、その方がずっと的確で、効果が高い。めざすべくは、会社や組織にとってかけがえのない存在だ。あなたの価値が高いと思われれば思われるほど、またキャリアで前進すればするほど、不況時に追い出されにくくなる。

先ほどのハーバード・ビジネススクールを卒業した女性の事例から始めよう。彼女は何より先に、自分の目標は何だろうと考えた。いまの企業で長期のキャリアを築くことだ。次に、この目標を達成するうえで起こり得る問題について考えた。自分の後ろ盾が、先に会社を去ってしまうことだ。続いて、自分を助けてくれそうな第三者を明らかにした。ほかの部署の人たちだ。そこで彼らのニーズについて考えた。イベントの企画、広告、マーケティングの助言などだ。このように彼女は準備をし、段階的にものごとを進め、人間関係に力を注いだ。

関係を発展させることは、どんな職場状況でもおろそかにできない。どんなに小規模でも、企業はきわめて政治的な場になり得る。いざというときに助けてくれそうな人を見きわめ、手を組んでおけば、有利な位置につけることができる。彼らは何かが失敗しそうなときには、早めに教えてくれる。キャリアアップに役立つ情報をくれる。苦しんでいるとき、救いの手をさしのべてくれる。あなたのプロジェクトを優先させてくれる。ピンチのときには助けてくれる。

次に挙げるのは、入社後に社内で助けになってくれる人たちだ。中には職を得るのを助けてくれる人もいる。自分から働きかけよう。コーヒーやランチに誘ってみよう。

会社の「主《ぬし》」的存在　昔から会社にいる、窓際に追いやられて、無視されがちな人を探そう。彼らは、どこにどんなものが眠っているかを知り尽くしている。話をし、尊重しよう。どんな会社にも、こういう人が必ず一人はいるものだ。彼らはあらゆる落とし穴や駆け引きに通じている。あなたが目標を達成したり、自分の身を守るうえでカギとなる情報を与えてくれる。

会社を辞めた人　最悪の状態だったときの会社を知っている人が多い。会社が社員にどこまで冷酷になれるかを知っている。もちろん、彼らの言うことをそのまま鵜呑みにしてはいけない。会社を恨んでいたり、何か魂胆があるかもしれないからだ。だが話を聞くうちに、徐々に真相がわかってくることも多い。また円満退社した人なら、就職の際に、社内の有力者に渡りをつけてくれるかもしれない。

ＩＴ技術者　ＩＴ（情報技術）部門を敬遠する人は多い。ＩＴ部門全体か、少なくとも一、二人の技術者と仲よくなっておこう。ほとんどの仕事は、ＩＴなしでは回らない。あなたの仕事を支えるＩＴ技術に支障が生じたとき、週末でも駆けつけてくれる人がいれば安心だ。

資料室のスタッフ　すべての企業にいるわけではない。だが社内一調べものがうまい。あなたの報告書やあなた自身の評価を高めてくれる。

清掃スタッフ　経営陣にとっては目にも入らない存在だが、多くを見聞きして、実にいろんなことを知っている。

警備員　入館証を忘れたとき、クライアントを急いで中に通したいとき、書類をとりに鍵のかかったオフィスに入りたいときなど、仲よくなっておけば助けてくれる。毎日挨拶をしよう。旅行の相談に乗ったり、スポーツ談議をするなどしてみよう。

事務職員　定詰めとも呼ばれる。役員や管理職は出入りが激しいが、事務職員は定年まで同じ部署にいる人が多い。意地の悪いゴシップを生み出したり、よいうわさを立てたりするのも彼らだ。仲間に引き入れよう。休暇明けにお土産のお菓子をもって行こう。

その他の職員　コピー室、カフェテリア、旅行部などの職員、保守要員など。仕事で何かが急に入り用になったときや、情報が必要なときに助けてくれる。

人事部　人事部員は一般に「ノー」を言う人たちだ。彼らの主な仕事は会社を守ることだ。だが全員が一枚岩ではない。下っ端の人たちから仲よくなろう。彼らのやっていることに関心を示そう。喜んで説明してくれるだろう。人事部は一般に、人事（や個人）に関わる問題に、大きな発言権をもっている。

あなたやあなたの部署に欠かせない人たち　社外の業者、食堂、印刷業者など、あなたの部署に欠かせない人たちはだれだろう？　知り合いになり、気に入ってもらえれば、あなたの部署のためにお願いを聞いてもらえる。携帯電話の番号を教えてもらおう。彼らに提供できる耳寄りな情報を、社内の旅行部から得られないだろうか？

要は、自分の同盟をつくろうということだ。これをやるには時間と労力と思考が必要だ。それでも、ほかの仕事を探す時間や手間を考えればかえって楽だし、得られたかもしれない昇進や昇給を逃すことを考えれば、それを補って余りあるメリットがある。

これについては段階的に進めよう。相手の仕事について質問しよう。相手はどんな夢や恐れをもっているだろうか？　自分からもできる限り情報を与えよう。助言を与え、手助けしよう。一人か二人から始めよう。要は、自分が働いている場所、働きたい場所について、できる限りの情報を収集するということだ。

この組織は何かに神経をとがらせているだろうか？　外国語で助けを必要としているだろうか？　信頼できる異文化の仲介者が必要だろうか？　どこかの地域で、または休日に、人手を必要としているだろうか？　自分はこの組織が多大なコストをかけなければ得られないような情報を提供できるだろうか？

具体的な成功事例

前の学期に就職面接で一八社から不合格をくらった学生が、講座で習ったツールを利用して、一二社から立て続けに最終面接に呼ばれたという話をした。彼はどうしてこんなことができたのだろう？ 第一に、このメユール・トリベディという名の学生は、志望していた企業と部門のニーズを具体的につきとめた。第7章で説明した交渉準備モデルを使って、一つひとつの面接のために、徹底的に準備をした。主要な意思決定者を特定し、面接官について具体的な情報を収集した。ウォートンの卒業生ネットワークを通じて、最近その企業を辞めた人や、企業をよく知る人を探した。仲よくなった新入社員や、その企業で働く卒業生に電話をかけた。企業の満たされないニーズについて質問をした。

また彼は、自分の書いた標準的な履歴書が、応募したどの企業にも十分アピールしないことに気がついた。企業ごとにニーズは違った。企業によって求めるスキル、経験、立地、勤務時間、条件などが違ったし、同じ企業でも、部署によってニーズは違った。

彼はこの調査を終えてから、一つひとつの企業や部門に合わせて履歴書を書き直した。書き上がった履歴書は、そうしたニーズを最も切実に感じていると思われる人にあてて送った。部長、プロジェクトのリーダー、人事部など。妻と役割交換演習を行い、その様子をビデオテープに録画してもらった。それから二人で動画をチェックして、自分のスタイルを修正した。メユールは面接で聞かれた質問の三分の二以上を、事前に想定できたという。それぞれの面接で、自分がその企業（または部署）の求める基準を確実に満たしていることを示し、面接官と心を通わせることも忘れなかった。

「結果はすごかった」と彼は言う。一次面接がまだ終わってもいないのに、最終面接に呼ばれることも多かったそうだ。

彼は当初、講座で習ったモデルに半信半疑だったという。企業が合意に達する理由の五〇％以上が人に関するものであり、「内容」はせいぜい一〇％どまりだとは、とても信じられなかった。だが自分の経験がモデルの有効性を証明したと、彼は言う。彼が最終的に選んだ仕事は株式アナリストで、すべての面接を受ける前に就職をきめた。講座で学んだツールは、どんな状況にも効果があると、彼は断言する。それ以来、一三年にわたってツールを活用しているそうだ。

メユールのやり方は、それぞれの状況に合わせて特別に調整されていた。これがよい仕事を手に入れる秘訣だ。わたしは年に何百通もの履歴書に目を通す。それでも、わたしの会社について何らかの意味ある調査をしたとわかる履歴書には、ほとんどお目にかからないのだ。メユールの成功を、わたしの学生たちは何度となく再現している。

不景気でも、扉を開く方法はたくさんある。イー・チャンは、新規事業を立ち上げた経験がないという理由で、シリコンバレーのベンチャー・キャピタルから内定がもらえなかった。だが彼は、この企業がインターネット電話技術に高い関心をもっていると知った。それはイーの専門分野だった。「そこで、無償でコンサルティングをやらせてほしいと申し出た」とイーは言う。いったん企業のなかに入りこめば、情報の流れのなかに身を置くことができる。どんな機会が転がっているかがわかるのだ。だからボランティアは正社員になることが多い。この企業は、イーが行った技術と市場の分析に基づいて、検討していた投資を実行した。彼は企業が投資をきめた場合に有利になるような位置を社内に確保した。最低でも、履歴書に書けることを増やした。

何カ月かたつと、企業から報酬が支払われるようになった。彼はこの経験を活かして、生まれ故郷の上海で同じような仕事に就くことができた。「ドアが閉ざされても、二度、三度と試そう」。彼は言った。「企業に具体的な解決策を提供するんだ。時間はかかるが、効果は高い」

無償で時間を提供できない人は、どうすればいいか。副業としてならやれるかもしれない。週末にやってもいい。肝心なのは、扉のなかに入る独創的な方法を粘り強く探し続けることだ。

マーク・ソレルは、世界銀行グループの国際金融公社（ＩＦＣ）のカイロでのポストに応募したが、落とされてしまった。そこでＩＦＣに、不合格になった理由を尋ねた。マークが所要の技術スキルをもっていないと、ＩＦＣの上級職員が判断したからだとわかった。彼はＩＦＣの採用担当者に手紙を書き、ウォートンでの勉強を、プライベート・エクイティ（未公開株）と新興市場に関する二年間の研修として、フレーミングし直した。

「わたしの採用に関しては、すでに決定を下されたことと思いますが、同様のポストに空きが出ましたら、再度挑戦する機会をくださるようお願いします」。如才なく、また謙虚に書いた。だがマークはさらに一歩踏みこんだ。これこそが重要なステップだった。彼は技術スキルを証明するために、ＩＦＣでテストを受けさせてくださいと書いたのだ。別の言い方をすると、彼は粘り強かったが、押しつけがましくはなかった。

二カ月もたたないうちに、採用された社員にトラブルが生じた。マークは希望通りテストを受け、彼の能力に疑問をもっていた上級職員の予想をしのぐ、見事な成績を収めた。こうしてマークは憧れだった、カイロの投資担当官のポストを手に入れたのだ。「授業で学んだ交渉ツールで、交渉プロセスに対する考え方がガラリと変わったよ」と彼は語る。「この枠組みを使って準備したおかげで、関係を損なわずに、毅然として交渉することができた」

職場では、気をつけなければ人間関係を損ないかねない、厄介な問題が生じることも多い。だがたいていの人は交渉しようとせず、その結果得るものも少ない。だがゲットモアの戦略を使えば、ずっと少ないリスクで交渉することができる。共通の利益を見つけるほか、共通の敵をつくるのも効果が高い。双方が好ましく思わないものが見つかれば、それを共通の敵に仕立てて結束を強め、状況そのものをフレーミングし直すことができる。

製薬会社で臨床情報担当責任者を務めるアレクサンドロ・フロムセンコは、人事考課で「期待通り」という評価をつけられた。だが彼は内心、「期待以上」の評価を得て当然だと思っていた。その年の社内の臨床イノベーション賞を受賞したことで、彼の価値は証明された。ところが受賞が発表されたときには、人事考課は終わっていたため、実績に入れてもらえなかった。

いったん下された決定を覆すのは至難の業だ。この事例でいうと、アレックスは「まあまあ、来年考慮するから」と上司にいなされて終わると思った。そこで彼は状況をフレーミングし直した。なぜデータがすべて揃う前に人事考課を提出する必要があるのかと、上司に問いただしたのだ。このやり方は上司を含む、だれにとってもフェアではないと、彼は主張した。彼の部署で過去に臨床イノベーション賞を受賞したのは、二人しかいない。もし上司がこのことを事前に知っていれば、自分の評価は確実に高まったはずだと、アレックスは指摘した。そしてこの方式のせいで、自分だけでなく、上司も不利を被っていることを示した。上司は評価をやり直してくれた。結果、年収は一万三五〇〇ドル増えた。

ときにはただ相手の懸念について質問をするだけで、相手を説得できる材料が手に入ることもある。ベン・ヒューズは、司法試験講座の開催地から離れた場所に住んでいた。自宅で受講できる自習コースをとろうとしたが、通常コースに比べて受講料が高かった。また彼の勤務する法律事務所は、以前自習コースをとった新入社員が司法試験に落ちたと言って反対した。

だがベンは、会社の主観的リスクを――根拠があろうとなかろうと――軽減しようと心にきめた。上司に、自分が会社ですでに二夏にわたって働いていることを指摘した。「ぼくのことはよくご存じのはずですよね」と彼は言った。「ぼくに自学自習ができないと思われますか?」それから従業員の希望には柔軟に対応するという、会社の方針をもち出した(規範)。会社は自習を許可し、差額の六〇〇ドルを負担してくれた。

ご承知の通り、質問は交渉における重要なスキルだ。質問を通じて、相手の認識と頭のなかの絵を明らかにし、状況について調べる。

ダック・ラマルクは内定した会社から、八万五〇〇〇ドルの年俸を提示された。しかし彼は、不景気とは言え、会社にとって自分はそれ以上の価値があるはずだと思った。

この種の交渉は、直接会って行う必要がある。ダックは社長と直談判するために、オレゴン州ポートランドまで出向いた。「給与以外の話題から始めた」とダックは説明する。「まず会社に対するCEOのビジョンを語ってもらった。それから、ぼくがそのビジョンに合っているかどうかを尋ねたんだ」

CEOはこの質問に答えることで、ダックが社にふさわしい人材であることを改めて確認した。その結果、CEOにとってのダックの知覚価値が高まった。最後にCEOは、きみの頭にあるのはどれくらいの年俸かね、と尋ねた。「逆に、どれくらいの線をお考えですかと聞き返した」。ダックは言う。CEOは、ダックと妻がいまのライフスタイルを維持できるだけの金額を喜んで支払おうと答えた。

すばらしい規範だ。その金額は一二万ドルだとダックが伝えると、ＣＥＯは了承した。続いてダックは、もし自分が今後「社に大きく貢献する」ようなことがあれば、株式を取得できるかと尋ねた。世のＣＥＯは、この手の話が好きだ。二人は当初三％から五％程度から始め、ダックが十分な業績を上げたら、二、三年後に上方修正することで合意した。そんなわけでダックは情報を求め、それをうまく活用することで、ＣＥＯの目から見た自分の価値を高め、年俸四一％アップと株式を手に入れたのだ。ダックはその後プライベート・エクイティ（未公開株）投資会社で働くために退社したが、いまもＣＥＯと良好な関係を保ち、株式も保有し続けている。

報酬に関する交渉では、具体的な金額を要求する前に、相手の考えを知ることが、とくに大切だ。そうしなければ、自分に不利な交渉をしてしまうおそれがある。ニューヨークの銀行に勤めるポール・カバナーは、上司と勤務評定のための面談をしていた。「きみの期待する額はいくらかね？」上司が尋ねると、ポールはそれは「興味深い質問」だが、給与とボーナスの決定基準を知らないうちは、具体的な金額を答えられないと言った。上司は説明してくれた。

「その基準からいって、ぼくの評価はどの辺だとお考えですか？」ポールは尋ねた。驚いたことに、上司は「自分の思っていた額の二倍近くを言ったんだ」。ポールは適切な額を提示したと上司に満足してもらうために、それよりさらに多めの金額を要求した。上司は自信をもって、自分の提示した額を固守した。これは操作ではなく、感情のお見舞いと考えてほしい。ポールは極端な数字をあげようとしていたのではなく、上司の気分をよくしたかったのだ。この物語の一番興味深い点は、自分が上司との話し合いに十分な用意をして臨まなかったことにあると、ポールは言う。だが質問をすることで時間を稼ぎ、情報を手に入れ、自分の目標を上回る成果をあげることができた。

世間話は、たとえ仕事に関する交渉であっても、必ずと言っていいほど大きな効果を生む。ウィル・チェンは、勤務する投資銀行で配置転換を希望していた。三度要求したが、そのたび却下された。そこでニューヨークに出向いて、人事部長に情報収集のための面談を求めた。心を通わせようとしたのだ。面談では人事部長に好きな料理を尋ねた。ベトナム料理だった。ウィルは最高のベトナム料理を出すレストランや、そのウェブサイト、レシピ、シェフをよく知っていた。こうしてつながりを見つけた彼は、異動を勝ちとった。

面接

就職面接については、それだけをテーマにした本が数えきれないほど書かれている。ここでは一般に言われていることはくり返さない。ゲットモアのレンズを通して、いくつかアドバイスしたい。

第一に、質問をされたら、直ちに、簡潔に答えること。あるいは、答えるためにはどんな情報が必要かを、相手に伝えること。質問に答えが返ってこないのは、気分のいいものではない。あなただってそうだろう？　はぐらかしたり、口を濁したりするのは、三流の政治家のやり口だ。これが発するシグナルは、「隠しておきたいことがある」だ。第二に、一部の文化（主にアメリカ以外の国）にはあてはまらないが、一般には話をするとき、相手から目をそらさないこと。ただしにらんではいけない。ほほえみやその他の社交上のエチケットは、社会的スキルをもっていることの証になる。相手に全神経を集中させよう。人は自分の気に入った、信頼できる相手とともに仕事をしたがる。相手は些細なことからいろんな情報を読みとろうとする。たとえば時間より前に到着する人は、やる気がありそうだ。時間に遅れる人は、入社しても遅刻したり、仕事が遅れたりするのではないだろうか、など。

就職面接で、自分が信頼するに足る人物である理由を、応募者自身に説明させるのは、たとえば人生最高の経験、最悪の経験などについて聞くより、ずっと多くのことを教えてくれる。「最高」や「最悪」を尋ねるのは、怠惰な質問だ。応募者がこれまで人格を試されたのはどんなときだろう？　雇用する側は、応募者の人となりを知る必要がある。だれかを支援するために力を尽くした経験はあるだろうか？

あなたが就職希望者なら、その会社がキャリアの途上にある社員をどのような方法で引きとめ、育て、活用しているかを尋ねよう。会社は仕事に関してどんな哲学をもっているだろうか？　会社について調査している間に思いついた、思慮深い質問を用意しておこう。十分な時間をかけて会社を調べることで、やる気をアピールできる。また主体的に行動する人物という印象を与えられる。五〇も質問を用意する必要はない、三つから五つで十分だ。会社のニーズについて話し合い、自分がそれを満たすスキルをもっていることを伝えよう。

職場でも規範を利用する

規範は、組織における法律だ。社会に法律を破る人がいるように、組織にも政治力を使って規範を逃れようとする人がいる。だが規範がなくなるわけではない。つねに規範を意識する必要がある。

組織の規範は、社員を――法的にも組織的にも――不当な扱いから守る、強力な防御になる。自分と関係のある人事マニュアルには、すべて目を通しておこう。組織が公約した方針に照らして不当な扱いを受けたら、すべて記録しておこう。ただしこれを指摘するとき、感情に流されないこと。自分が火種にならないようにしよう。

ある学生が大手コンサルティング会社に採用され、MBAの二年めの授業料に対して、三万五〇〇〇ドルの還付を受けた。しかし実際にかかった費用は五万一三八〇ドルだった。会社は再交渉に応じてくれなかった。学生が少し調べたところ、会社は授業料が安めの、別のビジネススクールをもとに、還付額の上限を定めていたことがわかった。

次に会社の規則を調べると、「二年めの授業料を負担する」とあった。「授業料の安い学校をもとに決定した二年めの費用」とは書かれていなかった。またほかのコンサルティング会社は、学生の通ったそれぞれの学校に応じて還付額を定めていることがわかった。

結果、学生は差額の一万六三八〇ドルを受けとった。「問題を負担額ではなく、公平性という観点からフレーミングしたことが大いに役立った」。学生は言う。

規範のフレーミングは、就職市場での交渉でカギを握る。相手を自分の連れて行きたい場所に向かって、一歩一歩導かなくてはならないことも多い。ドン・コーデイロはブラジルの大手プライベート・エクイティ投資会社への就職を希望していた。彼はこの分野で何の経験もなかったうえ、経験を積んだ候補者が多数応募していた。

だがドンは会社が本当に求めているものは経験ではなく、スキルだと知っていた。経験は、スキルを示す一つの指標に過ぎない。最もよい指標は、もちろんスキルそれ自体だ。ドンは採用担当の共同経営者に、会社に最も足りない才能はどのようなものかと尋ねた。「対人スキルだね」。彼は答えた。「チームをまとめる力、起業家としての能力、適合性」

この情報さえあれば、ドンは百人力だった。彼は自分がここ数年間でさまざまな非金融系ベンチャー企業で培ってきたスキルを列挙した。チーム開発、起業環境の整備、組織内の違いを乗り越える方法を見つける、といったことだ。「それから金融やプライベート・エクイティでの経験がないことを正直に言った」とドンは語る。「ぼくの経歴が業界にとって有益なものかどうかを、相手に判断させたんだ」。ドンはこの採用プロセスを最後まで終えずに、サン・パウロで経営コンサルタントの職に就いたが、プライベート・エクイティ投資会社は、当初ノーマークだった彼を、有力な候補と見なすようになっていた。

ヒマンシュ・バフグナは、ビジネススクールを卒業後、アジアに赴任することになった。彼は引っ越し費用を会社に請求したが、断られた。だがアメリカ国内での新規採用者には、費用が支給された。そこで彼は会社に尋ねた。フィラデルフィアからニューヨークまでの九〇分間の距離を引っ越す新規採用者には一万ドルが支給されるのに、世界を半周する新規採用者に何も支給されないのはどういうわけなのか。結果、費用は支払われた。人事部と直接交渉する代わりに、自分をより高く評価してくれる所属部署に頼んで、社内で根回ししてもらったという。

ロズウェル・オズボーンは、二時間かけて業界調査をした結果、イーベイが彼女に提示した年俸よりも、マイクロソフトが自分と同等の経験をもつ人に提示している年俸の方が、二万五〇〇〇ドル高いことを知った。彼女はこれをイーベイに指摘し、契約ボーナスを一万ドル上乗せしてもらった。「つまり一時間の労力に対して、五〇〇〇ドルの見返りを得たというわけ」と彼女は言う。ところが入社して一月で、所属部署は解散してしまった。彼女はイーベイの要請に応じて一年契約を結んでいたうえ、他社の内定を断っていた。それにイーベイは彼女が入社する前から、再編のことを知っていたはずだ。

ロズウェルは規範を用い、準備をすることで、七万ドルの退職手当を得た。この臨時収入を全額投じて、サンアントニオで電子商取引事業を立ち上げることにした。「準備と練習を続けよう」。彼女は言う。「そうすれば、必要なときすぐに使える」

もう一つ、少し厄介な事例をとりあげよう。ある大手企業のマネジャーが、不況と予算不足を理由に、昇進を拒否された。マネジャーが会社のガイドラインを読んでみたところ、自分は二階級昇進する資格があるとわかった。そこで上司に礼儀正しくガイドラインを示し、肩書きが高い方が顧客の信用を得やすいのだとつけ加えた。彼はこのように規範、第三者、共通の利益を使って、昇進と昇給を勝ちとった。

上司が気を悪くしたら、礼儀正しくその理由を尋ねよう。あなたはただ会社に、自らの規範に従うよう求めているだけなのだ。それに、会社は粘り強い人材を求めているのではないのか？

わたしは学生たちに、あいまいな答えを受け入れてはいけないと教えている。レバノンのガス石油会社でコンサルタントを務めるシャービン・リンバートは、会社に「裁量ボーナス」を支給すると言われた。だがシャービンには何のことだかよくわからなかった。

そこでシャービンは、会社での自分の価値がどのように算定されるのかを尋ねた。何か基準はあるだろうか？　次に自分がそれまでに会社にもたらした価値を列挙した。たとえばクウェートでの人脈を使って、有利な条件で契約を締結したことなどだ。結果、彼は三万ドルのボーナスの確約を得た。

本書に登場するフレーミングは、厳密には「リフレーミング」だ。相手のフレーミングを、違う方法でとらえ直すよう求めるのだ。これによって、相手があなたの目標をかなえやすくなることが多い。

ジュディ・シャーがフィデリティ投資顧問の仕事を受け入れたのは、一二月四日だった。この日は当年度のボーナス査定の期限を一三日過ぎていた。年度末までにボーナスを受けとることができれば、彼女にとって一万ドルを超える節税になる。そこで彼女は人事部の意思決定者に電話をかけ、不景気で困りますねという話から始めた（共通の敵）。それから、フィデリティへの入社をきめるまで時間がかかったのは、パートナーが職探しに苦労していたからだと説明した。そして期限からまだ二週間もたっておらず、期限にとても近いのだから、例外を認めてもらえないだろうかと尋ねた（規範）。ジュディは年度内にボーナスの小切手を受けとることができた。彼女は人事部の担当者と心を通わせた。それから担当者自身が社内での根回しに使えるようなフレーミングを提供したのだ。

アダム・ケインはリフレーミングを用いて、自分の勤めるエリクソン・リタイアメント・コミュニティから、五〇〇〇万ドル規模のプロジェクトに承認を得た。エリクソンは主に高所得者向けの退職者コミュニティの開発、運営を手がける企業で、一九の州で三万人の入居者を集めている。同社の上級副社長を務めるアダムは、低所得者市場への参入を望んでいた。会社は当初この新しい市場には無関心だった。そこでアダムは、新設された新商品部の部長にあたってみた。

「この部署は新商品として、医療用品のようなものを考えていた」。アダムは言う。だがアダムは「低所得者向け老人ホーム」を「新商品」としてリフレーミングした。何か大きなものを手がけたいと考えていた新商品部長がこのアイデアを支持した結果、会社からゴーサインが出たのだった。

交渉ツールの使い方がうまくなれば、普通の人には隙がないように思われる状況でも、交渉の余地を生み出すことができる。

数年前わたしの元教え子が、マッキンゼーで異動を希望した。だが入社時に経験したような、時間を食い、ストレスの多い評価プロセスは、もううんざりだった。会社は、それが社内の基本方針なのだと言った。そこで彼はマッキンゼーの別の規範をもち出した。「一つの組織」、つまり世界中のすべてのオフィスが、同じ規範のもとに運営されるというものだ。

マッキンゼーが一つの組織だというなら、なぜ従業員は異動のたびに正式な評価プロセスを経なくてはならないのかと彼は聞いた。会社側は、もちろん規則を押し通すこともできた。だが自らの規範を踏みにじれば、いつか最高の人材が流出し始めることを、賢明な会社は知っている。彼は異動を許可された。この話が教えてくれるのは、巨大で強力な世界的企業が相手であっても、規範を使って自分の目標を達成できるということだ。

ジョシュ・ファーチマンは入社した会社に、二回めの引っ越し費用は出さないと言われた。ジョシュは夏の間は実家に引っ越し、その後勤務先の近くに引っ越すつもりだった。彼は考えた。二回の引っ越し費用の総額が、会社が一回の引っ越しに支払う平均的な金額を超えなかったらどうだろう？　本当の問題は回数ではなく、総額なのではないか？　ジョシュは引っ越し費用を格安に抑え、会社に二回分の費用を支払ってもらった。つまり彼は会社の規範を「一回分の費用」から「予算の範囲内の費用」にリフレーミングしたのだ。

アンダース・ビヨルクは元いた会社に復帰して、後輩と給与が変わらないことに気づいた。そこで新しい上司に、ぼくは後輩よりも経験を積んでいて、後輩よりも責任が重いでしょうかと尋ねた。「そうだ」と上司は答えた。「それなら、ぼくは彼と同じ給与を支払われるべきでしょうか？」彼は一五％の昇給を得た。現在ニューヨークでプライベート・エクイティ投資責任者を務めるアンダースは、フレーミング、規範、質問を使った。またこのように関係がかかっている状況では、口調も大切だ。上司には非常に礼儀正しい口調で尋ねた。

こうした事例はいくらでもある。わたしのデータベースをざっと検索しただけでも、何百もの事例が出てくる。このやり方は、あなたにもきっと役立つはずだ。最後にもう一つだけ紹介しよう。アラン・カストロは、不況のせいで契約ボーナスを減額すると言われた。そこでアランは、「水準以上の給与」を支払うことを謳った会社概要を手に入れ、人事部長との会合に持参した。そのほか業界基準を調べて、自分に提示された報酬が、不況時でも水準以下であることを示した。彼は五〇〇〇ドルの上乗せを得た。

規範を使う際には、前例がないかどうかを尋ねることが大切だ。「これを過去にやったことはありますか?」と「いままで例外を設けたことはありますか?」をあなたの日常語彙にしよう。

職場でも不等価交換

無形物がどういうものかは、前に説明した。ここからは、自分にはそれほどコストがかからないが、相手にとっては価値あるものを提供して、仕事上の目標を達成する方法を説明しよう。

クリストファー・ケリーは、新規採用者にいまの会社と同額の給与しか支払えないことを伝えた。候補者はこれに不服だった。「彼の長い目で見た目標は何だろうと、必死に考えた」とクリスは言う。「なぜいまの仕事に不満を感じているのか、その理由を探ろうとした」

話をするうちに、候補者がいつかMBAをとりたいと思っていることがわかった。クリスはその費用を負担しようと申し出た。ほかに希望はないかと尋ねた。「肩書きに『マネジャー』と入れてもらえれば、とてもありがたいと言われた」。気象予報会社の社長を務めるクリスは言う。「お安いご用だ」。候補者は提示された金額で、仕事を受け入れた。

このツールが実際に使われる様子を見ると、何でもないように思える。ただしこのプロセスは、正しい方法で正確に行うことが肝心だ。

ニューヨークの大手金融サービス会社のマネジャー、ビカス・バンサルは、直属の部下のジョンにもっと真面目に仕事をしてもらいたかった。一般に、厳しく叱責してもやる気を削ぐだけで終わってしまう。不況による給与カットと人員削減のせいで、従業員の士気はすでに低下していた。そこでビカスは、ジョンが何に不安をもっているのか、将来的にどのような仕事をしたいのかをじっくり聞き出した。「根気強く耳を傾けた」。ビカスは言う。「彼のニーズを理解しようとした。それをわたし自身の言葉で要約して、正しく理解できているかを確かめた」

ジョンの妻はその夏出産を予定していた。勤務時間に融通がきくと大変ありがたいとジョンは言った。そこでビカスはジョンに絶対にやってほしい五つの仕事をあげ、その見返りとして、夏の間は在宅勤務を含む、柔軟な勤務形態を認めた。「ジョンはとても喜んだ」とビカスは言う。面接後、彼はがぜんやる気を出し、よく働くようになった。いまもその状態が続いているそうだ。

優秀な人材を引きつけ、保持するための創造的な選択肢は、双方の想像力次第で、いくらでも生み出せる。先のクリス・ケリーの例と同様、産業建設会社ティトンのマネジャー、ジョン・モレノも、新しい従業員に前の会社並みの給与しか提示できなかった。ジョンは新しい従業員候補が妻と三人の子どもとともに、狭いアパートに暮らしていることを知っていた。「彼の妻はマイホームをほしがっていた」。ジョンは言う。候補者は土地をもっていたが、家を建てる資金がなかった。「そこで、家の土台を無料で設置すると申し出た」。結果はどうなったか?　候補者は仕事を受け入れた。

あなたが候補者であれ、従業員、管理職であれ、会社にとってコストがそれほどかからない無形物にはどんなものがあるか、調べるといい。スポーツクラブの入会金や旅行代金、引っ越し料金、会社の信用格付けを利用した低利の借り入れ、フレックスタイム制など。こうした無形物のすべてが、報酬その他の交渉条件の差を埋めるのに役立つ。

アラビンド・イマネニは、人員がもう一人必要になった。会社のコンプライアンス担当取締役が、人員枠を一人あまらせていた。だが取締役はまだ着任したばかりで、枠を譲りたがらなかった。「枠が減ると、社内での地位が低下すると思っていたんだ」。アラビンドは役割交換を通してこのことを知った。

そこでアラビンドは、交換可能なものはないかと考えた。たとえば事務職員を共有する、取締役に大きな角部屋を譲るなど。また取締役が監査の作業を嫌っていることがわかった。アラビンドは取締役のオフィスに自ら出向き（相手を立てるため）、さまざまな無形物を一緒に検討した。取締役は監査を手伝ってもらうことを選んだ。アラビンドが監査を行う代わりに、取締役は枠を譲った。「役割交換のおかげで交渉しやすくなった」とアラビンドは語る。

現在大手金融サービス会社の上級副社長を務めるアラビンドは、実は取締役より位が上だった。だから取締役に枠を譲るよう、強制することもできた。だがアラビンドは、不等価交換をすれば、取締役との関係を損なわずにすむと考えたのだ。「彼の立場に立ってものごとを考えたおかげで、よりよい交渉のやり方を思いついた」とアラビンドは言う。

このような交換を行うには、建設的な態度が必要だ。トム・グリーアは、従業員のブライアンをあるクライアントの担当から、別のクライアントを担当するチームに移そうとした。ブライアンのスキルが必要になったからだ。ブライアンの上司は、そんなやり方は不当だと非難した。

大手会計事務所のメディア・エンターテイメント担当共同経営者であるトムは、非難で応酬しなかった。「ブライアンの代わりに、経験を積んだ上級社員を配置すると約束した」とトムは言う。これで全員の目的がかなえられた。

職場では、日々こうした交渉が発生する。交渉にうまく対処しないと、仕事がうまく行かなくなることもある。ここで紹介したツールが、厄介ごとを防いでくれる。

スーザン・ピローロは、会社から社会人ＭＢＡコースに派遣されることになったが、彼女の上司はこの「特別待遇」を快く思わなかった。会社がきめたことなのに、休職して大学に通うなど「行き過ぎ」だと非難した。だがスーザンは、どちらが正しいかを争っても仕方がないと気がついた。そこで、上司の本当の感情をくみとろうとした。上司は働き過ぎで疲れきっていたのだ。

そこでスーザンは上司に反論したい気もちをグッとこらえて、仕事を手伝わせてほしいと言った。自分にやれる仕事があれば、プライベートな時間を使ってやると申し出た。冷静を保ち、感じよくふるまうことで、上司の不快感を和らげた。「どんな交渉でも、ちょっと立ち止まることが大切よ。相手の立場に身を置いて、相手の目から世界をとらえ直すことが、絶対に欠かせない」。現在フィラデルフィア近郊の製薬会社で部長を務めるスーザンは言った。

職場でこそ第三者と組むことが大切だ

組織では、数がものをいう。なぜなら組織そのものが、数の申し子だからだ。組織とは、その成員がつくる同盟だ。あなたに十分な①権限、②単独での説得力、③信頼性、④意思決定者とのつながりがない場合、または⑤状況から感情的距離を置けない場合も、第三者の存在が役に立つ。これは一言で言えば、協力体制を築くスキルだ。

エリック・ラマーズは、リライアンス・リソーシズのCFO（最高財務責任者）に直接会って、取引を売りこみたかった。だがCFOとは一度も会ったことがなかった。一般に、CFOは面識がない人には会わない。いきなり手紙を送りつけても、らちが明きそうになかった。

だがエリックは、この会社の財務部長を知っていた。財務部長なら当然、CFOと親しいはずだ。そこで彼は財務部長と直接会って、取引にかける意気ごみを示し、強力に売りこんだ。またエリックは財務部長のために、この提案を社内で一言で説明できるようなフレーミングを考えた。それは、この会社が喉から手が出るほど欲しがっていた「流動性オプション」だった。これがCFOを動かし、エリックは財務部長と財務担当副社長とともに、CFOとの会議に招待された。

ラム・ビッタルは、情報収集のために第三者を利用した。ラムは入社と同時にグリーンカードを取得するつもりだった。今後アメリカのビザ政策が変更になった場合のリスクを軽減するためだ。ところが人事部長は、一年の試用期間が終わってから手続きを開始するのが、会社の「基本方針」だと言った。「絶対に折れてくれなかった」とラムは言う。そこでラムは、もっと親身になってくれそうな人に相談した。

自分を採用してくれたグループの副社長に尋ねると、過去にグリーンカードの手続きを入社日に開始した社員がいたことがわかった。副社長は直ちに手続きを始めてくれた。「ぼくはそれまで、交渉の成功物語をうそくさいと思っていた」。のちにゴールドマン・サックスに移り、現在副社長を務めるラムは言う。「でもツールを意識して使い、プロセスについてじっくり考えるうちに、本当に使えることがわかった」。肝心なのは、当事者全員が交渉のプロセスから何かしら得られるようにすることだ、と彼は言う。

したがって、相手を通さずに第三者と直接交渉するよりは、相手に何かを提供して関係の進展を図る方が望ましい（ただし、ビザの問題を抱えていたラムに、この選択肢はなかった）。これをやる方法の一つが、自分の提案を相手の頭のなかの絵に合わせることだ。エリサ・アイガーは、勤務先のアラバマ州の出版社で、社内コンサルタントになりたかったが、人事部は職務を新設しない方針だった。

エリサは人事担当取締役に面会を求め、会社に不足しているスキルについて尋ねた。取締役が説明する間、「口を挟まないよう必死にこらえた」という。それからエリサはいま聞いた話をもとに、自分と会社の共通の利益と思われることを要約し、こうしたニーズを満たす職務があると説明した。彼女は新しい職務を、取締役の言ったことに合わせてつくりかえたのだ。「取締役は職務提案書を書くのを手伝ってくれると言い、わたしがその職務に就けるよう、道を開いてくれた」

段階的に進める

本章をはじめ、本書で紹介する交渉のほとんどが、段階的に進められている。つまりすべてを一度に要求しないということだ。このスキルは、身につけるのがとくに難しい。だが人は大きな変化を嫌うものだ。どんな交渉でも、プロセスをいくつかのステップに分ける方法を考えよう。必ずしも時間が余計にかかるわけではない。このプロセスを踏まなければ、そもそも交渉自体がまとまらないことも多いのだ。

カミラ・チョウは、ワーナー・ホーム・ビデオで一夏の間働き、卒業したら正社員にならないかと誘われた。彼女は、ワーナーのメディア・エンターテイメント部門で、金融や戦略の仕事がしたいと思っていた。しかし上司のジェフに承認を得なければ、社内で異動することはできなかった。

そうは言っても、ジェフにいきなり配置転換を要求するのは、恩知らずというものだ。ジェフは数百人もの応募者のなかから彼女を選び、すばらしい機会を与えてくれたのだ。そんなことをしたら、ジェフとの関係も、自分のキャリアもだめになってしまう。

「ジェフの立場に身を置いてみると」とカミラは言った、「すぐに異動したいという自分の目標が、現実的でないことがすぐわかったの。だから小さなステップに集中した。まずは人脈を築き、会社全体を知ることを優先したわ」

カミラはジェフに、自分の時間を少し使って、長期的な関心分野である金融と戦略の仕事をしていいでしょうかと尋ねた。いまの仕事をきちんとこなす限り、長期的な関心を追求するのは、全然構わないと言われた。社員が重要分野で新しいスキルを培うことは、会社にとってつねに望ましいことなのだ。

「ほしいものがすぐに得られるとは限らない」。現在インターネットニュース配信会社アウトサイド・インの副社長を務めるカミラは言う。「でも、いつかそこに自分を導いてくれる進路を描かなくては。問題をどうフレーミングするかが、成否を分ける」

段階的に進めるとは、問題をすべて一人で抱えこまずに、状況に関する質問を相手に投げかけることでもある。サラ・ルイスは、ペンシルベニア大学ロースクールの学生だった頃、ニューヨークの一流法律事務所で、週二〇時間の契約で働いていた。だが二人の共同経営者から、それよりずっと多くの仕事を与えられた。

サラは賢明にもこれを、「自分の問題ではない」としてフレーミングすることにした。二人の共同経営者に面会を求め、二人に与えられた仕事の量と内容をくわしく伝えた。それから、自分は週に二

○時間しか働けないので、どうすればいいかお二人できめてくださいと言ったのだ。

「二人は話し合って、わたしの時間を配分し直してくれた」。現在ニューヨークの企業で法律顧問を務めるサラは言う。彼女は当初、自己決定権や権限のほとんどない状態で交渉を始めた。だが最初の小さなステップで、問題を相手に委ねることによって、自分の仕事と生活に対する決定権を、自分の手にとり戻したのだ。サラは仕事が大変だとも、困っているとも言わず、相手に問題を淡々と示した。

相手の感情

将来の雇い主が発するシグナルに注意を払うことが大切だ。

ローラ・ビーチは、ある会社にニューヨークでの面接に呼ばれたのだが、その日はちょうど大学で発表をすることになっていた。悪い成績をつけられたくなかったローラは、会社に相談した。最初に電話に出た日程調整担当者は、日程は変更できないの一点張りだった。だが採用担当者に話をしたところ、変更してもらえた。

最初の担当者がローラに送ったシグナルは、一言で言えば、「この会社は自己の都合でローラの学業成績を損ない、ローラに約束を破らせても構わないと思っている」ということだった。これは明らかに会社全体の意向ではなかったが、こういった会社には、仕事を受け入れる前に問いただした方がいい。ローラは現在ニューヨークのクレジットカード会社の役員をしている。

たとえあなたが会社の下級職員で、権限や影響力をほとんどもっていなくても、本書のツールを使えば、キャリアを高めていくことができる。エリック・デルブリッジは、上役たちが出席する社内会議に出た。彼は自分の意見を主張する代わりに、事実や基準を指摘し、上役たちの意見を求めた。上役たちは次第に矛盾に気づき、エリックが密かに抱いていた考えを支持するようになったという。「自分が部屋のなかで一番下っ端の人間でも」と現在シカゴのヘッジファンドでアナリストを務めるエリックは説明する、「優れた交渉スキルがあれば、ほとんど目に見えない方法で、目標に到達できるんだ」

学生たちはわたしのツールを使って、間違いから学び、最終的に目標をかなえている。

ＮＹＵでわたしの講座を受講していたステファン・ペトランカー博士は、ある病院の麻酔部長の職に応募した。彼は病院のＣＥＯと面接したが、事前にＣＥＯの目標について十分な調査をしていなかった。

ステファンは患者のケアの向上を図り、卓越した医療を提供することに全力をあげたいと言った。だが結局わかったのだが、ＣＥＯはコスト削減や院内の物流改善の方に関心があった。「ぼくは共通の基盤が、卓越性と患者のケアにあると思っていた」。ステファンは言う。「だがＣＥＯが必要としていたのは、人減らしのための財務計画だった」。彼は不採用になった。

次の就職面接では、調査委員会の一〇人が、彼を入れ替わり立ち替わり、三〇分ずつ面接した。「一人ひとりに、次の面接官はどんな人ですかと聞いたんだ」。ステファンは言う。「面接官の立場に意識的に身を置いて、自分がこの職に適した人材だと思わせるには、何が必要かを考えた。また一人ひとりに、優秀な候補者のなかでぬきんでるには、どうやって自分を売りこめばいいでしょうかと相談した。そうしたら、教えてくれたよ」。こうして彼は職を手に入れたのだ。

このプロセスを使えば、あなたも仕事に就き、仕事を維持し、仕事をよりよくこなす――またはよりよい従業員を見つける――チャンスを高められるはずだ。このやり方のよいところは、ちっとも難しくないところだ。それに、よりよい職場を生み出すのに一番大事なものが手に入る。それは、確実に自信をもってゲットモアするための、構造化されたプロセスだ。

第10章　買い物でゲットモア

わたしの教え子のMBAの学生が、デパートのブルーミングデールズに靴を買いに行った。靴売り場に、とてもよく似た二足の靴が並べておいてあった。一方は一三〇ドルほど、もう一方は二五〇ドルほどだった。高い方がずっとつくりがよいのは明らかだった。

「この二足はとてもよく似ていますね。ただ、高い方がずっとつくりがいいですけど」。学生は売り場の店員に言った。「ええ、そうなんです」。店員は言った。

「高い方はそんなに売れ行きがよくないでしょうね。多分、ほとんどの人が安い方を買うから」。彼女は言った。「まさにその通りなんですよ」。店員は相づちを打った。

学生は高い方があまり売れ行きがよくないのなら、そのうち廃番になるのではないかと言った。代わりに、売れ行きが早い、ほかの商品を置いた方がいいかもしれませんね。店員はこの会話がどこに向かっているのか、ピンときた。「申し訳ありませんが、わたしどもは商品の値引きはほとんどしません」。彼は釘を刺した。

学生は「ほとんどしない」という言葉を聞いて、ときには値引きされることがあるというシグナルとして受けとった。「高い方は、わたしにはとても手が出ないわ」。学生は言った。「でももしかして、店にとって利益が出るお値段で、在庫をさばくお手伝いができたらって、そう思っていたんです」。

この「在庫をさばく」という言葉は、学生が店員の考え方を理解しているというシグナルだった。

続いて学生は、デパートの商品の仕入値はたいてい定価の半値程度だと指摘した（事前に調査をしていたのだ）。彼女は一五〇ドルくらいではどうかと言った。最終的に彼女は靴を一六〇ドルで手に入れた。九〇ドル、つまり三六％の値引きだ。

電話セールスから一〇億ドル規模の企業買収まで、世界中の人が買い物での交渉に苦労している。世の中はますますせちがらくなっているように思われる。非協力的な交渉人、隠れた意思決定者、破られた約束、融通の利かない方針が増える一方だ。

何万人もの人がゲットモアの戦略とツールを使って、買い物で驚くほどの成果をあげている。絶対に値引きをしない店での値引き、携帯電話の数百万分もの無料通話時間、不可能と思われた条件での製品、サービスの購入、企業の売買。本章のねらいは、一見不可能に思えることを、あなたにもできるようにすることだ。

わたしがいつも学生に与える最初の宿題は、街に出て値引きを求めることだ。値引きの対象は、ピザ一切れでも、ティファニーのネックレスでも、何でもいい。とにかく学生たちに実際にゲットモアしてほしいのだ。いざやってみると、正しいやり方をすれば、どんなものでも、どんなに高級な店が相手でも、交渉の余地があることがわかる。ほとんどの場合、最低限の準備と、要求する勇気さえあればうまく行く。

これを初めて聞いた学生は、たいていこういう質問をする。「このやり方は操作的じゃないですか?」人が苦労して稼いだお金を奪おうとする方法だというのだ。前にも言ったが、わたしの答えは「そうとは限らない」だ。あなたが店で値引きをしてもらったら、一番得をするのはだれだろう?あなたは店が気に入って、また買い物をするだろう。そうなれば店は儲かる。あなたが店員に優しくして値引きをしてもらえば、多くの買い物客に意地悪をされている店員は、気分がグッとよくなる。それがきっかけで、やる気が高まるかもしれないのだ。

ブルーミングデールズの事例では、だれが一番得をしただろうか？　はっきりとは言えない。この事例では不等価交換が行われた。ブルーミングデールズは利益をあげ、投資を回収した。もっと回転の速い商品のために、棚を空けることができた。操作とは、相手を傷つけるものをいう。だがあなたはだれを傷つけることもなく、自分の目標を達成できるのだ。

市場での交渉に関する助言は、どんな状況にも通用するという「万能型」のものが多い。どうやって家を売るか、車を買うか、会社を売却するか。だがしつこいようだが、交渉は状況によってまったく違うものになる。そのときどきの人やプロセスによって変わるのだ。市場での交渉では、一部のツールがほかより頻繁に使われるが、それぞれの状況と、交渉に関わる人たち、そして自分の目標に焦点をあてるのは同じだ。

そんなわけで、車を売買する方法や会計サービスを購入する方法、航空券を手に入れる方法は一つではないし、一〇個でもない。その状況における自分の目標や、相手、選んだプロセスによって異なる、無数のやり方があるのだ。

規範とフレーミング

まずは規範から始めよう。規範さえ使えばいいというものではないが、うまく交渉するには、このツールを使いこなす必要がある。そのためには、相手が受け入れられる規範に合うように、状況をフレーミングすることも大切だ。

最初は簡単な、消費者としての交渉からとりあげよう。ほとんどの人は値引きの求め方を知っているし、その方法で実際に値引きが得られることもある。だがここでとりあげる事例は、そういったものとはまったく違う。相手にノーと、しかも一度ではなく何度もノーと言われたあとで、成功を勝ちとった人たちの物語だ。わたしの学生はいらだったり、冷静さを失ったりしなかった。ただ本書の交渉ツールを使い続け、最後には目標を達成したのだ。

交渉で規範を使うことは、規範の特例を求めることでもある。マーク・ペリーはスマートフォンのトレオ750を使っていたが、買ってから一三カ月後、つまり保証期間が終了した一月後に壊れた。マークは店に行って、AT&Tがこれまで保証に例外をもうけたことがあったかを店員に尋ねた。店員は彼を店の隅に連れて行ってささやいた。「ありますよ」。現在シンガポールで商品トレーダーをしているマークは、トレオの新型機種を半額で手に入れた。一〇〇ドルの節約だ。

なぜ店員はマークを隅に連れて行ったのだろう？　全世界に発表したくなかったからだ。そんなわけで、何か特例を求めるときは、大勢の前で求めてはいけない。そんなことをすれば相手にとってのコストが急増し、イエスと言いづらくなってしまう（相手に規範を守らせるときは、この逆だ。相手の不公平や矛盾を、できるだけ多くの人にさらすのだ）。

規範ツールの大きな部分を占めるのが、フレーミングだ。規範が埋めこまれた質問をしよう。アンドリュー・ドハティーは、寝室用の家具一式に値引きを求めた。レストレーション・ハードウェアでは、一五％お引きしますと言われた。そこで店長のパムに、あなたは歩合制で働いているんですかと聞いた。答えはノーだった。次に、販売した商品に対して、何らかのボーナスをもらっていますかと尋ねた。答えはイエスだった。「特別な販売」にはボーナスが出るという。高級寝室セットは特別な販売にあたりませんかと彼は尋ねた。結果は四割引。現在ニューヨークの銀行でマネジャーを務めるアンドリューは、一八〇〇ドルもの金額を節約した。

ケーブルテレビ会社のＨＢＯは、新規加入すると月額料金が六カ月の間六ドルになるという、お得なキャンペーンを実施していた。ＨＢＯにすでに加入していたクリス・ヒバードは、サービス担当者に電話をかけて、同じ料金を適用してもらえないか尋ねた。ＨＢＯにとって、自分は販売費のかからない客だが、新規顧客の獲得には多額の費用がかかるはずだと指摘したのだ。ＨＢＯはそれ以上のことをしてくれた。彼は六カ月間無料トライアルを得た。

担当者はなぜこんなはからいをしてくれたのだろう？　それは、現在ニュージャージーの企業でサプライチェーン責任者を務めるクリスが、親しみやすい態度で接し、忠実な顧客であることをアピールし、ガツガツしていなかったからだ。消費者は、何かにむしゃくしゃしたり、その企業の別の担当者にいらついたりして、たまたま電話に出た担当者に八つあたりすることも多い。そして担当者は一日中、そんな電話の相手をしているのだ。成功のカギは、険悪になりかねない状況にあっても――規範を使っているときであっても――相手に優しく接することにある。

ケネス・ジーグラーは、相手の規範を盾にして、自分の勤めるコンピュータ会社の費用を年間一〇万ドル節減した。彼は自社が取引しているある業者のスローガンを調べた。「信頼に応える安価な通信手段を、いつでもどこでも実現し、豊かな社会をめざします」。ケネスはこの業者の競合他社の料金を示し、うちにとって御社の現行料金は、御社のスローガンが謳うように「安価」ではありませんと指摘した。

それからケネスはこの問題を、相手企業に委ねた。「うちのニーズを安価な料金で満たす方法を考えてくれませんか」。業者はサービス内容を見直し、ケンの会社に従来と同様のサービスを、年間一〇万ドル低い料金で提供する方法を考案した。「使えるときには必ず規範を使うようにしているよ」。現在同社のCOO（最高執行責任者）を務めるケンは言う。

斬新な発想でものごとをフレーミング（またはリフレーミング）する能力は、どんな交渉でも大きな強みになる。これは一夜にして習得できる能力ではない。練習と準備を通じて培うものだ。ミランダ・サロモンと夫のラリーは、ニューヨークのヘルス&ラケット・クラブに、一人につき一二四ドルの「標準月額料金」を払っていた。二人で月二四八ドル、年間では約三〇〇〇ドルになる。

ミランダが少し調べたところ、多くのスポーツクラブが個人料金の半額ほどの法人料金を設定していた。そこでクラブの営業担当者に、夫と自分は法人ではないが、法人のために仕事をしていると言った。これはリフレーミングだ。一般に、法人料金を設定するねらいは、企業から多くの会員を集めることにある。ニューヨークで弁護士をしているミランダは、自分たちも知り合いをクラブに紹介して、同じことをやっているのだと言って、自分たちの行動をフレーミングした。結果、ミランダは年間一五〇〇ドルの節約を実現した。

デビン・グリフィンは婚約者のサラと一緒に、近々予定している結婚式の花嫁介添人にあげる贈り物を買いに行った。数人の花嫁介添人の贈り物を選び、値段は締めて九七五ドルだった。「ぼくは店に聞いてみた。高額商品を値引きすることはないんですかって」。答えは「あります」だった。そこでデビンは、一〇個の商品を総額九七五ドルで買うのと、一個の商品を九七五ドルで買うのは同じだと主張した。売上高は同じですよね？　ごもっともです。シカゴ・ホワイト・ソックスのデジタルメディア部門で働くデビンは、二〇%の値引きを得た。

一般に、消費者が商品やサービスについてもっている知識は、売り手に比べればずっと少ない。これまでほかの顧客にどんな便宜を図ったことがあるかを、恐れずに尋ねよう。たいてい教えてくれ、あなたは大きな利益が得られる。

ヤン・リーは、フィラデルフィアの宝石店に行ったとき、店員にあなたはこの表に載っている以外の値引きを客に与える権限をもっているかと尋ねた。店員はイエスと答えた。結果、彼はその場で一五%の値引きを得た。ほとんどの人は尋ねることをしない。いつもこうした質問をしていれば、年末にはずっと多くのお金がポケットに残っているはずだ。

もちろん、割引を要求すべきだということは、多くの人が知っている。クーポンに季節のセール、得意客や頻繁利用客向けの特典、年齢割引(学割や高齢者割引)などはよく知られている。だがこれらは氷山の一角に過ぎない。割引はほかにもたくさんあり、開拓する価値がある。居住地による割引、障害者向け割引、喫煙者、禁煙者、足止めされた旅行者、職業集団に対する割引、それに店員が気に入った客に与える「友人や家族」割引まであるのだ。

航空会社は葬式(忌引)や結婚式、学生、教員、現役・退役軍人とその家族、会合や会議の参加者などに割引を提供する。値引きを求めずに何かを買うのは、金をどぶに捨てるようなものだ。億万長者だって値引きを求める。あなたもそうするべきだ。インターネットで工夫して調べてみよう。

ほかの交渉と同じで、相手の提案をくわしく確認すればするほど、より多くを得られる。

ジェイソン・ワイドマンは、間近に迫った自分の結婚式で一時間演奏してもらおうと、サンフランシスコ音楽院の楽団を雇った。彼らの代理人のマルシアは、移動時間が長いからと言って、見積の二倍の金額、つまり二時間分の料金を要求してきた。結婚式の会場は、ゴールデンゲート・ブリッジの向こう側の町、ティブロンにあった。

「演奏会場がサンフランシスコ市内でも、移動時間分の料金を支払うのが通例かと聞いた」。医療機器メーカーのメドトロニックでマーケティング担当副社長を務めるジェイソンは語る。マルシアは、通例ではないが、結婚式の会場が行きにくい場所にあるからだと弁明した。そこでジェイソンは、会場まで簡単に行けることを説明した。「みなさんにフェリーに乗ってもらえば、駅に迎えをやりますよ。これでも行きにくいですか?」実際、ティブロンはサンフランシスコ市外だが、市内の一部の地域に比べれば、音楽院に近かった。結果、交通費は請求されなかった。

本当の意思決定者をつきとめるまで、質問を続けよう。意思決定者とは、あなたの目標をかなえる力をもつ人物だ。マックス・プリルスキーは、会議のチケットの日にちを、金曜から土曜に変更しようとした。ところがチケット販売業者のサイトには、「返金、返品不可」の方針が記されていた。フィラデルフィアで研究者をしているマックスは考えた。「だれが本当の意思決定者だろう?」チケット販売業者は単なる代行業者だから違う。本当の意思決定者は、マックスが参加を予定していた会議の主催者だろう。そこで主催者に電話をして、段階を追ってくわしく状況を説明した。「大丈夫ですよ」と言われた。

交渉で規範を利用する際には、証拠を提示することがとても大切だ。書面で示してもいいし、くわしく説明してもいい。相手の理念や方針の写しをもらおう。あなたの要求の正当性を証明する証拠を見せよう。

ローラ・プロスピアレッティは、フィラデルフィアの化粧品店ダグラス・コスメティックスで、これまでたくさんの商品を購入していた。だが友人たちのように無料サンプルをもらったことは一度もなかった。店員は自分が得意客だと知らないのだろうか？　小さな店だから、自分がたくさん買っていることを示す記録が残っていないかもしれない。そこで彼女は去年のクレジットカードの請求書をもっていった。

「ものすごいプレゼントをもらったわ」。現在故郷のローマで、法律事務所クリアリー・ゴットリーブ・スティーン＆ハミルトンに弁護士として勤務するローラは言う。あれから何年もたったいまも、現品サンプルがぎっしりつまっていた「大きいピカピカの緑のポーチ」を使っているという。成功のカギは、感じよく証拠を提示して関係を証明すること、そしてもちろん、交渉しようという意思にあるという。

心を通わせる

規範を使うときには、できるだけ心を通わせよう。相手が買い手なら言い値を上げてくれ、売り手なら言い値を下げてくれるはずだ。心の通い合いは、このぎすぎすした世の中で金の代わりになる、精神的なお見舞いの一種なのだ。

ルーベン・ミューノズは、ハーツでレンタカーを借りるとき、割引してもらえないだろうかと尋ねた。カウンターの係員ジョバンナは、適用できるようなプロモーションや割引はありませんと答えた。二歳の娘を連れていたルーベンは、ジョバンナが身重だと気づき、ほかに子どもがいるかと尋ねた。男の子が二人いるから、今度は女の子がほしいのだと彼女は答えた。二人は世間話を続け、ルーベンは女の子の育て方について語った。

「何か職業団体に所属してらっしゃいます？」ジョバンナは顔を上げて尋ねた。「ああ」とルーベンは答えた、「アメリカ法曹協会（ＡＢＡ）にね。でも会員証は置いてきた」。それは残念です、とジョバンナは言った。会員証がなければ、ＡＢＡ割引は使えないという。それからまた世間話をしたあとで、証明できるものがなくても、何とかならないだろうかと、ルーベンは尋ねた。「彼女は何も答えずに、コンピュータに何かを入力した」。ややあって、ルーベンは二日間のレンタル料金を三割引にしてもらった。彼女は社内規定を覆してくれたのだ。

まずあなたがよく行く店やレストランなどをいくつか選ぼう。次にそこで働く人とできるだけ知り合いになろう。会話を始めるのにそう時間はかからない。わたしの経験から言うと、店員は知り合いの客に、喜んで骨を折ってくれるはずだ。ホアキン・ガルシアはレストラン・チェーン、アップルビーズの常連客だった。あるときホアキンは誕生パーティを開くことになって、そこの接客係に電話をかけた。パーティを開きたいのだが、料金を割引してもらえるかと尋ねた。だがアップルビーズは団体割引はしないと言われた。ホアキンはマーケティング責任者に電話をつないでもらい、自分は常連客で、今度パーティを開きたいと思っていると説明した。そしてレストランには通常、団体割引があるはずだと指摘した。マーケティング責任者は、前菜とデザートを半額にしてくれた。現在チリで家業に携わるホアキンは、人と人のつながりを利用し、意思決定者を見つけ、粘り強く割引を勝ちとった。

ダニエル・フーは、地元のワイン・ショップでワインをバラで買うことが多かったが、値引きを求めると「いつもにべもなく断られた」という。あるときダニエルは、店主のジョージとソムリエのジェシカを探し出した。いろいろなワインについて二人の意見を聞き、ワインの買いつけ方針について尋ねた。二人は店をくまなく案内してくれ、喜んでうんちくを語ってくれた。こういうことを聞いてくれる人はほとんどいないのだと、二人は言った。

ダニエルは、自分はよくワインを買いに来ていると言ったが、ジョージもジェシカも彼に見覚えがなかった。そこで、これまで買ったワインの銘柄をあげた。二人は感心した。それからダニエルは、二人にお勧めワインを選んでもらった。ダニエルは、いつも六本ずつしか買わないが、しょっちゅう買っているのだと、ここぞとばかりに強調した。こうして彼は六本の購入に、ケース販売と同じ一割引を適用してもらったのだ。現在北京で債券運用を担当するダニエルは、情報の共有と心の通い合いを、日々の交渉に使っているそうだ。

アニー・ヒンドリーは、ペンシルベニア大学のキャンパスにあるパン屋のオーボン・パンで、レジ係に名前を尋ねた。レジ係は学生に名前を聞かれたのは初めてだと驚き、いつもアイビーリーグの名門大学の召使いになったような気がしているのだと告白した。現在ディズニーで金融アナリストを務めるアニーは、三ドルのドリンクを一ドルにしてもらった。

「だれもがこれをやりだしたらどうなる？」とあなたは思うかもしれない。大丈夫、そんなことはないから。それに前にも言ったが、だれもが思いやりをもてば、よりよい世界になるとは思わないだろうか？　そんな世界に住みたくないだろうか？

フランソワ・ホールは、AT&Tの長距離通話サービスに加入しようとした。料金は固定制だった。「ぼくはそれまでAT&Tを使ったことがなかった」と彼は言う。フランソワはフランス出身で、フランスなまりの英語をしゃべる。彼は営業担当者に尋ねた。「フランスに行ったことはありますか？」行ったことがあるし、フランスは大好きだと、担当者は答えた。二人はフランスの話で盛りあがった。結果、彼は年間数百ドルもの割引を得た。

「ぼくには何の力もなかった」。ブラジルのモトローラで製品管理マネジャーを務めるフランソワは言う。「大勢の顧客のなかの一人でしかなかった。でも心を通わせ、それが大きな価値を生んだ」

間接的なつながりでこと足りる場合もある。知人や、自分の所属組織を通したつながりがきめ手になることがあるのだ。ステファニー・リラスは、去年買ったスーツに一五％の学割を適用してもらえないだろうかと、Ｊクルーの女性店員に尋ねた。店の規定できめられた期限をかなり過ぎているため、それはできないと言われた。

ステファニーは、自分の所属する「ウォートンの働く女性たち」（ＷＷＩＢ）という組織が、先日Ｊクルーでイベントをやったのだと店員に話した。店員はＷＷＩＢに興味をもっていたため、話が弾んだ。それからステファニーは、割引について考え直してもらえないだろうかと頼んだ。店員は聞き入れ、ステファニーは割引を得たのだった。「直談判がものをいう」とステファニーは説明する。「心の通い合いがカギだった。態度も大切よ」

もちろん、いつもうまく行くわけではない。店によっては得意客であろうと、値引きには応じないところもある。だがこれをやらない場合に比べれば、割引を得られる確率は格段にアップするのだ。

ステイシー・ブレナーは、言葉を使わずに心を通わせた。彼女はおしゃれな靴店のスティーブ・マデンで、一三〇ドルの靴に値引きを求めようと思った。そこで彼女は、スティーブ・マデンの靴を履いて店に行った。店内にディスプレイされたいろいろな靴について店員と話した。結果、店内の商品をどれでも二五％引きにしてあげると言われた。ステイシーはスティーブ・マデンの靴を履いて歩き回ることで、店内の店員全員を尊重したのだ。

「こわいくらいの効果があったわ！」現在サンフランシスコで医師をしているステイシーは叫んだ。

「全品二五％引きなんて、予想もしなかった」

しつこいようだが、一つしかツールを使わないときより、複数のツールを組み合わせて使った方が効果が高いし、そうしなければ成功しない場合もある。たとえば心の通い合いと規範を併用すれば、相手に好感をもってもらえるうえ、相手にイエスと言うべき具体的な理由を与えることができる。

レベッカ・コルスキーは、Ｊクルーのオンラインショップでヨガ用のショートパンツを買うのに、二割引クーポンを使おうとしたが、期限が切れていた。そこで顧客サービスに電話をかけ、担当者のサンディに、ヨガで体力をつけるためにショートパンツがほしいのだと話した。またサンディに、ヨガをやったことがあるかどうかを尋ねた。

サンディはヨガはやったことがないが、一〇〇キロも減量したのだと言った。当時医学生だったレベッカは感心して、どうやって減量に成功したのかと尋ねた。サンディは水中エアロビクスをやり、スピニング（訳注　暗めの室内で音楽をかけ、インストラクターの指示に合わせて集団でエアロバイクを漕ぐエクササイズ）のクラスに通い、医学もとり入れたという。レベッカはサンディに、将来何がしたいのかと尋ねた。サンディは小児医療に携わりたいと思っていた。そこでレベッカはいくつかアドバイスを与えた。

レベッカはそれから、自分は二〇％引きクーポンの期限を逃してしまったが、Ｊクルーが顧客満足を目標に掲げていることはよく知っていると言った。サンディにとって、クーポンを適用するのは朝飯前だった。実際、配送料まで無料にしてくれたのだ。「相手と心を通わせ、自分のことを少し話し、相手の話をたくさん聞くことが、実に大きな違いを生んだの」。現在シアトルで小児科医をしているレベッカは言う。「サンディはわたしが求めもしないものまで与えてくれた」

「大口客」であることをアピールする

レベッカはサンディとの交渉で、ほかにも少なくとも三つの重要なことを行った。情報をやりとりした。進路について助言を与えた。この交渉をほかの多くの交渉とつなげた。言いかえれば、レベッカはサンディに、目に見えるもの、見えないものを含め、多くの価値あるものを提供したのだ。

無形物を使い、交渉を取引内容と必ずしも関係のない相手のニーズや利益とつなげる。これがパイを広げる結果、双方が合意に達しやすくなるのだ。これはとくに金額が折り合わない場合に有効な方法だ。これを買い物での交渉に応用する方法をいくつか紹介しよう。

何かを買うときには必ず、いまの買い物以外にもたくさん買っている、または買うつもりだということをアピールしよう。たとえばリピート客は、いろんなものを何度にも分けて買っているのだから、大口客だ。そのようにフレーミングしよう。

エナ・ヒューイットは、フィラデルフィアのリッツ・カメラでニコンのデジカメを買った。「リッツはフィラデルフィアでほかにもっと安い値段があれば、その値段にまで下げてくれる。でもこのときは安い値段を見つけられなかった」とエナは言う。その場合、リッツは値引きをしない。

エナは店長のチャドに、自分は写真がもっとうまくなりたいと思っていて、うまくなったら機器を買い足すつもりだと伝えた。そしてリッツは自分の上達をどのような形で支援してくれるだろうかと尋ねた。結果、チャドは二〇〇ドル相当の写真撮影講座と、（通常の一年間の国内保証の代わりに）二年間の国際保証を、無料でサービスしてもらった。現在南アフリカのプレトリアに住むエナは、必要なものに値引きを得たうえ、無料の特典までつけてもらったのだ。

高額のものを二つしか買わないときでも、大口割引を要求できる。わたしのロースクールでの教え子ディーン・クリシュナは、ベストバイで薄型テレビを二台購入する際、これを「大口割引」としてフレーミングしようと決心した。まず彼は、意思決定者である売り場責任者のジャスティンを探した。彼はジャスティンに、どうやって売り場責任者になったのかと尋ねた。

「彼は修士号をもっていることを誇りにしていた」。ディーンは言う。「何分か話してから、今日テレビを二台買ったら、どんな特典をつけてくれるかと聞いた」。ジャスティンは、自分の社員割引を使って、さらに一割安くしてくれたそうだ。ディーンは現在アイオワ州で税金専門の弁護士をしている。

チャールズ・チェンは、婚約者のアリサのための婚約指輪を買いにティファニーに向かった。いくつかの指輪について、販売担当者の意見を求めた。そしてこの購入をきっかけに、今後ティファニーでたくさん買い物をしたいと思っていると話した。チャールズは彼女の名刺をもらい、知識が豊富な担当ができてよかったと言った。結果、婚約指輪の代金は七％引きになった。金額にして七七〇ドルだ。

企業は長期契約の見返りに、割引を提供する。これをいつも要求しよう。

ビカス・バンサルは、三歳になる娘のバニをリトル・ジム体操教室に入れようと思った。「入会割引のことで話がしたいんだが」。教室に出向いて係員に尋ねると、フランチャイズのオーナー、ジョゼフに紹介された。ビカスは割引を求めたが、何も見返りを提供せずに一方的に求めるのは気が引けた。自分にはどんな見返りを与えられるだろう？　教室には、定員の六割ほどしか埋まっていないクラスが一つあった。ビカスは同じマンションに住む、小さな子どものいる知り合い三人に勧めてみると約束した。ビカスは二五％の割引を得たほか、二回分のレッスン（四〇ドル相当）を無料にしてもらった。

相手にとっての長期的メリットというビジョンを描き出すには、相手の頭のなかの絵を知る必要がある。マーク・マコートは数年前、パドウク音板を備えた四と三分の一オクターブのマリンバを買うことにした。マリンバとは、木琴に似た打楽器だ。定価は三二〇〇ドルだった。

店主のダンは、数％しか値引きしてくれなかった。マークは、これから店の得意客になることを示せばいいのだと気がついた。彼は事前の調査から、マリンバの仕入れ値が一六〇〇ドルほどだと知っていた。そこで、それより少し高い金額なら出そうと言った。だがそれだけではない。今後の買い物のために、店に二〇〇ドルを預けておくと言ったのだ。店主はマリンバを定価の半額の一六〇〇ドルで売ってくれた。

このとき一番得をしたのはだれだろう？　だれとは言いがたい。マークはマリンバを買ってからも、子どもたちのためにクラリネットのレッスンを申しこみ、ドラムを買ったほか、ギターのストラップや弦、その他の楽器を買っている。息子はマリンバを習い、州の高校生コンテストで首席打楽器奏者を務め、その後進学したアリゾナ大学では打楽器隊の隊長を務めた。「あのマリンバはまだうちにあるよ」。現在オラクルの地域担当副社長を務めるマークは、八年後にそう語った。

このプロセスを踏むだけで、驚くほどの成果があがることが多い。ステファン・ドゥフォーは、新しくできたホテルに行って、営業責任者に面会を求めた。そしてウォートンのクラブでイベントを開きたいと言って、宴会場の料金を尋ねた。料金は一〇〇〇ドルを超えていた。ステファンは、キャンパスでホテルの宣伝をすると申し出た。料金は無料になった。

法人向け取引の場合、自社の大量供給能力を利用して、顧客を維持できる場合もある。ラリー・バウスキルは、低価格の競合企業に顧客を奪われそうになった。ラリーはこの顧客と取引のある社内の部署をあたって、全体としてみれば顧客の希望する価格を満たす包括供給契約をとりまとめることができた。元の取引を拡張して、より大きな取引にしたのだ。

人は仕事では、昇給やボーナスと同じかそれ以上、雇用の確保やキャリア上の成功を気にかけている。通信技術会社アムドックスでマネジャーを務めるダン・ストリートマンは、ある販売取引に手こずっていた。顧客はダンが勧める三つの製品のうち、二つしかいらないと言ってきた。だが三つめの製品はずっと高価だったため、ダンは何としてでもセットで販売したかった。それに、長い目で見れば、絶対顧客のためになるはずだと思った。

交渉についてじっくり考えるために、ダンは役割交換をして、顧客の立場に身を置いた。その結果、顧客が三つめの製品をとても気に入っていることがわかった。だが購入すれば、社内のだれかがそれを利用して利益をあげ、自分を出し抜くのではないかと恐れていたのだ。

「そこで顧客に、あなたをプロジェクト推進者として、御社のCIO（最高情報責任者）に推薦しましょうと申し出た」。現在サンフランシスコのエネルギー調査管理会社C3で事業開発担当取締役を務めるダンは言う。「プロジェクトが成功したら、その手柄はあなたのもの、失敗したらうちが全責任をとると約束した」。顧客は製品を購入し、結果的に大きな成功を収めた。ダンが本当の問題を明らかにし、創造的な解決策を生み出したおかげだ。

自動車

自動車の売買交渉は、必ずしも厄介とは限らない。交渉の進め方に関してはいろいろな情報があるし、ほとんどの人がやり方を知っている。だが交渉という観点から、いくつかアドバイスをしよう。

第一に、インターネットを使って、ディーラーの手数料や車の相場を調べ、交渉に活かそう。これをやらない人は、金をどぶに捨てているようなものだ。新車であっても中古車であっても、絶対に欠かせない準備だ。特定の車の履歴を調べるために、車両登録番号を照会する方法は、わたしの秘書でも知っている。「新車を買う」とか「中古車を買う」といった言葉でネットを検索してみよう。すばらしいアドバイスがたくさん得られるはずだ。

前に登場した金融サービス会社の上級副社長アラビンド・イマネニは、プライベートでも交渉の達人だ（優れた交渉人は、優れたプロセスをもっているため、どんな問題にも対応できる）。アラビンドは中古のレクサスに目をつけた。「地元のリッチモンドには、この車種は一台しかなかった」。二万四五〇〇ドルの値段がついていた。「ぼくの予算を二〇〇〇ドルオーバーしていた」

そこでアラビンドは調査を行った。中古車ディーラーのカーマックス・ドットコムでは、同じ車種がアトランタで二万一二〇〇ドル、つまり三三〇〇ドル安く売られていた。中古車査定専門会社ケリー・ブルー・ブックで調べた相場は、二万三〇〇〇ドルだった。彼はこうした情報をまとめて、リッチモンドのディーラーにファックスで送った。結果、どうなったか？　アラビンドは値引きを直接交渉する必要もなかった。ディーラーは二万一九〇〇ドルではどうですかと、電話で言ってきたのだ。二時間の労力で、二六〇〇ドルの節約だ。

またアラビンドは調査により、メーカーが三年間一六万キロ保証を一五〇〇ドルで提供していること、リッチモンドのディーラーが同じ条件の保証をその半額で提供していることを知った。そこで彼はディーラーに、延長保証をつけてくれるなら、二万一九〇〇ドルで手を打とうと言った。そうすればディーラーは実質カーマックスと同じ価格で車を販売したうえ、延長保証を七〇〇ドルで販売できる。ディーラーはこれをのんだ。「楽勝だった」と彼は言う。

新車を買うときは、既存顧客向けのプロモーションや、「友人・家族」割引、その他販促キャンペーンがないか調べてみよう。ディーラーが教えてくれることもある。とくにあなたが長期的関係のビジョンを描いたり、だれかを紹介できる可能性があれば、喜んで教えてくれるはずだ。

見積書に記載されたすべての条件について、ディーラーに意味をただし、自分でも調べよう。たとえば販売店による下準備《ディーラー・プレパレーション》は二時間ほどの作業で、数百ドルの価値はないかもしれない。輸送費やライセンス料も、水増しされることが多い。展示車はやめておいた方が無難だ。ディーラーが本当のことを言わないことを想定して、一つひとつの発言の真偽を確かめよう。リースの金利はたいてい割高だ。リース料や「〇%金利」の算定に用いられる車両本体価格は高い。インターネットを検索すると、驚くほどの情報が得られる。こういったものを読まずに購入すれば、きっと後悔するだろう。

どんな規範を用いるときも、人がすべてだ。心を通わせ、交渉の幅を広げよう。販売担当者とそりが合わなければ、その人から買ってはいけない。別の担当者を希望しよう。オプションを勧められたら、仕入れ価格を尋ね、自分でも調べてみよう。

小細工を使わないようにしよう。たとえば買い手が売り手の車をけなして、売り値を下げさせるなど。このような戦術は、売り手をおとしめ、身構えさせるだけだ。代わりに規範を使おう。

こうした手法のすべては、ディーラーが買い手と交渉する際にも使える。情報を開示し、公平な規範を用いることで、信頼を築くのだ。買い手に極端な価格を要求されたら、にこやかに根拠を求めよう。

ラファエル・ロジーロは、中古車店ロンズ・ユーズド・カーで車を「現状渡し」、つまり保証なしで購入した。ところが一月足らずでトランスミッションが故障し、修理に七〇〇ドルかかることがわかった。ラファエルはロンの店に戻り、生活が苦しいことを説明し、修理費を半額負担してくれないかとロンに頼んだ。

「これまで『現状渡し』で販売した車に『隠れた欠陥』があって、大がかりな修理にかかった費用を一部負担したことはないかと、ロンに尋ねたんだ」。ラファエルは言う。「通常はありませんね」とロンは答えた。「通常はない」はシグナルだった。つまり、状況次第では「ときどき」負担することがあるという意味だ。

ラファエルは、自分はペンシルベニア大学ロースクールの卒業生で、今年度は八〇人の新入生のオリエンテーションを担当するのだと伝えた。そして、ロンの店は中古車を五割引で修理してくれたよい店だと、学生に宣伝しようと申し出た。現在ニューヨークで弁護士をしているラファエルは、つごう四つの交渉ツールを使ったことになる。心を通わせ、冷静を保ち、だれが正しいかを問題にせず、多くを求め過ぎなかった。ラファエルは希望通り三五〇ドルを受けとった。

これも人間関係が契約条件に勝った一例だ。この二つの物語から、ゲットモアのツールを使えば、ぎくしゃくしがちな取引が円滑になることがわかる。

何か気に入らない点があったら、ストップ！ 休憩をとろう。形勢を立て直して、また一から始めよう。だれも今日中に契約するようあなたに強要していない。プロセスを自分でコントロールして、ゲットモアしよう。最後になるが、車を売買するとき一番いいのは、元中古車セールスマン（または元ディーラー）を自分の「専属コンサルタント」として雇うことだ。数時間の料金で、何千ドルもの節約になる。そういう人はなかなか見つからないかもしれないが、聞き回ろう。きっと報われるはずだ。

クレジットカード

クレジットカードに関しては、消費者がうまく交渉するすべを知らないせいで、毎年数十億ドルもの利息が払われ過ぎている。これからあげるのは、あなたにできることのリストだ。毎月すべての項目を、気のすむまでやろう。アルバイトだと思ってやればいい。それくらいの見返りは得られるはずだ。

- クレジットカード会社が顧客に提供する最優遇金利を要求しよう。最優遇金利が適用されるのは、どういう顧客だろう？　いつも期日までに支払う優良顧客だろうか？　二〇一〇年に行われたある調査によれば、プロモーションを除けば、優良顧客に適用されるカード金利には、四％から二三％までの幅があるという。
- クレジットカード会社にとって価値のあるものに焦点を絞ろう。ケネス・レイズは、シティカードの担当者に「ぼくは一〇年来の得意客だ」と言った。その結果、金利を二二％から一五％に下げてもらい、年間で五〇〇ドルもの節約を実現した。しかも、たった五分間の電話でだ。

アメリカン・エキスプレスは「世界最高のサービス」と「誠実」を約束している。ディスカバーは「消費者と企業が金融サービス会社と結ぶ、最も実り多い関係」の提供を謳っている。こうした規範を盾にしよう。

●心を通わせよう。クレオ・ザグレアンは、シティバンクの担当者マーシーに出身地を尋ねた。サウスダコタ州だった。クレオは先日そこに行ったばかりで、二人は話に花を咲かせた。マーシーは、クレオに六カ月間金利無料を適用してくれた。それは言ってみれば、クレオが彼女を一人の人間として扱ったことへの見返りだった。

●自分の属するカテゴリー（性別、人種など）に低金利が適用されるか尋ねよう。一度断られても、電話をかけ直して別の担当者に尋ねよう。

●カード会社の解約阻止部門につないでもらおう。ジョン・バングは、バンク・オブ・アメリカの解約阻止部門に電話をかけて、「御行の顧客でいるために、手を貸してくれませんか？」と言った。ほかの銀行に低い金利を提示されていると打ち明けると、金利はその場で三％引き下げられた。ニューヨークの公益弁護士であるジョンは、年間数百ドルの節約を実現した。

●クレジットカードの契約書をよく読み、会社が規定を守っていることを確かめよう。こうした材料はすべて交渉に使える。支払い困難に陥っても、ほとんどのクレジットカード会社が支払いを減額してくれるはずだ。

クレジットカード会社やその取立代行会社に勤める人に一言。消費者を公平に扱い、非常識な担当者を電話口に出すようなことをしなければ、苦情も減り、期限内に支払いをする人が増え、連邦議会からの圧力も減るはずだ。ゲットモアのツールは、あなたにも役立つのだ！

不動産

家の売買は、ほとんどの人にとって人生最大の取引だ。また、ほとんどの人が嫌う交渉でもある。家を買う人も売る人も、だまされるのではないかと恐れている。適切な交渉ツールを使えば、その心配はなくなる。

パメラ・ベイツ・クリステンセンが住宅ローンの申しこみをした際、住宅ローン会社の担当者は、固定金利の保証期間は六〇日だと言った。ところが承認がおりて契約を確認すると、保証期間はわずか三〇日になっていた。

「問題が起きる前から、すべての電話の内容と、担当者の名前、電話番号を記録しておいたの」。現在パリのアメリカ国務省フランス支局で上級顧問を務めるパメラは言う。彼女はクレジットカード会社の社是を読んでみた。そこには顧客サービスの重視をはじめとする、さまざまな規範があげられていた。また住宅ローン会社の担当課長に電話をかけて、折り返し電話がかかってこなかったときには、電話をした日付と時刻、残した伝言の内容を必ず記録した。会社の指揮系統を上に上がっていく間も、相手の問題行動を記録することを怠らなかった。彼女はわずか数日で、三〇日分の追加保証期間をとり戻すことができた。

あなたはこう思うかもしれない。「約束を守らせるために、こんなことまでしなくてはいけないのか？」――残念ながら、ときにはそれが必要なこともある。いつもペンとメモ帳をもち歩こう。相手が約束を守ってくれるかどうか不安なときや、リスクが高いときには、詳細をメモしておこう。やり過ぎのように思われるかもしれないが、いざ必要になると、やっておいて本当によかったと思うものだ。

全米の不動産仲介業者の手数料は、一％から六％まで大きな幅がある。つまり不動産業者と交渉する人は、数千ドル節約できる余地があるのだ。四％を超える手数料は、高すぎると言っていいだろう。二％でも高すぎると思う人が多い。この余分な資金を、自分の懐に入れたいとは思わないだろうか？

三〇万ドルの家を売る場合、手数料が二％下がれば六〇〇〇ドルの節約になる。大金だ！

ジェイ・チェンは、センチュリー21に家の売却手数料として三％を提示された。ジェイがネットで少し調べたところ、オンライン不動産業者のジップリアリティ・ドットコムは、二％だった。だがフィラデルフィア近郊で証券アナリストをしているジェイは、できれば地元にあって利用しやすい、センチュリー21を通して家を売りたかった。ただし手数料を下げてくれるという条件つきだ。センチュリー21は手数料を下げ、二・五％を提示した。五〇万ドルで売れれば、二五〇〇ドルの節約になる。交渉にかかった時間は五分。用いたツールは規範だ。

手数料が下がれば、不動産業者が手を抜くかもしれないと思うなら、創造性をはたらかせよう。業者が本気を出してくれるようなインセンティブを提供すればいい。たとえば類似物件の相場を調べて、あなたの家が四〇万ドルで売れそうだとする。このとき、四〇万ドルまでの販売には二％、四〇万ドルを超える金額には二〇％の手数料を支払うといったとりきめにするのだ。業者が四五万ドルで販売すれば、あなたの支払う手数料は四〇万ドルに対して八〇〇〇ドルと、四〇万ドルを超えた五万ドルに対して一万ドル、合計一万八〇〇〇ドルだ。全体としてみると四％になる。

追加報酬を支払うのに抵抗があるだろうか？　もしそうなら、その考え方から脱却しなくてはならない。あなたが四〇万ドルを超えて得た余分の四万ドル（五万ドル引く一万ドル）は、降って湧いたお金なのだ。相手に勝つことではなく、自分の目標を達成することだけを考えよう。

創造的なやり方はほかにもたくさんある。たとえば定額報酬や、上限つきで時給（通常七五ドルから一五〇ドル）を支払うなど。こうした方法を用いる際には、必ず評価基準を設定する必要がある。つまり、不動産業者が実際に家を売却しなければ得られない、成功報酬とするのだ。

すべての関係者と心を通わせれば通わせるほど、目標を達成できる見こみが高まる。相手と直接会おう。世間話をしよう。相手の形にならないニーズをくみとろう。子ども同士を引き合わせよう。これも大切なことだ。取引で何か起きたとき、人間関係がクッションとなって、取引が頓挫するのを防いでくれるからだ。

わたしの教え子の一人が、サンフランシスコに家を見に行った。家は買い手でごった返していた。ようやくオーナーをつかまえると、教え子は価格の話はせずに、なぜ売るのか、どこに引っ越すのかといったことを尋ねた。二〇分ほどすると、オーナーは全員を家から追い出し、教え子に最高の提示額の半額以下で、家を売ってくれたという。

なぜだろう？　それは彼が信頼を築いたからだ。ものを売買するとき、相手をだまそうとする人が多い。約束を守らない人もいる。この事例では、売り手は自分のことを知ろうとしてくれたただ一人の買い手と、実際に取引をしたいと思ったのだ。

ときには不動産業者が、相手と話をさせてくれないこともある。業者を通さずに相手と直接交渉して、手数料を節約しようとしているのではと勘ぐるからだ。そんなときは取引が成立したときの手数料の支払いを保証する覚書に署名すると言えばいい。

業者が相手に会わせてくれなくても、業者から相手についていろいろ聞き出そう。第三者からの情報であっても、相手について多くのことがわかればわかるほど、相手とのつながりが見つかることが多い。忘れないでほしい、成功と失敗は紙一重なのだ。

同族企業と交渉する

売買については、同族企業を抜きにしては語れない。世界全体の就業者の八〇%以上が、同族企業で働いている。アメリカのフォーチュン五〇〇社企業の約三分の一（約一七〇社）は、家族が所有する企業だ。同族企業はアメリカのGNPの六五%以上を生み出しており、全世界では割合はさらに高くなる。

これは驚くほど高い割合だ。それなのに、ビジネススクールや経済評論家が、同族企業が絡む売買の力学をとりあげることは、ほとんどない。そんなわけで、実業界を引っ張る人たちの多くが、世の大部分を占める同族企業に対処する態勢にない。また同族企業に携わる人たち自身も、その力学にうまく対処していないのだ。

わたしはこれまで同族企業の買収に助言を与え、自分の会社を所有し、同族企業を共同経営してきた。授業では同族企業のケーススタディをとりあげ、自らケースを執筆している。つまりこうした力学を直に経験し、研究してきたのだ。次にあげるのは、世界の企業の大半を占める同族企業が絡む、あらゆる交渉にはたらく力学だ。

同族企業の特性

● 誇り、感情、強いエゴ

●いつまでも古い戦いを続ける人たち
●尊重されていない、正しく理解されていないと感じる人が多い
●集権的な意思決定
●実際の権限や影響力が必ずしも反映されていない組織構造
●数十年の個人的努力から資産を過大評価
●株主をそれほど重視しない
●個人の財務状態が企業の財務状態を圧迫することもある
●社員を容易に解雇できない
●無形物が非常に重要
●社外の専門家に頼らない
●会社の「文化」がカギ
●必ずしも能力第一主義ではない

ここからはっきりわかるように、同族企業は、それ以外の企業に比べて、効果的な交渉の敵である感情が支配している。同族企業に携わる人たちの多くは、ほとんどすべてのことを個人的に受けとる傾向にある。彼らは尊重されていないと感じている。過去のできごとをめぐって争う。論理に基づいて決定を下さない。有利な取引の妨げになるようなことをたくさんする。目標をなかなか達成できない。またその目標は、金がすべてではない。

同族企業との交渉では、感情が決定を動かしていないか、無形物を提供すべきか、感情のお見舞い

をすべきかどうかに、特別の注意を払わなくてはならない。エゴがどの程度価格に影響を与えているかを考えよう。

南米で手彫りの像を買う場合にも、シカゴで企業を買収する場合にも、これがあてはまる。アトランタの三人兄弟にアイデアを売りこむ場合も、アフリカのコーヒー農園を売却する場合もだ。感情的な人は聞く耳をもたず、目標に集中できないことが多いのだ。

本書のツールを使えば、このような問題にうまく対処できる。異文化間の交渉と同じで、すべては相手の認識を見きわめ、尊重することから始まる。

かつて存在した会計事務所アーサー・アンダーセンで投資銀行担当共同経営者を務めていたマイケル・ファーリーは、クライアントの代理人として行っていた、衣料品企業の買収交渉で苦戦していた。「オーナーの期待は、まったくもって非現実的だった」とマイケルは語る。

マイケルと部下たちは、タマネギの皮をむくように、問題を少しずつ解決していった。「オーナーは会社を売却することに、とても感情的になっていた」。現在マイアミに本拠を置く不動産取得会社の取締役を務めるマイケルは言う。「彼の立場に身を置くことで、答えを見つけたんだ」。オーナーがさまざまな役得つきで、あと三年は会社にとどまりたがっていることがわかった。そのほか、新会社の株式を〇・五％（二〇〇万ドル相当）保有したい、毎年の八週間の休暇旅行に社用機を利用したい、従業員を新会社で継続雇用してほしいといったニーズをもっていた。これら無形物と引きかえに、マイケルは四億ドル以上の価値のある会社を、四二〇〇万ドルの現金と株式で買収することができたのだ。

ある買い手は、非上場企業の売り手との間で、さらに厄介な感情的葛藤を経験した。二人のオーナーのうちの一人は売却に乗り気だったが、もう一人はそうではなかった。理由を聞かれた彼は、こう答えた。「わたしは自分のデスクで、仕事をしながら死にたいんだ」

こうした感情的葛藤は、同族会社との交渉で予期される問題だ。この買い手は買収を進めるために、陰で「意固地な創設者」と呼んでいたオーナーに、積極的で有意義な役割を新会社で担ってもらうことにした。これと引きかえに、売値を引き下げてもらった。「あの交渉では、金よりも何よりも、感情の方がずっと重要だった」と買い手は語る。

最後に、身近な例を一つ。世間話はほぼ必ず効果を発揮する。世間話は、あなたが生涯に行う無数の交渉で、あなたをより人間らしく見せてくれる。そして、ゲットモアに役立つのだ。

ジョシュ・アロイは日曜に総菜屋《デリ》に行った。七面鳥のジャンボサンドイッチにフレンチフライとドリンクのセットを、火曜のように半額にしてもらえないかと頼んだが、断られた。彼はとにかく、そのセットを注文した。通常の値段で、何も文句を言わずにだ。「フィラデルフィア・フィリーズは、いったいどうしたって言うんだい」。ジョシュはサンドイッチをつくっている店員に話しかけた。野球談議が続いた。ジョシュは一ドル札をチップ入れの壺に入れた。話をするうちに、サンドイッチとフライはますます大きくなっていった。そして最後に店員は、日曜だが火曜の価格でいいと言ってくれたのだ。しかも大盛りだ。「カギは心を通わせることだった」。現在弁護士をしているジョシュは言う。そこに居合わせたほかの人たちにとって、それはデリでのただの会話だった。だがジョシュにとっては、ゲットモアをもたらす交渉だったのだ。

第11章　人間関係

わたしの講義を受講していた経営者は、母を老人ホームに入れたがっていた。ホームに入れば安全だし、よりよい医療を受けられるし、話し相手もたくさんできる。母は確かにそうかもしれないと言ったが、行くのを拒んだ。「まだそんな気もちになれないのよ」とくり返すばかりだった。

当初母は、身の回りのものや、生涯かけて集めた芸術品を置いていくのがしのびないと言っていた。だがとうとう、娘が母の恐れをはっきり言葉で説明することができた。「身の回りのものを捨てるのは、自分の人生を捨てるのと同じこと、そうなったらあとは死ぬのを待つだけと、お母さんはそう思っているのね」。母はひとしきり泣き、そうなのよと言った。

そこで娘は、身の回りのものをすべてもっていったらどうかしらと提案した。近くに保管場所を見つければいい。お母さんがその気になったら、もちものに目を通し、ほしいものはとっておき、残りは寄付するなり、捨てるなりできるでしょう。母は自ら進んで老人ホームに入った。

最近では人間関係の修復を掲げる、数十億ドル規模の一大産業が生み出されている。精神科医、結婚コンサルタント、結婚仲介業者、経営コンサルタント、家族カウンセラーなど。だがわたしの教え子たちの経験から言って、人間関係にまつわる問題のほとんどに、専門家は必要ない。人間関係の問題は、仕事であれプライベートであれ、ただの理解不足から始まることがほとんどだ。それからコミュニケーション不足が続く。これは簡単かつすばやく解決できることが多い。

小さな怪我でも、適切なスキルと治療法で対処しなければ、専門医療が必要な大きな病気になってしまう。同じことが人間関係についても言える。もっと率直になり、相手に感情のお見舞いを与え、もっと質問をし、まず相手の言うことに耳を傾け、相手の感情や感性について考えれば、事態が悪化する前に、ほとんどの関係を修復できるのだ。

もちろん、ときには専門家が必要になることもある。だがこれまで多くの人が本書のツールを使って、関係を大いに改善し、友人関係や結婚生活、取引を維持し、重要な人材を引きつけ、維持するためのよりよい方法を編み出してきた。

先の例では、母が感情的になっていたが、娘が母の感情に正面から向き合ったことが功を奏した。娘は母の認識をくみとり、フレーミングを使って感情のお見舞いを与えたのだ。

本章では人間関係に有効なツールを、よりくわしく、具体的に見ていこう。こうしたツールを使って関係にまつわる問題を解決していくことで、わたしたちは自分自身や大切な人のために、より多くを手に入れることができるのだ。

第6章で説明したように、人間関係のかなりの部分を感情が占めている。だが関係をうまく保つには、いわゆる感情的知性（EQ）だけでは足りない。本書の前半で説明したツールを幅広く使う必要がある。基準、不等価交換、問題解決、段階的に進めるなど。本章では一つの戦略だけでなく、複数の戦略やツールを併用して関係を改善する方法を見ていこう。

何より大切なことに、あなたは関係を築きたい、または保ちたいと、本心から思っているだろうか。ビジネスでは、関係を築きたがるふりをする人が多い。だが多くの場合、相手の知識や人脈を利用して成功したいだけなのだ。

これを「信用詐欺」という。友人のふりをして相手の信頼を得る。だがいったん気安い関係になってしまうと、今度は奪えるものは何でも奪おうとする。前にも言ったが、ビジネスの世界では、自分の目標を正々堂々とかなえるだけのスキルや経験をもたない人が、うそをつき、人を欺き、操ろうとすることが多い。だから人間関係を論じる章は、信頼できる相手を選んで関係を築くことが大前提となる。もちろん信頼できない相手とも仕事はできるが、その場合段階的にことを進め、確約をとりつけなくてはいけない。

人はつき合いのある相手には、信頼できるかできないかにかかわらず、自分の考えを打ち明け、大事な客を紹介し、ときには銀行の口座番号までさらしている。そうする前に、まず第一の鉄則として、信頼関係に不安があるときには、自分からあまり情報を与えてはいけない。

第二の鉄則は、つねにこう自問することだ。「この人との関係で起こり得る、最悪の事態は何だろう、またそれに対して自分は備えをしているだろうか?」どんなに安定した職に就いていると思われる人でも、どんなに有能な人であっても、うそや陰口、たくらみなどに足をすくわれることがある。

昨今の組織からは、忠誠心が失われている。企業はあらゆる理由をつけて社員を解雇する。「協力関係」や「倫理」を培うと謳う組織も、それを日々の生活で実践しているとは限らない。

ほとんどの企業は、多様な組織が望ましいと、建前では言う。そして前にも言ったように、多様なアイデアをもつ組織は、創造性が高く、一般に収益性も高いことを、データは示している。ところが組織内では、人と違うことをしようとするだけでのけ者扱いされる。別の研究によれば、企業幹部は自分と似たような思考をもつ人を新しい役員に選び、「画一思考」を暗に促しているという。

仕事上の関係でぜひ勧めたいのは、すべてを記録しておくことだ。考え過ぎと思われるかもしれないが、わたしはこれまで政治的駆け引きや、だれかの個人的利益の犠牲になって、実に多くの人たちがキャリアや家族の安心を危険にさらすのを目の当たりにしてきた。重要な会合のメモをとり、自分や他人のしたこと、言ったことを記録しておくといい。将来の安心のための投資と考えよう。また毎日五分か一〇分とって、自分が会社の価値を高めるために何をやったかを書きとめておこう。だれかが気になる行動をとったときは、くわしく記録しておこう。

ロナルド・レーガン元大統領の核兵器制限に関する名言が、仕事上のあらゆる関係への戒めになる。「信頼せよ、されど検証せよ」。仕事では相手を信用してかかるな。相手の魂胆は何だろうと、いつも考えよう。自分と相手は、それぞれ何を犠牲にしているのだろう。自分は危うい立場に立たされていないだろうか。

本章は、理想化された世界でなく、現実の世界での交渉に備えるのがねらいだ。

感情のお見舞いを用いる

人間関係を最も強力に支えるものは、感情に基づく結びつきだ。たとえば相性、信頼、共通のニーズ、社会的絆、共通の経験、共通の敵といったものだ。結びつきが強ければ強いほど、お互いへの思い入れも強くなる。

こうした感情が、脅しによって損なわれるのは明らかだ。脅しとは、だれかを何らかの方法で傷つけるぞという警告だ。ある研究者が言うように、脅しは関係を育むための「戦略としては、まったく用をなさない」。それなのに、とくに仕事上の関係では、相手を脅す人がとても多い。脅しは相手を近づけるどころか、遠ざけてしまう。脅しは恐れと報復願望を生む。

だれかとの関係で絆を築く最も強力な方法は、感情のお見舞いをすることだ。これをしなければ、どんな関係も長続きしない。

感情のお見舞いとは、相手の気分をよくするものをいう。共感、謝罪、譲歩など。そのほか敬意を払う、顔を立てる、相手の価値を認める、といったさまざまな無形物も、これに含まれる。

感情のお見舞いは、相手の不合理な欲求に解決策をもたらす。だれでも神経質になったり、動揺したり、パニックになったり、怒ったり、落ちこんだり、悲しんだり、がっかりしたりする。あれでよかったのだろうかと、くよくよ悩むことも多い。あなたの役割は、相手が立ち直れるよう、手を貸してあげることだ。

また相手に陰険なことや傷つくことを言われても、聞き流そう。相手は本心からそう思っているわけではなく、ほかに感情のはけ口になる人がいないだけなのだ。そんなときは、冷静さを失わずに、相手が必要としているものを与える必要がある。感情のお見舞いは、相手に合わせて特別に選ばなくてはいけない。言葉をかけるだけでなく、何も言わないことが感情のお見舞いになることもある。

相手の理不尽な言葉や不機嫌な態度を、そっくりそのまま受けとめて、それを出発点としよう。なぜなら感情のお見舞いを必要としている人は、ほとんど何も耳に入っていないからだ。彼らの耳に入るのは、ほんの小さな窓から入ってくる言葉だけだ。それは、彼らの感情に響くメッセージだ。これ以上相手を動揺させないよう、気をつけよう。たった一つでも間違ったことを言えば、窓は閉ざされ、関係が損なわれるかもしれない。それは相手の感情的ニーズに応えていないからだ。

第9章で、給与の四一%アップを勝ちとったダック・ラマルクは、家庭内の問題でも交渉スキルを活用している。一家はカリフォルニアへの引っ越しに伴い、フィラデルフィアの家を売ることになった。妻のエミリーは、家の売却で数万ドルの損失が生じることを恐れて、「激しいパニック発作」を起こした。また友人たちや住み慣れた環境を離れることを気に病んでいた。

ダックは、妻が問題を解決したり、冷静さをとり戻したりするための方法について、アドバイスを必要としているわけではないことに気がついた。彼女に必要なのは、感情のお見舞いだった。

そこでダックは、妻がどんな気もちでいるのか、くわしく聞き出した。「一時間ほど、ぼくは質問以外、ひと言もしゃべらなかった」。ダックは回想する。しゃべるのは妻に任せた。この一部始終は六時間もかかった。感情のお見舞いの大部分が、彼女の話を聞いてやることだった。妻は次第に落ち着きをとり戻した。そして妻が落ち着いたことで、二人はようやくカリフォルニアでの生活について話し合えるようになり、ダックは将来へと続く、小さいが前向きな展望を描き出すことができたのだ。

相手を尊重することも、感情のお見舞いになる。尊重する方法はいろいろある。だがその方法を考え出す能力や意欲に欠けている人がとても多い。努力なくしてゲットモアはあり得ない。

アージャン・マダンは、インド関係の会議の主催者として、インドの著名なクリケット選手に講演を依頼した。この選手は、アージャンに言わせればエゴの固まりで、ファーストクラスの航空券と贅沢なスイートルームを要求してきた。だが会議ではエコノミークラスの料金しか出せなかった。アージャンたちは役割交換を行い、その結果選手が何よりも見栄と評判を気にしていることに気がついた。

そこで彼らはエコノミークラスの航空券はそのままに、主要テレビ局三社とのインタビューをお膳立てし、講演を知らせるパンフレットを準備し、選手の訪米を報じるポッドキャストを制作し、「選手を囲む熱心なインド人クリケット・ファンのための夕べ」を企画した。そしてインドで最も成功している実業家たちが同席することを彼に伝えた（そう、第三者の力だ）。

クリケット選手はアメリカに来ることを約束した。エコノミークラスに乗り、シングルルームに泊まった。「計画通り運んだよ」。カリフォルニアの企業の財務部でマネジャーを務めるアージャンは言った。

感情のお見舞いは、不安をなだめることもできる。人は不安を感じると萎縮し、冷静に考えられなくなる。相手の不安を減らすにはまず、相手が何を不安に思っているのかを知る必要がある。

スコット・ウィルダーは、ペルーでインカ帝国の足跡をたどるトレッキングに行こうと、妻のララを誘った。彼女がパンフレットを読んでみると、道中にはシャワーを浴びる場所も小屋もないと書いてある。「絶対にいやよ」と彼女は言った。だがスコットには、妻のララがそんな理由からいやがっているとは思えなかった。ララはそれまでも大胆な冒険をしていたからだ。何かもっと深い理由があるのかもしれない。そこで彼女の目を通して世界を見ようとした。「きみはアンデスで一人になるのがいやなんだね？」「その通りよ」。彼女は認めた。

そこでスコットは小屋やシャワー、列車のための対策を練った。旅行がどんなものになるか、くわしい情報を与え、自分たちと同じような大勢の人が旅を楽しんでいることを教えた。九日間の旅行中、ほんの一瞬もそばから離れないと約束した。彼女の心の底にある不安を肯定し、それに働きかけることで、無用な不安を解消したのだ。「ほんとに楽しかった」。現在ダラスのボストン・コンサルティング・グループでコンサルタントを務めるスコットは語る。スコットは役割交換を通して妻の認識を明らかにし、それから具体的な情報を与えて主観的リスクを減らしたのだ。

どんなに馬鹿ばかしく思われる不安でも、相手は本気で恐れている。不安を感じている状態から、安心を感じられる状態まで、相手を一歩ずつ導こう。

スティーブ・ショコウヒは、娘のブリジットのために犬を飼いたかったが、妻は娘の安全に不安をもっていた。それに犬は不衛生だと思っていた。スティーブは妻のデブラに、確かにきみがそう言うのももっともだと言った。これが感情のお見舞いになった。それからスティーブは、娘に小型で衛生的な犬を与えたらどうだろうと相談した。娘に責任について教えるいい機会になるだろう。

スティーブはデブラを友人の家に連れて行った。彼らは評判のよいブリーダーから、コッカー・スパニエルを手に入れて飼っていた。デブラは確かにすてきな犬だと認めた。「彼女を安心させるには、不安がどこから来ているのかを正確につきとめる必要があった」。現在ニューヨークで家業の不動産会社で社長を務めるスティーブは言う。また段階的に進め、くわしい情報を目に見える形で与えたのもよかった。一家はコッカー・スパニエルを手に入れ、ベンジーと名づけた。

マーク・シルバースタインは、妻のステファニーと、念願のヨーロッパ旅行に行くことになった。妻はイタリアは列車で移動しようと言い張った。車はどうしてもいやだと言う。「ぼくがイタリアで車を運転するのが不安だったんだ」と彼は説明する。アメリカでは不安に思ったことはないのに、なぜだろう？　アメリカはイタリアに比べて速度制限が厳しく、オートマチック車や大型車が多い。こういったことが、「イタリアで車を運転するのは危ない」という彼女の認識をつくりあげていたのだ。

マークはイタリア人の運転マナーは、アメリカ人とそう変わらないと指摘した。ステファニーは納得しなかった。もともと筋の通った不安ではなかったからだ。だがマークは妻の不安により直接的に働きかけることで、彼女を説得することができた。ニューヨークで弁護士をしているマークは、大型車を借りようと言った。保険をたっぷりかけて、ＧＰＳナビゲーションもつけよう。夜は運転しない。地図も買うよ。「それから、財布か靴を買いに、プラダに連れて行ってあげる」

「プラダ?」妻は言った。「ほんとう?」「もちろんさ」。マークは答えた。「ただし、中型車でトスカーナめぐりをするならね」。さて、ここでカギになったのは何だろう? 相手の頭のなかの絵にいつも立ち返り、相手の不安に働きかけることだ。マークは不等価交換も行った。プラダとトスカーナ地方を交換したのだ。

恋愛関係にある人たちは、相手に「無条件の愛」を求める。もちろん、相手を建設的に批判してはいけないわけではない。そうではなく、ただあなたが関係を結んでいる相手は、何があろうとあなたの愛情と支えを求めているということだ。欠点をひっくるめたありのままの自分を愛し、尊重してほしいと思っているのだ。これはいわゆる「関係交渉」の武器として、精神的サポートを差し控えるという破滅的行動とは、まったく対照的なやり方だ。

感情のお見舞いには、相手の「面目を保つ」ことも含まれる。この方法はアジア文化との関連で使われることが多いが、それよりずっと幅広く活用できる。相手が尊厳を保てるよう、また大切な人の前で恥をかかないよう、手を貸すのだ。

ラルカ・バネアは、薬代を引き出せるようにと、祖母に自分の口座のデビット・カードを送った。だが祖母は自分では薬代を払えないのに、頑としてカードを使おうとしなかった。「祖母が面目を保とうとしていることに気がついたの」とラルカは言った。そこで彼女は祖母のために、状況をリフレーミングした。

「わたしを七年も育ててくれたじゃない?」とラルカは問いかけた。「わたしが入院したとき、お世話をしてくれたわよね? わたしが病気になったら、何をおいても助けてくれるでしょう?」ラルカは祖母が自分にこれまでしてくれたことへのお礼に、贈り物がしたいのだと言った。世の中で健康ほど大切なことはない。祖母は贈り物を受けとってくれるだろうか？　このフレーミングのおかげで、祖母は尊厳を保ちながら、孫娘からのお金を受けとることができた。

相手の認識をからかってはいけない。相手の恐れや感情を真剣に受けとめなければ、相手は気分を害し、あなたのことをかえって恨むだろう。

段階的に進める

一般に感情のお見舞いは、相手をいまの認識からあなたの目標に向かって動かしていく過程の、最初の一歩に過ぎない。相手を一気に変えようとする人が多すぎる。ここまでくり返し見てきた通り、それは大きすぎる一歩であることが多い。まずは相手の感情を肯定しよう。それから、相手を向かわせたい場所に向かって、一歩一歩進ませるのだ。

アージャン・ソマセクハラは、妻のラーナにAT&Tを辞めてほしくなかった。企業の管理職にはよくあることだが、ラーナは大企業特有の官僚主義にうんざりしていた。アージャンには、ラーナがAT&Tにとどまるべきだと思う、もっともな理由がいくつもあった。フレックスタイム制、充実した研修、社用車の支給、手厚い出産手当、それにアージャンが転勤を予定していたロンドンへの異動の約束だ。

だがアージャンにはわかっていた。このすべてをラーナに一度にぶつけても、ラーナはアージャンが自分の気もちを思いやってくれないと感じるだろう。だからまずラーナに、大企業には確かに厄介な官僚主義がつきものだと言った。彼女の気もちを肯定したのだ。

アージャンは次に、ラーナはAT&Tで研修や昇進の機会に恵まれているのだから、まだ能力を磨けるし、二人でロンドンで働けば、いまよりよい暮らしができると指摘した。その間、ラーナは好きなだけ時間をかけて、将来のことを考えればいい。こんなふうに説明したことで、ラーナはアージャンの言い分ももっともだと思い、辞めないことにした。ラーナはロンドンのＡＴ＆Ｔで創造性を発揮する方法を見つけ、次長として生産的で充実した日々を送った。

段階的な方法で解決策を探すことは、どんな交渉でも大事だが、とくに人間関係に関わる交渉ではカギとなる。大きすぎる一歩を、脅しと受けとる人も多いのだ。リン・ガンは、親との関係がぎくしゃくしていたという。「中国の実家に帰るたびにけんかしていたわ。家が寒くて、とくに冬に帰省するのはうんざりだった」

だが彼女は授業で学んだことをもとに、両親の立場に身を置いて考えた。そして家の文句を言うことが、二人を傷つけていることを知った。また両親といろいろ話すことで、実家のある地域では暖房代がとても高くつくことがわかった。

最終的にリンは気がついた。中国の伝統的な文化的価値観に従って、両親に敬意を示すことで、大きな感情のお見舞いができる、と。リンは家が寒いと文句を言う代わりに、二人の倹約ぶりをほめた。それから自分が寝て勉強をする一部屋だけ、暖房を強くしてもらえないだろうかと言った。両親はいいよと言い、だれもが幸せになった。小さく段階的な解決策だ。

相手の確固たる信念に関わる問題では、段階的に進めることがとくに重要だ。カラバロ＝ガリソン家にとっての問題は、子どもたちの宗教だった。妻のジャッキーは夫のフィルとは違って、とても信心深かった。フィルは賢明な提案から始めた。「まず言っておきたいんだが、何があっても、この問題で家族が分裂するようなことは避けよう」。言いかえれば、重要な目標に集中しようということだ。

次に、夫婦はお互いのやりとりについて、基本原則を定めた。①この手の議論では、口調に気をつけなくてはいけない。②一度にすべての問題を解決しようとしない。③いつも全員の希望通りになるとは限らない。④自分の意見だけが正しいという傲慢な態度は、関係にかかわる交渉では効果が薄い。⑤自分の信仰が何であれ、相手の信仰を尊重する。⑥ピリピリしたらそこでストップ！　休憩をとって、またあとで話し合おう。

共通の敵をつくる

人間関係の目的は、人との絆を強めることにある。感情のお見舞いをすることで、お互いの話を聞けるようになる。相手を尊重すれば、相手は前向きになってくれる。新しい関係、古い関係を問わず、人を最も早く、最も強力に結びつける方法の一つに、共通の敵をつくることがある。

共通の敵をつくるのは、何らかの第三者（つまり「敵」）と闘うために、相手と同じ塹壕に入るようなものだ。「敵」は、人や集団、もの、考えなど、何でもいい。こうした人やものへの敵意によって結びつけられた人たちは、お互いに親近感をもつようになる。

会話のとっかかりとして天気に文句を言う人もいれば、交渉しながら冗談半分で「弁護士連中」や「お役所仕事」の文句を言う人もいる。交通渋滞や「行き違い」などの愚痴を言う人もいる。このすべてが、当事者の絆を深めるために、共通の敵を探そうとする試みなのだ。

共通の敵はもちろん、民衆を扇動するのに用いられる常套手段でもある。この最も卑劣な例として、アドルフ・ヒットラーはユダヤ人をドイツ人の共通の敵に仕立てあげ、それがひいてはホロコーストをもたらした。人種、社会階級、国籍、年齢、宗教、文化に関する偏見はすべて、共通の敵をつくろうとする試みだ。

　仕事上の関係で使える安全な共通の敵には、利益の喪失、時間の無駄、人材流出、機会逸失などがある。プライベートでは、才能の無駄遣い、孤独、病気などがある。

「共通の敵」が民衆扇動の道具とは違って、フェアなものだということを確かめるには、こう考えればいい。この共通の敵は、単一で均一だろうか？　多様なものは共通の敵にふさわしくない。たとえば宗教を共通の敵と見なすのは、まったくもってフェアではない。というのも「宗教」をつくるのは、あまりにも多様で、とても同じとは言えない人たちだからだ。同じことが「アメリカ国民」についても言えるが、アメリカの政治ではこの表現が多用されている。医師、弁護士、会計士などの集団を一律に非難するのも、偏見のうちだ。

　これに対して飲酒運転防止母の会は、「酒気帯び運転」という、一様な行動に反対する集団だ。「上司」も、少なくとも特定の行動に絞れば、共通の敵になり得る。ハーブ・ブルックスは、一九八〇年のレイクプラシッド冬季オリンピックで、彼自身を意識的に共通の敵とすることで、ホッケーのアメリカ代表チームの絆を強め、金メダルをとらせた。選手たちは試合後のインタビューで、監督が自分たちをわざとつき放し、過酷な練習を要求したおかげで、チーム全体が「家族」として団結し、その結果優勝できたのだと、監督を名指しで賞賛した。

　クリストファー・イーは、友人とエクアドル旅行に行った。帰国後、旅行中にかかった費用の詳細を送ってくれと友人に頼んだ。何度も催促したが、何カ月もなしのつぶてだった。クリスは友人が怠けているんだろうと思ったが、こんなことのために疎遠になるのはいやだった。

　そこでクリスは手紙を書いて、お互いいろいろやることが多くて大変だとこぼし、友人が会計報告できないのも当然だと書いた。それから、現在サンフランシスコで弁護士をしているクリスは、いつなら時間があるだろうかと尋ね、何か自分に手伝えることがあったら教えてほしいと書いた。これには友人の面目を保つ効果があった。友人は会計報告を送ってよこし、二人の仲は保たれた。

ペンシルベニア大学ロースクールの機関誌「憲法ジャーナル」では、ビビアン・フォンを始めとする編集者たちが、編集方針をめぐって激しく対立していた。素っ気ない電子メールが行き交い、緊張は高まる一方だった。そこでビビアンは、直接会って話そうと提案し、電子メールのやりとりが人間味に欠けるせいで、この問題が起きたのだと言った。全員が安堵のため息をついた。対立は一五分で解消した。「共通の敵を見つけることで、全員が感情を抑え、力を合わせられるようになった」。現在ロサンゼルスで弁護士をしているビビアンは言う。

不等価交換

どんな人間関係を成功させるにも、何らかの交換を行うことが欠かせない。人はもちつもたれつで生きている。相手に自分の意思を押しつけようとすれば、関係は遅かれ早かれほころびる。不等価交換は、人間関係にまつわる対立の火種を、日常レベルで解決する方法の一つだ。

トミー・リウは、フットボール・シーズンの日曜には、フィラデルフィアの友人たちと試合を観戦したかった。妻のシャオリンは、日曜にはトミーを連れて、ニューヨークに住む両親に会いに行きたかった。そこで二人は、お互いの本当の目標は何だろうと考えた。トミーは試合を観戦すること、シャオリンは両親に会うことだ。結果、場所にとらわれる必要はないことに気がついた。二人は交換をした。

「列車のチケットを義理の両親に送って、週末ごとにフィラデルフィアに来てもらうことにした」と家業の投資会社を経営するトミーは言う。「ジャイアンツの試合がない週末には、ぼくらがニューヨークに行く」。これがうまく行ったのは、二人がともに問題を解決しようという意欲をもっていたからだ。だからこそ、二人ともが収穫を得た。

関係にまつわる問題は、交換できるものを探すことで、簡単に解決する場合が多い。

マイクロソフトの製品開発部門マネジャー、ロリー・コンウェイは、正月休みにインドを旅行しようと妻を誘った。妻はあまり乗り気ではなかった。そこで彼女は言った。「わかったわ、でもクリスマスは友だちに会いに、ローマに寄ってもいいでしょう?」これはそう難しい交換ではない。不等価交換は無事行われた。

お次はもう少し難しい事例だ。アレクサンドロ・フロムセンコは、自分のミニチュア・コレクションのために、美術館レベルのおもちゃの兵隊を四体購入したかった。値段は六〇〇ドルだ。「冗談でしょ?」妻はとり合ってくれなかった。アレクサンドロは妻の許しを得るために、何を交換できるだろうと考えた。「次はぼくが食料品の買い出しに行くからさ?」アレクサンドロは言った。そんなことでは妻はごまかされなかった。

そこでアレクサンドロは提案した。①今後二週間は自分が食料品の買い出しに行く、②妻の好きなところに旅行に連れて行ってあげる、③一カ月間娘のお稽古ごとの送り迎えをする。これでどうだい? オッケー! 実際、交換できるものを考えるだけでも、相手との緊張を和らげる効果がある(それにアレクサンドロは、第9章で得た一万三五〇〇ドルの昇給で、おもちゃの兵隊が買えるはずだった)。

不等価交換ができるのは、相手に聞く耳があるときだ。つまり、必要な場合には感情のお見舞いをしてからということだ。

アツール・クマールは、必要な金融情報に対する代価として、アジアのデータベース会社から三九九九ドルを請求された。何の特例も、無料の閲覧も認めてもらえなかった。だがウォートンで書いていた論文のために、どうしてもデータが必要だった。自分は貧乏な学生だと言ってみたが、会社はだめの一点張りだった。

アツールは、この会社がアメリカ市場への進出を考えていることを知った。そこでウォートンで会社の名を広め、ライバル企業を使っている前の勤め先にも紹介すると申し出た。現在シリコンバレーの企業で事業開発担当副社長を務めるアツールは、一つのプロジェクトのために、データベースのほんの一部分を見せてもらうだけでいいのだとつけ加えた。データベース会社は考え直し、結局無料でデータを使わせてくれた。

マシュー・デルマガーニは恋人と夕食に行く約束をしていたが、同じ日に珍しく仲間内の飲み会が入ってしまった。

彼女に必死で謝り、日を変えてくれないかと頼んだ。彼女はショックを受けているように見えた。二人で過ごす時間が足りないのだろうかと、と彼は尋ねた。彼女は近いうちに彼がまた夕食に誘ってくれるかどうか、不安だったのだ。「ぼくは誠意を示そうと、その場で携帯をとりだして、予約を変更した」。現在ニューヨークの投資会社で取締役を務めるマシューは言う。携帯電話で誠意を示したことが二人の関係を守ったと、彼は考えている。

当然だが、こうしたデリケートな問題に対処するには、準備がとくに欠かせない。準備ができていなければ、相手にこう言ってもいい。「まだ話し合う準備ができていない。いま話しても意見が食い違うだけだから、まず考えをまとめてもいいかな？　それから二人で一緒に問題にとりくもう」

　ときには仕事や学校のために、一家が離ればなれになることがある。別居はやがて意見の食い違いを生む。だがこのような家族が本当に求めているのは、ただ一緒に時間を過ごすことではなく、充実した時間を過ごすことだ。たとえばキース・アントニシンの例がある。彼は毎日片道二時間もかけて学校に通い、疲れ果てていた。

　キースはパートナーに相談した。学校の近くに家を借りて、毎週三日そこに寝泊まりしてもいいだろうか？　その代わりスケジュールを調整して、木曜から日曜までは家で夜を過ごすことにする。そうすれば、いまより充実した時間を一緒に過ごせるだろう。パートナーは新しいとりきめに同意した。キースは現在ニューヨークでコンサルタントをしている。

　斬新な不等価交換を行ったのが、クレイグ・トレントだ。トレント家には二歳のキャロラインという娘がいた。彼らの住む界隈では、ベビーシッターの相場は時給一五ドルだった。そこでクレイグと妻のアナスタシアは、小さな子どものいる友人たちと相談して、順番で子どもを預かり合うことにしたのだ。そうすればどの夫婦も、育児から定期的に解放される。

　このとりきめのおかげで、彼らは出費を大幅に減らし、質のよいベビーシッターを確保し、子どもたちを一緒に遊ばせることができた。それに夫婦仲もずっとよくなった。「問題を抱えているときは、同じ境遇の人を見つけて、一緒に問題を解決すればいい」と海軍将校のクレイグは語る。

　地元の子育て支援活動をすでに利用している人もいるだろう。だがこれを計画的にやっている人はまだまだ少ない。これは社内で人脈を広げるのと似ている。順番で買い物をしたり、用事を片づけたり、マイカーの相乗りをするなどしよう。人生で時間ほど貴重なものはない。時間を捻出する方法をいつも考えよう。

相手を知れば知るほど、ますます説得しやすくなる

これはよく言われることだが、実行する人はほとんどいない。相手を知れば、相手のニーズを満たす方法がよくわかるようになる。

ジョーダン・ザルスキーは、パリでジュディスという名の若い女性と恋に落ちた。ジュディスこそ、自分にふさわしい女性だと思った。だがジュディスはそこまで確信がもてなかった。ジュディスは信心深かったが、ジョーダンはそうではなかった。「ぼくこそが彼女にふさわしい相手だと、わかってほしかった」と彼は言う。そこでジョーダンは、彼女の宗教の価値観を調べ、できる限り学ぼうとした。

「ジュディスの大切な人たちと知り合い、彼女がどんなことに価値を置いているかを知ろうとした」。またジョーダンは、自分がそうするつもりだということを、あらかじめ彼女に知らせた。自分がどれだけの熱意をもって彼女を理解し、彼女の求めに応えようとしているかを、わかってほしかったのだ。ただしこれはやり方を間違えると、薄気味悪いと思われかねない。オープンに、誠意をはっきり示したうえでやるなら、好感をもってもらえるだろう。

やがてジュディスのためらいは消えた。彼女は彼に会いにアメリカに飛び、二人は恋仲になった。だがいろいろあって、結局うまく行かなかった。それでも現在ロンドンで弁護士をしているジョーダンの物語は、関係の障壁となるものを克服する方法を、はっきり教えてくれる。自分のニーズと同じ

くらい、相手のニーズのことを考えよう。

「わたしはニューヨークには引っ越さないから」。ジョン・エクマンは、ニューヨークの企業から内定をもらったとき、妻にそう言われた。妻はただあの町が好きじゃないと言うだけで、ジョンはそれ以上の理由をどうしても聞き出せなかった。「ほかの場所で仕事を探せないの？」と言われた。

ジョンは友人のニックと役割交換をしてみた。ジョンが妻の役をやり、ニックがジョンを演じた。そして妻の本当の気もちがわかった。「彼女は庭つきの家に住みたかった。ニューヨークの生活費が高くて、人がよそよそしいところが気に入らなかった。それにサウスカロライナの家族から遠く離れることにショックを受けていた」

ジョンはニックと一緒に、妻の不安を和らげる方法を考えた。一つはニューヨーク郊外の、庭つきの家の多い界隈に住むことだ。ジョンは郊外から通勤してもいいと妻に言った。急な仕事がない限り、週末は市内に行かない。また年に一度は、サウスカロライナの妻の家族と休暇を過ごすことにする。「ニックと考えた解決策を、いくつか言ってみた」。現在医療機器メーカーの社長を務めるジョンは言う。「納得してくれたよ」

相手に十分な質問をせず、ただ最悪の事態を想定するだけの人が多い。そのせいで多くの関係が損なわれ、口論も絶えない。

そんなわけで、人との関係では、お互いに対する口調や態度について、基本原則を定めておくといい。だれでもストレスを感じることはある。むしゃくしゃして、身近な人をはけ口にするのは自然なことだ。だがそうした行動で、自分の一番の味方との関係を損なっては、元も子もない。だから、話し合いをする方法について、あらかじめ二人で考えておこう。できれば口論の最中でないときがいい。

まずは一息入れよう。

本書の多くのツールと同様、相手に手を貸すことも、直感にそぐわないかもしれない。だがとくに感情的な状況では、相手が自力で困難を切り抜けられないことも多いのだ。

カリン・ハート・トンプソンの七歳の娘は、毎朝着替えにとても時間がかかり、いつもスクールバスに間に合わなかった。脅しても、罰を与えても、効果がなかった。そこでカリンは役割交換をして、娘の役を演じてみた。カリンは、毎朝娘に手を貸してやる必要があることに気づいた。娘は時間に合わせて一人で支度ができるほど、自立していなかったのだ。

カリンは娘の寝室用にと、新しいぴかぴかのめざまし時計を買った。その夜娘と二人きりで話し合い（娘はママとゆっくり過ごせて大喜びだった）、毎晩次の日の洋服を用意して、学校に行く準備を整えておくことをきめた。このようにすることで、娘は自分のことを自分できめているという意識をもつようになった。「感情を抑えて、本当の問題をつきとめたの」。衛星通信機器メーカーのビアサットで、出張管理部長を務めるカリンは言う。カリンは娘に、ママは楽しいことをたくさんするお金をもらうために、絶対に仕事に遅れるわけにはいかないのだと言い聞かせた。娘は時間に遅れなくなった。

規　範

規範は、相手が非協力的な状況でとくに効果が高いが、対人関係にも使える。ただし攻撃的な人と思われないよう、使い方には気をつけよう。

わたしの元教え子は、仕事がとても大変で、夫にもっと育児に関わってほしいと思っていた。だが夫は妻の代わりをするのをいやがった。そこで彼女は、夫が一目置いている男性たちが、小さな子どもの面倒をよく見ていることを指摘した。「彼らが育児をしているからといって、見下されてると思う?」

彼女がやったのは、一言で言えば、夫が一目置いている第三者の設けた規範を利用することだ。夫は妻の言い分を理解し、もっと育児に関わることを約束した。肝心なのは、妻がこのすべてを、愛情に満ちた協力的な口調で言ったことだ。

まず最初に、相手が受け入れる規範を見つける必要がある。ある規範に効果がなかったからといって、ほかの規範も役に立たないとは限らない。たとえばジュリアの例がある。彼女は知り合いの記者に、自分のダンスショーを地元の新聞でとりあげてもらいたかった。無料の宣伝になるからだ。だが記者は倫理上、偏向した宣伝は行わない。

しかし正当な話題であれば記事にできる。そして記事のなかで、情報源としてとりあげてもらえばいいのだ。そこでジュリアは友人に、短期間のうちに開催される複数のダンスショーのことを書いてくれないかと頼んでみた。いいよ、と彼は答えた。そしてジュリアは記者とさらに話すうちに、自分がネタを提供できることに気づいた。フィラデルフィアには、非営利の芸術団体が手頃な料金で借りられる劇場が少ないという事実だ。彼女の所属団体も、この問題に苦しんでいた。記者は記事を書くと約束し、ジュリアのショーの日時と場所も載せると言ってくれた。

「フレーミングがどんなに大切かを、身をもって学んだわ」。現在金融メディア会社に勤めるジュリアは言う。「あの記事は、正当なニュースをとりあげたものだった。それでも、ショーを宣伝してもらうという、わたしの目標をかなえてくれた」。また友人の信用を危うくすることもなかった。

サンフランシスコ湾の向こう側で行う結婚式のために、楽団と演奏料金を交渉した、ジェイソン・ワイドマンを覚えているだろうか。彼はこれより前に、母のメアリー・ジョーと交渉していた。母はジェイソンと婚約者のコリーンに、ウェディング・レジストリー（訳注　結婚するカップルが結婚祝いとしてもらいたい商品を、デパートなどの店に登録する習慣）の登録店に、ミシガン州の店を追加してほしいと言ってきた。ミシガンは、ジェイソンとコリーンの住むサンフランシスコとは、三二〇〇キロも離れている。だがメアリー・ジョーを始め、一部の招待客はミシガンに住んでいた。これは式の前によく起きるもめごとだが、うまく対処しないと、すべてがぶちこわしになるおそれがある。

そこでジェイソンは規範を利用して、母を説得することにした。「招待客のためになるからと言って、品揃えが気に入らない遠くの店を登録するのは、賢明なことだと思う？」母はいいえ、と言った。ジェイソンは次に、店が遠くにあると、ジェイソンとコリーンが返品や交換の手続きをするのが大変になると思わないかと尋ねた。母は確かにそうだと認めた。それからジェイソンは、ネットでギフトを購入できない招待客がいたら、教えてほしいと言った。母の知る限り、一人もいなかった。

最後にジェイソンは、ミシガンの地元デパート、マーシャル・フィールズが、最近大手デパートのメイシーズに買収されたため、登録店に加わったことを母に教えた。ジェイソンとコリーンが住む西の果てにも、メイシーズはあった。母は納得してくれた。

ジェイソンは交渉をするうちに、実は登録店の選択が本当の問題ではないことに気づいた。「母は結婚式の細々としたことに、もっと口出ししたかったんだ」と彼は言う。「登録店を増やしてほしいというのは、母の不満の表れだった」。そこでジェイソンは母に、結婚式の準備をもっと手伝ってもらえないだろうかともちかけた。母は一も二もなく承知した。おかげでその後は結婚式の計画は順調に進んだ。

あなたはきっとこう言いたいのだろう。「でも、相手が逆上したらどうする？」「わたしは母親よ、わたしの意見は尊重してもらいたいものだね、と言われたら？」等々。

忘れないでほしい、あなたにはこの本まるまる一冊分の交渉ツールがあるのだ。交渉相手にぴったりのツールを選べばいい。母が泣き叫んだら、感情のお見舞いをしてみよう。共通の敵をつくろう。たとえば、ぼくら対結婚式業界など。わたしがこうした物語を紹介するのは、詳細を覚えてもらうためではない。現実の世界に生きる人たちが、状況に応じた適切なツールを選ぶことで、どんな状況でもすばらしい成功を収めていることを、実感してもらいたいのだ。

だれかとの関係がかかっている交渉で規範を使うときは、口調に気をつけなくてはいけない。相手自身の規範を使うことで、相手を追いつめがちになるからだ。冷淡な口調は（中立的な口調でさえ）、関係に亀裂を生じることがある。

シャリフ・アッタは、男友達と夕食に出かけようとしていた。だがシャリフの恋人は、この友人が「道徳的に問題がある」と思っていたため、行かないでほしいと懇願した。彼女には、何も具体的な証拠はなかった。

現在ヘッジファンドの共同経営者を務めるシャリフは、恋人に腹を立てる代わりに、規範を問う質問を投げかけた。「よく知りもしない人を批判するのは、どうかな？」思いやりのある、協調的な口調でそう言った。恋人は考えこんだ。「ぼくに人を見る目がないと思うのかい？」やはり穏やかな、思いやりに満ちた口調で言った。恋人は友人を大目に見ることにし、シャリフは口論することなく、夕食に出かけた。

シャリフが状況をうまくリフレーミングしたおかげで、恋人に「わたしは理不尽なことを言っているのかもしれない」と考え直させることができたのは、言うまでもない。だがシャリフは、彼女への思いやりに満ちた口調でそれを言ったからこそ、やりとりから感情的要素を減らすことができたのだ。

仕事でもプライベートでも、だれかにたった一つのできごとのせいで、もう関係は終わりだと一方的に言われ、戸惑うこともあるだろう。そんなときはこう指摘してみよう。「おい、X年のつき合いじゃないか。たった一日悪い日があったからって、すべてを放り出してしまうのかい？」この一言で、相手はものごとを客観的な目でとらえられるようになる。

感情が目標を曇らせる

交渉の究極の目的である目標は、とくに親しい相手との交渉で達成するのが難しい。なぜならほとんどの関係の価値を計る尺度は感情であり、その感情はほとんどの場合、目標を曇らせてしまうからだ。「あなたの行動は目標にかなっているだろうか？」という質問をしても、ただ目標と関係の衝突を浮き彫りにするだけで、どちらかが感情的な場合には、かえって事態を悪くする。

関係がかかっている交渉を成功させるには、目標に集中することと同じくらい、共感がカギとなる。共感とは、相手の感情や認識に対する感受性のことだ。

デビン・グリフィンの妻サラ（二人は前章でのできごとの後、結婚した）は、犬を飼いたがっていた。実際、彼女は飼う犬までもうきめていた。だがデビンは内心、犬を飼うには、いまはよい時期ではないと思っていた。妻は博士論文の試験に備えて勉強中だった。デビン自身も仕事が忙しく、犬の世話はできそうになかった。これはとても感情的な状況だ。

デビンがこれだけはやるまいと思ったのは、いまは犬を飼うのによい時期ではないと、妻にはっきり言うことだった。そんなことを言っても、妻はよけい感情的になるだけだ。そこでデビンは、犬を飼うのは大賛成だと言った。それから、犬を飼ったらどうなると思う、と尋ねた。

だれが散歩に連れて行く？　だれがしつける？　だれがエサをやるの？　仕事や勉強で二人とも家を空けたら、だれが世話をするんだい？　いま二人に犬の世話をするための十分な時間がないなら、飼われる犬にとってフェアと言えるだろうか？　もしぼくらの目標が、愛する犬を時間をかけてよくしつけ、世話をすることにあるのなら、ぼくらの行動は、はたして目標にかなっていると言えるだろうか？

デビンがこうした質問をすると、妻はカッとなった。そこでデビンは言った。「ちょっとこの話題から離れて、またあとで話し合わないか？」妻に時間を与えて、この情報を反芻し、頭を冷やしてほしかったのだ。この休憩が、感情のお見舞いになった。

二人でもう一度犬を飼うことについて話し合ったとき、デビンは自分が本当に犬を飼いたいと思っていることを強調した。また、妻がすでに飼おうときめていた犬については、こう言った。きみを幸せにしてくれる犬は、世界にその一匹しかいないのか？　犬を飼う準備ができたとき、二人で一緒に犬を選べないだろうか？　もっとよい犬が見つからないだろうか？

デビンは最後に、犬を飼うのは八カ月後、試験が終わったあとのきみの誕生日にしようと言った。妻は犬を飼う日がきまったことで、いまは我慢することに合意した。

この交渉で使われたツールは、相手の頭のなかの認識、感情のお見舞い、段階的に進める、規範、確約、質問だ。デビンは最終的に自分の目標をかなえた。妻を満足させ、犬を飼うこと、いまでなくあとで飼うことにしたのだ。

さて、これは操作的だろうか？　それなら聞くが、だれかを傷つけただろうか？　いや、それどころか二人が犬を飼い、実は十分な世話をしてやれないとわかったときに、妻が感じたであろう苦悩を避けることができた。わたしの考える操作とは、相手を説得しようとするうちに、傷つけてしまうことだ。これに対して効果的な交渉とは、相手のためになることを、相手にさせることをいう。操作も交渉も、相手にそれまでやろうと思っていなかったことをやらせるという意味では似ている。だがそれはどんな種類の説得も同じだ。大切なのは、それをやる正当な理由があるかどうか、また相手にどんな影響をおよぼすかだ。

ローレン・ハリミは、アメリカに遊びに来た友人に、ペンシルベニア大学の近くにある自分のアパートに泊まればいいじゃないかと勧めた。友人はそこから二〇ブロックほど東へ行った、フィラデルフィア中心部にアパートを借りたいからと断った。レストランや公園、店の近くに住んで、「アメリカでの実生活を体験したい」のだという。

ローレンは、自分のアパートは二〇ブロック離れているというが、市の中心部には歩いていけると指摘した。そこも十分「都会」のうちだ。それにアパートをシェアすれば、友人にとっても節約になる。その金を使って、またアメリカに遊びに来ればいいと言った。「きみとは一〇年来のつき合いじゃないか」。現在ニューヨークで弁護士をしているローレンは言った、「いつもきみのためを思って言っているんだ」

ローレンがやったことを一言で言うと、友人がやり方を変えれば目標をよりよく達成できることを、フレーミングを通して示したのだ。また長年の友情を思い出させることで、自分の信頼度をさらに高めた。友人はわかったと言った。

失敗したらどうなるかを示す

相手の行動が目標の達成につながっていない、またはつながりそうにないことを示す方法の一つに、失敗したらどうなるかを、相手のためにわかりやすく描き出す方法がある。ほとんどの人は想像力が足りず、その状況を「見る」ことができない。相手が率直で辛抱強ければ、相手のためにその状況を描き出すことができる。これは一般に、またとくに親しい関係で、相手を説得するための強力なツールになる。

メリッサ・フィームスターは、結婚式にビデオカメラマンを頼むよう母に言われた。結婚式の費用は、彼女の両親が出してくれることになっていた。だがメリッサは反対だった。そこで彼女は、室内でビデオを撮影するとどうなるかを、言葉を尽くして説明した。ストロボの光はまぶしくて熱い。カメラが邪魔で、招待客が迷惑するかもしれない。それに式自体がよそよそしいものになってしまう。そのうえビデオは、一流のスチルカメラマンの撮る写真に比べると、質がよくないことが多い。

それに母は「すべての瞬間をとらえる」というが、それができるかどうかは、カメラの種類よりは、カメラマンの腕によるのではないかと、彼女は食い下がった。どっちみち五、六台のカメラがなければ、すべての瞬間はとらえられそうにない。母は折れ、一流のスチルカメラマンを頼むことで話はついた。「写真はすばらしい出来だったわ」。シカゴのオンライン・マーケティング会社リンクシェアで顧客サービス担当副社長を務めるメリッサは言う。

ここでは、交渉のあらゆる側面を検討し、それを部分部分に分解して、相手にわかりやすく示す方法を、例をあげて説明していく。

ジャンニナ・ザネリのルームメイトは、きめられた家事の分担を守らなかった。ジャンニナは彼女を責めることはせず、代わりにそれまでの経緯を逐一説明した。

「家事を分担することをきめたわよね？」ジャンニナは尋ねた。「ええ」ルームメイトは答えた。「自分の分担をやった？」「時間がないのよ」

「わたしにも時間の制約があるってわかるかしら？」「そうね」。「わたしは自分の分担を守っていると思う？」「ええ」

「わたしが仕事をやらなかったらどう思う？」とジャンニナは尋ねた。

「それはずるいわ」。ルームメイトは答えた。「あなたが自分の仕事をやらないのはずるくないの？」

「そうだわね」

ルームメイトは自分の分担を守るか、だれかに頼んでやってもらうと約束した。ジャンニナは交渉の間ずっと冷静を保ち、礼儀正しかった。「カギは、相手が人に求めることを、自分でもやってもらうこと」とジャンニナは言う。

詳細を相手に示す際、自分が火種になってはいけない。相手の発言に異議を唱えたり、相手の問題行動を記録したりするときは――二人の関係を大切にしたいなら――相手に思いやりをもって接することを忘れずに。

くわしく説明することは、とくにお金をめぐる問題に有効だ。「うちにはそんな余裕がありません」というのは、家庭でのきまり文句だ。だが本当に細かく金額を検討して、何ができるかできないかを確認したのだろうか？

リン・カースルは、夫に家計が苦しくて旅行はできないと言われた。アトランタのコンサルティング会社でマネジャーを務めるリンは、スプレッドシートで家計を分析して、十分行けることを具体的に示した。カルロス・バスケスは、アフリカ旅行とクルージングに行けるでしょうと妻に言われた。カルロスはスプレッドシートをつくって、それが無理だという具体的な理由を示した。どちらの事例でも、スプレッドシートは説得力があった。「くわしく説明することは、相手を尊重することになる」。カルロスは言う。これが彼のリフレーミングの、大きな部分を占めた。結婚相手やパートナーに「余裕がないから旅行（改築、車、クラブの入会など）は無理」と言われたら、「余裕がない」とはどういう意味なのか、問いただしてみよう。具体的にどれくらいの金額のことなのだろう？　もしかしたら、安くあげる方法があるかもしれない。

どんな環境で交渉すればよいか

交渉をどこで行えばいいかという質問をよく受けるが、ほとんどの場合、そういう人は相手の有利に立つことをねらいとしている。これはよくない考え方だ。相手を不愉快な気分にさせれば、ほとんどの関係（と取引）は損なわれる。それに相手が交渉に長けていれば、どのみち問題行動を指摘される。

考えるべきは、双方が楽な気もちになれる場所を選ぶことだ。交渉をあくまで普段の関係の一環として行えば、相手もそういう気もちで交渉に臨んでくれる。

たとえば愛する人とデリケートな問題について交渉するとき、事務机に向かい合って座ろうとは思わないだろう。同僚と予算の話し合いをするのに、ロマンチックなレストランに連れて行こうとも思わないはずだ。

親しい人との交渉は、直接会って行うのがベストだ。難しい問題や感情的な問題ほど、直接会って話し合うことがカギとなる。ときどきわたしの教え子たちが、学業やプライベートでの特別な扱いを求めて、いきなり電子メールを送ってくるのには驚かされる。特別扱いは折り入って頼むものだから、相手に共感をもってもらうために、心を通わせることが欠かせない。

ジョージ・チーリーは、友人の事業に参画したいと考え、直接会って交渉することにした。友人は経験の足りない彼に、重要な財務判断を任せることを不安に思っていた。ジョージは友人と会って、差しで話し合った。説得する間、自分の一言ひとことに対する相手の反応を確かめた。うなずいたり、迷ったりといった、言葉以外の手がかりにも注目した。

おかげで友人の話に的確に反応することができた。その結果、友人は彼を思っていたより思慮深い人間だと見直した。友人づき合いでは見られない側面を見ることができたからだ。こうして友人は、彼を事業に引き入れることにきめた。もちろん、当初は段階的にだ。現在デューク大学病院の常勤医であるジョージは、多様な分野での経験を活かして、将来は医療経営のキャリアを歩みたいと考えている。

相手を傷つけ、相手との関係を損なうことが目的というのなら別だが、相手をできるだけ楽な気もちにさせよう。人は居心地が悪いと不機嫌になる。不機嫌は交渉の敵だ。

次は、心理的状況について。感情のコントロールを失わないことが、安定した関係を長続きさせる秘訣だ。感情をあらわに出すところを人に見られれば、信頼できない人という印象をもたれてしまう。大切な人に対してもそうだ。確かに陶酔や情熱的なロマンスはすてきなものだ。しかし波乱がどれほど刺激的であろうと、人は結局は安らぎを求める。

ジェシカ・テイトは、ウォートンで演劇の演出を手がけていたとき、もう一人の演出家と険悪な関係になった。ジェシカは彼がいつも話の腰を折ることに腹を立てていた。彼女が怒りをあらわにすると、彼もカッとなった。関係は気まずくなった。

だがジェシカは気がついた。交渉に関しては自分の方が長けている。問題を解決できるかどうかは、自分次第なのだと。そこで彼に、いつも話の腰を折られることにムッとしていたのだと、率直に話した。現在フィラデルフィア近郊のインターネット企業に勤めるジェシカは、自分は腹を立てるより、もっと頭を働かせて問題を解決する方法を考えるべきだったと言った。二人はよりよいプロセスを考え出し、合意するに至った。

ピリピリした雰囲気は、関係そのものにひずみをもたらす。これに対して、くつろいだ雰囲気やユーモア、お互いをいたわり思いやる気もちなどがつくる良好な関係は、よりよい対人的環境を生み出す。アンナ・ラーソンは、家事を一手に引き受けていて、料理も六割方彼女がつくっていた。夫のピーターに、もっと料理を手伝ってほしかった。彼女は夫に文句を言うのはやめて、二人のむつまじい関係を利用することにした。

「自分のつくる料理に飽きちゃった」と彼女は言った。「あなたが腕をふるってくれない？　何でも好きなものをつくってよ、手伝うから」。それから二人で料理の本を見て、レシピを話し合った。彼女は夫が前につくってくれたおいしい料理をあげ、とりあえず一週間やってみてと頼んだ（段階的に進めた）。今週忙しいなら、来週でも構わない。それほど大変ではないはずだ。全品でなくても、何品かつくってくれるだけで嬉しいと、そう言った。

「その週の料理を、全部受けもってくれることになったのよ」と彼女は言う。「最初の料理はとってもおいしかった」。交渉する前に、彼の立場に身を置いて考えたことがポイントだったと、彼女は言う。

彼はもちろん、フェアでありたいと思っていた。だが頭ごなしに強制されることを嫌った。親しくなりたい相手に接するとき、このことを忘れないようにしよう。高圧的にされて喜ぶ人はいない。相手がプレッシャーを好むというのなら話は別だが、さりげない方がたいてい効果が高い。「いまも料理をしてくれる」。九年後、ミネアポリスでコンサルタントをしているアンナは言った。「友人に教えたら、みんながまねをしたのよ」

第三者の意見を求める

すべての交渉と同じで、親しい人との交渉でも、第三者が助けになることがある。だが相手を少しでも操作していると思われれば、関係は損なわれる。第三者に意見を求めるときは、相手に隠さず言おう。情報収集の一環だと言えばいい。

バーナデット・フィニカンは、感謝祭の日にニューヨークで開催されるマラソンに参加したかった。だがバーナデットに言わせれば「支配欲の強い母」のパットは、感謝祭の日は一家全員が一日中家で過ごさなくてはならないと申し渡した。バーナデットはまず義兄にどう思うか、意見を聞いてみた。彼は断然バーナデットの味方だった。彼も一日中だらだら飲み食いするのはごめんだと思っていた。

バーナデットはこれを母に伝え、自分が午前中マラソンに出ることをどう思うか、家族の意見を聞き、家族全員に異存がないことを確認すると言った。彼女は母を気遣いながら話したので、母が気を悪くすることはなかった。

その結果、いろんなことがわかった。バーナデットの父のトムは、ゴルフをしたがっていた。姉のキャスリーンは、午前中家で用事があった。ただし孫のクレイグとジャックは、おばあちゃんと一日過ごすのを楽しみにしていた。感謝祭のディナーは、全員が用事をすませてから、時間をずらして行うことになった。

ＩＢＭで財務部のマネジャーを務めるバーナデットは、母についてもっていた目標を、あっさり達成できた。生まれて初めてのことだったという。ちなみに母は、このやり方にいたく感心したそうだ。「カギとなったツールは、協力体制を築く、フレーミング、共通の利益を探す、そして準備」とバーナデットは語る。わたしはよく、感情的になりがちな家族との交渉で、ツールをどのように使えばいいのかという質問を受ける。これがその好例というわけだ。

取引中心の関係

取引中心の関係とは、明確な長期的要素がない関係のことだ。こうした関係が、感情や相互利益に根ざした関係に比べてずっと弱いことは、容易に想像できる。当然だが、関係が価値をもたらすことがわかったら、取引を拡大して、長期的な関係にもっていくのが得策だ。とは言え、仕事上の関係の多くは取引中心であり、そうした関係からより多くを得る方法を知っておくことは大切だ。

一般に、取引中心の関係では、「独立した当事者間で」とりきめが結ばれる。とくに市場での売買の場合、よく知らない同士がとりきめを結ぶことが多い。また少なくとも当事者の一方が、相手に優遇を与えたくない場合もある（たとえば政府や大企業が買い手である場合など）。金銭的な条件だけが重要事項であるように思われる取引もある。汎用品の販売や金融取引などがこれにあたる。

関係に含まれる感情的要素が少なければ少ないほど、当事者の関係への思い入れは弱くなる。信頼をはじめとする感情は、契約よりずっと強力な絆になる。契約や報酬といった構造的要素だけで関係を維持できると思ってはいけない。好況時には問題のなかった契約が、不況になると履行されないことも多い。前にも言ったが、一度限りの取引であっても、相手とであれ、第三者とであれ、心を通わせることが最高の戦略になる。

ウォルター・リンは、フィラデルフィアで緊急治療室の医師をしていた。緊急治療室での交渉は、取引的要素がとても強い。患者の生命がかかっていることも珍しくないため、医療スタッフは手術を効率的に行うことを第一に考える。あるとき救急医療を必要としない年配の患者が、「身の上話を聞いてくれと、しつこく言い続けた」とリン医師は言う。しばらくたって、スタッフが患者を緊急治療室から追い出そうとすると、患者は暴れだした。

リン医師は、スタッフがイライラして感情的になっていることに気づいた。そこで、自分が相手をするから、患者のことは忘れて仕事に戻りなさいと指示した。次に医師は、患者の立場に身を置いて考えた。結局、患者は新しいかかりつけの医師を探していたのだが、六カ月先でないと予約がとれないと言われたことがわかった。リン医師は、患者の前で担当医師に電話をかけ、二週間後の約束をとりつけた。

患者は三〇分と経たないうちに緊急治療室を出て行った。「何度も礼を言われたよ」。リン医師は言う。スタッフも、患者も、自力では問題を解決できなかった。そこでより冷静なリン医師が、関係に焦点を合わせ、双方のニーズを言葉に表すことで、解決策をすばやく編み出したのだ。

仲裁役をつとめる

あなたの大切な人が、自力で問題を解決できない場面に、あなたはこれから何度も出くわすだろう。だが仕事上の問題であれ、プライベートな問題であれ、当事者双方が自力で問題を解決できない場合、どうすればいいだろう？　場合によっては、あなたが双方の間に立つ仲裁役として、問題を解決することになるかもしれない。

たとえばあなたのプロジェクトにだれを送りこむかをめぐって、二つの部署が対立する場合など。旅行の計画をめぐる家庭内の口論もその一例だ。

そんなときのために、仲裁に役立つツールを説明しておこう。一般に考えられていることとは反対に、仲裁役はどちら側にも味方してはいけない。あなたは裁判官でも審判でもないのだ。どちらかに味方しようとしていると思われるだけで、信頼を失い、不公平だと責められるだろう。

仲裁役とは、決定権をもたない、世話人のようなものだ。あなたの目標は、双方が合意に達する手助けをすることにある。たとえどちらか一方が正しいと思っていても、それを代弁するのはあなたの役目ではない。質問をしたり、規範をただしたりはするが、どちらかを支持してはいけない。

仲裁役とは、言うなれば双方にとっての秘密の聞き役だ。相手はあなたを信頼していれば、内密の話を打ち明けてくれる。この情報は、提供者が望まない限り、もう一方の側に明かしてはならない。だがあなたは新しい情報を得ることで、問題の根本原因を明らかにできる場合がある。たとえば双方は何年も前のできごとを、まだ根にもっているのかもしれない。

信頼を得るには、それぞれの当事者と別々に何度か話し合う必要がある。問題解決モデルを一緒にやり、利益や規範について質問をし、話がもつれたら一休みする。うまくやれば、あなたは問題解決者として頼られる存在になるだろう。

タチアナ・トゥッシの両親は、離婚の危機にあった。「二五年も前のことを蒸し返しては、いがみあっていた」。現在アメリカの製薬会社のマネジャーとしてギリシャに駐在しているタチアナは言う。「二人ともお互いに腹を立て、意地を張り合っていた」。彼女は二人と別々に話をし、お互いがこの問題をどうとらえているかを理解しようとした。それから父と母のそれぞれに、相手がどう感じているかを想像してほしいと言った。「二人とも、相手に敬意を払ってもらいたい、理解してもらいたいと思っていたの」。二人はまた話をするようになり、最終的に離婚は回避された。

もし可能なら、基本原則を定めるために、双方と短時間でいいから集まろう。その後、あなたがそれぞれと別々に会う。必要ならコイントスで会う順番をきめてもいい。そうすれば、それぞれの側が、自分の考えをあなたに内密に打ち明けることができる。双方をつねに離しておこう。どれくらいの間離しておくかは、関係の状態による。関係が悪化していればいるほど、長い冷却期間をおいた方がいい。

冷却期間が終わり、一緒に話し合う段になっても、トラブルの予感がしたらすぐに引き離すこと。双方の認識の違いについて話し合おう。協定を結んだ方がよい場合は、交渉ツールを使って双方を導こう。あなたは当事者間の関係の中心を担うのだから、協定が結ばれた後も、双方が助けを借りずに交渉できるようになるまでは、けっして手を引いてはいけない。その前に、あなたへの依存を断ち切る必要がある。

仲裁がうまく行かなくても、またはどちらか一方が不当だとわかっても、けっして片側の肩をもってはいけない。そんなことをすれば、自分の評判を傷つけることになる。あなたが示したプロセスに双方が従わない場合は、手を引くか、手を引くと警告しよう。あなたはこのプロセスの責任者として、どのような方法で交渉を行うか、どのような基準を用いるかをはっきり説明しよう。きっと感謝されるはずだ。

関係を終わらせる

さて、この章では、これ以上交渉を行う価値がない状況（少なくとも第三者が介在しない交渉を行う価値がない状況）についても説明しなければ公平性を欠くだろう。

わたしの教え子の友人は、いつも男友だちに殴られていた。男友だちは、カップル向けの心理カウンセリングを受ける受けると言っては、いつもごまかしていた。これは、虐待を受けている側が交渉すべき問題ではない。身体的虐待は、ほとんどの国で法律違反だ。傷害や死を招くことも珍しくない。教え子はどうすべきだろう？　友人に、家を出て専門家の助けを求めるよう、強く促すべきだ。主治医やネットの関連サイトが、その出発点となる。

友人が次にすべきことは、男友だちにセラピストにかかるチャンスを一度だけ与えることだ。虐待をくり返したら、もうチャンスは与えない。友人は、男友だちが（双方がとりきめた何らかの基準から見て）回復するまで、家に戻るべきではない。この方法で効果がない場合、友人は直ちに第三者に助けを求める必要がある。インターネットを調べれば、支援団体のサイトがたくさん見つかるはずだ。

わたしの教え子で虐待を受けていた人たちは、だれも本書に実名を載せたがらなかった。彼らの置かれた状況は、あまりにも感情的で、屈辱的であるように思われた。だが彼らが示してくれた、一般的な指針をここに載せておこう。

1　仕事でもプライベートでも、問題の原因との間に距離を置こう。物理的空間を置くことで、冷静に考えられるようになる。
2　専門的で冷静な第三者に意見を求めよう。
3　自分が直面している問題について調査をしよう。
4　感情の「温度」を下げるために、相手を尊重しよう。
5　相手に感情のお見舞いを与えよう。たとえばアルコール依存症の相手の断酒につき合うなど。
6　とくに仕事がからむ状況では、規範を利用して、何がフェアなのかを確かめよう。
7　相手や第三者と話し合う際には、あらかじめ質問や議論すべき問題を考えて（書きとめて）おこう。
8　感情的になりそうなときは、必ず中断しよう。

過去をやり直すことはできない。相手に苦痛を与えようとしても、報復されるだけだ。あなたがこれをやられたら、第三者から相手に説明してもらおう。わたしの元教え子でシンガポールの企業の役員が、暴力をふるう夫と離婚しようとしていた。夫も妻も、資産の大半を手に入れたがっていた。彼女は公平なものの見方ができる夫の友人に頼んで、話し合いに立ち会ってもらい、合意を仲介してもらった。友人がいたおかげで、夫は暴力をふるわなかった。

冷静で正しい方法を用いることで、破局寸前の状態であっても、よりよい解決が得られる。

現在ロサンゼルスのコムキャストで事業法務担当取締役を務めるジェフ・ファーマンは、ロースクールでの学生時代、かつて恋人だった若い女性と友人の関係に戻ろうとした。このとき、相手を尊重しつつも、自分の気もちを率直に打ち明けたのがよかったという。授業で教わったように、「相手が感情的になりかけたら、感情を発散させてあげる」のが一番だと彼は言った。「相手の不安をわかってあげるとともに、自分にできないことをはっきり伝えるんだ」

ジェフは現在も、タレントとの契約をまとめるのに、折あるごとにツールを使っている。くだんの女性とは、いまも友人だという。

信頼

どんな関係も信頼に根ざしている。したがって、相手にうそをつけば、関係そのものを危うくしてしまう。反対に、悪い知らせを率直に伝えれば、関係を深めることができる。これは直感に反する考えだが、世の中が理想の世界でないことは、だれでも知っている。人が最も嫌うのは、何かを隠し立てされたり、うそをつかれたりすることだ。

ニューヨークの投資銀行で副社長を務めるグレース・キムは、大学時代の友人たちと同窓旅行を計画していたが、日程が合わなくなった。旅行は半年も前からきまっていた。彼女はグループの一番の親友に、率直に事情を打ち明けた。「あなたが世界一の親友よと言って、自分がどんなにこの旅行に行きたいと思っているかを伝えた」。グレースは言う。「それから、あいにく都合が悪くなりそうだと告白したの」

グレースが悪い知らせを告げるとき、友人を尊重したことに注目してほしい。また彼女は、近いうちに必ず別の旅行に行くことを約束した。また全員に納得してもらうためには、どんな方法があるだろうと、親友に相談した。親友は、実はほかにも日程が合わなくなりそうな人がいると教えてくれた。結局、全員で旅行の日程を組み直すことになった。

グレースがこの交渉を行ったのは、旅行の五カ月前だった。旅行の一週間前まで待っていたら、事態はずっと深刻になっていたはずだ。だが、最初に懸念を感じた時点でそう伝えていれば、さらによかった。「懸念をできるだけ早く伝えることを学んだわ」とグレースは言う。「最初から日程に不安があったのよね。初めにそう言っておけば、こういう状況自体を避けられたかもしれない」

これはいいアドバイスだ。何か心配なことがあるなら、前もって伝えるのが得策だ。とくに親しい人との関係では、問題を自分の胸の内にしまっておいても、事態は悪化するだけだ。問題が消えてなくなることはない。

章の締めくくりに、家族との難しい交渉の事例を二つ紹介する。これらの交渉ではさまざまなツールを駆使し、相手の気もちをきめ細やかに思いやる必要があった。交渉は成功したが、一つやり方を間違えるとこじれかねない。彼らはまず最初に、関係を危険にさらさずに、厳しい選択を行うために、どんなプロセスで交渉を進めればよいかを考えた。このプロセスは、双方にとってフェアに思えるものでなくてはいけない。単純明快なものがいい。細かいことや衝突で問題がこじれる前にやっておく必要がある。

ニューヨークで弁護士をしているタマラ・クラルジックは、ヨーロッパで毎年行われる親族会に行くと約束していたが、直前になって参加をとりやめようと思った。絶対に行くと約束していたし、親族全員が揃うことになっていた。だが彼女は仕事で疲れ果てていたうえ、まだまだ仕事が残っていた。でも仕事を含むどんな理由があったとしても、家族を二の次にしていると思われはしないだろうか。それを彼女は気にしていた。

タマラはまず、親族のなかで一番味方になってくれそうな人を探した。この場合は、一番上の姉だった。姉自身何度か欠席していたから、一番の経験者というわけだった。姉はタマラに、父のモットーを思い出させてくれた。「仕事第二」だ。タマラはすっかり忘れていた。この場合にうってつけの規範だ！

ほかに自分の気もちをわかってくれそうな人はいるだろうか？　母だ。タマラは母に電話をかけ、会に出たいのはやまやまだが、疲れがたまっていて、どうしようか悩んでいると打ち明けた。もちろん、母が「大丈夫よ、いらっしゃい、みんなの顔を見れば気分も晴れるでしょう」と言うことも考えられた。だがタマラは、機先を制して言った。自分はきっと時差ぼけで、ストレスで一杯で、仕事の電話がジャンジャンかかってきて、疲れ果てて、機嫌が悪いだろう。そんな状態で行っても、だれも喜ばないはずだ。

タマラは、自分はこんな状態だが、それでも行った方がいいだろうかと、母に判断を仰いだ。また親族会の最中に必ず電話を入れるからと約束した。何ならテレビ会議を開いてもいい。そして出席できなくてどんなに残念に思っているかを伝えた。母はわかってくれ、タマラは家にいるべきだと言ってくれた。できるときに電話を入れ、また別の機会に来なさい。

次にタマラは、親族会に来ることになっていた全員に電話をかけて、同じ交渉をくり返した。タマラがわざわざ電話をかけてきたことで、親族たちは尊重されていると感じた。電話は数分ずつしかかからなかった。タマラは人によって違うツールを使った。父には規範、母には共感、姉には協力関係といった具合だ。

親族たちからは続々とメールが寄せられた。「それでいいのよ」。彼女は関係を損なわずにすんだ。現在パリで働くタマラは、交渉を親族会の一週間前ではなく、もっと早く始めるべきだったと言う。そうすれば交渉を段階的に進め、十分な準備をすることができたはずだった。だが一つはっきり言えるのは、彼女が正しいツールを使ったということだ。彼女の用いたプロセスは、最高の交渉人の証でもある。

赤ちゃんが生まれたばかりの頃、夫婦は大変な思いをすることが多い。二人とも疲れ果て、けんかが絶えない。ウォートンの学生だったビシュマ・サッカーにも赤ん坊がいて、二時間おきに起きては泣いた。妻はくたくただった。ビシュマは授業に備えて、平日の間は来客用寝室で寝てもいいかと尋ねたが、妻はこれが気に入らなかった。

「妻は自分だけが寝不足になるのは許せないと言うんだ」と彼はこぼした。これは明らかに感情的な状況だった。いわゆる「不幸は道連れをほしがる」というやつだ。

そこでビシュマはまず妻に言った。「きみが赤ちゃんの世話で大変なのはよくわかっているし、ぼくに同じ部屋で寝てほしいと思うのは当然だ」。これは感情のお見舞いだ。妻に聞く耳をもってもらうには、これが必要だった。

次に彼は、二人がとても良好な関係にあることを強調した。「どうしたらまともな生活に戻れるだろうかと、二人で相談した」。それから彼は、二人が同じ時に疲れているよりは、しばらくの間だけでも別々に寝た方が、お互いそれほど疲れずにすむのではないかと提案した。自分は夜ぐっすり安眠できれば、学校から帰ってきたときも、それほど疲れていないはずだ。自分が何時間か子どもの面倒を見る間、妻はゆっくりくつろいで、眠ったり一息ついたりしたらどうだろう？　彼女はオーケーした。

あなたはこう言うかもしれない。「そんなのあたりまえのやり方じゃないか」と。いや、同じような問題で揉めている何千万人もの人にとっては、けっしてあたりまえではないのだ。対人関係にかかわるどんな交渉も、感情やスキル不足のせいで失敗することもあれば、交渉ツールを体系的、組織的な方法で用いたおかげで成功することもある。

第12章　子どもと交渉する

ある建築家の娘は、毎日スクールバスに乗り遅れていた。建築家は片道一五分ずつ、一日三〇分かけて学校に送っていかねばならず、一週間では二時間半もの時間が無駄になった。何をどうやっても、娘を時間に間に合うように起こし、着替えさせ、支度をさせることができなかった。

授業でこの問題を扱ったとき、父が小学生の娘の役をやった。娘はなぜ毎日毎日バスに乗り遅れるのだろう？　彼は気がついた。「パパともっと一緒にいたいから」だ。

そこで、クラスの全員で戦略を考えた。まず娘にこう言うことにした。「ねえ、パパは毎日きみを学校に送っていっているだろう？　一週間に二時間半もとられているんだ。そのせいで、みんなのためにお金を稼ぐ時間をやりくりするために、土曜日も仕事をしているんだよ。食べ物を買い、家賃を払い、必要なものを買うお金をね。土曜にパパが会社に行くより、きみと一緒に過ごした方がよくないかい？　土曜に一緒にやることを計画しよう。でもそれには、きみがバスに乗って、パパの時間を節約してくれなきゃね」

建築家は娘との会話で、交渉ツールを二つ使った。不等価交換と、決定権を与えることだ。

これはうまく行った。だが建築家はこれで十分とは思わなかった。そこで第三者の協力を求めることにした。近所に住む娘の親友の母に電話をかけて、毎朝バス乗り場に行くとき、娘を誘ってもらうことにしたのだ。さすがの娘も、友だちを家の前で待たせて、一緒にバスを逃すようなことはしないだろうと、父は踏んだ。

娘は二度とバスに乗り遅れることはなかった。

子どもが大人よりずっと交渉がうまいことが多いのはなぜだろう？　子どもは本書が明らかにしたことを、本能的にやっているからだ。子どもは大人をとても注意深く観察し、大人がどういう立場に立っているか――頭のなかで何が起きているか――を読みとり、大人の感情に訴えるために交渉する。子どもはよくこんなことを言う。「もうちょっとだけ」（お金はあまりかからないことを強調し、不等価交換をしている）、「ママ大好き」（感情のお見舞いをしている）、「いい子にするから」（あなたのニーズを満たしている）。つまり子どもは自分の目標だけでなく、親の目標も強く意識しているのだ。

子どもとの交渉について、いろいろな本に書かれていることや、一般に言われていることのほとんどは、あまり役に立たない。何より、子どもを「礼儀正しく、思いやりのある、賢明な大人に育てる」という、親の目標を満たさないことが多い。こうしたアドバイスのなかには、子どもの頭のなかの絵ではなく、親が望むことに焦点をあてるものもある。そのほか、子どもを操作して親の望むことをやらせようとするものもある。子どもには全部お見通しだ。

ここでは子どもの言葉と認識に注目しよう。そうすることで、子どもとの交渉に、より説得力をもって、イライラせずに臨むことができる。ただし、これができるかどうかは、主にあなたがどんな態度で子どもと接するかにかかっている。忘れないでほしい。交渉の成果は、交渉に臨む態度に大きく左右されるのだ。

そんなわけで、子どもに言いつけを守らせ、あなたの目標をかなえさせるには、あなたが子どもをどのように扱うかが最大の決定要因になる。あなたが子どもと一緒にするどんなことも、交渉のうちに入る。子どもをどのように扱い、どんな言葉をかけ、何をしてあげるか。そのすべてが、あなたに対する信頼や不信を形づくるのだ。

子どもとの交渉に上達するには、練習を重ね、結果を自分でふり返ることが大切だ。子どもはいつも練習している。いつでもあなたと交渉する用意ができているのだ。子どもとの交渉で成果をあげるには、ここに書いてあることを覚えるだけではだめだ。実際に使い、その結果から学び、再び使う、そのくり返しが必要だ。

子どもとの交渉は、特殊なスキルではない。これから説明する特別な「文化的」違いを除けば、大人との交渉とそう変わらない。子どもとの交渉に有効なツールは、子どもを尊重する、子どもの言い分に耳を傾ける、役割交換、はっきり伝える、目標に集中する、感情的にならないなどだ。つまり大人と同様、子どもの行動も変えることはできる。また大人との交渉と同じで、子どもとの交渉も、段階的に進めるのが得策だ。それに、子どもと交換できるものはいくらでもある。

文化的な違いはあるものの、子どもも大人と同じ人間だ。本書がとくに子どもに一章を割くのは、子どもを特別扱いすべきだという固定観念が正しいからではない。それがただの固定観念に過ぎないからだ。実際、「子どもと交渉する方法」といったタイトルの専門書は、「日本人と交渉する方法」と同じくらい馬鹿げている。世界には何百万、何千万ものタイプの日本人がいるし、何億、何十億ものタイプの子どもがいるのだ。

同じことが、男の子と女の子とでは交渉の方法が違うという考えにもあてはまる。どのような交渉方法が得策かは、相手による。文化的平均は、一般に考えるべきことを知る手がかりにはなる。だがやはり相手こそが交渉の出発点だ。そしてその相手は、一人ひとり違う。自分の子どもの頭のなかの絵について考えることが、ほかの何よりも大切だ。

自分の子どもとうまく交渉することが、なぜ大切なのだろう？　多くの人がわかっていないことがある。それは、親と子がほかのだれにもない、特別な絆で結ばれているということだ。子どもは最も深い意味で、あなたの一部なのだ。養子についても、同じことが言える。親は子どもを養子にするために、さまざまなハードルを乗り越えてきたのだから。

つまり子どもは、世界中であなたに一番近い人なのだ。あなたに無条件の愛を与えてくれる人は、子どもをのぞけばほとんどいない。このリスクに満ちた、危険でよそよそしい世の中で、子どもはあなたの最大のサポーターになってくれる。生涯を通じて自分の最大のサポーターを育て、養う機会は、親だけに与えられる特権なのだ。

子どもとうまく交渉できない親は、とても特別なもの、一生ものの絆を手に入れる機会をあっけなく逃してしまう。うまくやればすばらしいものが手に入るのに、残念ながら多くの人がこの機会を無駄にしている。本章のねらいは、あなたがそうならないようにすることだ。またこれまで失敗をしてきた人も、ほぼ必ず関係を立て直せるはずだ。

まず子どもの「文化的」違いのうち、最も大きな三つをあげよう。

第一に子どもは、少なくとも家を離れるまでの間は、一般的な意味で言う「力」が大人に比べて弱いことを、自分ではっきり自覚している。子どもは一〇代半ば頃までは、大人より身体的に小さく、力も弱い。家を離れるまでは、お金もほとんどもたない。衣食住を始め、ほぼすべてのものを親に頼っている。こうしたことから、子どもはつねに不安を感じている。言いかえれば、子どもの自己決定感と安心感を高めてあげれば、子どもはその見返りに多くのものを与えてくれるということだ。

ご存じの通り、これは多くの親がやっていることの正反対だ。子どもを脅し、不安を与える親が多い。だが脅しは長期的には、いや中短期的にも、効果がない。子どもはそれをすり抜ける方法を見つけようとするだけだ。

第二に、子どもが涙やかんしゃくを武器にすることが、大人より多い主な理由は、コミュニケーション能力が発達していないからだ。大人が泣いたり感情をあらわにしたりしても、効果はしれている。だが子どもは、泣けば往々にしてほしいものが手に入ることを知っている。親は子どもに泣かれるのが一番つらいからだ。幼い子どもは、充足が得られないときや、要求がかなえられないときにも泣く。

だが賢明な親は、子どもにとって泣くことはつねに次善の策《プランB》でしかないことを知っている。泣くにはエネルギーがいるし、楽しいことではない。泣くのはいらだちの表れだ。身体的にも消耗する。大切なのは、子どもに最善策を実行する機会を与えることだ。そのためには子どもに力を与え、自己効力感を高め、感情のお見舞いをし、ニーズを満たす手助けをし、真意をくみとる必要がある。

第三に、子どもの毎日は、ゲットモアのためにある。子どもは普通、ものごとを二つに分けて考える。自分の好きなものと、嫌いなものだ。そして好きなものをもっと手に入れようとして、いつも交渉している。アイスクリーム、テレビ、おもちゃ、パパやママと過ごす時間、友だちと遊ぶ時間など。また、好きなものを手に入れるためなら、喜んで交換に応じる。これを賄賂だと思ってはいけない。生きていくための重要なスキルを子どもに教える一つの方法なのだ。

二〇〇二年に息子のアレクザンダーが生まれるまでは、わたしもこういったことを頭ではよくわかっているつもりだった。だが息子がまだほんの赤ん坊だった頃から、これを来る日も来る日も意識的に、また専門家として実践するようになった。おかげで息子はすばらしい交渉人に育っている。

息子が四歳のころ、わたしのために何かをしてくれるよう頼んだことがある。息子はやりたがらなかった。そこでわたしは言った。「パパは先週、きみにアイスクリームを買ってあげたよね？」彼はうなずいた。「パパが先週アイスを買ってあげたんだから、きみがいまパパのお願いを聞いてくれるのは、当然じゃないかな？」結果、彼はわたしの頼みを聞いてくれた。わたしはいまの交渉を過去の交渉と結びつけ、また将来の交渉とも暗に結びつけたのだ。

それから一週間ほどして、息子がアイスをねだった。今日はもうたくさん甘いものを食べたからだめだと言った。すると間髪入れずに息子は言い放ったのだ。「ぼくは先週、パパのお願いを聞いてあげたよね？」わたしは息子をほめずにはいられなかった。それにアイスもあげた。ただし量については交渉した。

そんなわけで、これから子どもにあなたの望むことをさせる方法を――しかも、ある意味で子ども自身のニーズを満たしながらさせる方法を――具体的に説明しよう。

まずは、あなた自身の目標を見定めることだ。ほとんどの親は短期的な目標を考える。宿題をやりなさい、大声を出してはいけません、部屋を片づけなさいなど。だがここで大切なのは、子どもに対するあなたの行動が、あなたの長期的な目標にかなっているかどうかを考えることだ。長い目で見たあなたの目標は、子どもを一人前の責任ある愛情深い大人に育ててあげることだ。これからあげるツールは、この目標を達成するのにきっと役立つだろう。

深く掘り下げて考えると、自分の行動が、自分が子どもについてもっている目標を満たしていないと気づかされることが多い。その理由は、もっと根深い何かが働いているからだ。カナダの衣料品販売会社の営業担当者リンダ・カウフマンは、小学生の息子がうるさく言わないと宿題をやらないのが悩みの種だった。授業で役割交換をやり、彼女が息子の役割を演じた。「宿題が問題ではなかったの」。彼女は気づいた。「二人で十分な時間をとって、お互いが受け入れられる計画を立てていなかった」。つまり本当の問題は、信頼だった。そこで二人で話し合って、息子が学校から帰宅して宿題をすませたら、インターネットを自由に使っていいことにきめた。次にテスト期間を設けた。「息子はネットをとりあげられたくないみたい」と彼女は説明する。「こうやって、お互い約束を守れることを証明した。また、子どもと一緒に問題解決を図るのが肝心だとわかった」

さて自分の目標を見きわめたら、続いてやるべき重要なことは、子どもの頭のなかの絵を理解することだ。これがわかっていないと、どこから手をつけるべきかがわからない。子どもに質問をしよう。勝手にこうだときめつけてはいけない。

フランツ・ポールの四歳の息子ヘンリーは、食事の好き嫌いが激しくなり、食事どきに暴れるようになった。そこでフランツは、ヘンリーの頭のなかの絵について考えてみた。そしてはたと気がついた。そう言えば最近仕事が忙しくて、ヘンリーと夕食前に遊んでいなかった。フランツは帰宅するなり、夕食の席に着いていた。ヘッジファンドの運用責任者を務めるフランツが、再びヘンリーと夕食前に遊ぶようになると、すべてが元通りになった。

子どものかんしゃくの多くは、質問をすることで対処できる。子どもが「そんなのひどいよ！」と言ったら、「どうして？」「くわしく話して」と返そう。「ロバートがおもちゃをとった！」と泣きついてきたら、「なぜ？」「もっと聞かせて」と答えよう。「いまクッキーが食べたい」と言えば、「なぜクッキーなの？」「どうしていまなの？」と尋ねるのだ。

もちろん、聞かなくても見当がつく場合もあるだろう。それでも、子どもに直接質問する方がいい。

親向けのアドバイスを読むと、「子どもがクッキーをほしがったら、バナナではだめなのか聞いてみましょう」などと書かれている。そんな馬鹿な。子どもはクッキーとバナナの違いくらい知っている。バナナがほしいなら、バナナがほしいと言うはずだ！「どうしてクッキーがほしいの？」の方がいい。それか、「もうすぐご飯なのにどうしてクッキーが食べたいの？」「夕飯が近いから、クッキー半分じゃだめかしら？」と言ってもいい。

さっきのありがちなアドバイスを、こう変えたらどうだろう？「クッキーを食べてもいいけれど、お腹が一杯になっちゃうわね。甘いものがほしいなら、バナナにしたらどう？」これは大きな違いだ。子どもを尊重しているからだ。

ラウル・ソンディの三歳の甥は、両親の寝室でごはんを食べると言い張った。ラウルはだめだときめつけずに、甥に尋ねた。「どこで食べたいのか、その場所を見せてくれるかい？」甥は叔父を寝室の隅っこのスツールに連れて行き、そこにちょこんと座った。

「甥っ子が幼児用いすに座ってではなく、大人と同じようにして食事をしたがっているのだとわかった」とラウルは言う。「彼にとって大事なのは、部屋じゃなかった。だからぼくはスツールをダイニングルームに運んで、甥っ子を座らせ、ここで食べなさいと言ったんだ。喜んで食べていたよ」。現在ニューヨークのヘッジファンドで戦略責任者を務めるラウルは語る。

シーザー・グルロンの九歳の息子ステファンは、自分のベッドで寝ようとしなかった。マーケティング起業家のシーザーは、息子に質問をすることで、根本原因をつきとめた。息子は自分のベッドが「子どもっぽい」と思っていたのだ。そこでシーザーは、自分のベッドで寝るのなら、家具店に行って大きな男の子用のベッドを買ってあげると約束した。シーザーは語る。「力関係がこれほど一方的だと、力のあるところを見せつけて、勝手にすべてをきめてしまいたい衝動に駆られる。でもそんなことをしても、結果は長続きしない。根本原因を言葉で説明、理解して、対処しない限り、問題は解決しないからだ」

言いかえれば、子どもの認識を理解するだけでなく、尊重する必要がある。ＢＡＳＦの営業担当者ビル・テイラーは、高校三年生の息子に、卒業したら音楽学校に進みたいと言われた。「わたしは息子が自立できるような分野で、学位を取ってほしいと思っている」。テイラーはクラスに言った。教育や経営、科学といった分野なら喜んで学費を出すが、音楽はだめだという。

そこで役割交換を行い、ビルが息子の役をやった。「わかったんだ」と彼は言った、「親父が若者の見る目を信用していないことがね。それに若者は親父を時代遅れだと思っている」

ビルはこの演習を通して、仲間とともに対策を立てた。息子は音楽専門の学校に通いながら、州立大学に行って一般教養学位をとったらどうだろう。「息子の真価を認め、尊重してやる必要があった」とビルは言う。

肝心なのは、子どもの頭のなかの絵について、率直に話し合うことだ。子どもをだましてはいけない。子どもは、あなたほどうまく気もちを表現できないからといって、何も気づいていないわけではない。たぶんあなたよりさらに敏感にものごとを感じとっているはずだ。子どもがあなたを観察するのと同じくらいか、それ以上、あなたも子どものことを観察しよう。何が彼らのやる気を高めるだろう？　何があれば落ち着くだろう？　何が好きで、何が嫌いだろう？　ころころ変わる気分は、何を表しているのだろう？

次に、子どもの言い分に耳を傾けよう。多くの親が、自分ではちゃんと聞いているつもりでいるが、実際にはそうでないことを、さまざまな研究が示している。大人を子どもと同じように扱ったら、どんな反応が返ってくるか、考えてみてほしい。子どもがあなたに話しかけているのに、手を止めず、生返事をするだけで、向き直って顔も見ようとしないのだ。失礼きわまりない！

さらに言えば、あなたはそういう態度をとることで、将来あなたに対して同じ態度をとるよう、子どもを訓練していることになる。なぜ子どもが話を聞いてくれないのかとこぼす前に、自分が子どもの話を本当に聞いているのか、胸に手をあてて考えよう。ジョニーはまだ子どもじゃないかと、あなたは言うかもしれない。ところがジョニーやサラは小さな大人で、しかも記憶をもっているのだ。子どももいつかは大人になる。幼い頃あなたにどう扱われたかを、けっして忘れることはない。

つまり一言で言えば、子どもにちゃんと話を聞いてほしいのなら、自分も同じことをしなくてはいけないということだ。どうしても手が離せない用事でない限り、呼ばれたら手を止めて、話を聞く。根掘り葉掘り聞き出そう。この鉄則は本当に重要だ。子どもたちはこれを、まだ言葉にできない頃から実践している。

数年前イングランドとウェールズで行われた研究で、ティーンエイジャーの七五％近くが、親が子どもの言い分に耳を傾け、理解することが、親子関係のカギだと考えていた。だが同じように考えていた親は、四一％でしかなかった。親に言い分を聞いてもらい、理解されていると感じている子どもたちは、幼い頃から自尊心が高く、自分の頭で考えることができ、社会的能力や意思決定能力が高いという。

ときには創造力を働かせることも必要だ。前章で娘のデブラのためにコッカー・スパニエルを手に入れたスティーブ・ショコウヒは、デブラが一人で寝ようとしないことに悩んでいた。眠りにつくまで、ママかパパにベッドの足下にいてほしいと言って聞かなかった。だがその理由は言わないのだった。そこでパパが人形を使って話しかけ、娘は人形を通して話した。人形は、デブラが暗闇を怖がっているると教えてくれた。常夜灯だけでは暗かったのだ。

デブラの両親が部屋の電気を全部つけると、デブラは眠りに落ちた。ぐっすり眠ってから電気を消すのは構わなかった。

あなたが子どもの言い分を聞こうと懸命に努力しているのに、子どもが呼んでも来なかったり、あなたの言うことを聞こうとしなかったらどうする？　そんなときは、あなたが子どものために日々どんなことをしているかを、優しく指摘しよう。このやり方はいつも有効だろうか？　もちろんそんなことはない。だが本書のツールを使うたび、成功率は上がっていく。

これと関連するツールに、子どもに相談するという方法がある。子どもをできる限り意思決定に参加させよう。そうすることで、力のなさから来る不安感という、子どもにとって切実な問題に対処することができる。それに子どもはあなたをさらに信頼するようになる。自分は仲間に入っている、愛されていると感じる。たとえば「次からうまくやるにはどうすればいい？」と尋ねよう。

子どもに歯みがきをさせたいなら、ただ歯みがきをしなさいと言うより、枕元に五種類の歯ブラシと五種類の歯みがき粉を並べてみよう。決定権はあなたにあると、子どもに伝えよう。自分で好きなものを選ばせよう。それぞれの歯ブラシと歯みがき粉のよい点、悪い点——色、味、外見など——を話し合おう。ただ歯をみがきなさいと怒鳴るより時間はかかるが、この方がずっと効果が高いのだ。

それに、子どもが自分で決断を下し、人と協力して仕事をする訓練にもなる。どんな状況でも役立つスキルだ。たとえばレストランを選ぶとき、子どもに手伝ってもらおう。こうすることで、「自分できめたい」という子どもの欲求を満たせる場合が多い。

ジョン・マレーの三歳の娘ケリは、歯みがきをする前に必ず一悶着あった。ジョンは娘に好きな歯みがき粉を選ばせ、好きな本を何でも読んであげようと言った。「スイッチがパチンと入ったようだった」とジョンは言う。「自分から進んで歯をみがこうとした。娘は決定権を少し与えられたことで、自分に力があると感じ、わたしの目標を進んでかなえようとしてくれた」。二人は何かをあきらめることもなく、お互いに与え合うことができた。

自分のことを自分できめることが多い子どもは、より意欲的で、創造性にあふれ、健康的で、賢く、自尊心が高いことを、多くの研究が示している。

あなたが好きなテレビ番組を見ているときに、だれかが部屋に入ってきて、何の断りもなしにいきなりテレビを消してしまったら、どんな気分になるだろう？　激怒するはずだ。だがこれこそ、多くの親が子どもにやっていることなのだ。親は子どもが何を考え、何を必要としているかなど、重要ではないと思っている。そんな考え方をしていると、いつか子どもに嫌われる。

人は年齢を問わず、無力感を感じると、心や体の健康に支障をきたすリスクが高まることがわかっている。人は自分にとって意味のある決定を自分で下す機会を与えられると、幸福感が高まる。ストレスにうまく対処する能力も高まる。このような人は冷静に、効果的に交渉することができる。子どもだって同じだ。

家庭で決定権を与えられている子どもは、思春期になってより大きな力を手に入れるようになっても、親に反抗することが少ない。思春期の子どもをもつ親の悩みは、親がそれまで適切なスキルを使って子どもと交渉してこなかったことに原因がある場合が多い。子どもは思春期になれば、支配力の強い親から逃げ出すことも厭わないことを、研究は示している。そうやって家族より、仲間とのつき合いを大事にするようになる。だがこれはほぼ完全に避けられることなのだ。

アンドリュー・ジェンセンは、教会の日曜学校で一〇歳児のクラスを教えていた。「一〇歳だから、やたらはしゃぎ回るんだ」と彼は言う。「なかには家庭でほとんどしつけられていなくて、学校で暴れる子どももいる」

アンドリューは、自分が一〇歳だった頃、日曜学校はどんなだったろうと考えた。そう言えば厳しい女の先生がいて、いつも反発していた。言いつけを守らなかった。そこで彼は堅苦しいことはやめて、子どもたちのやる気を高めるものを与え、授業の進め方を一緒に考えた。聖書の教えをもとにしたゲームを通して、畏敬の念を教えた。よい行いをした子どもには、その場でちょっとしたお菓子をあげ、あとでピザを与えた。

「子どもたちは本をもってくるようになった」とアンドリューは言う。「悪さもしなくなった。質問に手をあげる子が増えた」。彼は何が生徒の行動の動機になっているのか、何が学びを妨げているのか、一人ひとりの認識がどう違うのかを考えるようになった。また目標を見失わずに、新しいことに挑戦する意欲をもつことの大切さを実感したという。「このやり方はだれに対しても効果がある！」現在工業用品メーカーの財務部マネジャーを務めるアンドリューは断言する。

二歳児にさえも効果がある。ジョン・バロビックの二歳の息子は夜更かしが好きで、早く寝なさいと言っても聞かなかった。「ぼくは気がついた」とジョンは言う、「息子は自分の予定を自分できめたかったんだ」。そこで二人で話し合って、どうするかを考えた。たとえば昼寝を三時間から一時間に減らすことをきめた。「子どもを話し合いに引きこむことは、とても効果がある」

子どもは交換が大好きだ。フィリップ・ホワイトの三歳の息子イーサンは、風呂から出るのをいやがった。いつまでもおもちゃで遊んでいたがった。フィリップは急いでいた。「息子の気もちに理解を示し、息子には確かに風呂に入っている権利があると認めたんだ」。サンアントニオにあるインターネット企業で役員を務めるフィルは言う。「明日色つきの入浴剤を入れてあげるから、いまは風呂から出てくれないかと説得した」。息子はわかったと言って風呂から出た。三歳児でさえ、交渉に応じるのだ。

スー・ジン・キムは、五歳の娘が毎朝支度に時間がかかって、学校の時間に間に合わないことに困っていた。娘のミン・スーは、髪を三つ編みにするのが好きだった。「一時間早く寝て、三〇分早く起きるなら、毎朝三つ編みに結ってあげると提案したの」。現在ソウルのサムスン電子で上級法律顧問を務めるスー・ジンは言う。

ここにあげたどの交渉も、すんなり運んだことに注目してほしい。正しい方法でやれば、子どもは喜んで交渉に応じてくれる。

アレクサンドラ・レビンの家に、友人が二歳半になる娘のシドニーを連れて遊びにきた。帰る時間になったが、娘はまだだいたいとだだをこねた。アレクサンドラに童話『エロイーズ』の続きを読んでほしかったのだ。娘はかんしゃくを起こしかけていた。そこでアレクサンドラは、交渉ツールを使った。「もう二ページ読んであげることにしたの」。つまり、段階的に進めたわけだ。「次に来るときは、一冊まるまる読んであげると約束した」

シドニーはすぐに落ち着いた。彼女は「段階的」とは何なのかを知った。

これはシドニーにとって、いい勉強になった。将来のしかるべき時期まで楽しみを延ばすことを学んだのだ。フィラデルフィアに住むアレクサンドラは、その後三人の子もちになり、自分の子どもにも同じツールを役立てている。おかげで、子ども同士で交渉する方法を三人に伝授する必要もないという。

ブライアン・マーフィーは、午前五時半にベッドから抜け出して、階下で運動していた。三歳になる娘のイブリンが、目を覚ましてやってきた。「パパ、一緒に寝てくれる?」彼女はブライアンに、自分の部屋の床で寝てほしかったのだ。こんな愛らしい誘いを断れる親がいるだろうか? ブライアンは、パパは自分より運動が好きなんだと、娘に思われたくなかった。それでいて、どうしても運動する必要があった。それにいまを逃せば運動するチャンスはない。

彼は、イブリンが本当に好きなことは何だろうと考えた。「リトル・ピープル」のおもちゃで遊ぶことが、その一つだった。イブリンはこのおもちゃをベッドにもっていってはいけないきまりになっていた。そこで、パパが健康でいるために運動をする間、リトルピープルにパパの代わりをしてもらってもいいかなと尋ねた。イブリンはうんと言い、問題は解決した。ブライアンはその後自己資金投資会社を立ち上げ、二〇一〇年秋には共和党公認候補として、メリーランド州の知事選に出馬した。娘に使ったのと同じ交渉ツールが、政治の世界でも有効だと彼は言う。つまり、それぞれにとって価値あるものを明らかにし、不等価交換を行う方法だ。

ジャクリーヌ・スターディバントは、友人の三歳の息子アレクサンダーの子守をしていた。アレックスは、絹の布地に張り替えたばかりのソファに、ミニカーを走らせようとした。ジャクリーヌは、床で遊んでほしかった。だがそうしなさいとアレックスに命令する代わりに、床の方がよく走ると教えた。床の方がなめらかだ。それにソファは一台か二台しか遊べないが、床なら六台も走らせることができる。「説明するために、床で一緒にカーレースをしたの」。彼女は言った。「三回やって、アレックスが二回勝ったわ」

「友人の息子に、布地が汚れるからソファの上で遊ばないでと言っても、わかってもらえない。布地なんて、子どもにはどうでもいいことだから」。ニューヨークで翻訳サービスを運営するジャクリーヌは言う。「でも彼は、ミニカーを速く走らせることには興味があった。ミニカーは固くて平らな面の方が速く走るでしょう。だから彼の行動を変えるのは、わけないことだった」

要は、子どものニーズに合わせて、ものごとをフレーミングするということだ。

メアリー・グロスの四歳の娘エレナーは、ママの出張がきまるたびに一騒動起こした。「そこで、娘の利益とニーズについて考えたわ」。メアリーは回想する。メアリーが娘に最初に言ったことは、あまりにもあたりまえ過ぎて、多くの大人があえて言わないことだ。だが子どもの目を通して世界を見ると、とても大切なことだとわかる。「ママはいつだって戻ってくるでしょう？」娘の不安を和らげるには、この一言が必要だった。

次に、ママがいないときにできる、楽しいことを考えようと言った。二人でリストをつくった。最後に、ママは「びっくりプレゼント」をもって帰ると約束した。「いつものようにコートの裾を引っ張りながら大泣きする代わりに、ギュッと抱きしめてキスをして送り出してくれたのよ」。ウォートンの進路指導室でカウンセラーを務めるメアリーは言う。「娘の感情を理解し、肯定したというわけ」。それに出張から「びっくりプレゼント」をもって帰るのは、甘やかしではない。出張帰りの夫が妻にお土産を渡すのは、あたりまえのことだろう？　子どもだけに違うルールを適用するのは、フェアではない。

子どもへの報酬

イン・リウは、六歳の息子のジンがテレビの見過ぎだと思っていた。彼にはピアノの練習と算数の勉強をもっとさせたかった。インがまずやったのは、準備だ。息子の好きなことをリストアップした。テレビ以外では、レゴ遊びや動物園に行くことなどが好きだった。

そうしておいて、こう言った。テレビを見る代わりに、ピアノの練習と算数の勉強をするなら、レゴで遊んでもいいし、動物園にも連れて行ってあげよう。次に二人でポイントシステムを考えた。テレビを見る時間を減らすと、ポイントがもらえる。算数の勉強をするかピアノの練習をすると、さらにポイントがもらえる。父と息子はこのプロセスがうまく行くかどうかを、一緒に見守った。ジンはポイントを稼ぐたびに、自分が尊重されていると感じ、自信を高めた。そして父と充実した時間を過ごすようになった。

テレビの時間と宿題を引きかえにするのは、どうかと思う人もいるだろう。わたしは悪いことだと思わない。子どもはどのみちテレビを見るものだ。親がそれと引きかえに何かを得てどこが悪い？それに子どもはたいていの場合、親に勧められたことを好きになり、何かと交換しなくても自分からやるようになる。

賞罰方式は、時間とともにやる気が削がれるという専門家もいる。だがわたしは現実世界での経験から、それには同意しかねる。賞罰は、次の条件が揃っていれば効果がある。①子どもと一緒に賞罰を考えること。②だれの目から見ても公平で、③正しい意欲をもたらすものであること。そのほか、記録をつけるのもいい。カラフルなスプレッドシートや日誌など、親子で一緒に確認できるものにする。これを見ながら、どこを改善できるか話し合うのだ。

ジュリー・ハニンガーは、子どもたちが責任をもって家事をやらないと言って、悩んでいた。「話し合ってきめても、そのうちやらなくなるのよね」

そこで子どもたちと会議をした。家族が助け合うことに賛成の人、と聞いた。全員が賛成だった。そこで報酬システムを一緒に考えた（週ぎめの小遣い）。家事のスケジュールをつくり、多少のゆとりをもたせた。家事をやらない人には、罰を与えることにした。それから手伝いを記入する表をつくって、星を貼ることにした。最後に、毎月家族会議を開くことにした。「思ってもみなかったほどうまく行ったわ」と彼女は報告する。

あなたが親としてもっている目標に、子どもの協力がどれほど得られるかは、あなたが子どもをどのように扱うかにかかっている。子どもに敬意をもって接すれば、子どもも自然とあなたに敬意をもって接するようになる。子どものやることをすべて認めろというのではない。大人に接するのと同じように、何かにノーと言うときには、その理由を示せということだ。

また子どもの安心感を損なわないよう、気をつけなくてはいけない。どんな子どもにとっても、一番の安心は親の愛情だ。だが愛情を出し惜しみして、子どもの安心感を損なったり、子どもを何らかの方法で脅かしたりする親が驚くほど多い。

親子の信頼関係は、何よりも大切だ。信頼が失われたり、損なわれたりすれば、ほかのすべてに影響がおよぶ。つまり、子どもとの関係で問題が起きたら、じっくり時間をかけて、お互いの思いを伝え合わなくてはいけない。信頼について、また子どもの心に引っかかっていることなど、どんなことでも話し合おう。

子どもが幼ければ、一緒に時間を過ごすことで、信頼を築くことができる。何かを一緒にやる（図工、スクラップブック、レゴなど）、一緒に見る（試合、スポーツ、教養番組、読書、高速道路から見える給水塔やいろんな州のナンバープレートを数える）など。こうしたことのすべてが積もり積もって、子どもが親と大切なことを話し合う際にどのような態度をとるかが決まる。すべてはつながっているのだ。

子どもと夕食を囲みながら、その日に起きた一番よいことと悪いことについて話すのもいい。わが家ではこのほか、家族全員が関心のある話題を三つずつ提供することにしている。子どもはこのようにして意思疎通を図り、自分の話に耳を傾けてもらうことで、信頼関係を築くようになる。そんなわけで、わたしが子どもに何か大切なことをやってほしいとき、子どもはいやがらずにやってくれることが多い。このような信頼は、親子関係全体に影響をおよぼす土台なのだ。

愛する人が与えてくれる一番大事なものは何かと人に尋ねれば、まず返ってくる答えが「無条件の愛」だろう。批判されたくないということではなく、弱さや欠点をひっくるめた、ありのままの自分を愛してほしいということだ。

心を傷つけられた子どもの頭のなかの絵は、「ママはあたしのことぎらいなの」「パパはぼくを愛していないんだ」になる。それに子どもは（たとえこの言い方を知らなくても）、親が「愛情の出し惜しみ」をしていると思うだろう。そんなことをしておいて、子どもの愛情が得られると思ったら大間違いだ。

子どもは大人を責めることで心を閉ざし、何を言っても聞かなくなる。これはとくに子どもの場合に著しい。なぜなら子どもはいつも不安で、親に頼っているからだ。わたしは自分と関わりのある問題が起きると、いつも真っ先に自分の責任だと考える。何といっても、自分を一番コントロールできるのは自分なのだから。息子が何かを壊したら、まずこう考える。「どうしてもっとよくしつけなかったんだろう？」

もちろん、一日中子どもをほめまくれということではない。子どもはおそらく大人よりも操作を見抜く目をもっている。ほめ言葉は具体的であればあるほど効果が高いことを、研究は示している。「よくやったね」よりは「すばらしいピアノ演奏だったよ」の方がいい。

忘れないでほしい。あなたの方が長く生きている分、人生経験やスキルも豊富なのだ。子どもを教えること、完全にのみこむまで教えることは、あなたの責任だ。そうしない限り、あなたは目標を達成できない。

だから子どもにこう言おう。「きみを全身全霊愛しているよ。でももっとアイスがほしいと一日中ごねても、パパはやっぱりノーと言うよ。それはね……」。子どもはあなたの愛が無条件だという確証がほしいのだ。まだわかってくれなければ、こう言おう。「パパはきみより長く生きていて、きみよりたくさんのことを見てきた。それでわかったことがある……」。これなら四歳児でも理解できる。語りかけながら、腕に優しく触れよう。子どもに意見するときには、必ず愛情を示す必要がある。このことをわかっている大人がどれだけいるだろう？これをやるのとやらないのとでは大違いだ。

また優先順位をきめるのも有効な手だ。些細なことは気にしなくていい。だが安全、健康、法、倫理、礼儀などは譲れない。それ以外のことは、段階的に教え、責任と結びつけて理解させよう。子どもは冗談が大好きだ。息子が床に小麦粉をぶちまけてしまったらこう言おう。「おっと！　床でケーキを焼くつもりかい？」それからつけ加える。「片づけなくちゃね」

そして一緒に掃除をするのだ。大人だってものを落とすことはある。子どもはすでに悪かったと思っている。子どもの性格や人格までけなしてはいけない。そんなのは公平ではないし、子どもにだってそれはわかる。そんなことをするのは、子どもを不公平な人間に育てるようなものだ。

子どもにビジョンを描いてやろう。「歯みがきをしないと、歯医者に行くことになるよ。歯の治療は本当につらいんだよ」。大人が心に思い描くことを、言葉で説明してやるのだ。

デイビッド・ルッチは、一一歳になる双子の息子と、ゲームの時間を減らすよう交渉する必要があった。デイビッドの目標は、二人がゲームをする時間を、遊び時間のほぼ一〇〇%から、半分にまで減らすことだった。

デイビッドがまずやったのは、妻のマーラと話を合わせることだった。親ならだれでも知っているが、子どもはよく親を争わせて難を逃れようとする。だから妻が同じ考えでいることを、まず確認したのだ。交渉も妻と一緒にやることにした。

次に、交渉する場所をきめた。息子たちがほかのことをするために出て行ってしまうようでは困る。そこで有料道路のペンシルベニア・ターンパイクをドライブしながら、四五分ほどかけて話し合うことにした。

ゲームをすることが、豊かな人生のうちのほんの一部分でしかないことを、二人にわからせる必要があった。ゲームばかりやっていると、ほかのことをやるチャンスを放棄することになる。デイビッドは二人に、やりたい楽しい遊びを考えさせた。二人は口々に遊びをあげ、妻がそれを書きとめた。ゲームは、リストにあがった多くの項目のうちの一つでしかなかった。

続いてマーラが、ゲームのやり過ぎが子どもによくないことを示す、科学的研究について説明した。

バランスのとれた遊びが望ましい。一一歳の息子たち、コリンとマーカスは、もちろん小学校で理科の授業を受けていて、学校で習ったことをいつもママとパパに「教育して」いた。ルッチ家では、科学者による権威ある研究が尊重されていた。

デイビッドの息子のコリンは、馬鹿ではなかった。この話し合いがどこに向かっているのかを察し、機嫌が悪くなった。デイビッドにとって、これは想定内だった。授業で感情について学んだことで、多くの交渉が合理的でないことを知っていたからだ。こういうときは感情のお見舞いを与える必要がある。そこでコリンに、どうしてそんなに不機嫌なのかと聞いた。

自分はゲームが好きなのに、「ほとんど遊ばせてもらえない」のだと、コリンは主張した。現在ノースウェスタン大学工学部の学部長を務めるデイビッドは、コリンに反論しなかった。彼の言い分が正しいかどうかは、この際問題ではなかった。デイビッドとマーラは、遊び時間の半分もゲームにかけられれば、それで十分じゃないかと息子を諭した。残りの時間で、さっきあげた楽しい遊びを全部すればいい。この一言で、全員の気分が盛り上がった。息子たちは責任感を新たにし、家族の意思決定に関わったという自信をもって、話し合いを終えたのだった。

親にとって少々難しいのが、交渉のペースを落とし、段階的に進めることだ。子どもの夢や恐れを聞き出そう。感情のお見舞いをしよう。

第6章の冒頭で、母に説得された娘が、自分から進んで額を縫ってもらいに病院に行った事例を紹介した。段階的な感情のお見舞いは、とても効果が高いのだ。子どもは段階的にものごとを考える。クッキーをちょうだいと言うと、だめと言われる。だから、クッキーを一枚ちょうだいと言う。あなたも同じことをすればいい。クッキーちょうだいと言われたら、こう言ってみてはどうだろう。「一枚じゃだめ？」「いま半分食べて、もう半分はあとにしたらどう？」

ボブ・エバンズの四歳の息子は、水泳教室に行くのをいやがった。「スクーターに乗りたいんだもん」。ボブは息子のマイケルが、実は水を怖がっているのではないかと思った。金融サービス会社の役員を務めるボブは、水を怖がるのは普通のことだよと言い聞かせた。そして自分も小さい頃は水が怖かったのだと打ち明けた。

ボブと妻はまずボブを風呂で水に慣れさせた。それからほかの子どもたちを誘って、プールに行った。最初はプールの浅い方の、「お風呂のように」背の立つところに入った。しばらくしてから息子の腕に浮き袋をつけ、少しだけ深いところへ連れて行った。そして友だちと一緒に水泳教室を受けさせた。終わるとみんなでピザを食べた。このプロセスは段階的だった。子どもの恐れに対処しながら、最終的に親の目標を達成したのだ。仲間とピザも、もちろん助けになった。これを経てマイケルは水に親しみ、のちにはカリフォルニア州マリン郡の競技会に出場するまでになったそうだ。

ユーコン・リーは、家からもユーコンの職場からも近い学校に、娘を転校させようとした。娘は寂しいと言って転校をいやがった。ユーコンは、不安をすべて話してほしいと娘に言った。娘は友だちに会えなくなるのを寂しがっていた。それに知らないところに行くことを恐れていた。

そこでユーコンは、たっぷり時間をかけて、娘を新しい学校に慣れさせることにした。新しい学校に娘を連れて行き、先生たちに引き合わせた。みんな親切にしてくれた。娘はいまの学校の友だちにお別れの手紙を書き、全員と電話番号を交換した。遊びの約束をとりつけた。二度めに新しい学校を訪問したときには、前より関心を示した。そして最終的に転校を受け入れた。

「交渉スキルはどんな状況にも使えるわ」とユーコンは言う。「子どもの不安に理解を示す。休憩をとる。子どもが実行可能な解決策を探す手助けをする」

子どもは大人を観察するのが得意だが、大人の立場に身を置いて考えるのはそれほど得意ではない。大人が子どもとの間で抱えている問題を、子ども自身に理解させることは、とても重要だ。できるなら子どもと一緒に役割交換をやってみよう。子どもはお芝居が大好きだから、たいてい喜んでやってくれる。

ウィリアム・ソンの五歳の娘は、いつもすねていて、親の話をちゃんと聞こうとしなかった。ウィリアムは、親の関心が一歳一〇カ月の弟ジョシュアに向いていることが、何か関係しているのではないかと思った。そこで父と娘のソフィアは、三〇分かけて役割交換をやった。父が娘を演じ、娘は父を演じた。

役割交換では、ソフィアが強い立場にあったため、父の関心を自分に向けさせ、自分と一緒に遊ばせた。ニューヨークで弁護士をしているウィリアムは、これに対して大げさにすねたり、話を聞かなかったりしてみせた。

ソフィアは父の演じる自分のふるまいがいかに見苦しく、周りの人をイライラさせているかにすぐ気づいた。おかげで二人は、ソフィアを悩ませている根本原因をつきとめることができた。それは、親がかまってくれないという思いだった。そこで二人はいくつかきまりを設け、それが全員の助けになった。

マイク・バータルは、五歳の息子リアムのことで、似たような悩みを抱えていた。リアムはここ何カ月かで反抗的になり、父の言うことを聞かなくなった。言い合いになることもしばしばだった。

そこでマイクはリアムに、きみは遊びでパパの役を「演じて」ごらん、パパはきみの役を「演じる」

からと言った。わたしの経験から言うと、子どもはこの手の遊びに目がない。息子を演じる父は聞いた。「どうしてパパは、ぼくが言うことを聞かないと怒るの?」この質問を投げかけることで、リアムになぜ父の言うことを聞かなくてはならないのかを考えさせたのだ。これは息子にとって、大きな気づきの瞬間だった。

マイクは約束がほしかった。そこでリアムに、これから二人がお互いの言うことを聞かないときにはどうすればいいだろう、と尋ねた。マイクはこの質問によって、自分も問題の一因であることを認めたのだ。そしてリアムに言った。「たぶんパパも、きみの言うことをもっと聞くべきなんだろうな」。リアムは父に、いま言ったことをお互い忘れないようにしようと言った。二人はそれを忠実に守った。IT企業の創設者であるマイクは、息子がこうした役割交換のおかげで、ものごとをつきつめて考えるようになったと語る。

子どもに責任を与えることは、子どもとうまく交渉するカギとなる。実際、それは人間のどんな行動においても大切なものだ。ただ子どもの場合は、力のなさを大人より痛感しているがゆえに、この傾向がとくに顕著なのだ。子どもに親を「演じ」させるだけで、数分の間、(力をもつ)大きい人たちのように考えさせることができる。子どもはこのような役割交換から得た発見を、たいてい心に刻むものだ。

あなた自身、子どもの立場に身を置いて考えることは、子どもがなぜいまのような態度をとるのか、その理由を理解する助けになる。子どもはへそを曲げているのだろうか? 単に機嫌が悪いだけなのだろうか? 大人だって機嫌の悪いときがあるじゃないか。子どもはストレスを感じないとでも思っているのか? 子どもがフライドポテトをほしがって、何が悪い? ゲームを一、二時間やりたがることのどこが悪い？　大人だってストレスを発散させるためにテレビを見たり、大変な一日の終わりに一杯飲みに行ったりするじゃないか？　どっちが悪いというのだ？

子どものニーズを敏感に感じとり、ストレスを軽減してやることが大切だ。ストレスをうまく発散できないと、のちにたばこ、酒、違法麻薬など、ずっと好ましくないものに頼るようになる。うちの息子はときどき「頭を冷やす」ためにテレビを見たがる。興奮して宿題をやる気分ではないのかもしれない。いつ宿題をやるつもりなのか、なぜいまテレビを見ているのかを説明してさえくれれば、わたしに異論はない。単に一人でいる時間がほしいだけなのかもしれない。

子どものやることすべてが、あなたへのあてつけではない。別に子どもはあなたをとっちめようとしているわけではない。ただ自分の人生を歩み始めているだけだ。問題があるのは子どもでなく、親であることも多い。

次はもう少し難しい事例をとりあげよう。なかには泣きわめいて言うことを聞かない子どももいる。大人と同様、非協力的な交渉相手だ。そういう子どもには規範を使って構わない。ただし親子関係にかかわる交渉だから、慎重に、巧みにやる必要がある。

ブライアン・ガリソンは、三歳になる息子のかんしゃくを、これ以上許すわけには行かないと思った。まず息子のコナーが落ち着いて話ができるようになるのを待った。息子の準備ができるまで待ってやるだけでも、感情のお見舞いになる。ブライアンは息子に、足をばたばたさせて泣きわめいたり、床を転がったりするのは正しいことだろうかと尋ねた。これは例の「極端に走るか、わたしの側につくか」の質問だ。息子は、それはいけないことだとしぶしぶ認めた。三歳児にだってわかるのだ。

そこでブライアンは、きみがまたかんしゃくを起こしたら、今度はどうしたらいいだろうと尋ねた。

相手に意見を聞くのも、感情のお見舞いの一種だ。そんなとき、きみは少し「タイム」をとり、一人になって落ち着く必要があるかもしれない、と父は言った。相談の末、自分の部屋で三分も過ごせば落ち着くだろうということになった。このようにして、息子を意思決定に参加させたのだ。ブライアンは「タイム」を宣告する前に、まず警告を出すことにした。このやり方は効果があった。コナーはプランB、つまりかんしゃくを起こして自分の思い通りにする方法がもう使えないことに気づいた。

「ずっとお行儀がよくなったよ」。現在海軍中佐であるブライアンは言う。

「息子は三歳ながらも、自分の行動がどんな結果を招くかを理解している。これまでの交渉では、いつもコナーを理詰めでねじ伏せようとした。そのせいで、かんしゃくを起こせば自分の思い通りになるという考えを、なぜか植えつけてしまったんだな。きまりをきめて、いつもそれを守らせることで、日々の交渉のやり方を変えることができた」

できるなら問題が起きる前に、子どもと一緒にこのプロセスをきめておくといい。もちろん、それができない場合もあるだろう。だが親や子どもにとって望ましくない問題が起きたら、どうすれば防げるかを話し合わなくてはいけない。そうすれば問題を解決するだけでなく、プロセスも改善できる。また子どものかんしゃくの根本原因をつきとめることが大切だ。

子どもの行動が、子ども自身の目標にそぐわないことを示してやるのは、口論を止めるための強力なツールだ。エリック・シュナイダーがある晩自宅に電話をすると、妻が七歳の娘のことで困っていた。妻と娘は、放課後友だちと遊んでもいいが、夕飯の前に帰って宿題をすませるという約束をしていた。

「ところが宿題をする時間になると、娘がこんなのフェアじゃないと言い出した」。エリックは言う。

「ぼくが家に電話したとき、娘と妻は口論の真っ最中だった」。エリックは電話に娘を出してくれと頼んだ。

「どうしたんだい、と娘に尋ねた」。エリックは言う。「まだ外で遊んでいたい、とこう言うんだ。宿題はいつやるつもりなのかと聞くと、あとでテレビを見ながらやると言う」。エリックと妻は、そんなことは許していなかった。テレビを見ながら宿題をやるのと、消して宿題をやるのとでは、どっちが早く終わるかと尋ねた。「消した方」と娘は答えた。

娘はすぐに気がついた。先に宿題をすませてしまえば、テレビを見る時間が増える。エリックは娘に、パパとママがきみとの約束を破っても構わないのかと尋ねた。「だめ」と娘は答えた。彼はここで交渉を終わりにした。最初の一歩としては、これで十分だ。残りの交渉は、帰宅してから面と向かってやればいい。口論は終わった。娘は宿題をやり、交渉のおかげでより大きな責任感をもつようになった。

子どもとの交渉では、親が理性を失ったり、カッとなったりしてはいけない。それでは子どもに同じようにしろと言っているようなものだ。親が子どもを怒鳴るのは、どちらのためにもならない。

忘れないでほしい、感情は感情を呼ぶのだ。子どもは感情的になればなるほど、聞く耳をもたなくなり、あなたの目標や利益をかなえることができなくなる。大声をあげることには、危険な状況で助けを呼ぶ以外は、ほとんど効果がない。子どもを落ち着かせるには、まず自分が落ち着くことだ。

子どもが食べ物を投げたせいで壁にシミができたらこう言うのだ。「壁を塗り直す必要があるな。そうすると、おもちゃや旅行のお金がなくなる。それに食べ物を粗末にしたから、食べ物を買うお金もいるな。もっと仕事をしなくちゃ。きみと家で過ごす時間が短くなるね」

これは子どもに行動とその結果を理解させる訓練になる。子どもに腹を立ててしまったとき、腹を立てたことや失礼な態度を謝罪するのは構わない。だがあなたが謝っているのは自分の問題行動に対してであって、それはそもそも起きてはならなかったことだ。謝罪より、共感を使った方がいい。子どもの感情と、それをなだめる方法に集中しよう。

子どもは多くの大人と同じで、リストが大好きだ。リストはこの混沌とした世の中で秩序の感覚を与えてくれる。問題を解決するために親子でリストをつくるのはお勧めだ。親子関係がよくなり、子どもの責任感も高まる。

わたしたちの友人の一一歳になる娘、アビゲイル・アンドリューズは、家事の分担について母のヘザーとけんかをした。いろいろあったが、最終的に二人は合意に達した。アビゲイルは、ママも約束を守ってくれるなら、自分の責任を喜んで果たすと言った。

アビゲイルはパソコンを使って「契約書」を作成し、印刷した。イラスト入りの表紙をめくると、そこには条件が書かれていた。アビゲイルは署名し、母の署名をもらうため食卓のテーブルに置いておいた。

子どもに約束を守らせるのは難しいと、多くの親が思っている。でも実は子どもも親について、同じことを思っている。だから約束についてははっきり話し合うことが肝心だ。どちらかが約束を破った場合どうなるかを含め、しっかり話し合おう。

アビゲイルがやったこと、そしてあなた方親子にもできることは、お互いへの接し方や行動のよりどころとなる規範を定め、リストアップすることだ。自分がきめた規範を破るのはいやなものだ。だから親と子がそれぞれの規範をつくる必要がある。そうすることで、お互いに対する責任感が高まる。

子どもに何かをするよう、またはしないよう強制するのでなく、自分で気づかせることも大切だ。わが家では、息子が夜遅くまで起きていたいと言ったら、許すこともある。次の日は疲れるよと釘を刺し、翌朝はいつもの時間に起こす。するとその日は一日中疲れて気分が悪いというわけだ。

睡眠が一日くらい足りなくても、成長は止まらない。それにこれは息子にとって、人生のよい教訓になる。行動は何らかの結果を伴うということだ。息子は何度か痛い目に遭ってから、ようやくこれを理解した。夜更かししたがる子どもは多い。だがうちの息子はもう遅いよと言われると、ベッドに行かなければ翌日どんな気分になるかを思い出す。早く寝なさいと怒鳴るより、こっちの方がずっと効果が高いのだ。

子どもによい教訓を教える方法を、あなたもほかにいくらでも思いつくだろう。自分の子どもの数だけの生徒がいる学校の校長になったつもりで考えよう。

子どもとの交渉がうまく行かないときには、第三者が助けになることが多い。子どもの祖父母、叔父、叔母、きょうだい、友人とその親たちなど。親子関係はぎくしゃくすることもある。ときには仲裁役の助けを借りて、解決を図る必要が生じることもある。親はこの手段を忘れていることが多い。

本章を子どもと一緒に読んでみてはどうだろう？　お互いに協力して、家庭内のもめごとを解決できるかもしれない。知恵を出し合おう。もちろん、子どもはここに書いてあるすべてを受け入れるとは限らない。だが反対も貴重な意見だ。どんな意見であっても、交渉をやりやすくするような関係づくりに役立てることができる。

子どもに暴力をふるうこと——身体的暴力と感情的暴力——にも触れなければ、公平性を欠くというものだろう。ある意味、これは単なる弱い者いじめではないだろうか？　親が体力や財力にまかせて、無防備な子どもを押さえつけようとすれば、子どもが過激な行動に走ることは避けられない。子どもをひどい目に遭わせ、過激な行動に訴えざるを得なくしたのだ。子どもに何かを強制しても、「力こそ正義」という考えを刷りこむことにしかならない。

叩かれた（またはぶたれた）子どもは攻撃的になり、行動上の問題を起こすようになることを、数々の研究が示している。ある研究によれば、母親に叩かれている子どもはそうでない子どもに比べて、幼稚園でほかの子に身体的攻撃を加える確率が二倍以上高かった。別の研究は、幼い頃体罰を与えられた男児が、成長して女友だちに身体的暴力をふるう傾向にあることを示している。

また多くの研究が、体罰が子どもの知能指数（ＩＱ）を最大で五ポイント下げることを示している。子どもは叩かれることで心を乱され、学業に集中できなくなる。鬱になる確率も高まる。言葉の発達が遅れる。子どもの体罰について世間で言われていることは、まったくの誤りだ。

自分も両親にぶたれて育ったのだから、問題ないという人もいるだろう。だがそのことを思い出すと、いまでもいやな気もちになるはずだ。虐待のサイクルを断ち切ろう。子どもの体罰が大目に見られている文化であっても、それが本当に子どもに伝えたいことなのか、よく考えた方がいい。ほかに使うべきツールを知らないだけなのではないだろうか？

アメリカでは、現在でも五〇％以上の親が、子どもを日常的に叩いている。九〇％以上の親が、四歳未満の子どもを年に一回以上叩いている。こうした行為が悪影響（信頼の喪失など）をおよぼすこと、そしてほかにもっとよい選択肢があることを考えると、驚くほど高い割合と言える。子どもへの暴力は、喫煙と同じだと言う人もいる。とても悪いとわかっているのに、いまだに多くの人がやっている。

子どもは親から言われたことをそのまま受け入れるだけでは成長できない。子どもを育児に積極的に参加させよう。そのためには毎日ツールを使い、子どもと一緒に準備をしよう。これが正しくできれば、子どもはやがて自分の子どもにもツールを伝え、よりよい子育てのサイクルが始まるだろう。

第13章　旅行先でゲットモア

わたしの社会人向けプログラムの参加者が、週末に妻とサンディエゴの最高級ホテルの一つに泊まりに行った。土曜の朝、妻の叫び声で目を覚ました。バスルームの床一面がアリで覆われていた。彼はただ電話をかけて、支配人か、話を聞いてくれるだれかに苦情を言う代わりに、授業で習った交渉ツールを使うことにした。

階下に降りて支配人を探し、こう言った。「ここはサンディエゴでも指折りの高級ホテルだね？」当然、支配人はそうですと答えた。「バスルームのアリも、サービスに含まれるのかい？」

この企業幹部は、部屋があれほど早くスイートルームにアップグレードされるのを見たのは、初めてだったという。おまけに、無料の夕食とシャンペンつきだった。大切なのは、意識的で体系立った交渉の手法を用いることだ。そうすれば思いつきでやるよりも、ほしいものをより多く手に入れることができる。

旅行の手配に関する交渉については、さまざまなことが言われ、書かれている。そのほとんどが価格に焦点をあてている。ゲットモアのツールを使うと、もちろん価格に関する交渉もうまくなる。だが交渉できるものはほかにもたくさんある。宿一つとっても、遅めのチェックアウト、アップグレード、部屋の空き、きめ細かなサービス、部屋の位置、サービスの拡充、料金や設備をめぐるトラブルの解決などがある。

旅行の手配を交渉する際、いくつか知っておきたいことがある。第一に、旅行業界の担当者にとって、交渉はあたりまえのことだ。だから思いつくあらゆるものを交渉しないのは、バザールに行って言い値でものを買うようなものだ。割高な料金を払わされるおそれがある。

第二に、「きしる車輪は油を差される」。いやな奴になれと言っているわけではない。だが声をあげなければ、何も得られない。本章の数々の物語が教えてくれるように、ゲットモアでは粘り強さがとても大切だ。一度、二度、いや五度ノーと言われても、ひるんではいけない。

とは言え、大騒ぎするいやな奴になれば、全体として得るものは少なくなる。航空会社やホテルの担当者は、コンピュータにあなたの記録を入力するはずだ。記録はいつまでも残る。時間とともに、あなたの得るものは少なくなっていく。逆に、相手を尊重すればするほど、相手にも尊重され、ゲットモアできるだろう。

一般に旅行業界の担当者は、どんな階層の担当者でも、顧客にいろいろなものを与える裁量をもっている。すべては相手があなたをどう思うかにかかっている。あなたを気に入れば、多くを与えてくれるだろう。

確かに旅行業界には、慢性的に機嫌が悪く、何も特別なことはしてくれなそうな人がいる。だからこそ、関係や利益といった交渉スキルのほかに、相手の規範を見きわめ、利用するスキルにも長けていなくてはならない。相手の方針は何だろう？　方針への例外は？　相手企業の明文化された規範をもって行き、相手につきつけよう。

相手の規範を盾にする際、相手を怒らせてはいけない。怒らせたら最後、相手は何もしてくれなくなる。また相手の規範を利用して自分のほしいものを手に入れたら、今度は相手のニーズに集中して取引をまとめよう。ツールを使って練習し、事前に準備し、終わったら一人でふり返ろう。時間とともに、ますますうまくなっていくはずだ。

旅行業界では規範がとくに重視されるため、フレーミングがカギを握る。「バスルームのアリも、サービスに含まれるのかい？」はフレーミングだ。「御社の目標は、顧客満足ですか？」もフレーミングだ。質問に規範を埋めこむのだ。規範を問う質問のなかでも一番効果が高いのが、相手の約束したことと、実際にやったこととの違いを強調するものだ。相手にこの質問をして、あなたのためにしかるべき措置をとるか、開き直るかの選択を迫るのだ。相手は後者を選んだ場合、第三者に苦情を申し立てられるなど、さまざまなリスクを背負いこむことになる。

忘れないでほしい、どんな状況にも使える「万能」なやり方などない。状況によって交渉のやり方を変える必要がある。自分の目標は何か、相手はどんな人か、説得には何が必要かをつねに考えよう。交渉は一つひとつ違う。同じ航空会社と同じ日に交渉するのでも、担当者が違えば違う交渉になる。これは、旅行の手配を交渉する際のよい点のひとつだ。相手側にはよりどりみどりの担当者がいるから、気に入った人を選べる。ひどい扱いを受けたら、別の担当者を探せばいい。意思決定者を探してよう。あなたを助けられない人、助けてくれない人との交渉で、貴重な時間を無駄にしないこと。

航空会社

ご存じのように、航空業界をめぐる状況は数年前に比べてずっと難しく、厳しくなっている。とくに二〇〇一年九月一一日の同時多発テロ事件以降、事情は様変わりしている。だがそれでも交渉できる余地はごまんとある。

アージャン・マダンの父は、ロンドンからアメリカ行きのフライトに乗り損ねた。アージャンは二〇〇ドルの変更手数料を払いたくなかった。ヴァージン航空の二人の責任者と話したが、二人とも、例外規定が適用されるのは入院の場合のみだと言った。

アージャンは「二人の頭の固い担当責任者と話したあと」、三人めに電話をかけた。「担当者に調子はどう、と尋ねた。それから最近行ったモルジブの天気がすばらしかったという話をしたんだ。そうしたら彼女はハネムーンを計画していて、モルジブも候補地の一つだと言うじゃないか。そこで一〇分かけて、ハネムーンのお勧めスポットを教えてあげた」

それからアージャンは、父、母、きょうだいとその子どもたちの全員が、ヴァージン航空を利用しているとアピールした。「ほかの航空会社は、利用する気にもなれないと言った」。そして父がフライトを逃してしまったと打ち明けた。「父は年をとっていて、健康がすぐれないものでね」。彼は言った。「何とかならないだろうか？」

顧客サービス担当は、ロンドン本社にかけあってみると言ってくれた。「年をとっていて健康がすぐれない」は、ほとんど入院と同じだろう？　アージャンはヴァージンを頻繁に利用していた。どれもすばらしいフレーミングだ。アージャンは特例を認められた。それにヴァージンに友人ができた。「粘り強さがカギだ」とアージャンは言う。「けっしてあきらめないこと。時間をかけて相手のことを知ろう」

アージャンはもう一つ、重要な交渉ツールを使った。情報は信頼をもたらす。相手に自分のくわしい情報を与えれば与えるほど、相手はあなたの問題をますます切実に感じ、ますますあなたを助けようという気もちになるのだ。

教え子の多くが、こんなトラブルを経験している。航空会社に電話をかけ、料金を確認し、自分の名前で予約を入れてもらうか、何かの手数料を免除してもらう。翌日また電話をかけてみると、予約は入っていませんと言われ、しかも料金が跳ね上がっている。または手数料は免除できませんと言われるのだ。そんなときわたしはこう尋ねる。「担当者の名前は?」学生は「わかりません」と答える。そんなことで相手を説得できるはずがない。

電話をかけて手違いがわかったとき、こう言ったらどうだろう?「えーとどれどれ、昨日ぼくが話した担当者は、オクラホマ州タルサのティナですよ。時間はそう、正午を三分ほど過ぎた頃だった。ティナは予約番号は不要で、ぼくの名前で予約がとれていると言いました。ぼくの名前のスペリングを二度確認しましたね、ええ、正しい名前を入れたいと言って」

この方が説得力が高いだろう? 詳細がものをいうのだ。ペンシルベニアの医療機器メーカーに勤めるフィリップ・カンは、フィラデルフィア発ニューヨーク行きのバスの料金を割り引いてもらおうと心にきめた。この前バスに乗ったとき、機械トラブルのせいで、約束に遅れてしまったのだ。バス会社のチケット販売所では、係員も責任者も冷ややかだった。そこでフィルは、これまで購入したチケットの半券の束をポケットからとりだして、トランプのようにパラパラめくりながら言った。「このバスに乗るようになって、もうずいぶんたつんだがなぁ」。フィリップには、自分が貴重な長年の得意客だという証拠があった。結果、彼はニューヨーク行きの無料チケットを手に入れた。

フィルが与えたのは、目に見える情報だ。言葉に関係なく理解できる情報だ。何も、スーツケース一杯分の搭乗券をもって行けとは言っていない。だが情報の使い方について、意識的に考えよう。目を光らせ、耳を澄ませ、創造力をはたらかせるのだ。相手の会社について見聞きしたニュースを話題にしよう。社員の立場でものごとを考えてみよう。

アイシャ・ヘンリーが乗る予定だったデトロイト発ワシントン行きのフライトは、機械系統の故障によりキャンセルになった。ノースウエスト航空からは、一晩分の宿泊券と食事券が渡された。ところが翌日のフライトも天候不良でキャンセルになったため、もう一晩足止めを食った。しかもノースウエストの規定では、天候による遅延には券を支給しないという。

フライトがキャンセルになったとき、ゲートにはたくさんの乗客が集まっていた。ワシントンで弁護士をしているアイシャは、前日もフライトがキャンセルになった人がいるかどうか、聞き回った。数人いた。宿泊券を何枚もらったかと尋ねると、二枚と答えた人たちがいた。アイシャはこの情報を盾にノースウエストの係員と交渉し、二枚めの宿泊券と食事券を手に入れたのだった。

交通機関の乱れで損害を被る人は多い。だがそのまま泣き寝入りしてしまう人がほとんどだ。自分からはたらきかけない限り、何も得られない。アリ・ベーバハーニは、USエアの到着便が遅れたせいで、シャーロット発ペンシルベニア行きの最終便に乗り損ねたのに、ホテルの宿泊券は渡せないと言われた。ゲートの係員は、到着便が遅れたのは天候のせいだと言い張った。

「理由はそれだけなの?」アリは聞いた。「クルーの遅刻とか、機械トラブルの問題があったんじゃないの? ほかの理由で遅れたなら、USエアはホテル代をもってくれるんだろうね?」答えはイエスだった。アリは航空会社に確認した。クルーが遅刻していて、それが遅れの一因になったことがわかった。結果どうなったか? ワシントンDCのベンチャー投資会社で医療関係の投資を担当するアリは、ホテル代を無料にしてもらった。「質問しなくちゃね」

規範と関連して、航空会社をはじめとする旅行関連会社には、実にさまざまな種類の割引や特典がある。たとえば①子ども、②ティーンエイジャー、③社員の紹介、④法人、⑤高齢者、⑥発着陸の場所、⑦人数、⑧所属組織、⑨誕生日、⑩記念日などによって、いろいろなものがある。旅行代理店や航空会社、ホテル、レンタカー会社に電話して、どんな割引があるか尋ね、自分にあてはまるかどうか、一つひとつチェックしよう。ホテルによっては、「足止めされた旅行客」に割引を提供するところもある。たとえば穀物企業の副社長ロバート・ホッジェンは、フライトがキャンセルされた際、この割引でホテル代を一五九ドルから五九ドルにしてもらった。ただ尋ねるだけでよかった。

規定に例外はないのか尋ねよう。これを習慣にしよう。「例外が認められるのはどんなときですか？」を、あなたの十八番《おはこ》の質問にしよう。

あなたには相手を説得する力がある。その力を活用しよう。さもなければ泣き寝入りになるだけだ。一例として、アメリカでは航空会社が航空機に乗客を乗せたまま、滑走路に三時間以上待機させてはいけないきまりになった。こういった新しい規制を調べてみよう。現にわたしは調べた。この知識を利用して、滑走路で二時間半待たされたとき、USエアに飛行機をゲートに戻してもらうことができた。おかげで、機内のトイレがあふれて困ることもなかった。ちなみに、二〇〇九年にユナイテッド航空の時価総額が一億八〇〇〇万ドルも目減りしたのは、ある利用客がユーチューブに投稿した、巧妙な抗議のミュージック・ビデオのせいだと言われている。ユナイテッドはその後、おそらく規定に何らかの変更を加えたのだろう。

心を通わせる

顧客サービス担当者は、いつもひどい目に遭っている。だから元気づけてあげよう。くすっと笑わせてあげよう。きっとほっとして、何かを返してくれる。相手の目から世界をとらえよう。

ネイサン・スラックは、シンシナティのウェスティン・ホテルで、部屋をスイートルームにアップグレードしてもらえないか尋ねた。「スイートルームはすべてふさがっていますと、ぴしゃりと言われた」と彼は言う。「係は機嫌が悪そうだった」

ネイサンは交渉の達人としてやるべきことをやった。こう言ったのだ。「さっき長いフライトを終えたばかりなんだ」。そして尋ねた。「きみの一日はどうだった?」「ちょうどいま、いやなお客の相手をしていたところなんです」。ネイサンは慰めた。「お気の毒さま」。それから、このホテルは自分のような常連客が多いのだろうかと尋ねた。彼女がコンピュータで確認すると、ネイサンは確かに得意客だった。彼はこのホテルをとても気に入っているとほめた。そして、使われていないスイートルームを常連客に提供することはないのかと尋ねた。

「角部屋のスイートルームに、無料でアップグレードしてくれたよ」。JPモルガンのシンガポール支店で投資部門を統括するネイサンは言う。「おまけに、今後もスイートが空いていれば必ずアップグレードするようにというただし書きを、ぼくの記録に入れてくれた」

それにそう手間もかからないことが多い。ジョン・ダンカンソンは、ロサンゼルスのスリフティでレンタカーを一週間借りる際、無料でアップグレードしてもらおうときめた。担当者は若い女性だった。「彼女がどこの出身で、LAに来てどれくらいになるのか、LAは好きか、どこの学校に行ったのかといった質問を浴びせた。そうしたら、彼女の方から、アップグレードしましょうかと言ってくれたんだ」

ジョンは、コンバーチブルを借りたいが、そんな余裕はないと打ち明けた。大丈夫ですよ。ジョンは追加料金なしでコンバーチブルを借りられた。「ただにこやかにしてお願いごとをするだけでも、驚くほどの効果がある」とニューヨークで弁護士をしているジョンは言う。

大切なのは、本心から言うことだ。本心かそうでないかは、相手にはすぐわかる。これができない人は、やってはいけない。同行者がいるなら、代わりにやってもらおう。態度がものをいう。これをやる前に、まずは自分の胸に聞いてみよう。自分は本当に目標をかなえたいのか？

くり返しになるが、旅行担当者はたいてい大きな裁量をもっていて、気に入った顧客にはいろんなものを与えてくれる。ダナ・グオは、サウスウエスト航空のシカゴ行きのフライトにキャンセルが出るのを待っていた。何とか正規料金を払わずに、キャンセル待ちで乗りたかった。彼女はゲート係員に話しかけ、こんな天気の悪い日のフライトを担当するのは大変でしょうといたわった。そして自分もこのフライトを逃すと、友人の誕生日のホーム・パーティに間に合わないのだと打ち明けた。

「会話のなかで、わたしはこう言ったの。規定があるのはわかっているけれど、あなたには事情に応じて特例を認める権限があるでしょう、と」。ダナはこう言うことで、この社員の力を認めるとともに、自分が航空会社の事情を承知していることを伝えた。彼女は追加料金を払わずに、無事フライトに乗ることができた。

わたしの教え子と普通の人の決定的な違いとして、教え子はまず相手のことを考える癖がついている。それは多くを与えるためではなく、多くを得るための手段なのだ。普通の人は、何か問題が起きると、担当者をつかまえて、自分の問題についてまくし立てる。だがそれよりは、相手の問題について話す方がいい。そうすれば、この人を助けてあげたいと思ってもらえるからだ。

バルバドスのディビ・サウスウィンズ・ビーチ・ホテルに泊まっていたアニー・マルティネスは、

部屋を変えてもらうか、部屋代を無料にしてもらおうと決心した。近所のディスコがうるさくて、眠れたものではなかった。午前二時で、当直の責任者は一人しかいなかった。友人が苦情を言ったが、空きがないといって部屋を変えてもらえなかった。

アニーは責任者のタデアと直接話をするために、フロントに降りていった。まず、ひどい騒音であなたもさぞお困りでしょう、あなたに責任はないと言った。アニーはそれから、ホテルの顧客向けパンフレットに「顧客満足」がはっきり謳われていることを、如才なく指摘した。「こちらのホテルではこういう状況を、普通どうやって解決しているの？　部屋の変更や補償かしら？」アニーは優しく聞いた。

アニーはそれからこう言った。あなたにはできないだろうが、何なら自分が警察を呼ぶので、一緒に騒音の苦情を言おう。つまり二人の共通の問題にしたのだ。彼女はこの一部始終を、気遣うような口調で言った。また自分をこの困った事態から助けだしてくれるなら、タデアの上司あてに一筆書こうと申し出た。

現在フィラデルフィアで労働問題専門の弁護士をしているアニーは、追加料金なしでペントハウスに移してもらった。隣の部屋に泊まっていたアニーの友人は、少し前に同じ責任者に怒鳴りこんだ。彼はわめき散らし、責任者とホテルを責め、部屋を変えろとすごんだが、何も得られなかった。こういうことはしょっちゅう起きる。本書のツールを使って目標をかなえる人もいれば、ツールを使わず目標をかなえられない人もいる。

あなたが相手の立場に立ってものごとを考えようとしていることは、相手にもわかる。あなたは無理を言わないからだ。ほとんどの人は、旅行担当者を、自分の目的を達成する手段としてしか見ていない。そんななか、あなたのような人はとても歓迎されるはずだ。航空会社の担当者は、予約の電話を受けるとき、マニュアル通りに応対することになっている。日付、旅程、時刻、人数、料金クラスなど、聞く順番がきまっている。これを邪魔したり、いらついたりしたら、相手が親身になってくれるはずがない。コンピュータの画面には、きまった情報をきまった順に入力するようになっている。「どの順番に言いましょうか?」と尋ねれば、あなたが相手の仕事をやりやすくしてあげようとしていることをわかってもらえる。こういうちょっとしたことが、大きな違いを生むのだ。

たいていの人は、担当者の人事考課にプラスになるような感謝状を送ろうなどとは考えない。だがこういった感謝状は、販売員やサービス担当者にとって、大きな励ましになるのだ。お菓子を添えたメッセージは、思いがけない、すてきなやり方で、しかも本心から感謝の気もちを表すものだ。解雇が横行するこの不景気なご時世に、とくに旅行業界の担当者に喜ばれる。航空会社の社員の場合、顧客からのメッセージは、首になるかならないか、パートに降格するか正社員のままでいるかの違いを生むことさえある。

デイビッド・チャオは、コロンビアのカルタヘナへの乗り継ぎ便を逃した。コンチネンタル航空の到着便が、機械系統の故障で遅れたせいだ。感謝祭の週末だった。同じ問題で困っている乗客が、ほかに一〇人はいた。デイビッドはカウンターで自分の番になると、航空会社の担当者フローレンスに、落ち着いて思いやりに満ちた口調で言った。この問題から自分を救い出してくれたら、あなたを賞賛する手紙を必ず送ろう、と。

現在台湾でコンサルタントをしているデイビッドは、首都ボゴタで一泊し、宿泊、夕食、朝食を無料にしてもらったほか、ボゴタとカルタヘナ行きの席をとってもらった。あなたはこの待遇の数分の一を得るのにさえ、苦労しているのではないだろうか？

空港のゲート係員に親切にして、よい座席と無料の機内食を手に入れた、アリザ・ザイダを覚えているだろうか？　わたしがこういう成功例を授業で紹介すると、学生はまねをする。どうなると思う？　そう、うまく行くのだ！

アリザの叔母は、ユナイテッド航空の払戻不能チケットを二〇〇〇ドルもはたいて買った直後に、職を失った。アリザは叔母にアドバイスした。チケット取扱店に電話をかけて、解雇されたことを話し、こう言いなさい。航空会社の従業員を含むどれだけ多くの人が、解雇の苦しみを味わっていることでしょう、と。取扱店はユナイテッドに返金をかけ合ってくれ、ユナイテッドから叔母あてに二〇〇〇ドルの現金が送られてきた。

問題に前向きな態度でとりくめばとりくむほど、助けが得られる。ある学生が、友人とカーニバル・クルーズラインのチケットを購入した。その直後に、チケットが一人につき一二〇ドルも値下げになった。こんなとき、不公平だと騒ぐ人がほとんどだろう。だが彼女は違った。顧客担当者が助けにならないことがわかると、責任者につないでもらった。「責任者は一日中うるさい客に対応しているのよね」と学生は言う。「わたしはその一人になる気はなかった」。彼女はこの問題を歓迎すべきできごととして、フレーミングした。「値下げがあって嬉しいわ」。責任者にそう伝えた。そして値下げ前にチケットを購入した予約客には、どんな返金や救済措置があるのかと尋ねたのだ。

責任者は、学生が問題をこのような方法でとらえたことにいたく感心して、学生と友人に三五〇ドル分の船上クーポンをくれた。彼女が求めた額の、ほぼ一・五倍だ。

規範を使う場合でも、相手と関係を構築しておいて――または将来の関係のビジョンを描いておいて——損はない。

リチャード・アデウンミは、プエルトリコのビエケスのリゾート、カーサ・アルタビスタで休暇を過ごす予定だったが、日程を四日ずらす必要が生じた。彼は春休み中の割引料金で部屋を予約していた。ところが責任者は、日程を変更したら払込金は全額没収になるし、部屋もとれないと、けんもほろろだった。こんなことを言われたら、たいていの人は逆上する。だがリチャードはこれをチャンスとしてとらえた。

彼は責任者の無礼なもの言いに応酬せず、まず昇進のお祝いを言った。「四年前に会ったときは、確か予約係でしたよね」。製薬会社の社内弁護士であるリチャードは言った。それから二〇〇四年にはホテルで親友の結婚式を企画したこと、兄夫婦も自分の勧めでハネムーンにホテルを利用したことをアピールした。

最後にリチャードは、ホテルのウェブサイトには、ホテルのサービスが宿泊客を「島のわが家に必ず呼び戻すことでしょう」と書いてあると指摘した。「ところで先ほどの件ですが、あれが古い友人に対する扱いでしょうか？」まさか日程を変更できないなどということはないだろうと、彼はたたみかけた。「ぼくはホテルの責任者と、職業人として、また個人として、家族のような関係を築いた」とリチャードは言う。またこの関係を確かなものにするうえで、ホテルの規範が役立ったという。

交渉の達人は冷静だが、自分の目標に完全に集中する。事前に準備した、体系立った方法で交渉を進める。

ジョン・バークは、あと二日で年度がかわろうというときに、アメリカン航空（ＡＡ）のマイレージプログラムで無料航空券をもらうには、あと二〇〇マイル足りなかった。必要なマイルを稼ぐための安いフライトも、すぐ見つかりそうになかった。ＡＡの担当者は、この規定に関しては会社がとても厳しいので、マイルが足りなければ航空券は渡せない、と譲らなかった。

ジョンはフレーミングの方法を変えることにした。フライトの予約を含め、これからどうするかを話し合いたいからと言って、責任者の名前と電話番号を聞き出した。それから責任者に電話をかけ、自分はＡＡを年間二〇万マイルも利用する顧客だと名乗った（本当のことだ）。そして、ＡＡの高い水準の顧客サービスに見合ったことをしてくれるかと、責任者に尋ねた。

「優良客が、たかが二〇〇マイルのことで、年度末に採めなくてはならないのかい？」現在エネルギー関連のプライベート・エクイティ・グループで上級副社長を務めるジョンは言った。技あり！　責任者はマイルの要件を免除してくれた。「フレーミングがとても大切だ」と彼は言う。

フレーミング

ジョシュアとアン・モリス夫妻は、ハネムーン旅行中にクレタ島からアテネへのフライトがキャンセルされてしまった。ギリシャの国営航空会社、オリンピック航空の手違いだった。ジョシュアが仕方なくほかの航空会社のチケットを買い直したが、オリンピックは返金を拒否した。ジョシュアは顧客サービス担当者に尋ねた。「あなた方の行動は、ギリシャという国のもてなしの心にふさわしいだろうか？」彼は直ちに返金を得た。フレーミングと規範を使ったおかげだ。

これがうまくできるようになると、たった一言で交渉を有利にまとめられる。ラジャン・アミンは、余分な手数料を支払わずにユナイテッドのフライトを変更したかった。顧客忠誠心や規範をもち出してみたが、まったく効果がなかった。彼がフライトを変更したかった理由の一つが、出発時刻が二時間のうちに四度も変更になったからだった。航空会社から、時刻変更を知らせるメールが四通も届く始末だった。

彼は責任者につないでもらい、こう尋ねた。「ユナイテッドが何の補償もなくフライトの時間を四度変更しているのに、ぼくのたった一度の変更に手数料をとるのはフェアだろうか？」お見事！ユナイテッドの担当者はラジャンのフレーミングに感心し、変更手数料を免除してくれた。ラジャンはものごとの本質を理解し、問題をその通りフレーミングしたのだ。相手の矛盾を見つけ、それを言葉に表す練習をしておくと役に立つ。

ときには同じ会社に、二つの矛盾する規範が存在することがある。たとえばサウスウエスト航空は、顧客サービスの高さを誇るその一方で、フライト変更に一〇〇ドルもの手数料をとっている。エリザベス・リーダーマンは、早い便への変更を希望して、手数料がかかると担当者に言われたとき、この矛盾に気がついた。当然、エリザベスはすぐに当直の責任者、つまり意思決定者と話がしたいと言った。トーマスが出てきた。

エリザベスはこれから悪天候が予想され、予定していた便がキャンセルになるおそれがあると指摘した。トーマスは同意しただろうか？　彼にも異論はなかった。「座席に余裕がある早い便に乗せてくだされば、あとで対応しなくてはならないお客が一人減るでしょう」とエリザベスは言った。「そして、満足したお客が一人増えるってわけ」。責任者は彼女の理屈をもっともだと認め、要求を聞き入れてくれた。ニューヨークの医療関連会社に勤務するエリザベスは、自分の要求が航空会社のためにもなり、規範にも合っていることを指摘して、形勢を逆転した。彼女はこの二つを、あらかじめ考えておいたのだ。

マドハバン・ゴパランはレンタカー業界二位のエイビスの「ますます頑張ります」のスローガンと、延滞料金を課すという方針の間に、矛盾を感じた。カウンターの隅には、「いますぐ借りられます」という案内があった。そこで彼は、車に空きがあり、エイビス側に追加コストがかからない場合に、二時間分の延滞料金が免除された例が過去にあったかどうか尋ねた。また空港に向かう道がひどい渋滞だったことを指摘し、そういう場合に延滞料金が免除された前例はあるのかと問いただした。

二つの質問への答えは、ともにイエスだった。延滞料金は免除された。エイビスは「ますます頑張って」、高い水準の顧客サービスを守ったのだ。「あれから何度もやっているよ」とボストンでコンサルタントをしているマドハバンは言う。

アレクサンドラ・マンテアヌは、フィラデルフィアからカンザス州アビリーンへの航空券の予約を変更するのに、一〇〇ドルの変更手数料と運賃の差額四〇ドルを請求された。ちなみに彼女はすでにこの航空券を一年延長していた。

アレクサンドラは航空会社に電話をかけて、航空券の予約変更に関わる決定の責任者につないでくれと言った。ここでも、意思決定者を見つけることがカギとなった。彼女はすでに得ていた一年延長を、優良顧客だからこそ得られた見返りとしてフレーミングした。つまり自分自身を「すでに一度便宜を図った客」ではなく、「優良顧客」としてフレーミングしたことになる。

会社の規定では変更料金がかかることになっていると、責任者は言った。「得意客に例外を認めた前例はないの?」とアレクサンドラは尋ねた。何度か例外を認めたことはあると、責任者は答えた。結果、変更手数料なしで、予約を変更できた。

「フレーミングは効果が絶大だけれど、使い方には気をつけて」。現在ルーマニアにあるアメリカの法律事務所で弁護士として働くアレクサンドラは言う。「どこに誘導されているかを察知して、カッとなる担当者がいるから」。秘訣は、あなたが相手をどこに誘導しようとしているかを、できるだけ早く相手に知らせることだ。相手が激怒したら、自分の主張のどこが悪いのかと聞き返そう。批判を求めよう。何が起きているのかを知らせよう。金を節約することのどこが悪いのかを尋ねよう。

フレーミングを通して相手の認識を変える方法は、疲れ果てている相手にとくに効果が高い。航空会社の担当者は、週に何千人もの乗客に応対し、そのほとんどにひどい扱いを受けているという。だからあなたが思いやりをもって接すれば、有利なはからいをしてもらえるのは当然と言える。自分自身を差別化する方法を探そう。自分がほかの人とは違うことを示すのだ。その方法の一つが親切にすること。もう一つが情報を与えること、つまり自分に対する相手の認識を変えるのだ。

ミン・キムはここ一年ほど、アメリカン航空（ＡＡ）をあまり利用していなかった。ある日ＡＡから手紙が来て、二五八ドルの手数料を支払わなければゴールド会員の資格をとり消すと言ってきた。ミンはこう思った。「アメリカンはわたしのことをどんな客だと思ってるのかしら？」たぶん、上客とは思っていないのだろう。

そこでミンは航空会社に電話をかけて、顧客サービス担当者と話した。「最近あまり乗っていないのは」と彼女は説明した、「ビジネススクールに入学したからなの。でもすぐにまた頻繁に利用するようになるわ。仕事で必要になるはずだから」

こんなふうにして、彼女は航空会社の認識を変えた。だがこれではまだ星を五分に戻しただけだ。もっと決定的に相手を説得したかった。「わたしはテキサスが大好きで、卒業後はダラスに引っ越すつもりだと言ったの」とミンは説明する。「もちろん、ＡＡの本拠地と知って言ったのよ」。それから彼女は、それまでＡＡ一筋できたことを、改めて強調した。ＡＡは、ゴールド資格の期限を数カ月先に延ばした前例はないだろうか？

このようにして、ミンは手数料を支払わずに、ゴールド資格を維持することができた。でも気をつけよう、この情報はすべてコンピュータに入力されるのだ。もしミンが翌年もあまりＡＡを利用しなければ、ゴールド資格は剝奪され、また一からマイルを貯めるはめになる。相手は必ずチェックする。ミンにとって、これはまったく問題なかった。ボストン・コンサルティング・グループのプロジェクト責任者として、世界を飛び回ることがわかっていたからだ。

将来のビジョンを描くのも、フレーミングのうちだ。イマン・ロードグーエイは、レンタカーを借りたとき、マイアミで二五歳未満の利用客に課される一日二五ドルの追加料金を支払いたくなかった。彼は電話で予約係に言った。「ぼくは生涯の間に、出張だけでもおそらく五万ドルから一〇万ドルをレンタカーに費やすだろうな。お互い投資し合いませんか？」

見事なフレーミングだ！　予約係は一日につき一五ドル分を差し引いてくれた。現在シリコンバレーで弁護士をしているイマンが、もしこれを対面でやっていれば、おそらく二五ドル全額免除になっていたことだろう。将来のビジョンを使って、いまの交渉を実際よりずっと大きく見せる方法を見つければ、いまさまざまな便宜を図ってもらえるものだ。

規則や規範はあらかじめ調べておく

あなたが自力でできる最善の準備の一つは、航空会社やその他の旅行会社、組織の規範を書き出しておくことだ。このリストを肌身離さずもち歩こう。フレーミングを考えるのに役に立つ。たとえば連邦法では、航空会社はオーバーブッキングで予約をとり消した客に、二〇〇ドル以上の補償金を支払うことが定められている。だが実際には五〇ドルしかもらえない人も多いのだ。

この種の情報を見つけるのは、難しいことではない。航空会社の顧客サービス窓口に電話をして、旅行客に関する御社の規則が知りたいと言えばいいのだ。頭ではこうすることが必要だとわかっていても、実際にやる人は本当に少ない。二時間あれば十分だ。時間的にも、費用的にも、精神衛生的にも、この何倍、何十倍もの見返りが得られるはずだ。航空会社の規範と政府（運輸省など）の規則を調べておこう。

ニューヨークでコンサルタントをしているマイケル・マグコフは、チケット変更にかかる一五〇ドルの手数料の免除を求めた。「わたしどもは変更手数料を免除いたしません」。電話に出た航空会社の顧客サービス担当者ジャニータは言った。「いや、免除するはずだ」。マイケルは言い張った。「チケットを購入したその日のうちに変更する場合はね」。この情報に、どれだけの説得力があったことか！しかも、情報を得るのに要した時間は、ほんのわずかだったのだ。

ニコラス・マクは、サンフランシスコ国際空港で写真フィルムをセキュリティチェックの検査機に通したくなかった。運輸保安局（ＴＳＡ）の係員は、ＩＳＯ感度が八〇〇未満のフィルムは、絶対に検査機に通さなくてはいけないと言った。「係員は、『フィルムは感光しません』と書いてあるセキュリティの貼り紙を指さした」と香港で弁護士をしているニコラスは言う。では、彼は引き下がるべきだったろうか？　とんでもない！　「ぼくはＴＳＡのウェブサイトに旅行者が手検査を要求できると明記されていること、それに実際シカゴとフィラデルフィアでも問題なく要求を聞き入れてもらったことを指摘した」。ニックは語る。

係員は何と、ニックが話している間にもフィルムを装置に通そうとした。「やめてください」。強硬に言うと、ようやくやめてくれた。

こんなことをするのは怖いだろうか？　だが自分の権利を確認することは、市民が民主主義社会で果たすべき基本的責任ではないだろうか？　ニックにとってこのフィルムは、値段がつけられないほど貴重だった。

教え子の一人は、航空会社の担当者に、航空券の価格は「固定」されていると言われた。翌日チケットを購入しようとすると、料金は二五ドル上がっていた。これはフェアじゃない、と彼は思った。ようやく責任者を探しあて、あなたの会社は客に約束したことを守らないのかと問いただした。最終的に、二五ドルは戻ってきた。「だがあの交渉に一時間も費やす価値はあっただろうか？」と彼は自問する。

そう思うのも当然かもしれない。だがそもそも一時間もかける必要はなかったのだ。問題は、価格が固定されていると言った担当者の名前や勤務部署といった重要情報を、彼が控えておかなかったことにある。だから返金してもらうのに、ずっと手こずってしまったのだ。これが、正しい方法でやらないことの代償だ。それに交渉が失敗することさえある。だがうまくやれば、九試合ごとに一本余分にヒットを打てる。最低でもだ。

ホテル

エイブリー・シェフィールドは、スターウッド・ホテルグループのプリファード・ゲスト優待プログラムの会員だった。会員には、ホテルでの滞在を楽しめなかった場合に、宿泊や航空券などに使えるポイントを五〇〇ポイントもらえるという特典がある。エイブリーはシャワーに髪の毛が絡みついていたこと、それを証拠としてとっておいたことを、責任者に淡々と伝えた。また自分はプラチナ会員なのに、チェックインした際、いつものようにアップグレードしてもらえなかったと苦情を言った。そのほかのことは問題なかった。

「わたしはこの部屋に四〇〇ドル払ったのよ」と彼女は責任者に言った。「ほかのホテルに、二〇〇ドルで泊まることだってできた。でもスターウッド・グループの最高のサービスが気に入っているの。いつも非の打ち所のないサービスを受けているのよ」。これは脅しではなかった。

責任者はエイブリーに二万ポイントをくれた。アメリカ周遊航空券に相当するポイントだ。それでもエイブリーは、もっとうまくやれたはずだと悔やんだ。「責任者にどんな一日を過ごしたか聞けばよかった」とエイブリーは言う。「彼女のすばらしいサービスを賞賛する手紙を、上司あてに送ると言えばよかった」。要するに、成功した交渉であっても、それを学習経験として、次回に活かすことはできるのだ。

人生のほとんどのことと同じで、何かのサービスを愛用すればするほど、サービスの提供者はますます多くを与えてくれる。このときやってはいけないのは、これこれをしてくれなければ関係は終わりだと言って、相手を脅すことだ。それは妻と口論するたび、離婚するぞと脅すのと一緒だ。そのうち信じてもらえなくなる。むしろ、あなたが相手との関係に、どれだけ多くを注ぎこんできたかを強調した方がいい。

ジャクリーヌ・スターディバントは、いつもできる限りヒルトンホテルを利用していた。ハワイに行くことになったときも、ヒルトンに泊まろうとした。彼女は三週間滞在できるポイントをもっていたが、その時期はたまたまポイントが使えない、特典除外期間だった。「だからわたしは一四泊のうち、二泊分だけポイントで払うわと言ったの」。ジャッキーは言う。「それでもまだ一二泊分は、あなたの功績にできるでしょうと」。それからジャッキーは、この旅行が長年の努力の末にやっとビジネススクールを卒業する、自分へのご褒美なのだと打ち明けた。

予約係は少し考えてから、六泊分を無料にしてくれた。ジャッキーはこのとき、いろいろな交渉ツールを使った。段階的に進めた。情報を提供して、ホテルとの長年の関係を証明した。予約係のボーナスについても考えた。「おまけに、最高級のアロハスイートにアップグレードしてくれたのよ」

ホテルとまだ関係がなくても、新たに関係を結べばいい。サルマン・アル・アンサリは、叔父のために、フィラデルフィアのシェラトン・ホテルに一〇泊の予約をとった。叔父は直前に具合が悪くなってしまった。予約はオンラインで行っていた。ホテルの支配人は、宿泊の有無にかかわらず、料金はいただきますと言った。オンライン予約は払戻不能で、例外は認められない。

そこでサルマンは、この予約を卒業シーズンまで延ばして、家族や友人の宿泊に使えないだろうかと言ってみた。全体としてみれば宿泊日数は増える。つまりこれは、今後ホテルをひいきにするという意思表明だった。そのうえホテルの売上も増える。彼は不等価交換をしていたのだ。支配人はこれを受け入れた。現在カタールで家族が経営する法律事務所で弁護士として働くサルマンは、すべての提案を自分から行う必要があった。提案をするのはほとんどの場合、あなたの仕事だと心得よう。

どんな旅行者も、「武勇伝」の一つや二つはもっている。ゲットモアとその手の話との違いは、自分が交渉を行っていることを、はっきりと意識するようになる点だ。この意識のおかげで、交渉に鋭く集中してとりくみ、よりよい結果を得ることができる。なぜなら、以前の交渉をよりたやすく再現できるようになるからだ。

エレイン・ボクサーは、ラスベガスのフラミンゴホテルを予約していた。友人の部屋と、自分とパートナーの部屋の、二部屋分をアップグレードしてもらうつもりだった。だが電話をかけてアップグレードを求めると、部屋がないと断られた。チェックインの前に、念のためカウンターの予約係にも確認したが、やはりできないということだった。彼女は少し考え、それからフロント係と話すために、列に並び直した。

自分の番が来ると、エレインは係に名前で呼びかけ、「よろしくね」と言った。それから、自分たちは友人の全快祝いを兼ねて来たのだと打ち明けた。友人は前年の秋にラスベガスで怪我をした。治ったお祝いをするために、数あるホテルのなかからフラミンゴホテルを選んだのだ。「まあ、ありがとうございます!」係は言った。「特別な日のために、部屋をアップグレードすることってあります? わたしたちにとっては、ほんとに特別なお祝いなんですよ」。エレインたちは、二部屋をアップグレードしてもらった。キングサイズのベッドつきの、市街地を見下ろす最上階の部屋だ。二八〇ドル相当なり。粘り強さとフレーミングの成果だ。

トーマス・グリーアは、フェアモント・コップリー・ホテルに入れた予約を、違約金を払わずにキャンセルしたかった。予約センターに電話をかけると、到着予定の二四時間前を切っているので、キャンセル料が発生すると言われた。電話をかけた時刻は、日曜の午後四時だった。「二四時間以上前に知らせていますよ」。トーマスは言った。「到着予定は、明日の午後六時だったから」

予約係は、ホテルのキャンセル規定は、午後三時のチェックインを想定していると言った。「それは最も早い場合のチェックイン時刻ですよね?」とトーマスは尋ねた。「宿泊客のいったい何パーセントが、チェックインが可能になったその瞬間にチェックインするというんです？　それでは善意の顧客に誤解を与えるんじゃないかな？」この間彼はずっと礼儀正しかった。キャンセル料は免除された。リフレーミングの模範例だ。

この種のリフレーミングは、奏功することが多い。アツール・クマールは、サンフランシスコのスターウッド・ホテルに泊まっていたが、追加料金なしでチェックアウトの時間をとても遅く（午後七時）まで延長したかった。もちろん、これは通常のチェックアウトタイム（午後二時）を大幅に過ぎている。アツールはスターウッドの常連客だったが、それだけではホテルを説得できないのは明らかだった。

そこでアツールは、ホテルの予約率は一〇〇％かと尋ねた。答えはノーだった。別の言い方をすれば、彼の部屋は必要ではないということだ。それに、彼がチェックインしたのは前日の午後一一時半だったから、たとえチェックアウトが午後七時になったとしても、ホテルに滞在する時間は二〇時間弱、つまり一日に満たない。続いて彼は、清掃係は夜間も働いているのかと尋ねた。働いていた。「なら、遅くにチェックインする客が、ぼくの出た部屋を使えますね」。また彼は、どうしても部屋が必要になった場合は、五時に出ることを約束した。

ホテルはこれを受け入れた！　アツールは状況をリフレーミングし、関係に焦点をあて、ホテルに追加コストがかからないという事実を指摘し、状況が変わった場合には協力すると約束した。またこの交渉のすべてを、協力的で冷静な態度で行った。

遅いチェックアウトを希望するときは、最後の部屋が清掃される時刻を聞いてみよう。夜勤の清掃係がいないホテルでは、午後五時頃が多い。自分の部屋を最後に、それが無理でも、せめてあとの方に清掃してもらえないか頼んでみよう。あなたが常連客で、もっともな理由があれば、聞き入れてもらえることが多い。そのほか、「この部屋が次の宿泊客のために必要になるのはいつですか?」と聞くのもよい。

あなたの聞きたいことはわかっている。「みんながこれをやったらどうなる?」大丈夫、みんながやるわけではないから。それに、これはホテルにとって高度な問題だ。顧客サービス向上の機会ととらえれば、ホテルは宿泊客のニーズに、よりきめ細やかに対応できるようになる。全員が全員、遅いチェックアウトを必要とするわけではない。

役人を相手にする

当然ながら、あなたが旅行に関して交渉する相手が、すべて顧客サービスを重視しているわけではない。たとえば警察について考えよう。より具体的には、ニューヨークのジョン・F・ケネディ空港の税関だ。マーシャ・ラザレバは、税関の上級職員に申告漏れを指摘された。これだけでも二五〇〇ドルの罰金に相当し、そのほかどんな罰を科されるか、わかったものではなかった。「部屋には研修生が四人いたわ」とマーシャは言う。「税関検査官はわたしを見せしめにしようとしていたのよ」

マーシャが真っ先にやったのは、謝ることだった。コノリー検査官に叱責されている間、「お世話をおかけします、と感謝し続けていたの」とマーシャは説明する。「検査官が規則を教えてくれたこと、そのおかげでもっと深刻な問題を予防できたことに感謝したわ」。また、何の申し開きもできないと、正直に言った。「列がとても長かったものですから」と彼女は弁明した。「本当に馬鹿なことをしたと思っています。指摘してくださって、重ね重ねありがとうございました」

マーシャは自分を「厳しく罰する」権限が検査官にあることは、重々承知していると言った。

結局、マーシャは三三ドルの罰金を科されただけで放免された。「あなたが初めてよ」とコノリー検査官は言った、「わたしや、わたしの仕事に感謝してくれたのは」

マーシャが使った交渉ツールは次の通りだ。①自分が交渉していることをはっきり意識する、②冷静を保つ、③相手に集中する、④第三者の役割を見抜く、⑤率直で誠実な態度をとる、⑥謝罪する、相手を尊重するなど、感情のお見舞いをする。

おかげで巨額の罰金や勾留に処せられずに、無事帰宅することができた。何とありがたいことか！

マーシャは現在新興市場のプライベート・エクイティ投資会社ＫＧＬインベストメンツの副会長兼取締役を務めている。

もうしばらくマーシャにつき合ってほしい。彼女は官僚の扱いに長けているようだ。ほとんどの官僚や公務員は薄給で、往々にして働き過ぎで、不満をもち、正当に評価されていないと感じている。この知識を頭に入れておくと、彼らと交渉しなくてはならない状況で、とても役に立つ。

マーシャはあるとき突然フランスに行くことになり、三日以内にビザを取得する必要が生じた。通常、ビザの取得には一四日間かかる。電話は混み合っていて、ビザ審査官につないでもらうのも一苦労だった。電話に出た係員は「冷ややか」だった。マーシャは終始愛想よく、明るい態度を崩さなかった。お忙しくて大変ですねと係員を気遣った。ほどなくして、彼女はビザ審査官につないでもらうことができた。何度も言うが、相手の力を認めることは、とても効果の高い交渉ツールなのだ。

審査官はマーシャのファイルを探しあてた。「コリン審査官を世間話に引きこんだの」とマーシャは言った。「彼を笑わせたわ。それから、お手数をおかけしてすみませんと謝った」。会話が一二分ほど続いたころ、審査官はビザを承認し、三日後に用意しておくと言った。

わかっている、あなたはマーシャが強引すぎると言いたいのだろう。だが彼女のおかげで、審査官は気分のよい一日を過ごせたのではなかったか？　彼女は無事フランスに行ったが、こうしたツールを使わない多くの人が、おそらく旅行の機会を逃しているのだろう。そしてマーシャは、普通の人がやらないことをやっている。いつでも相手に神経を集中しているのだ。何と言っても相手は、あなたの求めるものをほぼ必ずもっているのだから。

空港から市街へ

たとえあなたの方が正しくても、相手に自分が大切にされ、正しく評価されていると思わせる必要がある。これを面倒がる人が多い。すでに大切にされていると感じ、成功を収め、十分な金をもっている人ほどそうだ。だが世界中のほとんどの人たちは、このカテゴリーには入らない。そしてわたしたちが暮らすのは、好むと好まざるとにかかわらず、種々さまざまな人たちがもちつもたれつする社会なのだ。

だから相手をののしる前に、今後何かで相手が必要になることがないか、よく考えよう！

ファティー・オズルタークは、レンタカーをレンタル地点ではなくボストンで返却したことに、四七〇ドルの追加料金を請求された。彼は常連客で、それまで料金をとられたことは一度もなかった。それにレンタカー会社のウェブサイトは、追加料金なしでボストンで返却できると明記していた。「カウンターの係員は、ぼくの申し入れに耳を貸そうともしなかった」。ファティーは言う。「正直、失礼なやつだった」

こんな状況で、あなたはまずどう反応するだろう？　不当な扱いに腹を立てるだろうか？　そんなことではだめだ。係員は意思決定者ではないのだから、そこで時間を無駄にしてはいけない。ファティーは責任者を出してくれと言った。「責任者が出てくると、彼に意思決定者としての権限があることをすぐに確認した」とファティーは説明する。

それからファティーは、あなたの会社のウェブサイトに誤った情報が載っているから、この場で見てくれないかと言った。責任者はその通りにした。「わたしが本部に一筆書いてもいいんですが、あなたが報告されたらどうです？」携帯電話会社で副社長を務めるファティーは言った。「これを訂正したら、ご自身の功績になりますよ」。それからファティーは、この件にはほとほと疲れたとこぼした。責任者は彼に感謝し、四七〇ドルの返却手数料を免除したうえ、「レンタカー料金を半額以下にしてくれた」という。成功の秘訣は、相手を責める代わりに、相手の問題を一緒に解決したことにあった、とファティーは言う。

相手の機嫌が悪いときは、相手のためになることを何かしてあげよう。アジェイ・ビジュールは、ハーツ・レンタカーの係員が、前の客に腹を立てていることに気づいた。そこで何も言わずにカウンターから一歩離れ、彼女に一息つく間を与えた。彼女は気遣いを察し、感謝した。旅行関連会社の社員は、いつも時間に追われている。息をつく時間をあげよう。

彼女が接客できる状態になると、アジェイは「よろしく」と言って、感じよくふるまった。エコノミー車からアップグレードしてほしいのだが、何かあなたのためにしてあげられることはないだろうか、と彼は尋ねた。「ぼくはいつもハーツのサービスに満足している」。彼は言った。「このアンケートに、そう書いてもいいかな?」

ニューヨークで事業再編担当副社長を務めるアジェイが得たのは、一段階のアップグレードではない。SUVへの三段階のアップグレードだった。彼は状況を操作したのだろうか? 係員の気分をよくし、一息つく時間をあげることが、操作だというのか? それに係員のおかげで、彼は上得意客になったというのに?

あなたはこう言いたいのだろう。「わたしが住む世界は、そんなふうにはできていない!」いや、そんなことはない。あなたはまだはっきりわかっていないだけだ。ツールを使い始めれば、すぐにわかる。こんなことわざがある。「努力すればするほど、運は味方する」。あなたはツールを使えば使うほど、ますます人に親切にされ、目標をかなえられるようになる。

しつこいようだが、相手によって交渉のやり方を変える必要がある。あるツールが一人に効かなかったからといって、同じ組織で同じ問題にとりくむ別の人に効かないとは限らない。ジェシカ・ワイスは券売機の故障のせいで、五時五分にニューヨークを出るフィラデルフィア行きの電車に乗り損ねた。五時五分の電車の運賃は六〇ドルだったのに、次の五時一七分のチケットは七九ドルもした。

窓口係はチケットを交換してくれたが、差額を徴収した。ジェシカは言った。「アムトラックは、自分のあやまちを顧客に尻ぬぐいさせるような会社なの?」係は答えた。「お嬢ちゃん、ここで揉めてもまた電車を逃すだけだよ」

ジェシカは仕方ないとあきらめかけた。しょせん世の中は不公平なものだ。しかし、と彼女は考えた。毎週毎週のいくつもの小さな屈辱の積み重ねが、人生を損ねていくのではないだろうか? そこで彼女は意を決してアムトラックの顧客サービス窓口に電話をかけ、フロイドという名の責任者と話した。事情を説明したが、フロイドは返金を渋った。そこで現在ニューヨークで弁護士をしているジェシカは、改めて尋ねた。「アムトラックは自分のあやまちを顧客に尻ぬぐいさせるような会社なの?」フロイドは答えた。「いや、断じてそんなことはありません」。フロイドは二〇ドル分の旅行券を送ってくれた。規範を盾にし、粘り強く交渉した成果だ。

フィオーナ・コックスは、旅行業界の担当者にいつも出身地を尋ねることにしている。それがきっかけで、長いつき合いに発展することも多い。あるとき電話に出た担当者に、ニュージーランド行きの一番安いチケットを尋ねると、一九〇〇ドルと言われた。フィオーナは、あなたはどちらの出身と尋ねた。何とニュージーランドだった。担当者はフィオーナのために時間をかけて一五〇〇ドルのフライトを探し出してくれた。「いつもこんなふうにしているのよ」。現在フロリダに本拠を置く国際的銀行で財務部マネジャーを務めるフィオーナは言う。

マイク・レスキネンは、マンハッタンのミッドタウンからニューアーク空港に行くのに、ハイヤーを利用した。料金は六五ドルと高速代だった。マイクは運転手に言った。自分は空港に行くとき、ハイヤー・サービスをしょっちゅう利用している。「いつも頼める運転手がいると便利なんだが」。運転手は、直接電話をくれれば派遣会社に支払う三〇%の手数料、約二〇ドルが浮くと言って、このときの料金も五〇ドルと高速代に負けてくれた。マークは運転手の名刺を手に入れた。

ここでマイクは、仲介業者を排除する方法を覚えた。多くの企業が実践していることだ。よりよいサービスまたは条件を得るために、業者と直接取引するのだ。

次に紹介するのは、二つの非凡なフレーミングの事例だ。一つはアムトラック、もう一つはエイビスを相手に行われた。この事例を読むことで、本物のプロがこれらのツールを毎日、苦もなく使いこなしている様子が、手にとるようにわかるだろう。最初の事例はプライベート・エクイティ・ファンドで企業経営を支援するアル・ジャーゲラだ。アルはニューヨーク発フィラデルフィア行きの高速列車、メトロライナーのチケットを買っていた。駅にとても早く着いたので、普通列車ノースイースト・エクスプレスの早い電車に乗ろうとした。だが窓口の係は、切符は売り切れで、キャンセル待ちがすでに一〇人入っていると言った。

そこでアルは車掌を探して尋ねた。「『売り切れ』って、どういう意味ですか?」車掌は、座席が完売したことだと教えてくれた。「チケットを買ったのに、電車に乗らない人がときどきいますよね?」確かにほぼ必ず空席はあると、車掌は認めた。「それじゃ、乗らない人の座席の一つをぼくにもらえませんか?」アルは尋ねた。彼は乗車を許可され、しかも高速列車との差額の三〇ドルを払い戻してもらった。一方彼の同僚は、ペン・ステーションで次のメトロライナーを一時間も待った。使ったツールは、規範、フレーミング、言葉の意味をただす、だ。

もう一つの事例は、ニューメキシコ州アルバカーキのエイビスで、春休み週間に車を借りた学生の話だ。彼は車を一六〇キロほど走らせたところで、いま乗っている車より、ワンランク高い車の料金を支払ったはずだと気がついた。だがせっかくきた道を引き返すことはせず、そのまま一週間車を運転し、戻ってから差額の返金を要求した。顧客サービス担当者は、契約書に署名をし営業所を出た時点で、料金を承諾したことになると言い張り、契約書の裏面を指さした。そこにはその条項が書かれ、彼の署名があった。

これで話はおしまいだと思うだろうか? もう一度考えてほしい。交渉の余地はまだある。あなたも知っている通り、たいていのレンタカー契約書は、薄いピンク色の用紙に灰色の細かい文字が印刷されていて、読みづらいことこのうえない。そこで学生は言った。「この契約書を読むのは、ぼくの責任じゃない」。「なぜですか?」と担当者は聞き返した。「ちょっとこれを見てよ」。学生は言った。「ほとんど読めやしないじゃないか。これを読むのがぼくの責任だというんなら、エイビスのスローガンは『ますます頑張ります』じゃなくて、『あなたがますます頑張って』でしょう」。彼は返金を得た。

第14章　街中でゲットモア

土砂降りの雨だった。チャック・マッコールは傘をもっていなかった。オフィスは四ブロック先で、しかも三〇分後には重要な会議が控えていた。

同じ電車から降りた人混みのなかに、彼の会社の一ブロック手前のビルで働く女性の姿があった。知り合いではないが、何度か電車で見かけたことがある。「やあ」。彼は声をかけた。「ぼくはきみの会社の一ブロック先で働いているんだけど、傘を忘れてしまって。ベーグルとコーヒーをおごるから、会社までその傘に入れてもらえないだろうか？　一ブロック余計に歩かせて申し訳ないけど」。彼女は彼をにらむように見た。「ぼくはチャックだ」。空を見上げて言った。「土砂降りだね。いつかきっとお返しをするよ」

二人は彼女の大きな傘で職場に向かった。チャックは彼女と自分に一つずつ、コーヒーとベーグルを買った。会社に着くと、お力になれてよかったわと彼女は言った。お互い通勤友だちができた。「ぼくが学んだ一番の教訓は」と現在ニューヨークの大手エネルギー会社アストリア・エナジーでCEOを務めるチャックは言う、「自分が何を求めているかを率直に言うことが、仕事や人生全般で成功するカギだということだ」

わたしたちは、ときに悪人やその他もろもろの脅威に満ちているように思えるこの世界で、毎日を切り抜けていかねばならない。朝起きてから夜寝るまでの間、膨大な数の小さなやりとりをしなくてはいけない。こうした小さな積み重ねが、挫折の人生をつくることもあれば、勝利と喜びの人生をもたらすこともある。ゲットモアのツールを使うと、自分の身近な世界を、さまざまな意味で前よりずっと鋭く意識できるようになる。

少し例をあげれば、だれかと世間話をするとき、街中を車で走るとき（そう、これにも交渉が絡むのだ）、交通違反で警察官に捕まったとき、スポーツジムでＩＤカードを忘れて中に入れてもらいたいとき、レストランでよりよいサービスを受けたいとき、家族に時間を守らせたいとき、いじめっ子の親と話をするとき、自動車事故を起こしたあとで冷静を保ちたいときなどだ。

本章では、ごく普通の人たちが、何でもない状況を動かし、その結果――短期的にも長期的にも――主体的な人生を歩み、精神的に健康な日々を送っている様子を紹介する。交渉ツール別、場面別（アパート、クリーニング店など）に節を設けて説明するが、どの交渉にも複数のツールが使われている。

たとえば前述のチャックは、電車を降りるなり、まず交渉することにきめた。それから不等価交換を行った（傘に入れてもらう代わりにベーグルをおごった）。共通の敵をつくった（雨）。この交渉を将来と結びつけた（いつかお返しをするよ）。相手に人として接した（ぼくはチャックだ）。相手の主観的リスクを減らした（ぼくは近くで働いている）。そのうえ新しい友人までつくったのだ。

クリーニング店での交渉

手始めに、ドライクリーニング店について考えてみよう。壮大なテーマとは言いがたいが、世界中の人々を悩ませる問題だということは間違いない。わたしの教え子の多くも、クリーニング店での悩みを書いてくる。それにクリーニング店は、わたしたちが日々地元でつき合う家族経営企業の典型でもある。

まず気がついてほしいのは、クリーニング店の店員の多くが、客にひどい扱いを受けているということだ。少なくともアメリカでは、店員の多くが移民で、英語をうまく話せない。だから店員を尊重することを考えよう。店員は仕事に誇りをもっているのだ。

クリーニング店は、たいていこんなふうに考えている。「どんな要求にもノーと言わなければ、あっという間に破産してしまう」。実際多くの客が、最初から傷んでいた服に不当なクレームをつけてくる。シミのついたシャツに三〇〇ドルも要求する客もいる。

だがクリーニング店にも規範があり、それを利用することができる。またリピート客や紹介客という考えをもちだしてもいい。

まずは単純な例から始めよう。大手インターネット会社で戦略解析担当責任者を務めるラグー・コータは、新しいクリーニング店を探していた。彼はよさそうな店に入り、これから毎週洋服を出すことになると言った。そして職場や近所の人に紹介しようと申し出た。割引してもらえるだろうか？ 結果、一〇％の割引を提示された。何らかの協力的な提案をすれば、この程度の割引はあたりまえだ。だが自分から尋ねない人が多い。日々支払っている料金の多くが、いますぐ一割引になったらどうなるか考えよう。しかも浮くのは、手取り収入の一割だ。

ジャスティン・バイアーは、クリーニングに出したシャツを油ジミで台無しにされた。出したときにはシミなどついていなかったのに、「うちのせいじゃありません」と言われた。典型的な対応だ。ジャスティンはカッとなる気もちを抑えて、店員のソジュンに言った。「出したときシミがついていなかったのは確かだ。そんなことで言い合いをしたくない。無償でやり直してくれないかい？」答えはイエスだった。彼は店員のメンツを立てたのだ。もちろん、店員はしらを切っていた。

ところが戻ってきたシャツには、今度は汚れがついていた。「ソジュン」とジャスティンは呼びかけた、「ぼくがこの店を利用して二年になるよ。これまで何人もの友人に紹介した。店の顧客満足に関する方針は何だい？」顧客を満足させるために努力することだと、ソジュンは言った。「傷んだ服を弁償したことはあるの？」

「ええ、うちに過失があるときには」と店員は答えた。「そうなのか」とジャスティンは続けて言った、「ぼくは満足した顧客になりたいが、疑問がある」。この時点で、ソジュンは五〇ドル支払うと申し出た。

「それより、クリーニング代を無料にしてくれるのはどうだい？」とジャスティンは提案した。ソジュンは一〇〇ドル分のクリーニング券をくれた。

シカゴのボストン・コンサルティング・グループに勤務するジャスティンは、声を荒らげることもなかったし、過激なことも言わなかった。ただ、だれのことも責めない解決策を見つけることに集中した。本節で説明する手法は、カメラ店や靴修理店、地元の洋品店、ネイルサロンや美容院などにも使える。

ベン・チェイキンは、スーツにかぎ裂きができていることに気づいた。店内を見回すと、「お客さまのご愛顧、ご満足を大切にいたします」という貼り紙があった。ベンは、異文化からやってきた店員は、アメリカ人の弁護士をいったいどういう目で見ているのだろうと想像した。アメリカ労働省に弁護士として勤務するベンは、かぎ裂きがクリーニング店のせいなのか、確信はもてなかった。だが直した。彼は得意客だ。クリーニング店は、これに対して何かしてくれるだろうか？　店は無料でかぎ裂きを直した。

アパートやマンションでの交渉

集合住宅での生活は、何かと面倒なものだ。閉ざされた空間に、多くの人が暮らしている。管理人は、出費を損失としてしか見ない。それでも、問題を楽しんで解決することはできる。腹立たしい思いをしたり、相手を脅したりする必要もないし、のれんに腕押しに悩む必要もないのだ。交渉ツールをうまく使おう。

これから同じ問題をめぐる四つの事例を紹介する。それぞれ違う交渉ツールが使われたため、得られた結果も違う。

その一。ブルックリンの企業でデジタル・マーケティングを担当するジャナ・メロンは、アパートの壁にネズミが出入りしそうな穴があいている、と管理人に苦情を言った。「管理人はネズミ捕りをポンとくれ、害虫駆除業者が来ますからと言い置いて帰っていった」。待てど暮らせど業者は来ず、穴はあいたままだった。

その二。デイビッド・ワインストックのアパートにもネズミが出た。管理人に苦情を言ったが、何もしてもらえなかった。だがデイビッドは、ネズミ捕りをもらって、来るはずのない駆除業者を待ち続ける代わりに、設備管理責任者を探しあてた。そしてアパート管理会社のモットーをもち出した。「当社のスタッフは緊急事態に適切に対応し、住民の不安を解消するよう、訓練を受けています」。業者は翌日やってきた。

その三。ロースクールの学生でのちに弁護士になったショーン・ロドリゲスは、さらに上を行った。アパートにネズミの出る穴があり、健康被害のリスクがあると、家主に訴えたのだ。今後治療費が発生したり、アパートに悪評が立つおそれがあることも指摘した。次に地域の衛生局に電話をかけ、ネズミに関する条例を教えてもらった。ネズミから人に感染する病気を調べた。病気にかかったネズミの写真を手に入れた。そしてこれらの情報をすべてまとめて、家主に送りつけたのだ。穴はその日のうちにふさがれた。業者がやってきて、自らネズミ捕りを設置した。

「状況をリアルに描き出さないとわかってくれない人が多い」とショーンは言う。言いかえれば、相手の頭のなかに絵を描くということだ。

こうしたツールはもちろん、そのほかの修繕を交渉するのにも使える。リタル・ヘルマンは、アパートに修繕が必要な箇所が五箇所もあった。管理部に何度も頼んだが、なしのつぶてだった。かなり費用がかかりそうな修繕もあった。彼女は保守責任者の名前を調べ、話しかけるチャンスをうかがった。

「こんにちは」と彼女は言った。「ここの仕事を一手に引き受けてくださっている方にお会いできて嬉しいわ」。すばらしい規範だ！　彼は少しもじもじした。「時間をとってくださってありがとう」。彼女はたたみかけるように言った。

リタルは保守責任者にこう伝えた。管理会社の規範は、問題を迅速、完全に解決することを謳っている。今回の件が一度限りの手違いだということは承知している、と。「責任者はその通りですと言って、謝ったわ」。修繕はすべてすんだ。カギは実際に問題を解決できる人を探し、規範をもち出し、相手の面目を保つことだった。

サービス業の人たちは、まるで家具や自動販売機といった設備であるかのような、非人間的な扱いを受けていると感じている。彼らの立場に身を置いて考えれば、気分を和らげるアイデアが浮かぶはずだ。ダグラス・ゴールドスタインは、アパートの天井の修理を管理会社に頼んだが、先約があると言われた。そこで保守係を探し、いつも仕事をしてくれて本当に感謝していると伝え、「ちょっとした修理」を何とかねじこんでもらえないだろうかと頼んでみた。

「係は天井を修理してくれたうえ、ここにいる間に、こまごまといろんなものを直してくれた」とダグラスは言う。「事前に彼の認識について考えるのに、一分しかかからなかった」

認識について考えるのは、相手を思いやることでもある。ビン・ツアン・ンゴは、トイレが壊れて修理を頼んだ。アパートの配管工は、ちょうど仕事を切りあげて週末の休みに入ろうとしていたところで、しかもとても機嫌が悪かった。

「今日はひどい一日だったようだね」とビン・ツアンは言った。「何かぼくにできることはないだろうか?」配管工はトイレを直してくれた。ありがたいことに、「月曜に直すよ」とは言わなかった。もしそう言われたら、こう返すといい。「悪いけど、何とか今日中に直してもらえないだろうか?ぼくはただ、トイレが使いたいだけなんだ」。フレーミングだ。ビン・ツアンは現在パリのヘッジファンドで調査部長を務めている。

次は家賃に関する交渉だ。タマラ・クラルジックは、同じ家賃のままもう二カ月アパートを借りたかった。家主に会う前、彼の名前をネットで調べた。この情報をもとに、彼にいろんな質問をした。「ビジネスの話をたくさんしてくれた」とタマラは言う。またこのとき、別の部屋を借りたがっている友人を一人連れて行った。「ほかにも留学生の友だちがたくさんいますから」とタマラはアピールした。

タマラは家賃据え置きで賃貸期間を延長してもらった。四〇〇ドルの節約だ。それに、紹介者がアパートを借りたら、一人につき一五〇ドル払うと言われた。彼女は不等価交換をしたのだ。だれもが満足した。

ほかの交渉と同様、アパートに関する交渉でも、相手が「ノー」と言うのは、主観的リスクと大いに関係がある。クマール・ヅブールはアパートを又貸ししたかった。家主はノーと言い、賃貸契約でもそれは禁止されていた。彼はなぜだめなのかを調べた。「以前又貸しをして、ひどい目に遭っていたんだ」とクマールは言う。「家賃を滞納した住人を、強制退去させたらしい」

もちろん、クマールはその住人ではなかった。だが人は集団全体を型にはめるものだ。これは悪く言えば偏見であり、よく言えば一種の対処メカニズムだ。人は集団全体から身を守るためのルールをつくることで、問題を解決しようとする。たとえその集団に、まったく問題のない人が含まれていてもだ。

クマールは家主の主観的リスクを解消するために、又貸し期間中の家賃を全額前払いすると申し出た。それから信用のあるビジネスマンに、推薦状を書いてもらった。「優れた人物」で「家賃をきちんと支払う」といったことを証明してもらったわけだ。また自分が通うウォートンの広告効果の高い場所に貼り紙をして、アパートの宣伝をしようと提案した。家主自らキャンパスに出向くこともできるのだが、どこに貼れば効果が高いかは部外者にはわからない。このようにして、現在コンサルタントをしているクマールは、又貸しを許された。

アパートにありがちな別の問題に、騒音がある。隣室の騒音に悩む人は多い。これがもとで口論になり、けんかをして警察沙汰になることも珍しくない。ジャン＝ピエール・ラトリルも、そういう状況にあった。彼は隣人に何度も苦情を言い、もはや口もきかない仲だった。だがわたしの交渉術の講座をとったジャン＝ピエールは、それまでとやり方を変えてみた。まずアパートの理事二人に、隣家ではだれが決定権をもっているかを聞き出した。奥さんだった。

ジャン＝ピエールは日中奥さんを訪ねていった。「ぼくはいろいろと無理なことを言ってすみませんでしたと謝り、彼女の協力に感謝した」。現在バークレイズ・キャピタルのトレーダーを務めるジャン＝ピエールは言う。それから彼は、いつも通りの生活をしながら騒音を減らしてもらうために、自分に手伝えることはないだろうかと言った。二人は知恵を出し合った。結局、いすとテーブルの脚にフェルトを貼り、絨毯の下にマットを敷いてもらうことで、話がついた。ジャン＝ピエールは費用を半額もつと申し出たが、そんな必要はないと、奥さんは断った。

ゲットモアのやり方は、非常識な人に対処するのにも役立つ。冷静を保ち、情報を与え、第三者に助言を求め、感情のお見舞いをし、問題行動をやんわり指摘しよう。おまえは非常識だなどとはけっして言わないこと。

規範とフレーミング

交渉ツールとして、いまやわたしたちの定番となった規範は、日常生活での交渉問題をすばやく簡単に解決するのに役立つ。ちょっと言い回しを変えるだけで十分なことも多い。つまり、優れたフレーミングだ。これから紹介するのは、わたしの教え子の数千の経験からとったさまざまな事例だ。どの交渉も、日常生活の一部として淡々と、苦もなく行われた。

ブライアン・エグラが頼んだ引越業者は、家財道具の運搬に不手際があった。フィラデルフィア近郊の電子機器メーカーで取締役を務めるブライアンは、業者にすでに支払いをすませていた。ブライアン「これまでに料金を割り引いたことはあるか?」引越業者「ごくまれにですが、あります」。ブライアン「引越業者が前の家に荷物を忘れたり、箱に間違ったラベルを貼ったりすることは、許されるのか?」業者「いいえ」。ブライアン「できれば今後もお宅を利用したい」。業者「それはありがとうございます」。ブライアン「後始末をしたり探しものをしたりするのにかかった時間に、いくら支払ってくれるのか?」結果、ブライアンは一〇〇ドルの割引を得た。使ったツールは規範、質問、段階的に進める、冷静を保つ、だ。

クリス・シーイは、大人気のダンスクラブで「これ以上の人数の入場は消防署に禁じられている」という理由で、用心棒に入場を拒否された。クリスはVIPリストのメンバーだった。彼はしばらくその場で様子を見ていた。ほどなくして用心棒は五人の客を入れた。「このクラブの方針は、VIP会員にうそをつくことなのか?」彼はすかさず尋ねた。用心棒は慌てふためき、しきりにわびて、どうか上司には内密にと言って、クリスのグループに人数分の酒をおごってくれた。現在ニューヨークで商業不動産投資業を営むクリスは、「日頃から」問題行動を指摘することにきめている。

もう少し深刻な事例を紹介しよう。アル・タジの父メフレーは、脊椎手術を受けて入院していた。父が痛みに苦しんでいるのに、担当医は会議でいなかった。看護師は医師の承認なしではモルヒネを投与できなかった。看護師は別の医師を見つけてきたが、医師は投与を拒否した。

「担当医が来られなくて苦しんでいる患者を放置するのが、この病院の方針ですか?」アルは食い下がった。医師は足を止め、父のカルテを調べて、モルヒネ注射を指示した。「ぼくは感情的になりかけた」。ニューヨーク州スキャデン・アープスで弁護士をしているアルは言った。「父がとても苦しんでいるのを見て、とり乱しかけたんだ」。だが父に必要な鎮静剤を打ってもらうために、必死に冷静を保ち、規範とフレーミングを使ったのだ。

なぜみんな最初からやるべき仕事をやらないのだろう、とあなたは疑問に思っているかもしれない。だがわたしたちが対処しなければいけないのは、理想の世界ではなく、現実の世界だということをお忘れなく。ブレンダン・ケイヒルは、妻と新生児を病院から連れてくる間、車を角のところにとめておこうとした。駐車係が彼をとがめた。「保安上の理由から、ここに車をとめてはいけないことになっているんです」。もちろん、駐車場にとめて、料金を支払えという意味だ。

「ぼくが車をとりに行く間、妻と新生児を寒風のなか待たせておけっていうのかい？」ブレンダンは尋ねた。係は知ったことかという顔をした。ブレンダンは責任者に訴え、許可を得た。確かに昨今は安全が大きな問題になっている、と理解を示し、妻のアンと生まれたばかりの娘のアレッサンドラについてくわしく説明し、担当医の名前を伝えた。現在出版社オープン・ロードで副社長兼発行人を務めるブレンダンは、もちろん駐車係にチップを握らせて、車をしばらくとめておくこともできた。だが不親切な駐車係にそんなことをしてやる筋合いはない。フレーミングと規範をよく練習しておくと、とっさのときに使えるようになる。

金融機関

スティーブン・ボンディは、プライムレートに一・四五％上乗せした金利を住宅ローンに支払っていた。ところが新規顧客には、それより三・七五％も低いキャンペーン金利が適用されていた。三・

七五％は三〇万ドルのローンでいうと、年間一万一二五〇ドルもの違いに相当する。彼は銀行の担当者に、自分にもキャンペーン金利を適用してほしいと言ってみた。三度電話をかけたが、担当者は折り返すと言ってそれっきりだった。

スティーブンは最後にマネジャーを出してもらった。「既存顧客を新規顧客より冷遇するのが、御行の慣行ですか？」とスティーブンは尋ねた。確かに割に合わない話だ。そこでマネジャーは、現行金利から〇・五％下げようと申し出た。ましだが十分ではない。スティーブンは粘った。ローン期間中「優遇金利」が適用されるのは一度だけだと、課長は主張した。スティーブンはローンを組んだ際に、すでに最低金利を適用されていた。

「特例を設けたことはないんですか？」現在ニューヨークのヘッジファンド、ビーマ・バリュー・パートナーズでCOO（最高執行責任者）を務めるスティーブンは食い下がった。わからないと責任者は答えた。「特例はぼくだ」とスティーブンは言い放った。彼は契約直後に金利が低下したため、一度金利を下げてもらったのだ。「それに」とスティーブンはたたみかけた、「担当者に先週三度も電話をかけたのに、かけ直してくれませんでした」

スティーブンが問題行動を指摘し、規範を問うたことで、責任者はスティーブンに何かしてあげなければと思うようになった。スティーブンは、提案を用意していた。「ローンを妻の名義にしてください」とスティーブンは言った。「そうすれば新規のローンになるでしょう？　それで妻に低い金利を適用してくだされば」。話はきまった。スティーブンは粘り強かった。準備をした。自分が火種にならなかった。規範とフレーミングを用いた。フレーミングがとくによかった。過去に一度金利を下げてもらったために、これ以上特例は認められないはずが、過去の特例が前例になると指摘したのだ。

肝心なのは、銀行の規範を探しあて、質問を続けることだ。わたしの経験から言って、ほとんどの金融機関は、消費者が粘り強く、合理的で、規範に基づく質問をし続ければ、あえて不当な慣行を続けようとは思わないはずだ。だが消費者が腹を立てれば、それを隠れ蓑にして、本当の問題をうやむやにしてしまう。これを交渉の教訓として受けとめてほしい。

レストラン

わたしたちがなぜ自分で料理をつくる代わりに、わざわざ高いお金を支払って外食するかと言えば、その方が楽だからだ。だれかが料理をつくり、給仕し、すてきな雰囲気を提供してくれる。そうでない場合、あなたは支払った金額に見合うものを得ていないことになる。

ジョン・ガチョーラは、友人たちとフィラデルフィアのジリアンズ・レストランに行った。だが一人がジーンズをはいていたため、レストランのドレスコードに反するといって、席に案内してもらえなかった。「そこでぼくらは、あらかじめ電話でドレスコードを問い合わせたときに言われたことを、そのまま復唱した」。ジョンは内容を書きとめておいたのだ。一行は席に案内された。前にも言ったように、相手の公平性に疑問を感じたら、記録をとっておこう。これはそう難しい交渉ではなかった。ジョンは現在南アフリカのバークレイズ・キャピタルで取締役を務める。

あなたが予約をしておいたレストランに行ったら、テーブルの準備がまだできていなかったとしよう。「忙しかったもので」。「今夜開業したわけでもないだろうに。忙しいのはいまに始まったことじゃないだろう」。「今夜は特別忙しいんですよ」。こんなふうに押し問答をしても、らちは明かない。

そんなときは、責任者を呼ぼう。バラン・ガプタも、フィラデルフィアのティント・レストランでこれをやった。「お宅のレストランでは、客に予約を与えるということを、何だと思っているんですか」。バランは尋ねた。「あなた方にとって、顧客サービスとは何ですか？」また自分がこれまでこのレストランに紹介した客は一〇人を下らないと、バランは指摘した。結果、一行はドリンクを除く料金を、すべて半額にしてもらった。現在ニューヨークのブーズ&カンパニーでコンサルタントを務めるバランは、規範とつながりを併用した。「交渉ツールは、どんな会話を組み立てるのにも役に立っているよ」とバランは言う。

相手にどこまで要求すべきだろうか？　正解は一つではない。極端な要求は取引をだめにするが、要求が少なすぎると損をした気になり、あとあと後悔する。練習するうちにだいたいの線がつかめるようになる。練習を積めば積むほど、相手がどれくらいを求めてくるか、自分はどれくらいを求めるべきかという勘が養われる。

もちろん、必ずうまく行くわけではない。だが本書の交渉ツールを使えば、成功率が上がり、ずっとうまく交渉できるようになる。ベーブ・ルースだって三振することはあった。それでも彼は殿堂入りしているのだ。

何度も言うが、相手と心を通わせれば通わせるほど、相手はあなたの求めることをやってくれる。たとえレストランがクレジットカードで多い金額を請求するなどの間違いを犯しても、騒ぎ立ててはいけない。愛想よくふるまい、この間違いに対してあなたは何をしてくれるんですかと、問いただすのだ。こうした自由回答形式の、威嚇的でない質問をすれば、たいていの場合ゲットモアできる。だれにでもうっかりミスはあるものだ。

日常生活

あなたは毎日街で何をするだろう？　用事を片づける。店を回って食料品を買い、郵便局に寄り、車を修理に出す。こうしたすべては、人生でより多くを手に入れるための交渉機会に満ちている。

グレッグ・ドラコンは、バージニア州アーリントンのイースタン・マウンテン・スポーツに、登山用品を買いに行った。彼は店長のジェームズに、アウトドアスポーツでは何が好きかと尋ねた。ジェームズはいろいろあるが、登山もその一つだと答えた。グレッグはこれからタンザニアに行って、アフリカ最高峰のキリマンジャロに登るつもりだと教えた。

「ジェームズは、それはすごいと興奮した」。ボストンのベンチャー投資家グレッグは語る。「いろいろアドバイスしてくれてね。登山用品を一つひとつ、くわしく説明してくれた」。おまけに代金を二割、金額にして二五〇ドルも負けてくれたという。

ファサン・セブゲンは、地元の燃料店テイラー・フュエルが約束通り灯油を届けてくれなかったとき、値引きを求めようときめた。店に電話をかける前、少し調査をした。「電話をかけて社長のビルと話したわ」。ファサンは語る。「わたしは引っ越してきたばかりだけれど、あなたの店は五〇年前に父上が創設された個人商店なんですね、と言ってみた」。ファサンは、自分は地元の商店で買い物をする主義だが、あなたの店のサービスに疑問を感じたので、聞きたいことがあって電話をしたのだと説明した。

「わたしが『地元の商店』という言葉を口にしたとたん、五%引きにすると言われた」とファサンは言う。「さらに話をして、一割引にしてもらったわ」。現在デラウェア州にある大手製薬会社で取締役を務めるファサンは、ほかの店に乗りかえると脅す、ありがちな手法に訴えたい衝動を抑えたという。「驚いたことに、苦情を言うより、『意見する』というソフトなやり方の方が、ずっと効果が高かったのよ」。あれから五年たったいまも、すばらしいサービスと割引を受けているそうだ。

ジェレミー・デリンスキーは、電気料金がいつもより高いのに気づいた。電動ヒートポンプが故障しているのかもしれなかった。彼は家主の契約している不動産管理会社に、ただ新品と交換してくれと言う代わりに、準備をすることにした。まず電力会社に電話をかけ、自宅の電力消費量の推移を調べてもらった。これを管理会社に示したうえで、この会社のモットー「伝説のサービス」を引き合いに出した。結果、一〇〇〇ドル以上する新しいヒートポンプが、一週間とたたずに設置された。「ただヒートポンプの不備を指摘するだけでは説得力に欠ける。だって動いてはいたんだからね」。現在マサチューセッツ州にある医療会社で役員を務めるジェレミーは言う。「交渉をフレーミングするうえで、準備がいかに重要かを学んだよ」

ところで契約の意義とは何だろう？　弁護士に言わせれば、契約は法制度の基本だ。だが契約のそもそもの起こりは、人々を約束に縛りつけるためではなかった。契約が生まれたのは、ほとんどの人が読み書きができなかったからだ。契約は、自分たちが何に同意したかを覚えておくための備忘録だったのだ。記憶があやふやになると、筆記者に読み上げてもらった。

シャン・ヒーはアパートが水漏れし、修繕に一〇〇ドル近くかかると言われた。「家主は一〇〇ドル未満の修理は、自分の責任ではないと言った」。シャンは語る。「でも契約書にはそんなことは書いていなかった。家主の責任だった」

「わたしはこのアパートに住んで一年半以上になりますと、家主に言ったわ」。シャンは説明する。

「わたしたちこれまで平和で友好的な家主と店子の関係を築いてきましたよね？　このままでいられないでしょうか」。それから彼女は、水漏れはアパートをとても傷めると指摘した。結果、家主が配管工を雇ってくれることになった。

現在北京で弁護士をしているシャンは、家主の目の前で契約書をふりかざすべきだっただろうか？「交渉の中核をなすのは、拘束力のある契約とは限らない」。シャンは言う。「契約は取引費用が高いのよ。相手に親切にして、友好関係を促す方がよい場合も多い」

ときに、相手はあなたを助ける方法を探そうとするが、職務や地位にとらわれて助けられない場合もある。そんなとき、あなたを助けるべき動機を相手に与える必要がある。ケイティ・チャンが駐車場に戻ってきたとき、九〇分の無料駐車時間を一〇分過ぎていた。係員は超過料金を支払えの一点張りだった。そこで彼女はまず規範を使った。「特例を認めたことはないんですか？」ない、と言われた。そこで第三者に責任をかぶせた。「温泉療法が始まるのが四〇分も遅れたのよ」。係員は興味なさそうに肩をすくめただけだった。

「わかるでしょう」とケイティは言った、「感謝祭の週末じゃない。大目に見てもらえないかしら？」係員は仕方ないなと言った。彼女は一〇分遅れた理由として、チケットの認証に時間がかかったと書かされた。言いかえれば、係員はタイムレコーダーの針を戻す理由を必要としていたのだ。だがケイティのふるまいで機嫌を直していなければ、そんなことは教えてくれなかっただろう。

あなたが雇う人たちは、商品ではない。彼らにも感情というものがある。あなたに好感をもってくれれば、何か困ったことが起きたとき、あなたのために何とか解決しようとしてくれる。これが、ゲットモアの大きなカギなのだ。

警官と警備員

警察官はすべて不公平で、反応過剰であるかのように言う人が多い。ニュースはその手の話であふれている。だがそういうことを言っていると、本当にその通りになってしまう。人はおとしめられると、必ず感情的になるからだ。だがこの連鎖は断ち切ることができる。

カルロス・チェルービンは、オハイオ州ウェスタービルの制限速度四〇キロゾーンを時速八〇キロで走っていたところ、女性警官にとめられた。むろん、悪いのはカルロスだ。それは紛れもない事実だった。「ぼくは謝ることで、女性警官の力を認めた」と彼は説明する。「十分な注意を払っていませんでしたと謝った」。大手アパレル会社で上級副社長を務めるカルロスによれば、女性警官は具合が悪そうだった。暑い日だった。「大丈夫ですかと尋ねた。女性警官は身重だった。予定日を聞いて、おめでとうと言った」

カルロスは切符を切られなかった。今後は気をつけるようにと言って、放免された。カルロスは当然、気をつけるだろう。問題は、ドライバーの何パーセントが、大丈夫ですかと尋ねるほど、警官に注意を払っているかだ。そんな人はほとんどいない。

「以前はいつも言い訳をしていた」とカルロスは言う。「言い訳をしなかったのは、ここ一五年間で初めてのことだった。警官が見逃してくれたのも、一五年間で初めてだ」。それは、カルロスが自分のことだけを考えるのをやめ、相手について考えたからにほかならない。

ジャン＝ピエール・ラトリルは、制限速度八〇キロゾーンを時速一一〇キロで走行中、ニュージャージー州警察に捕まった。ジャン＝ピエールは最初、ほかの車と同じ速度で走っていたのになぜ自分だけが、とムッとした。だがそのとき思い出した。大事なのはだれが正しいかではなく、自分の目標を達成することだ。

ジャン＝ピエールは謝罪し、警官の話を真面目に聞き、感謝し、週末旅行でニュージャージーに来ているのだと説明した。結果、スピード違反の切符は切られず、減点にもならず、自動車保険の保険料も上がらず、保険証書の不携行に四三ドルの罰金を科されただけですんだ。「ただ警官と心を通わせようとしたんだ」。ジャン＝ピエールは言った。このやり方は必ず成功するだろうか？　まさか。だが九試合で一本余分にヒットを打つことはできる。

当然だが、自分が悪くないときは、謝る気になれない。そんなことをしろとは言っていない。だが謝るべきなのに謝らない人の何と多いことか。カルロス・チェルービンも言っている。「相手を威嚇しないこと。そんなことをしたって、目標は達成できない」

自分の苦境をくわしく伝えることで、相手を説得できる場合もある。だがその際、次に気をつけよう。①本心から言うこと、②本当のことを言うこと、③ありふれた話をしないこと。ねらいは相手を欺いたり、言いくるめたりすることではなく、相手と心を通わせることなのだ。

どこの守衛も、言い訳を聞かされるのにうんざりしている。ぞんざいに扱われるのは覚悟しておこう。彼らは内心、「なぜきめられたことがきちんとできないのだろう」と苦々しく思っているのだ。

ニキール・ラガバンは、スポーツジムに入ろうとして、IDカードを忘れたことに気がついた。「警備員はとりつくしまもなかった」と彼は言う。「IDカードがなければ入れない、の一点張りだった」。だれに頼んだら入れてもらえるだろうか、と彼は尋ねた。責任者だという。ニキールは警備員に頼んで、責任者を呼んでもらった。責任者に自分の情報を調べてもらい、本人であることを証明した。警備員の目的は、もちろんＩＤカードをチェックすることではなく、身元を確認することにあった。ＩＤカードは確認するための一つの手段でしかない。

現在インド・ムンバイのベイン・キャピタルで課長を務めるニキールは、責任者とロッカールームの係員に自己紹介した。それから自分の好きなスカッシュについて、二人と楽しく語り合った。二人はニキールに、またＩＤカードを忘れるようなことがあれば、呼んでくれと言った。ニキールはこのすべてを、困ったときに頼れる関係づくりのためにやったのだ。

役人は「(疎ましい)官僚主義」の権化のように言われることが多い。だがわたしたちは「官僚主義」と交渉するわけではない。生身の人間と交渉する。そしてこの人は、もしかするとあなたよりも規則や規制、官僚主義に苦しめられているかもしれないのだ。いやでもそこで毎日を過ごさなくてはならないのだから。だから相手を大目に見よう。そうすれば相手も同じようにしてくれることが多い。相手に意見を求めよう。思いやりを示そう。世の中にうんざりするあなたの気もちもわかる。でも自分の目標をかなえる方が大事だろう?

不等価交換

日常的なやりとりでも、一〇億ドル規模の取引と同じように、交換できるものはある。いつも名無しのサービス担当者として扱われている人には、敬意を表したり、会話をするだけで十分な場合がある。

ロン・シャクターは、屋内駐車場に二輪車をとめたかったが、月額一二〇ドルも払いたくなかった。駐車場の係員は、例外は認められないと言った。「バイクを駐車させてやろうと彼に思わせるような無形物を探す必要があった」。ロンは言った。「だからこう聞いた。『オートバイは乗りますか?』」「いいや」と係員は答えた。「でも習えたらと思っているんだ」

大当たり!「そこで彼にバイク(ぼくのじゃないよ)の運転を教える約束をした」。現在香港のヘッジファンド、ナイン・マストの共同経営者兼運用責任者を務めるロンは言う。結果、駐車料金は無料になった。不等価交換だ。

ジャスティン・バイアーは、シティバンクの当座預金と普通預金口座にかかるもろもろの手数料を支払いたくなかった。銀行の担当者は、手を貸してくれそうになかった。確かに手数料が低い銀行もあるが、シティの方がよい銀行だから、とつっぱねられた。

「担当者を世間話に引きこんだんだ」とジャスティンは言う。「どんなキャリアをめざしているのかを尋ねた。担当者は、MBAをとるのが夢だと言った。そこで、自分はいまMBAの学生だが、役に立つ情報を教えますよ、と言ってみた」。手数料は免除された。

「実は、担当者が手数料を免除するには、システムをいじって、手作業で手数料を削除する必要があった」とジャスティンは言う。では担当者は、銀行に不利なことをしたのだろうか? いや、担当者のおかげで、銀行はジャスティンという忠実な顧客を失わずにすんだ。それに、シティには手数料を払わない顧客がほかにいないと思うだろうか? いや、いるのだ。つまり①前例があり、②銀行はジャスティンの変わらぬ愛顧のおかげで、利益を得るわけだ。

ペンシルベニア大学ロースクールの学生ジェイミー・チェンは、腰痛もちだったが、整体師に一時間五〇ドルもの料金を払う余裕はなかった。そこで彼は、整体師の名刺をロースクール中に貼り、友人も紹介すると言った。話をするうちに、整体師が訴訟を起こされていることがわかった。ジェイミーは無償で判例を調べてあげると言った。「フィラデルフィアにいる間、ずっと無料でマッサージを受けられたよ」。現在ワシントンで弁護士をしているジェイミーは、おかげで腰痛がかなり改善したそうだ。

バーナデット・フィニカンは、翌日のマラソンに出走するために、その日のうちに骨密度の検査を受ける必要があった。だが彼女の保険が適用される放射線科医は、予約がとれなかった。受付係は不親切だった。

バーナデットは放射線科医はいるかと聞き、診察室の場所を教えてもらった。そして医師が通りかかるのを待った。「マラソンに出るために骨密度の検査が必要なんです、と直接訴えたの」。彼女は言う。マラソンランナーを診たことはありますか、と彼女は尋ねた。医師はあると答え、そのことを誇りにしていると言った。彼がどんな仕事をしたのか、くわしく聞いた。医師はバーナデットを自ら診察室に連れて行き、すぐに検査をしてくれた。

窓口や受付係をくぐり抜けられずに、苦労している人はいないだろうか？　想像力を働かせて、心を通わせればいい。ナナ・ムルゲサンは、妻の出産の主治医に、サンフランシスコの高名な産科医プラサナ・メノンを希望した。だが医師は出産の頃まで予約が一杯で、受付係は話もさせてくれなかった。ナナは下調べをしておいた。メノン医師は、彼の妻のチャルと同じインドの方言カンナダ語を話し、彼の妹と同じインドの医大の出身だった。

ナナは一枚の紙に「カンナダ」「カルナタク大学」とだけ書き、受付係にどうか医師に渡してほしいと頼んだ。メモを見た医師は、自ら出てきて、妻の予約を入れてくれた。医師にとっては、このつながりそのものに価値があったのだ。

もちろん、これらのツールはいつも効果抜群というわけではない。ミシェル・マイケリスは、マンションの理事として、保守管理に関する住人の苦情に対抗するために要した弁護士費用三〇〇〇ドルを、管理会社に請求した。管理会社は最終的には落ち度を認めた。

だが費用は五〇〇ドルしか負担しなかった。「担当者に、よい推薦状を書いてあげるとまで言ったのに」とミシェルは言う。相手は推薦状にはまるで関心を示さなかった。「交渉ツールを使ったからといって、いつもばっちり成功するとは限らない」とコンサルタントをしているミシェルは指摘する。「でも成功率は確実に上がるし、ゲットモアできるのは確かね」。彼女は五〇〇ドルで妥協し、次回からは事前に責任をはっきりさせておこうと、心に誓ったのだった。

協力関係を築こう

交渉は必ずしも一人でやる必要はない。地元の商店や業者、役人などにとっては、地元の評判は死活問題だ。信用がとても重要なのだ。したがって、あなたはだれかと組むことで、交渉力を高められる。

レストランや商店、クリーニング店などを頻繁に利用する集団は、有利なはからいを受けることがある。数が多い分、売上が大きいからだ。既存の集団のなかには、このように「数の力」を活かして交渉するのにうってつけのものがある。住宅所有者組合やPTA、市民クラブ、ボーイスカウト、ガールスカウトなどがその例だ。

警察官に不当な扱いを受けたら、集団で苦情を申し立てればいい。ゴミがきちんと収集されなければ、大きな集団で圧力をかける。まとめ役を回りもちにしたり、ウェブサイトを作成、活用するなど、工夫しよう。

本章の冒頭で紹介したチャック・マッコールのように、助けてくれる人を探そう。これから紹介するのは中国での事例だが、本章にうってつけの話だ。

アラン・バエーは観光で訪れた北京で入った店で、象牙でできた高価な象の彫りものを値切ろうとした。店内は人でごった返していた。店主は値引きを拒否した。

「なぜあんたに値引きしなきゃいけないの?」店主は言った。「店は人で一杯なのにさ」。彼女は店内にひしめき合う人たちに向かって、あごをしゃくった。

現在ロングアイランドの運送会社オーシャン・ワールド・ラインズの社長を務めるアランは、ふり返って集団を見た。それから店主の方を向き直って言った。「店にいるのは、だれだかわかるかい?」それからちょっと間を置いて言った。「全員ぼくの仲間だよ」。同窓旅行で来ていたのだ。彼は値引きを勝ちとった。

第15章　社会問題

社会問題とは、交渉の失敗にほかならない。衝突やまずいプロセスのせいで、問題が非常に大きくなるか、コストが高くつくか、手がかかるようになり、大勢の人が巻きこまれる。ハリケーンや津波のような天災であっても、大勢の人が危険にさらされてこそ、社会問題化する。

戦争、妊娠中絶、地球温暖化、エネルギー、医療、公立学校の問題――どの社会問題も、もとをたどれば人や政府が問題をうまく解決できなかったことに原因がある。ハリケーン・カトリーナは、計画性のなさと対応のまずさ、さまざまな利害関係者間の対立のせいで、被害が大きく拡大した。二〇〇四年に二五万人の命を奪ったインド洋大津波は、適切な警報システムがなかったために、被害が大幅に拡大した。要するに、コミュニケーションと計画の問題だったのだ。

本書は、基本的には個人向けの本だ。これに社会問題の章を加えたのは、それが大規模ではあるが個人にかかわる問題だからだ。子どもが戦争で命を奪われるのは、個人に影響をおよぼす問題だろう？　教育、医療といった、有意義なことに使われるべき税金が、価値をほとんどもたらさない活動に投じられるのもそうだ。

身近なタイムズ・スクエアでテロ未遂事件が起こったとき、世界的なテロリズムは個人に影響を与える問題になった。その結果政府は、法人税控除や住宅補助の代わりに、治安や安全に資金を投じざるを得なくなった。

いま実際に何が起きているのか、わたしたち一般市民がその現状を把握すべきときが来ているようだ。惨事を防ぐのに最も有効なプロセスが用いられているだろうか？　そもそも、適切な代表が交渉にあたっているだろうか？

社会問題の元凶となる、人間関係の失敗やプロセスの失敗への理解を深めれば、より有効な対策を講じられる。投票や日々の会話、その他無数の方法を通して、集団心理を変え、ひいてはビジネス界や政界の指導者に影響をおよぼそう。これまでも集団心理がベトナム戦争を終わらせ、公民権運動を巻き起こし、性差別を克服してきた。現状を容認しない人がある一定数を超えて増え続けるとき、集団心理は変化する。

たとえ交渉で問題を完全に解決できなくても、プロセスを改善することで、社会問題の負の影響を軽減できる場合が多い。

忘れないでほしい、交渉の成否を決定する原因のうち、問題の内容と関係があるものは一割にも満たない。九割以上が、人間関係やプロセスと関係があるのだ。つまり社会問題は、よりよい対人スキルを用いれば、軽減することができる。信頼、相手を尊重する、相手の認識を理解する、関係を築くといったスキルだ。そのほか、効果的なコミュニケーションを行う、ニーズを明らかにする、規範、不等価交換、フレーミング、確約などを使えば、さらに軽減できる。

本章では、当事者が問題の九割に――つまり人間関係やプロセスに関わる部分に――うまく対処しているかどうかという点から、社会問題を考察する。当然ながら、すべての社会問題をとりあげることはできないし、特定の問題に具体的な解決策を提案するつもりもない。だが本章は、どんな社会問題も検証できる、ひな型になる。これを読むことで、あなたに影響をおよぼすほど大きくなり、コストが高くつくようになり、手がかかるようになった問題に、当事者たちがどれほど効果的に対処しているかを評価できるようになる。

ここでは社会問題の典型として、中東（イスラエル、パレスチナ、イラン、イラク）をとりあげる。中東問題は「解決不能な紛争」とほぼ同義になっているからだ。そのほか、北朝鮮、妊娠中絶などの問題もとりあげる。言うまでもないことだが、社会問題は、シミのついたシャツをめぐるクリーニング店での交渉や、就職活動での交渉などに比べれば、はるかに複雑だ。はるかに多くの利害関係者や人を巻きこみ、はるかに多くの感情が渦巻いているからだ。だがそれでも、これまで説明したのと同じ、人間関係やプロセスのツールを使って分析することができる。

夢物語だと思われないよう言っておくが、これらのツールはすでに使われ、成果をあげ始めている。たとえばウォートン卒業後、原子力潜水艦の機関長になったジム・ボペリウスは、わたしの講座で習ったツールを、アフガニスタンに赴任する軍の同僚に教えたという。彼らは反タリバンの部族長の支持を得るために、日々心を通わせ、不等価交換をしているのだ。ジムによれば、現地のアメリカ兵は脅しという常套手段を使う代わりに、部族長とともに断食の儀式を守っている。また部族の子どもたちに、ノートやペンを与えているとも聞く。

「彼らは困難な軍事作戦に従事しているときでも、目標を達成するためのプロセスを構築することができる」とジムは言う。

またジムは講座のツールを使って、訓練演習をめぐる海軍特殊部隊と潜水艦司令部の対立を解決した。内部対立の迅速な解消が求められる軍事的状況では、相手の頭のなかの絵をすばやく探しあてることが不可欠だとわかった、と彼は言う。軍内部の問題は、明らかに社会問題の一種だ。まずい軍事プロセスは、戦闘効率を損なうからだ。

製薬会社メルクで戦略担当副社長を務めるイスラエル人に、こんな話を聞いた。彼は部下を連れてサウジアラビアに行き、サウジアラビア人との間で製薬関連の協定をまとめた。サウジアラビア人にとっては、彼がイスラエル人でユダヤ教徒であることは問題ではなかった。彼がとりきめたのは、万人の利益になる重要な経済協定だった。このように、中東の重要取引において、アラブ人とユダヤ人の間で不等価交換が行われた実例がある。

中東には、イスラエル人とパレスチナ人が共同で興した合弁会社や平和団体が数多くある。またソマリアでは、地域社会の指導者が、海賊船の乗員のために海賊行為に代わる合法的な仕事を探している。

「ペアレンツ・サークル」は、紛争で愛する子どもたちを亡くし、痛みを分かち合おうとする、数百人のイスラエル人とパレスチナ人がつくる団体だ。「平和のための戦闘員の会」は、対立を解消する手段としての暴力は容認できないと主張する。「イスラエル・パレスチナ遺族の会」は、「わたしたちの足下にある、亡くなった子どもたちの王国は、大きくなる一方だ」と訴える。アラブ人とイスラエル人が共同で運営する集団は、スポーツクラブ、言語教育、演劇、それにサーカスまで、多岐にわたる。

いまとりくむべき本当の問題は、もちろん、ツールの拡張性を高めることだ。どうすればツールを使う人たちの数を、必要な一定数にまで増やせるだろうか？　その方法の一つが、ツールを人に教え、宣伝し、成功事例を示すことだ。

そこで、社会問題の当事者が――地域の計画委員会の面々であれ、地球の裏側の人たちであれ――

問題をどれだけ有効に解決しているかを評価するための重要な質問を、以下にまとめた。この質問を問うことで、問題解決にふさわしい人材とプロセスがあるかどうかがわかる。

- 当事者間で効果的なコミュニケーションが行われているだろうか？　コミュニケーションが少しでも行われているだろうか？
- 当事者はお互いの認識を明らかにし、理解し、考えに入れているだろうか？
- 当事者はお互いに意思を押しつけ合うような態度をとっているだろうか、それとも協調的な態度だろうか？
- 当事者は昨日をめぐってお互いを非難しているだろうか、それとも明日のためにお互いを尊重しているだろうか？　相手にメッセージを伝えるのにふさわしい交渉人はだれだろう？
- 各当事者のニーズが明らかにされ、交換されているだろうか？
- 当事者は段階的な措置をとっているだろうか、それともすべてを一度にやろうとしているだろうか？
- 当事者は自らの目標にかなうような行動をとっているだろうか？
- 感情レベルは高いだろうか？　当事者は感情を抑える努力をしているだろうか？
- 当事者は決定を下すにあたって、お互いの規範を用いているだろうか？
- 当事者間の違いを尊重するような、問題解決のプロセスがあるだろうか？

まずは話し合いの場を持つこと

本書の主なメッセージの一つは、「当事者が効果的に意思を伝え合わない限り、合意は持続しない」ということだ。コミュニケーションの欠如とは、当事者が互いを尊重せず、ちょっとした話さえしない状態をいう。コミュニケーション不足は誤解を招くおそれがあり、その結果とりきめに至らないこともある。したがって最初に問うべき質問はこれだ。「当事者は話をしているだろうか？」地域の問題に関して、当事者が話をしていない場合は、対話を促そう。対話をしない人は、機会を生み出すより、相手に苦痛を与えることに関心があるのだから、交渉から外すべきだ。

これからいくつかの重大な社会問題をとりあげ、当事者のあり方について考えていく。わたしは交渉の専門家として、世界中の社会問題を解決する責任を帯びた人々が、コミュニケーションの欠如やコミュニケーション不足に陥っているのを、恥ずべきことだと思っている。そのせいで紛争が起き、多くの人命が犠牲になっている。

イスラエル・パレスチナ紛争では、当事者は何年もの間、直接話をしていない。イスラエル国内では、イスラエル人とパレスチナ人が街中で日常的に会話を交わしているというのに、彼らを代表する指導者たちは、直接顔を合わせる意気地もないのだ。昼食くらいともにできないのだろうか？　スポーツや子どもの話から始めればいいではないか？　正式な話し合いである必要はない。コミュニケーションのないところに、説得などあり得ない。本書が印刷に回された時点で、双方は交渉再開を検討していた。だからと言って、喜んではいられない。本来、あたりまえのことなのだ。

前にも言ったように、交渉に前提条件を設けることは、プロセスを妨げる論争の層をさらに一つ加えるだけだ。どちらの側も、会談ではいきなり本題に入るべきだと考えているようだ。だが本題を話し合うのは、プロセスの最後でいい。信頼関係を築き、話し合う方法を確立してからでいいのだ。どのような問題について、どのような立場に立っている人も、（戦争を望む場合を別として）お互いに話をしなければ自らの破滅を招く。

二〇〇八年にインドのムンバイで起きた、パキスタンに本拠を置くテロリストによる旅行者殺害事件を受けて、インドはパキスタン政府との和平交渉を中止した。いったいなぜだ？　ムンバイテロは、話し合いを中止するどころか、開始するきっかけになるべきだった！　政府間協議は、テロから一五カ月も経った二〇一〇年二月まで再開されなかった。それ以前にも非公式で私的な話し合いが行われた形跡はあるが、公にされなかった。両国政府が有権者を刺激することを恐れたからだ。

もし本当だとすれば、これもやはり政府間のコミュニケーション不足の例だ。もしも数億の国民が、相手国とコミュニケーションを図ることを望ましくないと考えるなら、その認識を変えるよう努めるのは政府の役割だ。問題を巧みにフレーミングする方法を探すのだ。たとえば「相手国のことをどう思うにせよ、彼らの考えを理解することは、わたしたちの利益になる」と言って説得すればいい。

これこそが、アメリカがイラクを侵攻する前に、サダム・フセインに対して行うべきことだった。相手から情報を収集しても、相手を正当化することにはならない。相手が過激な発言をしたら、それを一字一句引用しよう。こうした発言を盾にとって、彼らに対抗する協力体制をつくればいいのだ。

たとえ会談の申し入れを拒否されても、何度でも申し入れ、その努力をアピールする。そうすれば、話し合いに応じない国は理不尽だという印象を植えつけることができる。相手国を非難の矢面に立たせよう。問題を巧みにフレーミングすることで、自国を強く見せることができる。

たとえば「われわれは過去一〇〇日間、毎日イランに交渉を呼びかけてきたが、一〇〇回拒否された。彼らは平和に関心がなく、ただ言い訳に終始している」など。これは弱いどころか、よい意味で攻撃的な態度だ。「われわれは攻撃的に平和を求める」

前にも言ったが、交渉の条件として譲歩を求められたら、それは交渉の席で話し合うべき問題だと言おう。こう言っておけば、コミュニケーション・チャネルを開くことに集中できる。

二〇〇九年にハマスの最高指導者は、アメリカと話し合う用意ができたと言った。アメリカや同盟国は、これに応じるべきだった。無言で座っているだけでも、スピーチや非難を聞くだけでもよかった。ハマスが何か協力的なことを言えば、それを交渉材料にできる。過激なことを言えば、世論から総スカンを食らうだろう。アメリカが譲歩しなければ協議に応じないと言えば、平和に真剣にとりくんでいないという印象をもたれるだろう。

これは、テロリストの支持者と協議を行うということでもある。殺人自体を目的とする少数のテロリストは例外として、テロリストの支持者のほとんどは、これといった代替案がないために、やむなく同調しているように思われる。だがこうした集団が一枚岩でないのは明らかだ。アラブの母たちは、わが子が自爆テロを起こすことを望まないだろう。緊張緩和をめざす協議に前向きな穏健派や、説得できそうな穏健派は多い。

これには前例がある。スリランカでは、政府が反政府タミル人組織に包括的恩赦を与えることを通して、最終的に打倒した。多くの反政府勢力が武装を解き、社会に復帰した。政府は彼らから過激派の潜伏場所を聞き出し、鎮圧したのだ。

この成果を軍事的勝利として賞賛する人たちもいた。だが本当のことを言えば、これは当初テロリストに同調していたが、のちに転向した穏健派との交渉がもたらした成果だった。実際、穏健派の指導者で、反政府勢力「タミル・イーラム解放の虎」のナンバー・ツーだったカルナ・アンマンは、スリランカの政権に参画したほどだ。政府は社会に復帰したすべての反逆者に、恩赦と職業訓練を与えた。将来に目を向け、よりよい明日をつくろうとする、すばらしい実例となった。

もちろん、ここで重要な役割を担うのが、コミュニケーションのためのツールだ。過去をめぐって争わない、責任をなすりつけ合わないなど。これらを用いるには自制心が必要だ。それにリーダーシップと、目標への集中もだ。

穏健派との協力体制は、過激派に対抗する同盟にもなる。これを構築するには、当事者が一枚岩でないことを認識する必要がある。また穏健派との効果的なコミュニケーションが必要だ。彼らを尊重し、彼らが受け入れられるビジョンを描き出そう。

認識

コミュニケーションをとれるようになったら、次は相手の認識を理解しなくてはならない。相手の頭のなかの絵を理解しない限り、どこから説得を始めてよいかわからない。ここまでくり返し力説してきた通りだ。自分の目標を達成するには、相手の認識が正しかろうとなかろうと、それを理解し、それに対処する必要がある。

つまり別の言い方をすると、合意に達したいと相手に思わせるということだ。そのためには、「自分は理解されている」と相手に思わせなくてはならない。どんな社会問題であれ、相手にあなたの考え方を理解したいと思わせられれば、それだけあなたの説得力は高まる。

そんなわけで、考えるべき重要な問題は次の三つだ。わたしたちはお互いの認識を理解しているだろうか？　それを言葉で説明できるだろうか？　それについて相手と話し合っただろうか？　これらにイエスと答えられない限り、ゲットモアはおぼつかない。

これはアメリカが同時多発テロ事件後の世界で生きていくうえで、とくに重要な問題だ。途上国世界には、アメリカに対する大きなわだかまりが残っている。市場や経済の搾取、有害物質のまき散らし、内政干渉、全般的に傲慢な態度などで反感をかっている。彼らの認識がフェアであろうとなかろうと、その根拠を理解し、各地に散らばるアメリカの敵に対抗するために、世界の多くの人たちから支援を得るきっかけとしなくてはならない。

たとえば一九八四年一二月、インドのボーパールでアメリカの化学会社ユニオン・カーバイドが設計した工場から有毒化学物質が漏れた。この事故で三〇〇〇人が即死し、後遺症でさらに数千人が亡くなったと言われる。わたしがニューヨーク・タイムズの記者とともに行った調査により、工場労働者が自社のマニュアルに十数件の違反を犯していたことが明らかになった。同社は違反を知りながら、何の対策も講じていなかった。同社の会長が、インドの法制度の裁きを受けるために、インドに来ることもなかった。

ボーパールの犠牲者数は、二〇〇一年九月一一日に世界貿易センタービルなどでテロリストに殺された犠牲者の数、二九八五人を上回る。途上国の人たちにとっては、ボーパールと世界貿易センターの惨事に、何ら大きな違いはない。一方は、故意のテロ行為だった。そして他方は、死をもたらすプロセスを放置するという、意図的な決定がもたらした事故だと、インドは信じている。

アメリカをはじめとする先進国は、こうした認識を理解しない限り、また理解するまでは、世界のほとんどの国との関係改善はあり得ない。つまり、先進国は大量破壊兵器の開発を企む者たちとの戦いに多くの国の協力を得るのに、今後も苦労するということだ。アメリカ統合参謀本部議長も、二〇〇九年の論評で述べている。「われわれは自らの理想を裏切るたびに、敵の言う『傲慢なアメリカ人』にますます近づいていく」

アメリカは傲慢だという評判については、さまざまなことが書かれている。イラクでの捕虜虐待といった事件が起きると、わたしたちの説得力は長期的に損なわれる。このことはもちろん、アメリカ人に対する暴力を肯定するものではない。しかしわが国への暴力行為を食い止めるには、より多くの支援が必要なのだ。

アメリカへの恨み言は、理不尽なものばかりではない。われわれの要求のすべてが現実的でないのと同じだ。すべてに耳を傾けなくてはならない。次にそれを言葉で説明し、議論し、お互いの利益になる何かを探し出さなくてはならない。最も簡単な問題はすばやく解決し、難しいものはじっくり検討して対処する。また理不尽な意見は公表して、過激派の孤立を図るべきだ。

このようなプロセスが、一九九八年のアイルランド共和国と北アイルランド間の和平合意の基盤になった。双方は最終的に交渉の席に着いて対話を始めると、お互いの認識を理解し合うようになった。そして一般市民が争いの継続を望んでいないこと、双方が多くの価値観を共有していること、そしてイギリスの支配から独立した方が、全員にとってよりよい結果が得られることに気づいたと、テオ・タギ博士は言う。博士はわたしの元教え子で、現在ハーバード・メディカルスクールで講師を務めており、また医療関連の諮問委員会の委員長として、和平プロセスに関わってきた。ときに平和が揺らいだこともあるが、対話の道筋を開いておき、お互いの認識について率直に話し合うことが、長引く争いに対する安全弁として機能していると、彼は言う。

中東では当事者双方が、相手の認識を往々にしてまったく理解していないとの研究もある。一九九三年以来、アラブ人とユダヤ人を雇用するさまざまな事業を立ち上げている起業家のダニエル・ルベツキーによる研究も、その一つだ。彼は双方の認識がまったく異なることを示し、相手への理解を深めることが、平和と経済的繁栄のよりよい基盤をつくるという結論を導いている。

この研究では、一五万人の一般人を対象にアンケートを実施した結果、二つの最も大きな問題に対する認識が、双方で大きく異なることがわかった。その問題とは、エルサレムの領有と、パレスチナ難民の帰還である。どちらの側も、東エルサレムの領有は譲れないと考えていた。またパレスチナ難民は、たとえほかの用途に転換されていても、もとの居住地が返還されるべきだと考えていた。

平和活動団体ピースワークスの創設者でもあるルベツキーが、それぞれの側に相手側の認識を伝えたところ、とても驚かれたそうだ。「双方に柔軟性がなければ、どんな合意も実現し得ない」と彼は言う。相手側の認識を理解したおかげで、双方がより創造的な解決方法を考えるようになった。たとえばパレスチナの首都をエルサレムのどこかに置き、難民にかつての居住地とは別の場所に土地を与えるといったことだ。

ケンジ・プライスは、ペンシルベニア大学ロースクールに入学して、同校の発行するロー・レビュー（紀要）の編集者を務める以前は、陸軍士官としてイラクで任務についていた。イラクで従軍する前に交渉術の講座を受講していれば、イラク人の認識をもっと考慮に入れることができたのにと、彼は語る。「われわれはとかく現地の警察を、腐敗しているとか、教養がないといって退けがちだ」と彼は言う。「でもあの国を本当によく知っているのは彼らだ。彼らの協力があれば、ずっと楽に仕事を進められたはずだ」

また一般に、アメリカでもどこでも、軍隊や警察は「強制思考」に陥りがちだと、彼は言う。治安の維持に忙殺され、人の話を十分聞かなくなり、難局の打開に役立つかもしれない、重要なシグナルを見落としがちになる。また彼は、ハーバード大学の黒人教授ヘンリー・ルイス・ゲイツ・ジュニアが鍵をなくして自宅のドアをこじ開けようとしていたところ、白人の警官に誤認逮捕された事件をめぐる国民的騒動にも触れ、コミュニケーションと認識に適切に焦点をあてていれば、容易に解決できたはずの問題だと語った。

どんな態度で接しているか

本書を通じて何度も力説しているように、敵対的な態度で交渉に臨めば、得るものは少なくなる。一説には、このような態度をとると、そうでない場合に比べて長期的な成果が四分の一に減ってしまうという。そんなわけで、次に問うべき質問は、次の通り。双方は互いにどのような態度で接しているだろうか？　お互いを非難しているだろうか？　脅迫しているだろうか？　傷つけようとしているだろうか？　それとも協力して全員のニーズを満たすような解決策を生みだそうとしているだろうか？

人は自分のニーズが満たされない限り、他人には何も与えようとしない。これは人間の性《さが》なのだ。また人はふつう、やられたらやり返そうとする。

多くの社会問題は、協働的なプロセスの欠如に、その原因の一端がある。勝者独り勝ちの発想しかないのだ。「自分のやってほしいことを相手にやらせる」という交渉形態は、最も犠牲が大きく、最も効果が薄いものだ。

持続可能な合意に達するためには、双方がお互いのニーズを満たそうという意欲をもたなくてはいけない。少なくとも、お互いのニーズを満たそうと懸命に努力しなくてはいけない。

これを最近の社会問題を例にとって考えよう。ジョージ・W・ブッシュ元アメリカ大統領は、二〇〇二年に北朝鮮を「悪の枢軸」呼ばわりした。またアメリカは脅威と感じるいかなる国を攻撃することも辞さないとも言った。その後アメリカは、北朝鮮と同じく「悪の枢軸」の一つであるイラクを攻撃した。

あなたが北朝鮮の総書記だったら、どうしただろう？ 自国を守るために、核兵器の開発にとりくんだだろう。アメリカの交渉戦略は、要は北朝鮮に核兵器プログラムを推進するようけしかけたことになる。人は脅かされると、反撃に出るものだ。

制裁についても考えてみよう。制裁とは、要は経済的損害を与えるという脅しで、社会問題でおきまりのように用いられる交渉戦略だ。制裁は原則として、他国政府に現在の行動をやめさせることをねらいとする。

制裁は歴史的に見て効果が薄いことを、多くの研究が示している。制裁を課せられた国は、自らの意思を押しつけようとする国々に対抗して、一つに団結することが多い。独自に協調体制を築いたり、制裁を回避する方法を探すようになる。それに、多数の国が長期にわたって足並みをそろえて制裁を加え続けるのは、至難の業だ。制裁を実施するのも一筋縄ではいかない。闇市場はあらゆる方法でこれを迂回しようとする。

制裁は、たとえうまく行ったとしても、長い苦難の道だ。過去五〇年間の対キューバ経済制裁も、効果はあがっていない。禁輸によって主に痛手を被るのは、経済ピラミッドの底辺でもともと苦しんでいた人たちだ。どんな国でも、指導層はぜいたくな暮らしをしている。

制裁が最も功を奏するのは、対象国にほかの選択肢がほとんどない場合（旧ユーゴスラビア）や、国内に激しい意見の相違がある場合（南アフリカ、ローデシア）、求められる救済が限定的な場合（リビア、テロ事件を実行したとされる二人の容疑者の引き渡し）である。

イランには大規模な核開発プログラムのほか、豊富な石油資源、強力な軍事独裁政権、多数の同盟国があるため、これらの条件にはあまりあてはまらない。経済的に恵まれず、政治的にも孤立している北朝鮮は、まだあてはまる部分があり、ときに制裁に反応を見せることもある。

制裁はアメリカ自身にも、輸出機会の喪失という意味で、推定年間二〇〇億ドルの損失をもたらしている。制裁の利用に効果がある場合でも、本書で説明したツールを使った、よりよい交渉の選択肢があることが多い。

いくつか例をあげてみよう。第一が、制裁の反対で、市場を製品で氾濫させる方法だ。ソ連崩壊は、よりよい暮らしの象徴である外国文化を求める国民の声が高まったことに、その原因の一端があった。ブルージーンズからコンピュータ、映画、雑誌まで、西側のモノやサービスは、門戸を開かせる強力なカギになることが証明されている。制裁より抵抗しにくいのだ。

イランは二〇〇八年に、アメリカから二七年ぶりに小麦を購入した。一〇〇万トン超の冬小麦は、経済協力の基盤になる。相手に何かをやってもらうよう説得するには、脅すより、恩恵を与えるのが一番だ。中国はイランへの輸出で利益を得ている。なぜ経済苦境にあえぐアメリカも、同じことをやらないのだろう？　イランは二〇〇九年に、五七〇億ドルのモノやサービスを輸入している。言いかえれば「友人は近くに置いておけ、だが敵はもっと近くに置け」という金言は、人を説得する際にも役立つ助言なのだ。「もっと近くに置く」とは、相手からもっと情報を引き出し、もっと感化することを言う。この方法は直感的に受け入れがたいかもしれないが、目標を達成するうえで非常に有効だ。「もしアメリカが、イランともっとコミュニケーションを図っていれば、イラン人を人として知り、イランの指導者に条約を守らせるよりよい方法を思いついたことでしょう」ペンシルベニア大学ロースクール卒業生でイラン人弁護士のアサ・モハマディは言う。彼女はよくアメリカ人に、あなたに会うまでイラン人のことが嫌いだったと言われるそうだ。また知り合いのアメリカ人のほとんどが、彼女に会うまでイラン人に会ったことがなかったという。

昨日と明日――適切な交渉人

この点についてはさっきも述べたが、交渉の成否を判断する重要な基準として、一節を割いて説明する価値がある。

問うべき質問は、次の通り。双方は過去をめぐって争っているだろうか？　過去のことでお互いを非難しているだろうか？　それとも、よりよい明日を築くことに関心が向いているだろうか？　たとえば地元の町議会議員や教育委員の候補者が、機会の創出よりもお互いを非難することに躍起になっているなら、それは彼らが交渉の成否を握る、付加価値創造への関心が薄いという、何よりの証拠だ。

中東問題の当事者は、主に過去をめぐって争っているように思われる。いくつ条約が結ばれ、何人の特命使節が派遣されようと、過去のできごとに対して復讐を企てる人があとを絶たない。このような状況で平和が実現することはあり得ない。プロセスがまずいのだ。

またこの問題は、適切な交渉人はだれかという問いをも投げかける。交渉のプロセスがまずい原因が、当事者が過去を乗り越えられないことにあるなら、その当事者は交渉人としてふさわしくない。つまり、交渉人がどのようなスタイルをとるか、だれが交渉人になるかがカギとなる。

たとえば世界の多くの地域で、アメリカのプレゼンスそれ自体が、状況の急進化を促す一因になっている。別の言い方をすれば、アメリカは露骨なプレゼンスを縮小することで、コストと危険を軽減できるばかりか、交渉力を高めることもできるのだ。前にも言った通り、アメリカ軍が現地の部族長と協力体制を築くのは、非常に効果の高い戦略なのだ。

二〇〇一年にアフガニスタンのタリバン鎮圧を指揮したのは、わずか数十名のアメリカ軍地上特殊部隊だったという報道がある。彼らは大勢の部族民を訓練した。部族民は地域を知りつくし、タリバンの居場所を知り、住民から兵を募る方法を知っていた。地元民に自分たちの戦争を戦わせることが、わたしたちの目標をかなえる有効な方法なのは明らかだ。

どんな社会問題でも、当事者のなかで最も明らかに意見が違うのは、穏健派と過激派だ。したがって、交渉における適切な第三者は、穏健派ということになる。穏健派は過激派に比べ、よりよい生き方を生み出すこと(明日)に目を向けているのに対し、ほとんどの過激派は、昨日に対する報復としての破壊しか頭にない。

つまり中東問題では、ユダヤ人過激派を説得するのにふさわしいのはユダヤ人穏健派だ。アラブ人過激派を説得すべきはアラブ人穏健派だ。ほかに適任がいるのに、アメリカ人がテロリストと交渉する必要はない。どんな社会問題でも、適切な交渉人の選定がカギとなる。

ニーズを明らかにし、交換する

交渉に成功するには、つまるところ、相手のニーズを満たさなくてはならない。効果的に意思疎通を図り、相手の認識を理解し、適切な態度をとり、適切な交渉人を選ぶのは、有効な話し合いをするお膳立てをするに過ぎない。次に考えるべきことは、お互いのニーズのうち、満たせるものはどれか、どうすればニーズを交換できるかだ。これが交渉の価値を計る基準となる。

世界の大半の人にとっての価値基準は、人間としての基本的要求が満たされることだ。ハリケーン・カトリーナの被害者による交渉であれ、パレスチナ難民による交渉であれ、交渉では生きていくための必需品を手に入れることが出発点になる。したがって社会問題を解決するための交渉も、こうしたニーズから始めなくてはならない。

それなのに主要な社会問題では、倫理性、偏見、政治的駆け引き、達成感といった、ほとんどの人にとって大して重要でないものごとに、報道や政治家の関心が向いている。世界中どこでも、政策立案者は大きな問題にとりくむ際、平和、民主主義、理想など、最も高い階層の欲求から始めることが多い。

だが基本的欲求が満たされない人たちは、こうした理念の訴えを聞く耳すらもてない。いまこの瞬間にも、十分な食料をはじめとする基本的必需品を得られない人たちが、日々急進化している。

ハマスのような過激派グループが多くの支持者を集めているのは、ハマスが言うようにイデオロギーだけがその理由なのではない。ハマスは食べるものもろくにないアラブの人々に、食料を与えているのだ。そのほか医療や結婚仲介サービスまで提供している。基本的欲求を満たされた人は、組織の路線を受け入れやすくなる。

逆に、飢餓が暴力と社会不安を生み出すことを、さまざまな証拠が示している。エジプト、ハイチ、セネガル、ブルキナファソ、ニジェール、マレーシア、タイ、メキシコ、ウズベキスタンなどの事情が示す通りだ。「空腹は怒りを増長させる」国連世界食糧計画（ＷＦＰ）の食糧安全保障担当次長アリフ・フセインは言う。研究によれば、この傾向はとくに子どもに著しく、深刻な情緒的問題を招くおそれがある。暴力の連鎖は、幼少期から始まる。

アメリカをはじめとする先進国が世界中の数億人の心をつかむには、アメリカがソ連との軍拡競争でとった戦術を再現する必要がある。相手を破綻させるのだ。ハマスがパンを与えるなら、アメリカや国連、その他の同盟国はパンと肉を与える。ハマスが一日一〇〇〇カロリーを与えるなら、ハマス打倒をめざす人たちは二〇〇〇カロリーを与えるのだ。

したがって、イスラエルがアラブ諸国との協力体制を築くには、より多くの人たちに基本的必需品を与え始めなくてはならない。全般的に見て、イスラエルはこれをやっているとは言えない。ガザ地区を破壊するためにミサイルを降らせても、ハマスの同調者《シンパ》を増やすだけだ。むしろイスラエルが降らせるべきものは、食料なのだ。「イスラエルは本日ガザに五〇トンのパンと肉を投下していきました！」笑わば笑え。だが空腹にあえぐ人たちにとっては死活問題なのだ。

それがすんだら、続いて穏健派に、失いたくないと思わせるようなものを与える。食料、住宅、教育、医療、保健、安全など。そうすれば穏健派は過激派を見つけ出し、転向させるか、排除するだろう。相手を説得するには、爆弾よりパンの方が、長期的に見て効果が高い。これは人間の基本原理なのだ。またアラブ・イスラエルの既存の平和団体を足がかりにするのも、穏健派を増やすための交渉プロセスになる。

これが信じられないという人は、食料や水、医療、教育、空調など、人生を快適にしてくれるものがほとんどない状態で、砂漠に半年も暮らしてみればいい。そのあとで、この苦しみをもたらしたのはアメリカだと主張する人たちに、食料を恵んでもらう。どんな気もちがするだろう？　食料を与えてくれた人の言うことは、ほとんど鵜呑みにするはずだ。言いかえれば、テロリストのシンパに違う道を歩ませるには、よりよい生活を手に入れるための有意義な選択肢を与えることが欠かせない。

一部の政治専門家は、テロリズムを支援または実行する、少数の裕福な人たちの存在を指して、テロリズムが貧困から生まれるという考えは間違いだと主張する。確かに裕福なテロリズム信奉者もいることはいる。だがテロリストはその力と支援のほとんどを、数千万の極貧にあえぐ人たちから得ている。すなわち、信奉者の多くは説得可能ということになる。

わたしがこの問題に初めて触れたのは一九八一年、イスラエルがイラクの建設中の原子炉を爆撃、破壊したときのことだ。わたしはジャーナリストとして、核兵器拡散を阻止する技術について記事を書いていた。イスラエルは、イラクが原子炉の核燃料を核兵器に転用するつもりだと憶測したのだ。そこでわたしは第二次世界大戦中にアメリカが進めていた、原子爆弾開発を目的とした国家的プロジェクト、「マンハッタン計画」に携わった科学者を探し回り、電話をかけた。

彼らのほとんどが八〇歳代で、ＭＩＴやカリフォルニア工科大学など、全米有数の工科大学からすでに引退していた。わたしは一人ひとりに同じ質問をした。核兵器の拡散を阻止するための既存技術には、どんなものがありますか？

彼らはだれに指示されたのでもなく、ほぼ同じ答えを返した。全員が口々にこんな意味のことを言ったのだ。「その質問は間違っとるよ。核兵器の拡散を阻止したいなら、人々に衣食住、医療、教育、仕事を与えるべきだ」

どちらのやり方が効果があるだろう？　あるアラブの実業家の意見はこうだった。「わたしは家族に食べさせ、優れた医療を与える方をもちたいね」。つまり人間の基本的な欲求を満たすということだ。それが満たされて初めて、繁栄について考えることができる。

シリアでは、イスラエルに何の愛着もない実業家でさえ、経済協力が望ましいと考えていた。シリアの経済活性化につながるというのだ。レバノンでは共同事業の基盤づくりとして、西側とイスラムの専門家の対話が、地域社会のレベルで始まっていた。

ソ連崩壊後、ウクライナはアメリカの要請に応じて、自国領内に配備されていた核弾頭をモスクワに引き渡した。この見返りとして、ウクライナはさまざまな経済的恩恵を受けた。このように、核兵器開発と経済的恩恵の交換には、前例があるのだ。

北朝鮮は、必要から食料を配給制にしている。したがって北朝鮮には食料のほか、食料生産技術を与え、それと引きかえに核兵器開発の自制を求めればいい。北朝鮮問題の具体的な解決策を考えるのが本章のねらいではない。基本的な人間の欲求を利用した、「前人未踏の道」があることを示したいだけだ。

もちろん、社会問題を解決するうえで政治は役に立たないとは言わない。政府には、基本的必需品の提供を可能にする、経済成長を支えるという役割がある。それが交渉上なぜ必要かと言えば、人は困窮すると感情的になるからだ。感情的な人は説得するのが難しい。だが生活必需品という感情のお見舞いを与えれば、聞く耳をもたせることができる。

この交渉戦略は、もっと積極的に推進されてしかるべきだ。実際、中東和平プロセスの歴史は、外交特使による宣言や正式な条約などに見られるように、つねに儀礼的な平和の追求だった。だが支持者を得るには、実践的な平和が必要だ。つまり人々が暮らす現実世界に根ざした平和である。

アメリカは実践的平和を追求する代わりに、技術的平和をも求めてきた。テロを封じこめるために、ますます高度な技術と、ますます金のかかるインフラを導入した。これをやめろとは言わない。だが結局は、この方法ではテロを阻止できないのだ。アルバート・アインシュタインは、広島に原子爆弾が投下されたあとで、こう述べている。「もはや秘密はなくなり、防衛するすべもなくなった」。テロ行為に対策が講じられるたび、テロリストは新しい方法を考え出す。同時多発テロ事件のあと、飛行中の飛行機で靴爆弾騒ぎがあった。靴が検査されるようになると、今度は下着にプラスチック爆弾が隠された。男性のテロリストが特定、隔離されると、今度は若い女性が自爆テロを起こすようになった。

アメリカの諜報機関は、「点と点を結ぶ」ことを怠ったと批判されている。無数の情報のなかに埋もれた、数百の情報の断片を結びつければ、計画中のテロ事件を未然に防げたはずだというのだ。だがその「点」は絶えず変化している。人間の知性は創意に富んでいる。アインシュタインが言ったように、人間のつくり出した制度では、ものごとを隠そうとするしたたかな人たちの発する、刻々と変わる情報から適切なものを選びとることはけっしてできないのだ。これを論理的な極端にまでつきつめると、都市への核テロや化学兵器テロということになる。

アメリカなどの国は、大規模テロを本気で阻止するつもりなら、テロリストを探し出す能力のある人たちに、衣食住や仕事、医療を与えるべきだ。言いかえれば、相手側の大勢の人たちに、お互いがいま歩みつつある道をさえぎろうと思わせなくてはならない。力ずくでは止めることはできないのだ。

数年前南アフリカの海洋学者が、ケープタウン近郊の海岸で死んだクジラを見つけた。彼らはクジラをシール島まで引っ張っていった。この島はホホジロザメの生息地として知られている。鳥やアザラシをとらえるために水面から飛び上がることもある、どう猛なサメだ。サメは何時間もかけてクジラをたらふく食べたあと、満腹で動けなくなり、海にぷかぷか浮かんでいた。

ダイバーは檻のなかに入り、サメのすぐそばまで近づいた。サメはいつものように攻撃したり体当たりしてきたりせず、ダイバーには無関心だった。これはすばらしいたとえ話だ。人も同じで、欲求を満たされると、争いごとへの関心が薄れる。

アラブ人とユダヤ人が敵なのは、もともと備わっている何かがそうさせているわけではない。数十万のアラブ人がイスラエルに住んでいるが、そのほとんどが環境に満足しているという調査結果がある。実りある交渉の基盤となるのは、生活必需品という共通の利益にもとづく、多様な人たちの同盟なのだ。

わたしは何も中東やその他の論議を呼ぶ問題に、具体的な答えを提供するつもりはない。難民の新たな居住地をどこにするか、土地を具体的にどのように分けるかといった問題は、専門家に任せればいい。本章のねらいは、合意を実現するために、よりよい交渉ツールをどのように使うべきか、その方法を示すことにある。

段階的に進める

本書を通じてくり返してきたように、当事者間の大きな隔たりは、段階的に埋めなくてはならない。

社会問題では、隔たりがとくに大きいにもかかわらず、段階的とはほど遠いやり方でことが進められる場合が多い。意見の完全な不一致から完全な一致に向けて、一足飛びに進もうとしても、成功することはまずない。

本章で説明するプロセスは、どれも段階的な措置をもとにしている。すべてを一気に解決する必要はない。どこからでもいい、とにかく始めることに意義がある。一歩一歩が小さければ、その分主観的リスクも小さくなるし、同調する人数も多くなる。

当事者たちは合意に向けて、段階的にことを進めているだろうか？　それとも、片方がすべてを一度に要求しているだろうか？　そうだとしたら、彼らは交渉人としてふさわしくない。社会問題はほとんどの場合、利害関係者も、絡む金額も、食い違いも大きいため、一度にすべてを解決するのは不可能だ。

どこかを出発点として問題にとりかかり、小さな成功を積み重ねよう。そうすれば、人々に模範を示し、このまま進めても大丈夫だという自信と信頼を与え、より協調的な関係を築くことができる。達成が困難な壮大なとりくみよりも、小さくて拡張可能な計画の方がいい。

そんなわけでここからは再び中東問題、とくにイスラエル・パレスチナ問題を例にとって考えよう。当事者は過去数十年の間、何をめざしてきただろう？　そう、すべてを一気に解決することだ。いまに至るまで何のとりきめもなされていないのは、当然と言える。そこで、これから架空の提案について考えてみよう。具体的な提案ではないが、段階的に進めるとはどういうことなのかがわかるような例だ。

たとえばヨルダン川西岸のどこかにある、小さな工場から始める。工員にはイスラエル人とパレスチナ人を半数ずつ雇う。この工場で働く前は、失業していたか、パートタイムで働いていた人たちだ。工場は政府や世界銀行、プライベート・エクイティ・ファンドなどに資金提供を受ける。今後最大で数百人の労働者が必要になる。

　この工場は、地域ですでに成功している事業を行うことにする。一つ考えられるのが、製薬だ。ヨルダンにはすでに製薬工場がいくつかある。イスラエルの製薬会社は、ジェネリック医薬品の製造、販売に強い。

　また工場は近隣の住宅、医療、学校、スーパーマーケットを支援する。工員は共同生活を義務づけられる。利益分配制度と持ち株制度があり、工員と家族によりよい生活が保証される。

　これが有効なやり方であることを広く知らしめるために、マスコミに宣伝してもらう。やがて工員はこんなことを言い始める。「家族に衣食住を与えるだけの給料をもらい、教育や医療を受けられ、うまい食事にもありつける。これってすごくないか?」パレスチナ人の工員は、ハマスの過激派とよりも、イスラエル人の同僚との共通点の方が多くなる。何しろ学校も環境も、生活水準も一緒なのだ。イスラエル人の工員は、イスラエルの過激派とよりも、隣人たちとのつき合いが増える。かつて敵対していた元兵士たちの間に、共通の目的意識や仲間意識が芽生え、これがほかの紛争地域のモデルとなる。

　こうしたとりくみを拡大していけば、一世代、つまり二〇年ほどで、採算のとれる最低の規模に達するだろう。「それは長すぎる!」と言う人もいるだろう。だがわたしがこれを初めて提唱したのは一九八一年、つまり二八年前だ。また二〇〇一年九月二三日、世界貿易センターが破壊された一二日後に、フィラデルフィア・インクワイアラー紙などへの寄稿記事のなかで、再び提唱した。この記事は本章の基本原理を打ち出したものだった。その翌年と二〇〇六年にも、同じ提案をさらにくわしく表明した。要は、いつかはとりかからなくてはいけないということだ。なぜいまやらない？

製薬以外にも、イスラエルの節水技術を利用した農産物関連事業などが考えられる。死海の鉱物資源採掘もいい。

新しいパレスチナ国家は、発展するうちに、起業家に新しい事業を試す場を提供するだろう。たとえば代替エネルギー開発などが考えられる。太陽熱、バイオマス、風力を利用して、電力を供給したり、飲料水や農業用水を供給する脱塩工場を動かす。新しい住宅や社会基盤を建設できる、更地同然の土地もある。

サウジアラビア人やクウェート人は、当然ながら地域の和平に関心をもっている。彼らがパレスチナのプロジェクトに、株式と引きかえに投資を行う可能性は十分ある。中東以外に住む裕福なアラブ人やイスラエル人の多くは、平和の実現にぜひとも協力したいと思っており、善意のプロジェクトへの投資が期待できる。またプロジェクトの投資契約の作成には、法律事務所の社員の無償労働《プロボノ》を利用できるかもしれない。

イスラエルは西岸にイスラエル人だけの入植地をつくる代わりに、アラブ人に入植地の居住区を、協力と支援と引きかえに提供する。受け入れる人が必ずいるはずだ。これが人々の模範になるだろう。

イスラエルがパレスチナの穏健派に多くを与えれば与えるほど、ますます支持者が増える。たとえば現在イスラエルは、支配下のパレスチナ人自治区への携帯電話基地局の増設を拒否し、その結果資本調達を難しくしている。イスラエルは自国の安全性が確保できるまで、方針を変えるつもりはないという。だが自国の安全性を高めるのに必要なインセンティブの提供を拒否することで、イスラエルは安全保障の強化を自ら阻んでいるのだ。別の言い方をすれば、パレスチナ人を経済的に支援することは、失うものが多い国々のなかで友人を増やし、イスラエル自身の安全保障を促進する手段になるのだ。

この話は交渉と何の関係があるのかって？　これは交渉なのだ。目標を達成するために、これまでとやり方を変え、認識を変えようと、相手を説得しているのだ。自分たちと違う人たちともっとうまくつき合うよう説得し、社会問題を解決するための方法を示しているのだ。政府や民間企業がどれだけの支援を与えるかによって、導入に要する時間は変わる。

地球規模の問題で、段階的措置が有効と思われるものの一つが、気候変動だ。地球温暖化の原因となる二酸化炭素の排出を減らす方法については、大きく議論が分かれる。段階的行動を求める人もいれば、世界的な合意が必要だという人もいる。これまでは排出量に応じた課税、企業による排出権取引など、個別の対策を議論するのに多くの時間が費やされてきた。

交渉という観点から言えば、ただ一つの正しい答えを追求するより、できるときに段階的措置を進める方が効果が高い。全体的な排出量を減らす方法があるなら、なぜいま導入しない？　いまこの瞬間に動員できる人とプロセスでできる、最善のことをやればいい。

政府は排出権取引や課税を通じて地球温暖化の進行を抑える一方で、よりよいプロセスを積極的に追求しなくてはいけない。それが見つかれば、問題解決への道をさらに遠くまで進むことができる。

当事者は、何が「正しい」手法かをめぐって対立するのをやめ、あらゆる手法を暫定的措置とする、段階的措置をとるようになる。これは目立たないが、とても重要な態度の変化だ。多くの手法を導入するのを、最も有効な手法を研究する実験室と考えればいい。政府は客観的研究に支援を与え、さまざまな段階的措置を継続的に比較検討し、よりよい方法を提案する。気候変動に関する国際会議の開催地で抗議運動が行われるのは、この問題の一つの症状だ。本書を通じて述べてきたように、選択肢を排除することなく、できるだけ多くの選択肢を含めた方が、よりよいアイデアが生まれる可能性が高い。

目標

ここまで何度も述べているように、当事者は重要な交渉ほど感情的になる。そのような交渉は不合理の力が作用して、ますます目標達成から遠のいてしまう。そんなわけで、社会問題に関して問うべきもう一つの重要な質問は、自分たちの行動が目標の達成に役立っているかということだ。

もう一度対テロ戦争について考えてみたい。先進諸国は当初テロに対して、暴力と、暴力に訴えるという脅しで対応した。同時多発テロ事件のあと、ドナルド・ラムズフェルド元国防長官は、アメリカがテロリストに対してやるべきことは「探し出し、捕獲または殺害すること」だと言い放った。二〇一〇年のモスクワ地下鉄爆破テロのあと、ロシア大統領も同じ趣旨のことを言った。「対テロ戦争」の中核には、いまなお暴力がある。

説得の手段としての暴力は、つねに代償が大きく、時間もかかる方法だ。だが最近では、暴力が人を説得する手段としてますます効果を失っていることが、一層明らかになっている。

昔はどこかの国や集団を攻め、多数の人を殺害するか脅迫すれば、降伏させることができた。しかし最近では、とくにイデオロギー信奉者や、失うものが少ない人は、説得するのが非常に難しい。自爆テロ犯は、死の脅威をものともしない。

彼らを阻止するには、みな殺しにするしかないが、そんなことはまず不可能だ。また多くの軍事行動が、故意であろうとなかろうと、罪なき人たちの命を奪い、その結果さらに多くのテロリストやその支持者を生んでいる。そのうえ戦争で人々の土地や住宅が破壊されればされるほど、ほとんどすべてを奪われた人たちは、テロ信奉者にとりこまれるか、最低でも彼らを黙認するようになる。

ほんの少数の自爆テロ犯が、大勢の人を殺し、数億ドル、数十億ドルの損害を引き起こすことができる。彼らは暴力を恐れないどころか、それを信奉しているかのように思われる。死を厭わない集団との戦いには、まず勝てない。そしてこの現象は、世界的に見られるのだ。

最後に、文化の分散のせいで、敵を見つけるのがかつてないほど困難になっている。敵は昔のように一つところに住み、同じような習慣や外見をもち、同じ言語を話すわけではない。広範な攻撃は無実な人たちを殺し、テロリストを逃すことが多く、結果としてさらに多くのテロリストを生み出すことになる。アメリカにとって悩ましいことには、アメリカ国内で生まれ育った人たちのなかにも、テロリストがいるのだ。

イスラエルの政府高官は、「ハマスのテロのインフラを破壊したい」と言ったとされる。だがイスラエルにそんなことができるはずもない。なぜなら人が殺されるたび、新しい敵が生まれるのだから。この目標は、暴力、技術、組織、インフラを通じて達成されることは絶対にない。

ときおりテロ指導者がとらえられたり、殺されたりする。だがその後を継ぐ人はいくらでもいるのだ。イラクでは、アメリカの言う「武器の暴発」のせいで、八歳のイラク人少女が命を落とした。ガザでは、平和に人生を捧げ、イスラエル人医師たちと働いていたパレスチナ人医師が、イスラエル軍による国連学校の砲撃で生じた火災で、三人の娘を失っている。このようにして殺される一人ひとりには、家族が、おそらく大家族がいる。結果どうなるか？　ますます多くの人たちが惨事を引き起こした国をのろい、報復を考えるようになるのだ。

過激派を探し出して殺害するよりも、穏健派のニーズを満たすことに集中する方が、コストが低く、成功率も高い手法であるように思われる。

当事者が目標を達成していないように思われる社会問題には、妊娠中絶の問題もある。中絶が合法化されてから四〇年以上経ったいまも、いまだ激しい論争が続いている。ときおり中絶手術を行う医師が殺され、犯人が逮捕、投獄される。だがこれが中絶を止めるだろうか？　いや。これが中絶医の殺害を止めるだろうか？　いいや。抗議が行われ、訴訟が起こされ、法案が通過し、廃止されているにもかかわらず、だれも目標を達成していないのだ。

これが合理的な問題ではないのは明らかだ。どちらの側も、交渉の余地をまったく残さないような方法で、議論を組み立てている。つまり胎児の殺人か、女性の選択権だ。だが何より興味深いのは、論争が続いているそのさなかにも、何百万件もの中絶が行われていることだ。たとえ中絶がアメリカで禁止されたとしても、海外に行ったり、闇市場を探したりして、抜け道を見つける人が必ず出てくる。

したがって、交渉ツールという観点から言えば、問題をもっと掘り下げて根本的な問題を探り、それから目標を変える必要がある。本当の問題は、望まない妊娠が多すぎることだ。本当の問題の二つめは、双方がこれを全か無かの二者択一としてとらえていることだ。どちらの側の立場も、段階的改善を考慮に入れていない。三つめの問題は、双方が妥協点を探り、状況を改善するための話し合いさえしていないことだ。

交渉で解決を図るには、胎児の生存権か、女性の選択権かの選択ではなく、中絶を増やすべきか、減らすべきかという選択で、問題をとらえ直す必要がある。現況は中絶の増加を招いている。段階的措置に集中すれば、中絶は減る。これが望ましいということについては、双方異論はないはずだ。

アメリカの数千人の里親候補が、養子にする赤ちゃんを探すために、世界中を旅している。できるなら養子を迎えたいと思っているアメリカ人は、数十万人もいる。そこで頭に浮かぶ素朴な疑問は、中絶問題の賛成派と反対派が、望まない妊娠をした女性と養子を望む里親候補の間をとりもつために、何か行動を起こしているのかということだ。明らかに、どちら側も十分なことはしていない。赤ちゃんを望まない女性の少なくとも一部は、自分か赤ちゃん、または両方にとって利益になると判断すれば、中絶より出産を選ぶだろう。

もし望まない妊娠の予防が目標なのであれば、受胎調節などの選択肢が重視、支持され、問題は徐々に軽減されるだろう。

何度も言うが、ここでは中絶問題について、具体的で実のある答えを提供するつもりはない。要は、現行のプロセスでは賛成派、反対派、どちらの目標も達成できないということが言いたいのだ。

何かを解決するには、「双方が同意しない限り解決はあり得ない」という、あたりまえのことを自覚する必要がある。相手の認識を尊重し、問題を軽減するための実行可能な解決策を探ることから、すべては始まる。冷静で、思いやりをもったやりとりが必要だ。過激な議論が支配する限り、問題はいつまでたっても解決されない。

感情

中絶問題も、暴力への依存も、感情的反応がもたらす問題だ。だから当事者は目標を達成できない。本章で感情に一つの節を割いているのは、感情それ自体が必ずといっていいほど、交渉の対象になる問題だからだ。

議論が感情論になる限り、当事者はお互いの言い分に聞く耳を持たず、効果的な交渉は望めない。そのため社会問題を検討するにあたっては、当事者が感情的になっているのか、冷静なのかを問う必要がある。

中東の例を続けると、感情による散漫をもたらしているのは、暴力や過去へのこだわりだけではない。双方はほかの多くの問題のせいで、平和とよりよい暮らしという目標の達成に集中できなくなっているのだ。

散漫をもたらしているものとしてすぐ頭に浮かぶのが、イスラエルがヨルダン川西岸にイスラエル人入植地を建設していることだ。感情を抜きにすれば、これは大した問題ではないように思われる。イスラエル人の入植者数は三〇万人を超えるが、面積から言えば西岸全体の五%ほどに過ぎない。だがこの是非をめぐる論争のせいで、新しいパレスチナ国家について話し合う時間が削られているのだ。土地の交換や開拓、補償といった、不動産問題の一般的な解決策は、双方にとってなじみが深く、パレスチナ国家樹立をめぐる議論にも容易にとり入れることができる。

実際、イスラエルがどんな行動をとっても、パレスチナはこう返すべきだ。「パレスチナ国家についてはいつ話し合うのか？」東エルサレムをパレスチナ国家の首都にする構想をめぐる議論についても、同じことが言える。パレスチナは入植地について感情的になり、目標を見失いがちだ。これは交渉プロセスの失敗である。

またイスラエルはパレスチナに感情のお見舞いとなる補償を何も与えていない。たとえば住宅の一部をアラブ人に提供する、そのほかの点で譲歩するなど。ここでの問題は、イスラエルが補償をする必要があるかどうかではない。イスラエルが暴力を減らしたいと思っているかどうかなのだ。

中東問題で、目標の達成への集中を妨げているもう一つの要因が、絶え間なくくり広げられる舌戦だ。ホロコーストが実際にあったかどうか、何かのできごとに対してだれかが謝罪すべきかどうか、どこかの国に汚職があったかどうかなどは、少なくとも関係者にとっては、どれも重要な問題だろう。だがこうした問題が持ち出されるたびに感情のスイッチが入り、指導者も一般市民も冷静さを失う。その結果双方にとって重要な、平和や経済成長の問題に心を向けるのをやめ、過去にこだわるようになるのだ。

どの国のどんな問題にとりくむのでも、だれかがあなたを侮辱したり、別の問題をもち出して、気をそらそうとしたら、こう返そう。「それで、いつ話し始めるんだ?」これをするには自制心が必要だ。指導者やメディアは、当事者の気がそれていることに注意を促し、目標への集中を促すべきだ。

感情のお見舞いは、激しい感情を和らげ、集中を助ける。戦争で荒廃した地域にいつまでも激情が渦巻く原因として無視できないのが、心から嘆き悲しめないことだ。愛する人の命が相手の手で奪われれば、報復心が芽生えるのは当然だ。

この観点から中東問題を考えてみよう。暴力の加害者の非を明らかにし、責任を負わせるための効果的な制度が存在しない。加害者が見つからないことも多い。悲しみのはけ口を失った人たちは、人を型にはめることで、慰めを得ようとする。惨事と関係があろうとなかろうと、暴力の加害者と似た人に報復しようとするのだ。こうして暴力の連鎖が続いていく。

これはアメリカをはじめ、さまざまな国で起きている。一九九二年にロサンゼルスで起きた、アフリカ系アメリカ人による暴動もそうだ。この暴動は、黒人男性のロドニー・キングに残忍な暴行を加えた三人の白人警官と一人のヒスパニック系警官に、無罪評決が下されたことがきっかけだった。そのほか、同時多発テロ後に頻発した、アメリカに住む中東出身者への報復や拘束もそうだ。

目標から気がそれないようにするための感情のお見舞いの例としては、たとえば謝罪（全般的な謝罪と、特定の集団や個人に向けた謝罪の両方）を行う、敬意を表する、苦痛や認識に配慮するといったことがある。また犠牲者を追悼する記念碑は、災禍を生き延びた友人や家族、親族が、悲嘆と喪失に折り合いをつけ、感情を落ち着けるよすがになる。

ワシントンＤＣのベトナム戦没者慰霊碑には、亡くなった兵士一人ひとりの名前が刻まれ、彼らの記憶を永遠にとどめている。これはワシントンで最も訪問者の多い慰霊碑で、一日に一万五〇〇〇人が訪れることも珍しくない。慰霊碑はあの惨事を雄弁に、そして感情的に物語り、大いに心を慰めてくれる。戦争に命を捧げた人たちに敬意を表することで、その家族や仲間、友人たちに、感情のお見舞いをしているのだ。

中東には小さな慰霊碑はたくさんあるが、このような大規模なものはない。実際、慰霊碑を建てるとなると、相手側の死者を犠牲者と認定することに対して、当事者から反発が巻き起こるのだ。現存する慰霊碑には、碑文が消されたものもある。きちんとした慰霊碑がないせいで、双方はいつまでたっても喪失に折り合いをつけられない。感情のお見舞いが遅れれば、交渉はますます難しくなる。

アラブ人とユダヤ人の合同中東慰霊碑を建て、しかるべき日よりあとに命を奪われたすべての人の名を刻むことで、同じ歴史を共有しているという意識を醸成することができる。このような慰霊碑（モニュメント）は、ラテン語でモニュメントを指すモネーレの二つの意味、「思い出させる」と「教える」にふさわしい。慰霊碑によって、共通の敵（この場合は戦争）をつくり、悲劇的な喪失をともにしたという共通点がもたらす絆に集中することができるのだ。

同様に、大切な人を亡くした人たちのために、多宗派の斎場をつくることで、戦争に対する嫌悪によって、人々を結びつけることができる。立場を問わずあらゆる人たちがともに嘆き悲しむ（たとえば故人の写真を身につけるなどして）ことを許されれば、大きな感情のお見舞いを与えることができる。感情のお見舞いをして、感情の高ぶりを抑えない限り、今後も効果的な交渉は望めない。

規範

社会問題では、公正性の概念がとくに大切だ。なぜなら一連の経緯と結果が、多くの人の目につきやすいからだ。交渉の観点から言えば、公正感を確保する一番よい方法は、すべての当事者に受け入れられるような規範を用いることだ。そんなわけで、まず問うべき質問は、「当事者は規範を用いることがあるだろうか?」最後が、「この交渉ではどんな規範が受け入れられるだろうか?」だ。

最も一般的な規範や、受け入れられやすい規範から始めるのが得策だ。前にも言ったが、中東問題なら、「わたしたちは子どもを死なせることを望んでいるのだろうか?」など。これにイエスと答える人は、極端な人と認定できるから、多数の穏健派と少数の過激派を区別するのにも役立つ。ほかにも、「難民にいつかきちんと暮らせる場所を与えるべきだろうか?」「一般市民を殺害するような暴力は容認できるのか?」「人々に十分な食料を与えるべきだろうか? 病気の人に医療を与えるべきだろうか? 清潔な水はどうだろう?」などもよい規範となる。

教育委員会や計画委員会をはじめとする地域のレベルでは、こんな規範の質問が考えられる。「政府は決定を下す前に、その影響を被る主な有権者層(または住民)の意見を聞くべきだろうか?」いずれの場合にも、フレーミングがカギとなる。交渉の当事者が周到に準備を行い、交渉に万全の状態で臨めば臨むほど、フレーミングの説得力は増す。

その後もっと具体的な規範を使ってもいい。「非武装化と引きかえに、パレスチナ国家の樹立を認めるべきだろうか?」「警察はだれかを脅威と断定する前に、質問をするべきだろうか?」などがある。このような質問をするだけでも、質問者は説得力を高められる。どんな社会問題に関する交渉でも、規範を問う質問をする人が多い側は、説得力が高いのだ。

問題解決にむけて

一九六〇年代と七〇年代には「グローバルな視点で考え、ローカルに実践せよ」が、環境運動の合言葉になった。過去二〇年の間、世界的な問題を解決するには、まず地域のレベルで個人が行動を起こすのが一番と考えられていた。だがいつしかこの教訓は失われてしまったようだ。

最近になって、この考えが再び注目を集めている。そしてこれはゲットモアの中心原理の一つでもある。一人であれ、友人や仲間とともにであれ、本書の交渉ツールを使うことで、世界を、そして自分の人生を大きく変えることができる。人とつき合うための正しい態度と、体系立ったプロセスさえあれば、だれにでも始められる。

そこでめぐりめぐってこの質問に戻る。「自分の目標は何だろう？ 相手はどんな人だろう？ 相手を説得するには何が必要だろう？」認識、規範、フレーミング、ニーズ、報酬、不等価交換、感情の排除といった支援ツールを使おう。ツールは九試合で一本おまけのヒットを打たせてくれる。いま話し合いに応じてくれない人の口を開かせることができるかもしれない。長年の問題を解決することもあるかもしれない。肝心なのは、問題解決モデルを使う気があるかどうかを、当事者に確認することだ。わたしの教え子には、現在社会的関心の高い問題にとりくんでいる人たちがいる。彼らによれば、こうした問題でもツールには本章で説明した通りの効果があるそうだ。

たとえば現在インドの通信情報技術郵政相を務めるサッシン・ピオットは、数百の文化が混在するこの国では、有権者から同意を得るうえで、違いを尊重するツールが必要不可欠だとわかったと言う。インドの最近の通信事情の改善は、これらのツールによるところが大きいそうだ。

メレディス・ドルトンは、アメリカの非営利団体ピース・コープのアゼルバイジャン支部長を務める。彼女は高学歴のボランティアを説得して、たとえば編み物や郷土料理を学ぶなどを通じて、現地の人たちとふれ合わせている。これは草の根運動の模範として、ほかの分野にも適用できる。ごく小さなステップを踏むことが解決策になると彼女は言う。

どんな社会問題も、この一〇のステップを踏むことで、有効なプロセスがあるかどうか、適切な当事者が交渉を担当しているか、ものごとがよい方向に向かっているかどうかを評価することができる。その結果、すべてではないが、より多くのものを、確実に手に入れられるのだ。

訳者あとがき

二〇〇七年一一月から数カ月にわたってハリウッドを震撼させた、全米脚本家組合（WGA）のストライキを覚えているだろうか？　映画やテレビのインターネット配信などに関わる利益配分が十分ではないとして、WGAが製作会社に対して起こしたストライキは、過去二〇年間で最大規模のものとなった。一二月には製作スタジオ側との交渉が完全に決裂し、新作映画の撮影が延期されるなど、経済に数十億ドルとも言われる損害をもたらした。一月下旬になっても依然解決の糸口がつかめず、メディアにはアカデミー賞授賞式の開催すら危ぶまれるという見出しが連日躍った。

ところがその直後、交渉再開というニュースが流れた。そして正式な交渉が始まってからわずか数日で、双方は長年の不一致や行き違いを乗り越え、ついに妥結に至ったのだ。いったい何が起きたのだろう？

この陰の立役者となったのが、スチュアート・ダイアモンドその人だ。製作側は彼から伝授された交渉プロセスを通して、脚本家たちの根深い怒りをなだめ、双方にとって実りある結果を導くことができたという。

一見魔法のようにも思えるが、この交渉術の特徴は、難しいことやわざとらしいことを、いっさい必要としない点にある。小手先だけの交渉テクニックとは無縁の、人間心理をもとにした、ごく自然なやり方なのだ。そのため何かを覚える必要もなければ、仮面をかぶる必要もない。交渉術を使っていることを、相手に悟られることもない。いったんやり方を体得してしまえば、どんな人とのどんなやりとりにも使え、しかもお互いにとってよりよい結果を引き出せるのだ。

本書『ウォートン流 人生のすべてにおいてもっとトクをする新しい交渉術』（原題 *Getting More : How You Can Negotiate To Succeed in Work and Life*）は、著者が研究や実践を通して、長年のうちに開発した交渉術の集大成だ。スチュアート・ダイアモンドは現在ペンシルベニア大学ウォートン校で教授を務める。彼の講座は受講倍率一五年連続ナンバーワンを誇り、なかなかとれないほどの盛況ぶりだという。本書はその大人気講座を、紙上で惜しげもなく再現したものだ。

授業では、学生たちにクラスの内外で交渉を実践させることを、何より重視する。お互いの失敗例から学ぶことはもちろん、成功例を紹介し合うことで、無数の成功体験を疑似的に体感し、自分にもできるという感覚が得られる。そのため本書は、ビジネス書にありがちな、テクニック主導の方法論の形はあえてとっていない。彼の教えた学生やビジネスマンの肉声で語られる、成功体験のシャワーを浴びることで、そのやり方を肌で感じとり、自分の「人格の一部」にしていただきたい。

実は訳者もこれを経験している。本書をリーディングしている最中、ちょっとした交渉の機会があった。日頃から交渉ごとを大の苦手としている訳者だが、そのときは相手の気もちや考えていることが、手にとるようにわかった。おかげで気まずい思いをすることもなく、あたりまえのように要求に応じてもらい、しかも相手に喜んでもらえた。相手とのやりとりを鋭く意識し、自然なやり方で応える。それが大きな違いを生むことを実感した。

そして、もう一つ気がついたことがある。自分の力を利用して他人を助けたいという気もちは、人間にとって自然な欲求でもあり、自己実現の方法でもあるということだ。ウォートン流交渉術では、その欲求に訴えかけ、「この人を助けてあげたい」という気もちを相手にもってもらう。そうすることでこそ、自分だけでなく、すべての当事者にとってよりよい結果、つまり「ゲットモア」を実現できるのだ。

本書をもとに、この難しい世の中で「ゲットモア」を重ねていただけることを、著者とともに願ってやまない。

最後になりますがこの場をお借りして、本書を訳す機会を下さった、集英社の翻訳書編集ご担当に深く御礼申し上げます。スタート時点から多大なご迷惑をおかけいたしましたが、きめ細やかなご配慮をいただいたおかげで、無事刊行にこぎ着けることができました。それから著者との大変な「交渉」を一手にお引き受けいただいた、タトル・モリ エイジェンシーの玉置真波様には、本当にお世話になりました。そして本書は編集者の小都一郎様のお骨折りなしでは成り立ちませんでした。多大なご尽力に感謝申し上げるとともに、このような形でまた仕事をご一緒できたことを、幸せに思っております。すばらしい協力態勢で、このボリューミーな本を短期間で仕上げられたことに、大きな充実感と喜びを感じています。

二〇一二年盛夏　　　　櫻井祐子

ウォートン流《りゅう》
人生《じんせい》のすべてにおいて
もっとトクをする新《あたら》しい交渉術《こうしょうじゅつ》

2012年8月29日　第1刷発行

著者
スチュアート・ダイアモンド

訳者
櫻井祐子《さくらいゆうこ》

発行者
加藤 潤

発行所
株式会社　集英社
〒101-8050　東京都千代田区一ツ橋2-5-10
電話　編集部　03(3230)6094
販売部　03(3230)6393
読者係　03(3230)6080

印刷所
図書印刷株式会社

製本所
株式会社　ブックアート

ISBN978-4-08-773479-9　C0098